财政与金融

CAIZHENG YU JINRONG

盛宝柱 编

化学工业出版社

·北京·

内 容 简 介

本书内容包含财政和金融两大知识体系，共 22 章。系统介绍了我国当前财政金融改革与实践的最新成果，吸收和借鉴了西方财政金融的理论，比较注重基本理论、基本知识、基本技能的阐述与训练，对一些当前的财政金融热点、难点问题进行了有益的探讨，数据资料翔实，内容的安排注重时序性、逻辑性和现实性。

本书具有体系新、可操作性强的特点，既可作为经济类专业和工商管理类专业以及公共管理类专业的核心课程教材，也可供财政、税务、金融工作人员学习参考使用，还可供对财政金融基本知识感兴趣的广大读者阅读。

图书在版编目（CIP）数据

财政与金融 / 盛宝柱编. —北京：化学工业出版社，2023.4
ISBN 978-7-122-42809-7

Ⅰ. ①财…　Ⅱ. ①盛…　Ⅲ. ①财政金融-教材　Ⅳ. ①F8

中国国家版本馆 CIP 数据核字（2023）第 007694 号

责任编辑：毕小山　　装帧设计：刘丽华
责任校对：刘曦阳

出版发行：化学工业出版社（北京市东城区青年湖南街 13 号　邮政编码 100011）
印　　装：三河市延风印装有限公司
787mm×1092mm　1/16　印张 24½　字数 600 千字　2023 年 4 月北京第 1 版第 1 次印刷

购书咨询：010-64518888　　售后服务：010-64518899
网　　址：http://www.cip.com.cn
凡购买本书，如有缺损质量问题，本社销售中心负责调换。

定　　价：88.00 元

前　言

《财政与金融》是高等院校经济类专业和工商管理类专业以及公共管理类专业的核心课程教材。本教材从高等院校经济管理类应用型复合人才培养目标的实际需要出发，结合编者多年教学改革实践经验，理论与实务并重，紧跟中国财政与金融改革和发展实际，吸收最新理论与实践研究成果，力求反映财政与金融改革发展动态。

在现代经济生活中，到处都存在财政金融现象，时时都会遇到财政税收、信用银行、货币金融这类问题。能不能采用适时的财政与金融政策，已成为当今政府促进经济平稳较快发展、调控物价、建设中国式现代化强国的关键。正确理解政府在不同时期采用不同的财政与金融政策，也成为学习“财政与金融”课程的主要目的。作为高等院校经济管理类学生，要深刻地认识到财政金融在国民经济中的重要地位，更好地发挥财政金融在改革发展和宏观调控中的作用，弄清财政金融的基本范畴和基本理论，提高自己的理论素养，完善自己的知识结构，了解并熟悉有关财政税收、货币金融的一些最基本的业务知识，以及相关的方法和技能，以学会在市场经济大海中游泳的本领。

近年来，我国经济迅速发展，财政金融体制的改革不断深化。为反映我国财政金融理论和实践发生的重大变革，作者将财政与金融领域最新的改革成果融入本书，如 2019 版个人所得税改革，将子女教育培养、夫妻双方父母的养老、首套住房贷款利息等纳入所得税抵扣范围，本书对此进行了详细的介绍；又如支付系统的改革，支付宝、微信的出现使我国金融在支付领域在世界处于领先地位；数字货币是怎么回事，它的兴起对金融将产生什么影响，本书都做了一一介绍。本书具有以下特点。

（1）基础性　强调财政金融专业知识的基本概念、基本理论和基本方法，在深入浅出、准确完整阐述基础知识的前提下，理论联系实际，对重点和难点知识举例分析，帮助读者加深理解。

（2）系统性　按照专业学科的知识结构安排章节体系，系统覆盖财政金融的基本知识点，并力求使章节结构紧凑、知识密度高、语言表达简练。

（3）新颖性　知识结构新颖，采纳学科发展新成果，并紧密结合改革开放实际，反映我国财政金融体制改革实践中新积累的经验知识，采用翔实的数据资料，让读者了解最新的学科专业信息和观点。

本书参考并引用了许多相关参考文献，在此向有关作者表示最诚挚的感谢！

鉴于编者理论水平和实践经验有限，本书难免存在错误和疏漏之处，恳请读者和同仁赐教指正，我们会利用重印、再版的机会加以修订。

盛宝柱

2023 年 3 月

目　　录

第一章 财政与财政学概述

第一节　政府与市场

一、市场效率和市场失灵

（一）市场与市场效率

什么是市场？完整的市场系统是由家庭、企业和政府三个相对独立的主体组成的。为了说明政府与市场的关系，需要先从简单的市场系统说起（图 1-1）。这种市场只有两个主体，即家庭和企业。

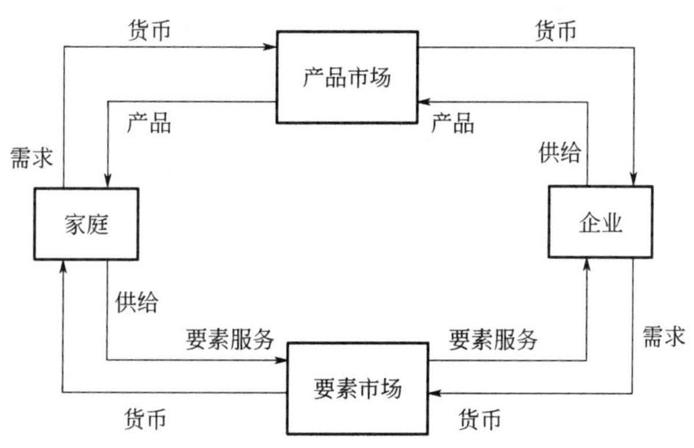

图 1-1　两主体的市场系统

家庭是社会的基本细胞，是社会生活的基本单位，为市场提供劳动力、资本和土地（在土地私有制的条件下）等生产要素，并通过提供生产要素获取收入，而后用家庭收入在市场上购买生活消费品或从事投资。家庭的基本目标是满足需要和效用水平的最大化。

企业是商品生产和商品交换的基本单位，从家庭那里买进生产要素，通过加工转换为商品或劳务，而后将商品或劳务又卖给家庭，并获取企业收入和利润。企业的基本目标是利润最大化，并实现扩大再生产。

从日常生活来看，市场就是商品（包括生产要素）交易的场所，如百货商场、汽车市场、证券市场等。从经济学的角度来看，市场不仅表现为商品交易的场所，更为重要的是指在无数个买者与卖者的相互作用下形成的商品交易机制。市场机制的基本规律就是供求规律：供大于需，价格下降，库存增加，生产低迷；需大于供，价格上涨，库存减少，生产增长，通过价格和产量不断地波动，达到供给和需求的均衡。

市场是一种结构精巧而且具有效率的商品交易机制，这是毋庸置疑的。亚当·斯密将市场规律形容为“看不见的手”，认为不需要任何组织以任何方式干预，市场就可以自动达到供给与需求的均衡，并宣称当每个人在追求个人利益最大化时，就会被这只手牵动着去实现社会福利最大化。马克思同样赞叹市场机制的效率，并将价格规律提升为价值规律，指出商品的价值是由生产商品的社会必要劳动时间决定的，而价格围绕价值上下波动来调节生产和流通，并促进技术进步和经济发展。同时，马克思还指出市场波动是导致经济危机的可能性因素。福利经济学的代表人物、意大利经济学家帕累托，提出了一个被西方经济学和财政学经常引用的帕累托效率标准，包括帕累托最优标准和帕累托改进标准。帕累托最优标准是指这样一种状态，即任何一种改变不可能使一个人境况变好而又不使另一个人境况变坏。帕累托还论证达到帕累托效率最优必须满足的条件包括交换的最优条件、生产的最优条件、交换和生产的最优条件。帕累托效率标准或帕累托最优状态可以作为我们分析经济效率和财政效率的一个规范性参照标准。

（二）市场失灵

市场配置效率是以完全自由竞争作为严格假设条件的，而现实市场并不具备这种充分条件。一旦前提不能充分满足，就会出现“市场失灵”“价格信号失真”现象，即价格不能反映市场中供求双方力量对比的真实情况。市场失灵就是市场没有能够发挥高效率配置资源的作用。经济学界称之为市场机制自身固有的缺陷。市场失灵为政府介入或干预提供了必要性和合理性依据。

市场失灵主要表现在以下几个方面。

1. 自然垄断

自然垄断指某一行业由于在生产上具有规模报酬递增、成本递减的特点，因此，为了避免竞争引起资源浪费，只需要有一家企业进行独家经营。自然垄断产业主要是城市地区的供水、供电、供气、公共交通和通信邮电等，它们天然具有规模越大而平均成本越低和效益越好的特点。由于自然垄断是自由竞争的结果，因而市场本身也无能为力。垄断往往使产品的价格和产出水平偏离社会资源最优配置的水平，导致资源配置低效率。

2. 外部效应

外部效应是指某一个厂商或者个人在从事经济活动时，给周围其他人带来利益或者损失，却没有取得相应报酬或者承担应有责任的情形。

外部效应一般体现在公共产品上，分为正外部效应和负外部效应。例如，在上游修建水库，则下游的人们就能享受到这种利益，或者某个个体修建了路灯就会使路过的人享受到照明带来的方便，这就是正外部效应。再如，城市的一些重工业工厂每天排放污染物使得城市的空气质量变差，从而给人们的身体健康带来不好的影响，这就是负外部效应。

当出现正外部效应时，生产者的成本大于收益，利益外溢，生产者得不到有效的补偿，从而导致正外部性的行为供给不足。当出现负外部效应时，情况相反。

3. 公共产品

公共产品是指像国防、立法、交通这类不通过市场交易，由政府提供的商品与劳务。

公共产品具有非竞争性和非排他性。所谓非竞争性是指增加一人消费不影响他人的消费。所谓非排他性是指无法从技术上或经济上把不交费的人排除在消费之外。即只要是公共产品，每个社会成员都可以从中受益，这就容易产生不付费而受益的“免费搭车”问题，导致产品的提供者难以利用市场价格机制从中回收成本。因此，如果单纯地依靠市场机制的调节，其结果必然会导致社会需要的各种公共产品供给不足。

4. 信息不对称

当交易双方中一方掌握的信息多于另一方时，就存在信息不对称。有可能是卖方知情较多，如旧车销售商、医生、劳动者等；也有可能是买方知情较多，如保险市场上的投保者、信用卡的购买者等。通常拥有信息较多的一方都会通过以下两种途径在与对方的交易中充分利用自己的信息优势造成市场失灵。这两种途径分别被称为逆向选择和道德风险。

（1）逆向选择　逆向选择是指市场交易中一方无法观察到另一方重要的外生特征时所发生的“劣质品驱逐优质品”的情形。逆向选择典型的例子是二手车交易市场。在二手车交易市场上，买方由于确知自己相对卖方来说处于不知情的地位，所以即使面对一辆质量较好的旧车，也不敢支付“好车”的价钱。他所支付的价钱将只是完全知情条件下所愿付出的“好车”价格与“差车”价格的加权平均值。毫无疑问，他出的价格将低于“好车”的价格，如果低到“好车”的卖者不愿出售的水平，那么结果就是“好车”逐渐被逐出市场。

（2）道德风险　道德风险是指从事经济活动的人在最大限度地增进自身效用时做出不利于他人的行为。在市场交易中，道德风险通常表现为由于知情方故意不采取谨慎行为而可能招致的对另一方的损害，所以又将道德风险称为“败德行为”。道德风险的典型例子是保险市场。由于保险公司无法察知投保方是否采取了有效的措施防止风险的发生，所以，防盗险购买者可能会有意减少本身的防盗支出，如购买防盗门、保险锁、铁栅窗等；防火灾险的购买者可能会有意无意地放松对防火安全的关注等。

5. 市场体系不完善

充分竞争的市场机制要满足整个私人需要，必须具备商品市场、劳动力市场、金融市场和黄金外汇市场四大基础市场，并且为了减少市场机制的运行风险，还必须具备期货市场、期权市场等防范风险的市场。如果从更理想的角度来说，满足减轻市场机制运行风险的风险市场，应该是无限风险市场，即无限时间风险的市场。这种“只赚不赔”的风险市场，就连市场经济比较发达的国家也不具备，而对于发展中国家而言，连起码的四大基本市场都不具备，更何况这一市场。

市场体系不完善，除了表现在该具备的市场不具备以外，还表现在市场存在有供无需、有需无供及供求不均衡的状态。与此同时，市场经济本身实现不了自发地保持各市场之间的有机协调，使市场结构趋于优化这一目标。

6. 收入分配不公

上述几个方面的市场失灵说明仅靠市场机制是不能实现帕累托最优状态的，因而政府介入有利于提高效率。然而，即使市场运行处于帕累托最优状态，政府的干预仍然是必不可少的。这是因为效率并不是评判社会资源配置状况的唯一标准，还有另一个判定社会福利水平的标准——公平。无论何种经济体制，都需要政府部门对分配格局予以调整，以实现社会公平。公平分配是财政上收入分配的目标。

对整个社会来说，资源配置的最佳状态是必须要考虑社会公平因素的，如果社会不公平超过人们的心理承受能力，将导致社会不稳定，甚至引发社会冲突，从而破坏社会经济，经济效益也不复存在。

7．宏观经济失衡

宏观经济失衡，一方面是由于价格信号在某些重要的市场上并不具有伸缩自由、反应灵敏的调节能力；另一方面从总供求关系来看，不同经济主体为了实现其经济利益上所具有的竞争性和排他性，会使市场的自发力量不能经常保证总供求关系在充分利用资源的基础上相一致。宏观经济失衡最为明显的表现是导致失业、通货膨胀、经济失衡等问题。这充分验证了自由放任的市场经济在解决宏观经济失衡问题上的无能为力。

二、政府干预和政府干预失效

（一）政府的经济作用

市场自身是无法克服市场失灵的。市场失灵所产生的矛盾累积到一定程度必然引发经济危机，由经济危机来强制纠正市场机制的缺陷。但是，经济危机会严重影响一个国家经济的正常运行与发展，并进一步影响整个社会政治生活和社会生活的安定，危害极大。因此，在现代社会中，人们通常借助于政府的力量，通过运用各种政策和措施来干预经济的运行，以弥补市场机制的缺陷。可以说，正是由于存在上述的“市场失灵”现象，政府介入或干预才有了必要性和合理性。

西方新凯恩斯理论认为，现代经济是一种混合经济。混合经济主要依靠市场体系中的私人部门通过价格信号来引导资源配置，同时也存在多种形式的政府干预来抵消市场失灵，实现市场的稳定与宏观经济目标的经济模式。在有政府介入的市场中，政府与家庭、企业之间的收支循环流程如图 1-2 所示。

（二）政府干预的程度

政府干预程度是与政府规模相联系的，而政府规模一般以“财政支出占 GDP 的比重”这一综合性指标来表示。一般而言，经济发达国家的财政支出比重高于发展中国家，集权化倾向的国家的财政支出比重高于分权化倾向的国家。

美国政府集中的 GDP 大体在 30%以上，德国政府集中的 GDP 比重高于美国。北欧国家号称高福利国家，政府提供大量的社会服务和社会福利，政府集中的 GDP 达 60%以上。以日本为代表的市场经济被称为“东方模式”或“亚洲模式”。其一方面主张充分自由竞争，另一方面又通过政府计划、发展战略、产业政策引导来控制市场的运行，政府集中的 GDP 比重在 20%左右。主要经济发达国家财政支出占 GDP 的比重如表 1-1 所示。改革开放以来，我国由计划经济体制转向市场经济体制，当前仍处于体制转轨过程中。所以，我国以财政支出占 GDP 比重表示的政府规模形成了其本身特有的变化轨迹，如表 1-2 所示，即从 1979 年开始逐年下滑，到 1997 年开始逐年回升，目前已达到 24%。

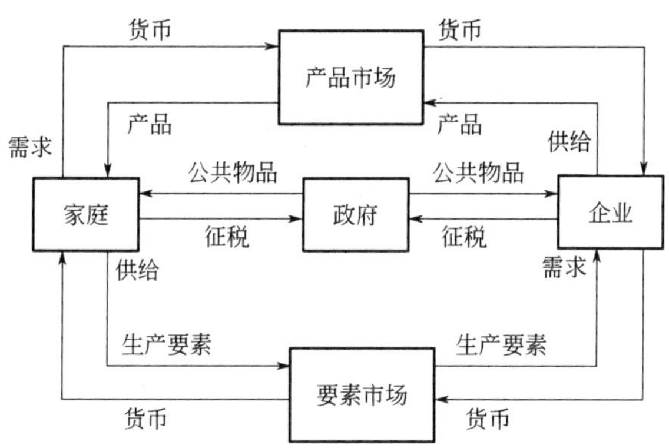

图 1-2　政府与家庭、企业之间的收支循环流程

表 1-1　主要经济发达国家财政支出占 GDP 的比重　　单位：%

国家	1880 年	1929 年	1960 年	1985 年	1991 年	1996 年
日本	11	19	18	33	34.4	—
美国	8	10	28	37	33.3	33.7
英国	10	24	32	48	35.7	—
法国	15	19	35	52	46.3	51.6
瑞典	6	8	31	65	60.6	62

资料来源：1985 年及以前的数据来自《1988 年世界发展报告》；1991 年数据来自哈维·罗森的《财政学》（第四版）；1996 年数据来自《1997 年世界发展报告》。

表 1-2　改革开放后我国财政支出增长率和财政支出占 GDP 的比重　　单位：%

项目	1978 年	1980 年	1985 年	1995 年	2000 年	2005 年	2010 年	2015 年	2016 年	2017 年	2018 年	2019 年	2020 年	2021 年
增长率	33	-4.1	17.8	17.8	20.5	19.1	17.8	13.2	6.3	7.6	7.7	8.7	2.8	0.3
占 GDP 的比重	30.5	26.8	22.2	11.1	16.0	18.3	22.3	22.1	21.4	24.6	24.5	24.1	24.2	21.54

资料来源：历年国民经济和社会发展统计公报公布的数据。

（三）政府干预的手段

政府干预的手段可以概括为以下三个方面。

1．立法和行政手段

立法和行政手段包括制定市场法规、规范市场行为、制定发展战略和中长期规划、制定经济政策、实行公共管制、规定垄断产品和公共产品价格等。

例如，为了管制垄断，政府可以制定反垄断法，实行公共管制，由政府规定价格或收益率。2008 年 8 月 1 日，《中华人民共和国反垄断法》（简称《反垄断法》）开始实施。对于外部效应大的产品，政府可以采取行政手段或法律手段，如强制使排污工厂停产、限期治理或对受损单位给予应有的补偿。

2．组织公共生产和提供公共产品

组织公共生产是指由政府出资兴办工商企业和事业单位来生产政府提供的公共产品，也可以在垄断部门建立公共生产，并从效率或社会福利角度规定价格。政府组织公共生产，不仅是出于提供公共产品的目的，更是出于有效调节市场供求和稳定经济的目的。

根据广义的生产概念，公共生产部门既包括生产有形物品的工商企业，也包括提供无形物品和服务的学校、医院、文艺团体、气象部门、政府机关和国防部门等。此外，政府提供经济信息（如价格趋势、宏观经济运行和前景预测的资料）是一种社会性服务，也属于公共产品和公共服务的范围。

3．财政手段

财政手段既不直接生产，也不直接提供公共产品，而是通过征税和收费的方式，为政府各部门组织公共生产和提供公共产品筹集经费和资金，最终满足社会公共需要，同时又通过税收优惠、财政补贴和财政政策等手段调控市场经济的运行。

（四）政府干预纠正市场失灵

当市场失灵时，需要政府全面介入市场失灵领域，以行之有效的手段纠正或克服这一缺陷。因此，政府经济活动最有效、最理想的领域是市场失灵领域，其主要的经济活动是纠正市场失灵，主要表现在以下几个方面。

1．对于自然垄断

对于自然垄断的行业，竞争反而会造成低效率，这样就需要政府出面，对具有自然垄断性质的行业进行市场准入限制，维持其独家经营的局面。但为了避免该行业依靠垄断地位来牟利，政府又需要对其服务收费制定标准，实行限价政策。

进一步说，由于自然垄断行业大多与居民的日常生活和生产有着密切的关系，因此政府出于提供社会福利方面的考虑，常常对自然垄断行业的服务制定较低的价格。当企业的生产经营只能获得低利、微利时，企业和行业的发展往往需要依靠财政贷款的支持，而企业的亏损则需要财政补贴来弥补。

2．对于外部效应

由于产权的不确定性和外溢性计量的困难，利用市场机制进行外溢的补偿是不可能的。因而客观上要求政府财政介入外部效应的补偿。财政在解决外部效应问题时的一般做法包括以下两种。

（1）对于具有正外部经济效应的产品　通过对其予以财政补贴或减免税收等方式，使该产品的个人收益能够与其所产生的社会效益对等，鼓励该产品的生产经营者将生产经营规模扩大到正常水平，克服社会在该产品上配置过少的弊病。

（2）对于具有负外部经济效应的产品　一方面对其生产经营行为征税，使该产品的生产成本提高，以克服该产品在生产经营时，由于企业或个人负担的社会成本过低而导致社会资源过多地配置到这类产品的情况；另一方面，政府可以通过罚款等行政手段或法律手段对负外部效应进行严格管制。例如，每年 9 月 22 日开展的“世界无车日”，就是为了降低汽车尾气污染；另外，对于化工厂、造纸厂等可能排放污染物的企业，政府向其征收污染费或污染税，从而约束或改变污染物排放企业的负外部性行为。

3．对于公共产品

市场主体基于自身利益最大化的动机导致了公共产品供给上的“免费搭车”倾向，这使市场主体不能提供公共产品或者只能提供极少量的公共产品。但是市场经济的运行又离不开公共产品，因此绝大多数的公共产品只能由政府组织提供。

政府解决公共产品问题最重要的方式就是财政。一方面，从公共产品的供给上看，政府需要财政予以资金支持；另一方面，针对公共产品所固有的、通过市场方式无法有效解决的“免费搭车”现象，政府可以运用政治权力，对公共产品的需求者——社会公众征税，取得财政收入，并由此而获得公共产品的价值补偿。

4．对于信息不对称

信息不对称会造成整体市场经济存在道德风险与逆向选择的现象。市场机制的这种缺陷，只能由政府的公共经济活动加以解决。对于制造虚假信息给对方造成伤害的行为，政府可以提供有效的法律手段予以制裁；对于信息的不对称，政府可通过设计科学的制度，刺激竞争者对信息进行充分披露和有效传递。此外，政府还可以通过《中华人民共和国消费者权益保护法》（简称《消费者权益保护法》）、产品广告规范、直接提供有关产品安全和风险的信息，来提高人们对信息的甄别能力。

5．对于不完善的市场体系

完善的市场体系是市场机制得以有效发挥作用的前提条件，也是满足社会需求的基本要求。为了实现充分的竞争，优化资源的配置结构，政府必须介入不完全的市场领域，克服市场主体结构的不合理，克服要素市场结构的不平衡，纠正市场空间结构的不统一，最终实现适应与协调、刺激与创新、分配与监督的市场功能。

6．对于收入分配不公

这在客观上要求政府的公共经济活动介入全社会收入的分配领域，通过征收个人所得税、财产税和遗产税等，大幅度消减高收入阶层的收入和财产；同时通过实行社会福利政策，为低收入阶层提供各种补助和津贴，如社会保障支出、医疗保险等，把财政资金转移给社会低收入者。这样，在社会福利分布的高峰和低谷之间，通过削平峰尖、填补谷底的办法，缩小收入差距，缓解分配不公的状态。

7．对于宏观经济失衡

为了熨平经济波动，解决宏观经济失衡及由此直接导致的失业、通货膨胀和经济剧烈波动等问题，政府通常必须运用多种政策手段进行干预，而财政政策与货币政策则是其中最基本的两大政策工具。

当社会总需求明显超过总供给（经济过热）时，政府财政可以通过减少支出、压缩政府需求，或增加税收、减少非政府部门需求的方式来抑制社会总需求；当社会总供给明显超过总需求（经济萧条）时，政府财政可以通过增加支出、增加政府部门的需求，或通过减少税收、扩大非政府部门需求的方式来刺激社会总需求。只有社会总需求与总供给大体平衡，才能间接调控社会的就业状况、通货膨胀上涨的幅度和外汇收支的平衡状况等，才能尽可能地维持国民经济的稳定发展。

（五）政府干预的失效

尽管市场经济的运行需要政府干预，但政府干预并非总是有效的。特别是 20 世纪 70 年代后，各国政府对经济活动的干预产生了一系列社会问题，引发人们对政府干预失效问题的关注。政府干预失效是指政府的行政活动或对宏观经济的干预措施缺乏效率。

政府干预失效是客观存在的，无论是发达国家还是发展中国家，都存在着不同程度的政府干预失效，表现在诸多方面。

1. 政府提供的信息不充分甚至失真

政府提供的信息是多方面的，如经济形势判断、气象预报、自然灾害预测等，都是引导经济运行的重要信息，一旦失误，就会带来不可估量的损失。政府也可能不太了解民众的愿望，或误解了人们的行为，因此其提供的信息就可能不及时、不充分，甚至失真。

2. 政府决策失误

政府决策失误在大的方面包括发展战略和经济政策失误，在小的方面包括一个投资项目的选择或准公共产品提供方式的选择不恰当等。政府决策失误会造成难以挽回的巨大损失。

3. 寻租行为

寻租行为是指凭借政府保护而进行的寻求财富转移的活动，包括旨在通过引入政府干预或者终止政府干预而获利的活动：寻租行为的根源是政府。它的主要特征是不经过相应的生产劳动而将社会公众财富转移到一部分人手中。寻租从根本上是与劳动和公平原则相违背的，也是对公共资源的侵害和浪费。

4. 政府职能的“越位”和“缺位”

政府职能的“越位”是指应当而且可能通过市场机制办好的事情，政府却通过财政手段人为地参与，如政府热衷于竞争性生产领域的投资，这在一定程度上挤压了市场职能。政府职能的“缺位”是指应该由政府通过财政手段办的事情而财政没有办或者没有办好，如公共设施、义务教育、公共卫生、环境保护的投入不足等。这些都是政府干预失效或财政失职的表现。

三、市场与政府的关系

作为配置资源两种最基本的手段，市场与政府关系的争论贯穿于财政理论发展的整个过程，这是当代财政学的基本问题。从历史来看，市场与政府的关系曾先后出现过以下几种形态。

1.“守夜型”政府

持这种观点的人认为政府是一种不得已而设立的机构，应该尽量避免政府对经济和社会的干预，其核心主张是实行自由放任的经济政策。此理论的主要代表人物是亚当•斯密。他认为，“人们受着一只‘看不见的手’的指导，去尽力达到一个并非他本意想要达到的社会目的。他并不因为事非出于本意，就对社会有害。他追求自己的利益往往使他能比真正出于本意的情况下更有效地促进社会的利益。”因此，政府的规模应定位在“守夜型”政府上。

2．干预型政府

1929～1933 年资本主义世界经济危机时期，“守夜型”政府在面对经济大危机时的无能为力，为干预型政府被接受提供了机会。干预型政府理论认为政府是一种促进社会发展的积极因素，应充分发挥其对经济和社会发展的干预作用。此理论的主要代表人物是凯恩斯。凯恩斯认为要全面增强国家的作用，政府不该仅仅是社会秩序的消极保护人，更应该是社会秩序与经济生活的积极干预者，特别是要熟练和有效地利用政府的财政职能影响经济的发展。在危机的沉重打击下，西方各国就像抓救命稻草似的从“守夜型”政府一下转到几乎全面干预经济的政府。

3．适度型政府

20 世纪 70 年代后，在凯恩斯理论指导下的西方国家普遍遇到“滞胀”问题，政府和市场关系的争论再掀高潮。而此时有关政府和市场的争论已不再是要么否认市场、要么否认政府的两个极端主张。因为各个国家都认识到了，政府和市场是配置资源的两个最基本手段，政府和市场在一个国家的发展中都是被需要的。世界银行在 1997 年的发展报告中指出：以政府为主的发展必然失败，但缺少政府的发展也是如此——像索马里和利比亚这样政府崩溃的国家的人民遭受的痛苦十分清楚地表明了这样一个信息。历史反复地表明，良好的政府是非常必要的。没有一个有效的政府，经济和社会的可持续发展都是不可能的。

第二节　财政与财政学

一、财政现象

在现实经济生活中，几乎每个人都与财政有着各种各样的联系，通过各种方式、各种渠道与财政“打交道”。在我国，几乎所有的大型发电站、钢铁厂、煤矿、油田等国有大中型企业都是由政府出资兴建的。这些企业为国民经济提供了大量电力、能源、原材料等必要的产品，为整个国民经济的发展、人民群众物质文化生活水平的提高奠定了雄厚的物质基础。

在许多国家中，遍布全国的铁路、公路、桥梁，城镇的供水、排水、煤气，农村的大型水利工程、灌溉系统以及其他大型公共工程等社会生产和生活基础设施，大多数都是由政府财政投资兴建的。

因此，在现代社会中，我们每一个居民无论是作为政府公职人员，还是企业的职员、教师、工人、农民、军人，都应当对财政有基本的了解。

二、财政的产生

财政是社会生产力和生产关系发展到一定历史阶段的产物，是在剩余产品和私有制出现之后随国家的产生而产生的。

在原始社会，人类处于蒙昧时代，人口极其稀少，社会生产力极其低下，人们的生产工具非常落后，仅靠用粗陋的石器狩猎、捕鱼和采集野果为生，所获产品非常少，仅够维持生命的最低需要，因而，不可能提供剩余产品由社会组织集中使用。当生产工具逐渐变为金属器具之后，生产力得到一定程度的发展，剩余产品开始出现。人类在经历了三次社会大分工之后，由于社会的分工和商品交换的发展，剩余产品数量不断增长。此时生产者才有能力为社会公共需要提供集中使用的物质财富，社会公共需要才可能实现。因此，财政的萌芽和产生是由生产力发展水平决定的。社会生产关系的发展状况则是财政产生的直接原因。

在奴隶社会中，奴隶主阶级无偿地占有奴隶所创造的全部剩余产品。为了使奴隶继续为他们劳动，奴隶主用极少的生活资料来维持奴隶的生命，这种极端残酷的压榨和剥削行为，使奴隶和奴隶主之间的阶级矛盾和阶级对立十分尖锐。奴隶主为了维护本阶级的利益、镇压奴隶反抗、保持对奴隶阶级的剥削，必须建立强有力的政治统治。这就需要由一系列的权力组织，如军队、警局、法院、监狱等，以及为统治阶级利益服务的专职人员，组成一个权力统治机关，这就是国家。国家由统治阶级的政府机关组成，这些政府机关在自身的生存、发展和完成各自职能过程中需要消耗一部分社会财富，但国家机关的军政人员是不直接从事物资资料生产的，这些消耗的物质财富则要依靠公共权力强制无偿地取得。在国家运用公共权力强制无偿地占有一部分社会产品并分配给统治阶级政府机关的过程中，财政就产生了。由于国家的产生和需要，出现了贡赋、捐税及政府机关支出等最早的财政活动范畴，它们从社会经济分配中独立出来，成为以国家为主体的财政分配，即国家财政。

由此可知，财政的产生至少要有两方面的条件：一是经济条件，即生产力发展到有了相当数量剩余产品的水平；二是政治条件，即社会生产关系的私人占有制与社会公共需要之间存在巨大矛盾，国家出现。财政是伴随国家的产生而产生的。财政是为实现国家职能的需要，以国家为主体，凭借政治权力强制、无偿地参与社会产品的分配活动。

三、财政的定义

我国社会主义财政学说伴随着中华人民共和国的诞生而产生，并随着社会主义事业的发展而得到不断的深入和完善。经过 70 余年关于财政概念的探讨和争论，形成如下几种具有代表性的定义。

① 财政是国家为了满足实现其职能的物质需要，并以其为主体，强制地、无偿地参与社会产品分配的分配活动及其所形成的分配关系——“国家分配论”。

② 财政是一种物质关系，即经济关系，是随着社会生产的不断发展，在剩余产品出现以后逐渐形成的社会对剩余产品的分配过程——“剩余产品论”。

③ 财政是社会为满足公共需要而进行的分配活动，在国家存在的情况下，这种分配活动表现为以国家为主体的分配活动——“社会公共需要论”。

就现代财政而言，上述各种定义都同意：财政是一种国家（政府）行为；财政是一个分配范畴；财政活动是社会再生产活动的一个有机组成部分。

抛开学术界对财政所下的种种定义不说，在现实经济生活中，我们所能观察到的财政活动一般具有以下特点：

① 它是由政府所从事的一种经济活动；

② 财政活动主要表现为政府安排资金用于各项政府活动和其他有关经济活动，通过征税、发行公债等手段组织收入供政府及其有关部门使用；

③ 上述种种财政活动都是在政府统一安排和组织下进行的，即具有社会集中性的特点；

④ 政府从事这种活动的目的，是满足社会公共需要。

结合上述观察所得到的结果，对照学术界对财政所下的定义，本书给出下列财政定义：财政是政府为满足社会公共需要，以政府为主体对一部分社会产品进行的集中性分配，是社会经济活动的一个特殊的有机组成部分，是政府进行宏观调控的一个重要手段，是国家治理的基础与重要支柱。

四、什么是财政学

1. 财政学是经济学的一个重要分支

财政学与经济学有着密切的联系，前者是后者的一个重要分支，后者是前者的理论基础。经济学为经济研究提供基本的理论方法，而经济学的各个分支则是在这一基础上，着重从某一侧面来加深对经济的认识。

正是由于财政学和经济学之间存在这一关系，因此要很好地了解什么是财政学，就必须很好地理解经济学；只有搞清楚什么是经济学，并在此基础上弄清财政学与经济学之间的具体关系，才能搞清楚什么是财政学。

2. 经济学研究的基本要素

经过长时期的发展，经济学研究的内容和方法已大大丰富。总体来看，经济学优化税制结构，逐步提高直接税比重，完善地方税体系，坚持清费立税。它研究人们如何借助经济制度，最大限度地利用稀缺资源来最好地达到配置效率与分配公平两大经济目标。或者，更通俗一点说，经济学就是一门权衡之学，它考察的是人们在社会活动中得多少、失多少，以及如何尽可能地多得少失。用经济学的术语说，就是“成本——收益”计量。这构成了经济学作为一门社会科学的独特视角和分析方法，并以此为基础，将经济学与其他社会科学区别开来。

经济学探讨如何用有限的资源来满足人类无穷的欲望。

财政学是研究政府收支活动及其对经济运行所产生的影响的经济学分支，也称为公共经济学或公共部门经济学。

第三节　财政职能

财政职能是指财政作为国家政府分配社会产品、调节经济活动的重要手段所具有的职责和功能。财政职能是由财政本质决定的，财政职能的定位取决于政府职能的定位。在市场经济条件下，政府职责的基本领域是满足通过市场机制满足不了或满足不好的社会公共需要。

财政作为一种政府分配行为，应以市场经济下资源配置的市场方式与财政方式合理分工为依据，以维护市场合理性和纠正市场偏差、克服市场消极作用为前提，为满足社会公共需要和促进市场体系完善服务，重点是克服市场失灵，凡是市场机制能够发挥作用的领域，财政应该尽量少介入。与市场失灵的主要表现相对应，财政职能可以归结为 3 个方面：资源配置职能、收入分配职能、经济稳定与发展职能。

一、资源配置职能

1. 资源配置职能的含义

财政的资源配置职能是指由政府介入或干预，通过其本身的收支活动为政府提供公共产品、经费和资金，引导资源的流向，弥补市场的失灵和缺陷，最终实现全社会资源配置的最优状态。资源配置的核心是效率问题，因此财政的资源配置职能要研究的主要问题是：资源配置效率用什么指标来表示，如何通过政府与市场的有效结合来提高资源配置的总效率，以及财政在配置资源中的特殊机制和手段。

在实际生活中，各国政府通常是采用某些指标（如失业率和经济增长率）或由若干指标组成的“景气指数”来表示资源配置效率。我国当前主要是采用 GDP 增长率指标。GDP 增长率指标无疑存在某些缺陷，如 GDP 增长有可能不会带来居民福利和社会福利的提高等。但是，GDP 是按市场价格表示的一个国家的所有常驻单位在一定时期生产活动的最终成果，可以反映一个国家的经济总体规模和经济结构；反映一个国家的贫富状况和居民的平均生活水平；反映当前经济的繁荣或衰退，以及通货膨胀或通货紧缩的态势；等等。因此，对于以经济增长为主要目标的发展中国家来说，GDP 增长率指标仍是可取的。

2. 财政配置资源的目标

财政配置资源的目标是保证全社会的人力、物力和财力资源得到有效的利用，通过财政分配最终实现资源的优化配置，以满足社会及成员的需要。由于资源具有有限性，因此有必要对社会资源在各种可能的用途之间进行选择，尽可能使一切资源被有效利用，以获取最大可能的配置效益。其实现取决于市场失灵的程度、人们对政府的态度，以及对财政配置资源的成本与收益的比较。

3. 财政配置资源的范围

市场对资源的配置着眼于微观，属于低层次的配置，而政府财政对资源的配置着眼于宏观，属于高层次的配置。财政配置资源的范围为以下方面。

① 配置资源在社会公共部门，以提供社会所需要的包括国防、环保、水利、气象等在内的公共产品。

② 配置资源在具有准公共产品性质的教育、医疗、保健等部门。

③ 配置资源在基础产业诸如农业、原材料、交通运输、能源等部门，以及风险大而又难以预期收益的新兴产业、技术开发等。

4. 财政配置资源的机制和手段

我国财政配置资源的机制和手段包括以下几点。

① 在明确社会主义市场经济中政府经济职能的前提下，确定社会公共需要的基本范围，确定财政收支占 GDP 的合理比重，从而实现资源配置总体效率。

② 优化财政支出结构，保证重点支出，压缩一般支出，提高资源配置的结构效率。我国国民经济和社会发展战略规划，明确规定了当前对资源配置的要求：向农业、教育、社会保障、公共卫生和就业等经济社会发展的薄弱环节倾斜；向困难的地区和群体倾斜；向科技创新和转变经济增长方式倾斜；着力支持就业和再就业，完善社会保障，促进构建和谐社会；着力推动自主创新，促进经济增长方式的转变；着力加大转移支付力度，促进区域协调发展；着力支持改革，完善社会主义市场经济体制；着力加大财政保障力度，加强政权建设。

③ 合理安排政府投资的规模和结构，保证国家的重点建设。政府投资规模主要是指预算内投资在社会总投资中所占的比重，表明政府集中的投资对社会总投资的调节力度。而预算内投资结构和保证重点建设，在产业结构调整中起着重要作用，这种作用对发展中国家有着至关重要的意义。过去一段时间内，我国预算内投资占全社会投资比重过低，公共设施和基础设施发展滞后对经济增长形成了“瓶颈”制约，直到实施积极的财政政策以后，才大有改观。今后仍然必须从财力上支持具有战略性的国家重大建设工程。

④ 通过政府投资、税收政策和财政补贴等手段，带动和促进民间投资，吸引外资和对外贸易，提高经济增长率，提高财政资源配置本身的效率。对每项生产性投资的确定和考核都要进行“成本—效益”分析，对于公用建筑和国防工程之类不能回收的投资项目，财政拨款应视为这种工程的成本，力求以最少的耗费实现工程的高质量。我国近年来的编制部门预算、实行政府采购制度、实行集中收付制度、实行“收支两条线”制度等行为，都是提高财政资源配置本身效率的重大举措。

二、收入分配职能

（一）收入分配职能的含义

收入分配职能是指在国民收入的分配中，利用政府的公共经济活动调节政府、企业、个人占社会总产品的份额，改变国民收入在各分配主体之间的分配关系，从而在全社会范围内实现社会公平。

如果说政府公共经济参与资源的配置只是一个经济问题，而对收入的公平分配，则不仅是一个经济问题，而且是一个社会问题。作为一个经济问题，要求市场主体根据禀赋要素的投入取得市场收入的份额，多劳多得，少劳少得，不劳不得，即按劳分配或按资分配。作为一个社会问题，要求收入的差距在全社会范围内保持适度，否则将引起社会动荡，给市场经济的持续发展带来不安定的社会环境。

（二）公平的判断

收入分配的目标是实现公平。公平是一种主观价值判断，含有历史、道德的因素，公平的内涵至今仍然是理论界探讨的热点问题。公平包括两个方面的含义。

一是经济公平，即对所有社会成员参与经济活动的资格都一视同仁，所有社会成员都按同一规则参与经济活动，各人按照其对生产的贡献份额获取相应的收入份额。这种公平，实际上遵循的是市场原则，因此又称市场公平。市场公平体现市场效率的要求。

二是社会公平，即强调劳动成果在分配结果上的均等，遵循的是社会道德准则。但社会公平并不意味着收入的人人等额分配，而是在需要与可能之间进行权衡。因此，社会公平不是收入分配的平均主义，而是把收入差距控制在社会可以容忍的范围之内。贫富差距悬殊就是不公平，缩小贫富差距就是促进了公平。

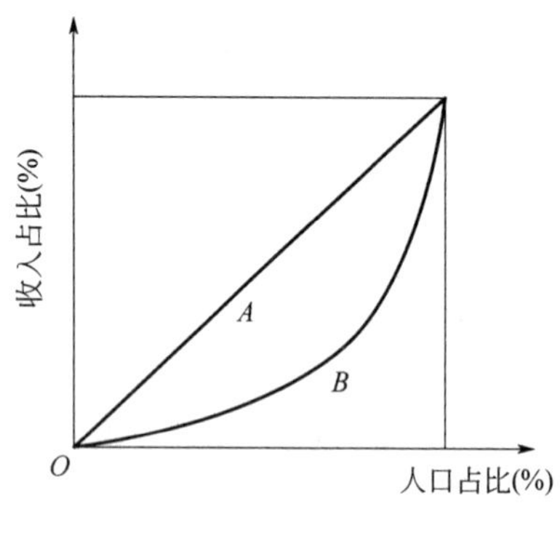

图 1-3　洛伦兹曲线

公平目标的实现，首先要基于对一个社会收入差异状况的了解以及对公平状态的判断，一般用基尼系数和恩格尔系数来衡量。

1．**基尼系数**

社会中的个人收入差距一般用基尼系数来衡量。基尼系数是在洛伦兹曲线的基础上计算出来的。洛伦兹曲线反映收入分配的公平程度，如图 1-3 所示。它表示的是收入所得者的占比（%）与所得收入占比（%）之间的关系。意大利经济学家基尼利用一个公式把洛伦兹曲线的思想比较精确地表示出来。

基尼系数=$\frac{A}{A+B}$。洛伦兹曲线 A 为“不平等面积”，$A+B$ 为“完全不平等面积”，不平等面积与完全不平等面积之比为基尼系数，即基尼系数=$\frac{A}{A+B}$，是衡量一国贫富差距的标准。

按照西方国家通行的标准：

① 0.2＜基尼系数＜0.3，收入分配相对平等；

② 0.3＜基尼系数＜0.4，收入分配状况较为合理；

③ 0.4＜基尼系数＜0.5，收入分配差距较大；

④ 基尼系数在 0.5 以上，则收入分配差距相当悬殊。

我国的基尼系数在 2016～2021 年间分别为 0.465，0.467，0.468，0.465，0.468，0.474。我国基尼系数 2008 年达到最高点 0.491 后，2009 年至今呈现波动下降态势，2020 年降至 0.468，累计下降 0.023。

2．**恩格尔系数**

恩格尔系数是用于判定人们生活水平高低或者贫富层次的指标。

$$恩格尔系数=\frac{全年的食品支出}{全年的消费性支出}$$

根据恩格尔系数划分贫富的标准：

① 恩格尔系数大于 0.6，贫困型；

② 恩格尔系数在 0.5～0.6，温饱型；

③ 恩格尔系数在 0.4～0.5，小康型；

④ 恩格尔系数在 0.2～0.4，富裕型；

⑤ 恩格尔系数小于等于 0.2，最富型。

我国的恩格尔系数在 2016～2021 年间分别为 0.301，0.293，0.284，0.282，0.302，0.298。

（三）财政收入分配的内容

1．调节个人之间的收入分配关系

在社会主义市场经济条件下，市场机制对个人收入的分配尽管能体现效率准则的要求，极大地调动劳动者的积极性，但却难以兼顾社会公平。由于人们所拥有的财产不同、劳动力不同，就业机会、竞争条件存在差异，市场分配的结果会形成投资者与劳动者之间、劳动者与劳动者之间、就业者与失业者之间、有劳动能力者与无劳动能力者之间收入份额的差距悬殊。这种悬殊不利于社会经济的稳步发展，而且又是市场机制本身所难以克服的，因而需要政府财政来协调，从而使对个人收入分配关系的协调成为财政调节收入分配职能的首要内容。

2．调节部门及产业间的收入分配关系

现代市场经济是以社会分工为基础的专业化协作经济。各部门、各产业之间相互依存，客观上存在着一定的比例要求，并相互牵制。但在现实生活中，由于各部门、各产业的特点不同，因此会引起经营成本及利润的差距。有些产业和部门会因其具有投入小、产出多的客观优势，而从市场分配中获取较多的收入；有些产业和部门则会由于其天然存在的投资大、见效慢等特点，而出现要素投入与所获报酬不对称的情况。按照市场法则，资源将流入收益率较高的部门和产业，进而破坏部门或产业间客观存在的比例关系。为了促进国民经济按比例健康发展，必须调节各部门和各产业的利润水平。

3．调节地区间的收入分配关系

地区间的均衡发展是经济发展和社会进步的重要标志。在市场经济条件下，按照要素投入与要素报酬对等的原则，经济条件不同的地区之间会形成收入分配不均等的情况，进而导致居住在不同地区的社会成员所享受的个人福利和社会福利差异悬殊，使生产要素流向收入高的地区，加剧地区间经济和社会发展的差距。这种差距的存在不符合资源优化配置、社会共同进步、人类福利普遍提高的要求。而市场又难以缩小这种差距，因此必须借助政府的力量，通过财政的调节收入分配职能来实现。

（四）财政收入分配的机制和手段

财政实现收入分配职能的机制和主要手段包括以下方面。

（1）划清市场分配与财政分配的界限和范围　原则上属于市场分配范围的，财政不能越俎代庖；凡属于财政分配范围的，财政应尽其职。例如，应由市场形成的企业职工工资、企业利润、租金收入、财产收入、股息收入等，财政不应干预，财政的职能是通过再分配进行调节。而对于医疗保健、社会福利、社会保障等，则应改变目前“企业办社会”的状况，由财政集中分配，实行社会化。

（2）规范工资制度　这是指由国家预算拨款的政府机关公务员的工资制度，以及相似政府机关的事业单位职工的工资制度。凡应纳入工资范围的收入都应纳入工资总额，取消各种明补和暗补，提高工资的透明度；实现个人收入分配的货币化和商品化；适当提高工资水平，建立以工资收入为主、工资外收入为辅的收入分配制度。

（3）加强税收调节　税收是调节收入分配的主要手段。例如，通过间接税调节各类商品的相对价格，从而调节各经济主体的要素分配；通过企业所得税调节公司的利润水平；通过个人所得税调节个人的劳动收入和非劳动收入，使之维持在一个合理的差距范围内；通过资

源税调节由于资源条件和地理条件而形成的级差收入；通过遗产税、赠予税调节个人财产分布；等等。

（4）采取转移性支出　如社会保障支出、救济金、补贴等，使每个社会成员得以维持基本的生活水平和福利水平。

（五）市场经济条件下的收入分配机制

在市场经济体制下，既然基础性资源配置是由市场完成的，那么，对于收入的分配来说，初次分配当属与此相对应的、以要素禀赋为基础的市场分配。但由于市场机制所实现的只是经济公平，因而要求政府介入收入分配领域，最终实现收入分配的社会公平。

1. 市场初次分配机制

要素禀赋分配指不同的当事人构成独立的生产单位内部的分配。在市场经济条件下，大量的分配是企业内部的分配，初次分配仅发生在微观领域，以效率为主，主要是工资收入。市场的初次分配一方面造成贫富差距过大；另一方面对没有生产能力的人不予照顾。同时，由于每个劳动者的初始状态不同，经济机会也不平等，因此又进一步造成低收入者的状况更加恶化，形成了“贫穷→无力接受良好的教育→低素质→低生产能力→低收入→贫穷”的恶性循环。

2. 财政再分配机制

禀赋差异、种族和性别公开歧视等原因的存在，使市场机制所完成的收入分配呈现不公平状态，因此需要政府执行收入再分配的职能。执行收入再分配职能的目的是缩小初次分配造成的巨大差距，防止两极分化，保证人民获得大致均等的发展机会和共享经济发展结果。

政府为了改善收入分配所采取的财政措施主要有以下几种。

① 采取“税收—转移支付”制度。这种制度将以支付能力原则为基础的税收政策和以受益能力原则为基础的转移支付制度有机结合起来。政府有权利用赋税的方式，从高收入者手中筹资，然后将其以补助金或救济金的形式转移给低收入者。

② 政府将征收累进所得税筹集的收入用于公共事业投资，以利于低收入阶层。

③ 对奢侈品课以重税，而对日用品进行补贴，以加重高收入者的负担，减轻低收入者的负担。

政府进行收入再分配的政策措施除了财政措施以外，还有非财政措施。政府对收入分配所采取的非财政措施主要有：以法律的形式规定最低工资标准；实行最低的生活标准，对符合最低生活标准的家庭给予财政补贴。

3. 第三次分配

第三次分配是对再分配的补充和完善，是指广泛调动各种社会力量和各方面的积极性，建立社会救助、民间捐赠、慈善事业、志愿行动等各种形式的第三次分配制度和机制。

三、经济稳定与发展职能

（一）经济稳定与发展职能的含义

经济稳定与发展职能也称宏观调控职能，是指政府利用公共经济活动，通过税收、公债、公共投资和转移支付等财政变量与其他经济变量协调配合，调节社会的需求与结构，使之与社会供给的总量与结构相适应，实现经济科学发展与社会和谐的最终目标。经济稳定包含多方面的含义，通常包括充分就业、物价稳定、国际收支平衡。

1. 充分就业

充分就业并非指可就业人口的百分之百就业。由于经济结构不断调整，就业结构也在不断变化，在任一时点上，总会有一部分人暂时脱离工作岗位而处于待业状态。这部分人经过一段时间培训后会重新走上工作岗位。因而，充分就业是指可就业人口的就业率达到了该国当时社会经济状况所能承受的最大比率。

2. 物价稳定

物价稳定也不意味着物价冻结，上涨率为零。应当承认，即使在经济运行的正常时期，物价的轻度上涨也是一个必须接受的事实，而且有利于经济增长；相反，物价长时间低迷并不利于经济的正常运行。所以，物价稳定是指物价上涨幅度维持在不至于影响社会经济正常运行的范围内。一般来说，年度物价上涨幅度在3%以下就可以认定为物价稳定。

3. 国际收支平衡

国际收支平衡是指一国在国际经济往来中维持经常性项目收支（进出口收支、劳务收支和无偿转移收支）的大体平衡。国际收支与国内收支是密切联系的，国际收支不平衡同时意味着国内收支不平衡。

经济稳定是动态的稳定，是经济适度增长的稳定。经济稳定与经济增长是相辅相成的，经济稳定是经济增长的前提，为经济增长提供良好的环境。而适度的经济增长又为经济稳定打下了良好的物质基础。因为只有实现了经济增长，创造出更多的社会财富，才能更好地满足社会需要，进一步实现社会的稳定。因此，经济增长成为发展中国家的主要宏观经济目标。对于任何经济体制，经济的稳定和发展都是政府所希望实现的目标。政府会通过各种财政手段来影响和调控经济，以实现经济稳定和发展的目标。

（二）经济稳定与发展职能的目标

经济稳定与发展职能的目标是保持劳动力的充分就业、物力资源的充分利用、稳定的物价、有利的国际收支和适度的经济增长。

（三）经济稳定与发展职能的内容

由于宏观经济运行中的矛盾都集中表现为社会供求总量和结构的矛盾，因此，经济稳定与发展职能的内容主要包括以下两个方面。

1. 调节社会总供求关系，实现经济总量平衡

实现经济总量平衡，就是要熨平经济波动，消除经济过热和萧条的不正常状况，使经济增长保持稳定和持续的状态。因此，财政对经济增长过程中的稳定和协调就是要在总需求大于总供给、经济发展过热时，抑制社会总需求，以减缓经济增长的速度，使经济增长速度保持在资源条件可能的限度内；而在总需求小于总供给，经济萧条、市场疲软时，要刺激社会总需求，以调动闲置资源，推动经济的增长。通过调节社会总供求关系，进而对经济总量和增长速度进行调节，是经济稳定与发展职能的首要内容。

2. 调节供求结构，实现经济结构平衡

经济总量平衡往往要以经济结构平衡为前提，因为这两者之间存在着密切的内在关联。

经济结构平衡可以创造出适宜经济发展的供给品，从而为经济总量平衡提供良好的供给条件；同时，经济结构平衡本身便意味着社会需求与供给之间的相互适应，这也是经济总量平衡的重要标志和表现。反过来说，经济结构失衡会导致供给结构相对于需求结构的不适应，这经常成为经济波动的重要诱因。

（四）经济稳定与发展职能的机制和手段

我国财政实现经济稳定与发展职能的机制和手段主要包括以下两个方面。

1. 自动稳定器

自动稳定器指通过财政制度的建设，发挥财政的“内在稳定器”作用。具体表现在两个方面：

一是在财政收入方面，如运用个人所得税的累进税率。当经济过热时，人们的收入普遍增加，由于实行累进税率，人们的收入会自动适用较高的税率，税收明显增加，从而可以部分抑制人们的购买能力，使经济降温，防止通货膨胀的发生。相反，当经济萧条时，人们的收入普遍下降，人们的收入会自动适用较低的税率，税收明显减少，从而对经济的复苏和发展起到刺激作用。当然，这种作用的发挥是以所得税作为主体税类且个人所得税所占比重也很大为前提的。因此，目前在我国来看，自动稳定器的作用还是很小的。

二是在财政支出方面，如运用转移性支出，特别是建立社会保障制度中的失业救济金制度。当经济繁荣时，人们的收入普遍增加，失业人数减少，领取失业救济金的人数自然减少，救济金的支出也就减少了，从而财政的转移性支出会自动压缩，对经济过热起到抑制作用；相反，当经济不景气时，财政转移性支出就会自动增加，从而刺激经济的复苏与升温。

值得指出的是，财政制度所具有的这种自动稳定经济的作用，受到各国制定的收支制度的制约，对经济周期性变动的稳定一般只能起到微调作用。当经济出现大的波动时，还需要政府采取相应的财政政策手段加以调节。

2. 相机抉择

社会总供给与总需求的大体平衡是经济稳定目标的集中体现，当社会总需求与总供给不平衡时，就需要政府运用相应的财政政策，调节社会总供求关系，促进社会总供求的平衡。通常来说，当社会总需求大于总供给时，可以实行紧缩性财政政策，具体表现为减少财政支出和增加税收；当社会总需求小于总供给时，可以实行扩张性财政政策，具体表现为增加财政支出和减少税收。在此过程中，财政收支发生不平衡是可能且允许的。由于针对不同的经济状况而采取不同的财政政策，因此，这种做法被称为相机抉择的财政政策。

近年来，我国采取了多种相机抉择的财政政策，例如，一方面通过投资、补贴和税收等多方面的安排，加快农业、能源、交通运输、邮电通信等基础产业的发展，消除经济中的“瓶颈”并支持第三产业的兴起，加快产业结构的转换，保证国民经济稳定与高速发展；另一方面为了保证非生产性的社会公共需要，为经济和社会发展提供安定的环境，我国提高治理污染、保护生态环境及文教科卫支出的增长速度，同时完善社会福利和社会保障制度，使增长与发展相互促进、相互协调，避免出现“有增长而无发展”或“没有发展的增长”现象。

本章思考题

① 市场失灵和政府失灵各表现在哪些方面？

② 私人产品与公共产品的划分标准是什么？

③ 政府与市场在资源配置方面是如何分工的？

④ 如何从财政的起源考察财政的概念？

⑤ 财政学科的性质是什么？

⑥ 如何看待财政改革中的经济利益关系和公共性？

⑦ 如何表述财政职能才是科学的？

⑧ 简述本书表述的财政职能。

第二章 财政收入

第一节 财政收入概述

一、财政收入的含义

财政收入表明政府获取社会财富的状况。它是政府为实现其职能的需要，在一定时期内以一定方式取得的可供其支配的财力。

财政收入的含义：政府通过一定的形式和渠道筹集起来的资金，就是财政收入。

社会物质财富是财政收入的实质内容，但在不同的历史条件下，财政收入的形态存在很大的区别。在商品货币经济获得充分发展以前，财政收入主要以劳役和实物的形态存在。

随着商品货币经济的逐步发展，尤其是在资本主义经济制度出现以后，财政收入一般以货币形式取得。在现代社会，财政收入均表现为一定量的货币收入。

政府取得财政收入主要凭借公共权力，包括政治管理权、公共资产所有或占有权、公共信用权等。其中，政治管理权是取得财政收入最主要和最基本的形式，这决定于政府供给的公共商品性质。公共商品消费的非竞争性、非排他性使公共商品的供给无法采用经营性方式进行，因而只能凭借政府的政治管理权对社会成员课征收入来补偿公共商品的成本。凭借政府其他权力取得的收入则随政府活动的内容、范围、方式和需要的变化而变化。

二、财政收入的分类

财政收入是一个复杂的体系，为便于分析，有必要按一定的标准对财政收入加以分类。

1．按财政收入的形式分类

这是以财政收入的形成依据为标准划分的财政收入类型。收入依据不同，其表现形式也不同，一般有税收、国有资产收益、公共收费和其他收入等形式。税收收入的形成依据是国家的政治管理权，在财政收入中占主导地位，它为政府的经常性支出提供基本的资金来源，同时也是政府实施经济管理和调控的重要手段。其他形式的财政收入统称为非税收入，各有其特定的形成依据，反映着不同的收入关系。除在本章简要介绍国有资产收益外，在以后的几章中，将根据财政收入的形式分类，分别讨论税收、公共收费等问题。至于“其他收入”，主要是指捐赠、罚没等偶然和零星收入，本书不做具体论述。

2．按财政收入的来源分类

从总体上看，财政收入来源于国民生产总值，而国民生产总值是由不同的单位、部门和地区创造的。按财政收入的具体来源进行分类，有助于充分认识财政与经济的关系，把握经济活动及其结构对财政收入规模及构成的决定作用，以及财政收入政策对经济运行的影响。按财政收入来源对财政收入进行分类可以选择不同的标准：一是以财政收入来源的所有制结构为标准，分为国有经济收入、股份制经济收入、私营经济收入、个体经济收入等；二是以财政收入来源的部门结构为标准，可分为工业部门收入、农业部门收入、商业部门收入和其他部门收入等，同时也可分为第一产业收入、第二产业收入、第三产业收入等；三是按财政收入来源的地区结构，分为各区域或行政区划提供的财政收入。

3. 按财政收入的管理要求分类

依据财政收入的不同管理要求，可分为预算内财政收入和预算外财政收入。预算内财政收入是指列入政府一般预算中的财政收入；预算外财政收入即为置于政府一般预算以外单独管理的财政收入。

预算外财政收入的内涵和范围在各国并不完全相同。如美国的预算外财政活动是按法律规定不包括在政府预算总额中的财政活动，如社会保障信托基金、邮政服务收支等。这些所谓“预算外的财政活动”均限定在特定的领域，并有反映其收支状况的相对独立的预算，在必要时也可以与政府预算合并。

中国的预算外财政收入是指按国家财政制度的规定，可以不纳入预算管理，由各地区、各部门或单位自收自支、自行管理的财政资金。相对而言，中国的预算外收入范围较广，规模较大，资金较分散，管理要求较低，每个政府部门或单位几乎都掌握一定数额的预算外资金，这不利于对政府收入的规范管理。近年来，还出现了所谓“制度外”财政收入，主要是由政府部门的非政策性收费、摊派、集资形成，在性质上是既不属预算内也不属预算外的财政性收入，从而进一步扩大了财政非预算资金的范围和规模。

第二节 财政收入规模

一、衡量财政收入规模的指标

财政收入规模是一定时期内（通常为一年）财政收入来源的总量。财政收入规模的大小，可以采用绝对量和相对量两类指标来反映。前者适用于财政收入计划指标的确定、完成情况的考核以及财政收入规模变化的纵向比较，后者适用于衡量财政收入水平、分析财政收入的动态变化以及对财政收入规模进行纵向和横向的比较分析；前者适用于静态和个量分析，后者适用于动态和总体分析。

衡量财政收入规模的绝对量指标是财政总收入，主要包括中央和地方财政总收入、中央本级财政收入和地方本级财政收入、中央对地方的税收返还收入、地方上解中央收入、税收收入等。财政收入的绝对量指标，具体反映了财政收入的数量、构成、形式，是用来衡量财政收入规模的相对指标，反映政府对一定时期内新创造的社会产品价值总量（即国内生产总值 GDP）的集中程度，又称为财政集中率（K）。这一指标一般表示为：

$$K = \frac{\mathrm{FR}}{\mathrm{GDP}} \times 100\%$$

其中，FR 表示一定时期内（一年）的财政收入总额。它可以根据反映对象和分析目的的不同，运用不同的指标口径，如中央政府财政收入、各级政府财政总收入、预算内财政收入、预算内和预算外财政总收入等，常用的是各级政府预算内财政总收入。同样地，式中的国内生产总值也可运用不同的指标口径，如国民收入、国民生产总值等。

财政收入的相对指标具有较强的分析意义。

具体来说，决定财政收入占 GDP 比重的主要因素包括经济发展水平、科学技术水平、分配体制和分配政策、价格水平、税收制度等。

二、影响财政收入规模的因素

表 2-1 选列了部分国家财政收入占 GDP 的比重和人均 GDP。

表 2-1　部分国家财政收入占 GDP 的比重和人均 GDP 选列

项目	法国	瑞典	加拿大	美国	日本	韩国	泰国	印度尼西亚	苏丹
财政收入占 GDP 的比重/%	54.9	49.9	37.8	32.9	31.3	23.3	21.6	17.1	10.8
人均 GDP/万美元	4.39	5.79	5.19	5.48	3.96	2.48	0.57	0.35	0.22

资料来源：国际货币基金组织 2013 年 4 月公布的数据。

从表 2-1 选列的国家财政收入占 GDP 的比重可以明显看出，财政收入占 GDP 的比重，高度发达国家高于次发达国家，次发达国家高于发展中国家，而发展中国家偏低；还可以看出，发达国家之间也存在较大的差距。比如瑞典和美国的人均 GDP 大体相当，但财政收入占 GDP 的比重却相差 17 个百分点。这里则反映了两国不同的国情所形成的资源配置的集权与分权关系，即资源配置模式的不同。瑞典是世界上福利最高的国家之一，堪称“斯堪的纳维亚社会福利模式”，是集中性资源配置的典型。瑞典的国土面积约为 45 万平方公里，人口只有约 968 万人。拥有丰富的自然资源，而且早已形成完整的工业体系，是世界上最富裕的国家之一。在经济发展的同时，逐步建立了一套被称为“从摇篮到坟墓”或“从胎儿到天堂”的社会保障制度。高福利自然要依靠较高的财政收入占 GDP 的比重来支撑。而经济发达又是财政收入占 GDP 比重较高的基础性因素。但是，高福利和高税率是相伴的，而高税率和高福利必然导致居民安于休闲，缺乏创新和发展的动力。因此瑞典模式的高福利制度势必要通过改革有效地解决高福利与经济发展的关系问题，否则，经济发展乏力，政府不堪重负，高福利也就不能持久，甚至会出现危机。归根到底，这仍是经济发展问题。

财政收入的增长率和财政收入占 GDP 的比重是国民经济的两项重要综合指标，是国民经济发展的晴雨表。两项指标动态综合地体现了我国经济体制改革的历程和政府政策的效应（表 2-2）。

表 2-2　改革开放后我国财政收入的增长率及财政收入占 GDP 的比重　　单位：%

项目	1978 年	1980 年	1995 年	2010 年	2013 年	2014 年	2015 年	2016 年	2017 年	2018 年	2019 年	2020 年	2021 年
财政收入的增长率	29.5	1.2	19.6	21.3	10.2	8.6	5.8	4.5	7.4	6.2	3.8	-3.9	10.7
财政收入占 GDP 的比重	30.8	25.3	10.2	20.1	21.7	21.8	22.1	21.4	20.8	20.3	19.21	18.0	17.71
GDP 增长率	11.7	7.8	11.0	10.4	7.7	7.4	6.9	6.7	6.9	6.6	6.1	2.3	8.1

资料来源：历年国民经济和社会发展统计公报公布的数据。

表 2-2 显示了我国财政收入增长和财政收入占 GDP 比重的变动趋势。从总体上说，可以分为三个阶段：改革开放初期、经济高速增长时期和经济发展新常态时期。前两个时期二者的变动趋势是相同的，即先降后升。财政收入的增长率由 1978 年的 29.5%降为 1995 年的 19.6%，17 年间下降了 9.9 个百分点，而财政收入占 GDP 的比重由 1978 年的 30.8%降为 1995 年的 10.2%，下降幅度更大，17 年间下降了 20.6 个百分点。从 1996 年开始回升，财政收入的增长率到 2010 年回升到 21.3%，财政收入占 GDP 的比重到 2010 年回升到 20.1%。进入经济发展新常态时期，二者则呈现出新的变动趋势，即财政收入的增长率趋于下降，但由于财政收入的增长率是与 GDP 增长率相伴下降的，因而财政收入占 GDP 的比重维持基本稳定。2019 年和 2020 年是特殊时期：2019 年我国实行新的税收政策，将养老、子女教育、住房贷款等纳入减税范围，同时将个人税收起征点由 3500 元提高到 5000 元，导致税收相对减少，财政收入占 GDP 的比重下降到 20%以下，但仍然达到 19.21%；2020 年新冠疫情与全球贸易紧张局势产生叠加影响，严重冲击了一季度中国和世界的经济，2020 年我国经济增速放缓至 2.3%，财政收入增长-3.9%。

谋求财政收入的增长，通常是一国政府财政活动的重要目标之一，尤其是在公共需求范围日益扩大的现代社会，保证财政收入增长更为各国政府所重视。但财政收入能有多大规模，能以何种速度增长，不是或不完全是以政府的意愿为转移的，它受各种经济和社会因素的制约和影响。这些因素主要有以下方面。

1．经济技术因素

经济发展水平和技术进步是决定财政收入规模的基础。两者之间是“源”和“流”的关系：前者是源，后者是流，源远则流长。一国的经济发展水平主要表现在人均占有 GDP（国内生产总值）上，它表明一国生产技术水平的高低和经济实力的强弱，反映一国社会产品的丰裕程度及其经济效益的高低，是形成财政收入的物质基础。一般来说，随着经济发展水平的不断提高、国民收入的不断增长，该国的财政收入规模也会不断扩大。如英国、法国、美国等西方主要国家，19 世纪末财政收入占国内生产总值的比重一般为 10%左右，而到了 20 世纪末，则上升到 30%～50%。从横向比较来看，经济发展水平较高的发达国家的财政收入水平一般高于经济发展水平较低的发展中国家。根据相关数据计算，目前低收入国家的财政集中率平均为21%，中等偏下收入国家平均为25.7%，中等收入国家平均为28.2%，高收入国家平均为39.5%。

从推动经济发展的因素来看，技术进步的提高起着关键的作用。技术进步对财政收入规模的影响可从两个方面来分析：一是技术进步加快了生产速度，提高了生产质量，增加了国民收入，从而使财政收入的增长有了充分的财源；二是技术进步降低了物耗比例，提高了人均产出比率和社会剩余产品价值率。由于财政收入主要来自剩余产品价值，所以技术进步对财政收入规模的影响更为明显和直接。

2．收入分配政策和制度因素

在经济发展水平和技术进步既定的条件下，一国的财政收入规模，还取决于收入分配政策和其他制度因素。一般说来，实行计划经济体制的国家，政府在资源配置和收入分配上起主导作用，并会采取相应的收入分配政策使政府在一定的国民收入中掌握和支配较大的份额，从而有较大的财政收入规模，例如前苏联、前东欧国家以及改革开放前的中国。而实行市场经济体制的国家，政府活动定位于满足公共需要，市场机制在资源配置及收入决定中发挥基础性作用，收入分配政策的选择和实施以弥补市场缺陷为主，财政收入规模就相对较小。

即使在经济发展水平相当的国家，政治、社会、经济制度等方面的差别，也会造成财政收入规模的差异。因为不同的制度对政府职能和作用的要求不同，必然影响财政在整个国民收入分配中的份额。

此外，在国家基本制度制约下的产权制度、企业制度以及劳动工资制度等都会对财政分配政策和收入制度产生影响，从而引起财政收入绝对规模和相对规模的变动。

3．其他因素

（1）价格因素　由于财政收入是在一定价格体系下形成的货币收入，价格水平及比价关系的变化必然会影响财政收入规模。在经济发展水平、财政分配制度以及其他因素保持不变的条件下，价格水平的上涨会使以货币形式表现的财政收入增加，价格下降则使财政收入减少。这实际上是由价格水平的上涨或下跌引起的财政收入虚增或虚减。此外，当商品的比价关系向有利于高税商品变动时，财政收入会有更快的增长，反之则会降低财政收入的份额。

（2）特定时期的社会政治环境因素　特定时期的社会政治状况也会引起财政收入规模的变化。如在发生内外战争时，国家必须动员各种财力以稳固政权或维护国家利益，因而财政收入规模会急剧扩大。

第三节　财政收入结构

一、财政收入的形式结构

财政收入的形式结构反映政府以税收和各种非税方式取得财政收入的构成状况。对财政收入进行形式结构分析，除了能充分把握财政收入的主导形式外，还有助于深入了解各种收入形式的地位与作用。

（一）税收

在市场经济条件下，税收是财政收入的主要形式。在发达国家，税收一般占政府经常性预算收入总额的 90%以上，是公共资金的主要来源。中国在向市场经济转轨的过程中，税收收入占政府预算收入的比重迅速上升，特别是在 1983 年、1984 年实行两步“利改税”后，税收收入即成为预算收入的基本形式，占政府预算收入的比重目前已达 95%左右。

（二）国有资产收益

1．国有资产收益的内涵

国有资产是国家依据法律取得的，或由于资金投入、资产收益、接受馈赠而取得的财产和债权的总称。国有资产的概念有广义和狭义之分。广义的国有资产是指包括一国境内和境外的属于国家所有的一切资产，既包括国家依据法律取得的，或通过各种投资方式在国内外形成的经营性和非经营性资产，也包括属于国家所有的土地、森林、矿藏、河流、海洋等自然资源，还包括国家所有的版权、商标权、专利权等无形资产。狭义的国有资产是指经营性的各类企业中产权属于国家所有的资产。

国有资产主要通过以下几种途径形成。

（1）以全民所有制为主体由预算内和预算外资金投资形成的资产　其中包括：中央、地方、国有企业及其主管部门对国民经济各行业、各部门的生产经营性投资积累所形成的资产；以全民所有制名义负债获得的净资产；国家财政对非生产性的国家行政机关和全民所有制事业单位的拨款所形成的资产等。上述资产都属全民所有制性质，应为代表全民所有制的国家所有。

（2）根据国家主权原则自然占有的经济资源所形成的国有资产　如领土、领海、领空及其所属的一切自然资源（矿藏、水流、森林、山岭、草原、荒地、滩涂等）。这些资产既可以由国家直接利用，也可以在确保国家所有权的前提下，根据提高资源利用效率的需要，准予各种组织和个人在国家法律规定的范围内有偿或无偿使用。

（3）国家依据法律无偿占有的资产　主要包括：根据国际惯例，在对外关系中由得到的馈赠、援助、转让等转化形成的国有资产；根据国家法令，取得以国家为对象的捐款、转让等所形成的国有资产；依法没收、接管、索取国内外单位和个人资财而形成的资产，如没收非法所得，接管无主资产等；根据所有权再生产的原则，上述国有资产的附着物（例如土地上生长的原始森林等）、伴随物（如商誉等）、孳息物（如资产溢价和自然增长、资产收益及其再投资等）。

2．国有资产收益的形式

依据不同的来源，可从三个方面考察国有资产收益的具体形式。

（1）来自国有企业和国有股权的资产收益形式　这属于经营性和投资性收益，主要包括：①对国家直接经营的国有企业和实行资产经营责任制的国有企业采取利润上交形式；②对实行承包经营责任制的企业采取承包或资产占用费形式；③对实行租赁经营方式的国有企业实行租赁费形式；④在实行股份经营的企业中对国有股权采取股利形式（主要包括股息和红利两部分）；⑤国有资产处置、变卖、溢价收入；⑥国有股权转让取得的收入；等等。

（2）来自资源性国有资产的收益形式　主要包括：①国有土地使用费，即国家在出让国有土地使用权时向土地使用者收取的费用，由绝对地租、级差地租、土地投资及其利息构成；②国家资源管理收入，即国家对开采国有矿藏等资源的部门、企业或单位收取的管理费用，如沙石管理费、矿石管理费等；③中外合资企业场地使用费收入，即中外合资企业因使用中国土地及其附属设施而缴纳的费用。

（3）国有资产收益的其他形式　主要有依法没收资产收益、接受无主资产收益、接受赠予资产收益等。

3．国有资产收益的管理

国有资产收益管理，主要是指参与国有企业交纳所得税后的利润分配决策，负责监缴资产收益和管理收益的再投入，管理各类企业的国有资产收益和收益的再投资。国有资产收益管理是保证国家所有权实现的重要环节。

来自国有企业和国有股权的国有资产收益在全部国有资产收益中占主导地位。正确管理这部分国有资产收益，对于优化国有经营性资产的配置、增强国有企业的整体活力、促进社会生产力发展等都具有十分重要的意义。

国家集中的国有资产收益是国家财政资金的重要来源，应纳入政府预算，主要用于国有资本再投资，调整产业结构，补充国有资本金，科技开发投入，增购有关股份公司股权及购买配股等。

（三）公共收费

通过公共收费取得部分财政收入是各国通行的做法。合理的公共收费不仅有助于补偿政府的资金耗费，而且有利于公共费用的合理分担，并促使公共资源有效利用。公共收费与地方政府的活动有较多的联系，因为公共收费是政府的一种准市场行为，而地方政府的服务供给与受益者的联系更直接，可以较多地使用这一收入手段。如美国州及地方政府收费性收入占财政收入的比重通常达到15%左右，而联邦政府的收费性收入一般不超过10%。在中国，反映在预算内的公共收费（包括基金收入）规模并不大，但由各种政府性收费尤其是地方政府收费组成的预算外和制度外资金规模较大。

（四）公债收入

无论是税收、公共收费还是国有资产收益，都属于财政的“现时”收入。当这种“现时”收入无法满足“现时”支出需要时，就有必要预支“未来”的收入。预支“未来”收入的主要形式就是发行公债。公债通常被视为一种非经常性财政收入，主要用于弥补财政收支的缺口。

在现代经济生活中，公债发行的规模不仅取决于一般财政收支的状况，更重要的是取决于宏观经济调控的需要。因此，公债收入规模会呈现一定的波动性，即根据财政支出（包括偿债支出）或调控需要的不同而起伏。一般来说，当政府债务收入比重较高时，说明财政状况较差或财政宏观调控力度加大；相反，则说明财政状况较好或财政宏观调控力度减弱。

二、财政收入的所有制结构

财政收入的所有制结构是指不同经济成分提供的财政收入的比重及其变化情况。通过对财政收入的所有制结构进行分析，有助于说明国民经济所有制构成及其变动对财政收入规模和结构的影响，从而采用相应的符合经济发展要求的财政收入政策。

显然，一个国家财政收入的所有制结构直接取决于该国的所有制结构。对于私有制经济占主体的国家而言，私有经济是国家经济的基础，也是财政最主要的收入来源；而对于公有制经济占主体的国家，公有制经济，尤其是国有经济就成为财政收入的主要来源。如在中国，国有经济是国民经济的主导，财政收入有相当部分来自国有经济，因此国有经济的运行及其效益状况对财政收入规模有重大影响。

三、财政收入的部门结构

财政收入的部门结构主要反映国民经济各部门为政府提供收入的情况。对财政收入的部门结构可以从两个角度进行分析：一是按传统的部门划分方法分析工业、农业、商业、交通运输业、建筑业、服务业等部门提供财政收入的情况；二是按现代的部门划分方法分析第一产业、第二产业和第三产业提供财政收入的情况。这种分析不仅说明各经济部门对财政收入的贡献及贡献程度，而且能充分认识经济部门结构变动对财政收入的影响，把握财源建设的重点领域及其方向。

财政收入的部门结构与经济中的部门结构具有直接联系。在一般的农业国家，农业经济比重较高，财政收入主要由农业部门提供。随着工业化的不断推进，工业部门提供的财政收入会相应增加，并成为财政收入的主要来源。在工业化走向现代化的过程中，商业服务业等第三产业会有更快的增长，其提供财政收入的比重也会迅速上升。

在一定的经济结构状况下，财政收入的部门构成还与价格体系和收入政策有关，典型的是农业。农业是国民经济的基础，如果没有农业的发展，其他部门的发展及所能提供的财政收入都将受到制约。从这个意义上说，农业也是财政收入的基础。但农业从整体上看属于“弱质”产业，农产品在商品交换中也往往处于弱势地位。因此，农业创造的价值通常会有一部分转移到工业或其他部门。在这种情况下，财政来自农业的账面收入就会低于其实际贡献程度。

现代的部门结构分类与传统的部门分类所依据的标准不同，但又相互交叉。一般认为，第一产业相当于农业（包括种植业、养殖业和渔业）和采掘业，第二产业相当于加工业和建筑业，第三产业相当于上述部门以外的其他部门。把国民经济分为第一产业、第二产业和第三产业是国际通行的做法。从国际比较来看，在发达国家，第三产业创造的价值占 GDP 的比重已达 60%以上，提供的财政收入占全部财政收入的 50%以上。目前，中国的第三产业还不够发达，但增长较快，占 GDP 的比重已超过 30%，成为政府越来越重要的财源。

四、财政收入的地区结构

财政收入按来源地的不同可以分为不同地域或行政区划提供的财政收入。从这一角度分析财政收入结构，有助于了解财政收入的地域分布状态。如一定量的中央财政收入来自各地区的比例、不同行政区划财政收入规模或水平的对比状态等。这种分析是认识区域经济差异和财政差异的重要途径，也是制定区域经济发展战略和财政分配政策的重要依据。

由于受历史机遇、地理条件、人口素质、经济政策及其他因素的影响，必然产生地区经济发展的不平衡，因此一国各地区的财政收入规模和结构必定存在差距。在中国，按东部、中部、西部三个地带划分，东部地区的财政收入水平明显高于中西部地区，而西部地区的收入水平最低。据测算，中央财政收入的70%以上来自东部地区。

地区间的经济发展和财政收入水平差距过大，既不利于资源的有效利用和收入的公平分配，也不利于社会政治局面的稳定。因此，各国大都采用税收、政府投资、转移支付等手段来促进经济落后地区的开发，协调区域经济发展。如在中国实施的西部大开发战略，对于逐步缩小东西部地区之间的经济和财政收入差距都具有重大意义。

财政收入结构分析还可以从其他角度进行，如按财政收入是否纳入政府预算管理划分，可以分析预算内与预算外收入的关系；按财政收入级次划分，可以分析中央财政与地方财政以及地方各级财政的关系，等等。这些分析均有其特定的意义和作用。

本章思考题

① 分析各产业部门与财政收入的关系。

② 如何确定财政收入的规模？

③ 分析我国财政收入增长变化的趋势。

④ 为什么说经济发展水平和科学技术水平对财政收入规模起决定性作用？

⑤ 如何判断我国改革开放以来分配体制和分配格局变化对财政收入增长趋势的影响？

⑥ 分析和评估我国当前的财政收入规模水平。

⑦ 试述实施大规模减税降费的背景及其重大意义。

第三章
税收原理

第一节　税收概述

一、税收的本质与特征

（一）税收的本质

税收是国家为了实现其职能，以政治权力为基础，按预定标准向经济组织和居民无偿课征而取得的一种财政收入。税收与国家有着内在的联系，国家是税收征收的主体，税收征收办法由国家制定，征税活动由国家组织，税收收入由国家掌握和支配。国家征税凭借的是政治权力，这与国家凭借公共权力中的其他权力取得收入是不同的。国家以资产所有或占有权、交易参与权、信用权为依据也可以取得收入，但这些权力统归为经济权，其收入的性质与以政治权力为基础的税收有根本区别。前者属于经营性、交易性或有偿性收入，后者为强制性、无偿性收入。国家征税的目的是补偿其在提供公共商品过程中必要的人力、物力耗费，同时利用税收对国民经济活动的广泛影响引导资源配置和调节收入分配。

税收是一个古老的财政范畴，它随国家的产生而产生，并随着国家的发展而不断得以完善，发挥着日益重要的作用。实际上，国家征税和公众缴税是社会成员分摊和负担生产与提供公共商品费用的形式。在人类社会形成的初期，由于公共活动的规模较小，这种分摊行动具有偶然性和非规范性。随着人类社会的发展和公共活动规模的扩大，由社会成员分摊公共费用成为一种经常性的需要，从而税收就成为以法律形式体现，由政府专门实施的规范化的筹集公共费用的方式。正如马克思所说的："捐税体现着表现在经济上的国家存在。"

从征收形式来看，税收经历了从实物税、劳役税到货币税的发展过程。在自然经济条件下，税收主要来自农业收入，以实物形式为主。作为生产主体的农民要向国家交付土地税、人头税等，此外还要服劳役，即无偿地向国家提供劳务，如修路、建筑军事工程和宫殿等。

随着商品经济的发展，货币关系逐步深入到社会经济生活的各个方面，以货币形式的课税逐渐替代了传统的以实物、劳役形式的课税。从税收类型来看，农业社会的税收主要是直接税，如土地税、人头税等，随着商品货币经济的发展，以交易额为对象课征的间接税逐渐成为主导性的税类，如销售税、关税等。但在现代资本主义国家，为避免税收对市场活动的过度干预和缓解收入分配上的矛盾，以所得税为主的现代直接税又成为主要的税类。

（二）税收存在的依据

税收存在的依据说明国家或政府为什么要征税，社会公众为什么要缴税的问题。科学地说明税收存在的依据，对于深入把握税收的本质具有重要意义。

17 世纪以来，西方经济学者对这一问题进行了深入探讨，提出了各种不同的学说。较有代表性的为“公需说”“交换说”和“经济调节说”。“公需说”认为，国家的职责在于增进公共福利，而履行这一职责需要经费开支，因此，国家征税是为了公共福利的需要，社会成员有义务为公共利益分担费用。“交换说”认为，国家的职能是保护人民的利益，而人民向国家缴税就是对国家保护人民利益的一种交换代价。“经济调节说”亦称“市场失灵论”，它产生于现代资本主义。这一学说认为市场机制存在失灵的领域，如不能提供公共产品、无法解决经济活动的外部性问题等，因此需要运用税收手段弥补市场机制的缺陷，调节收入与财富的分配，实现资源的有效利用。

上述学说从不同角度说明了税收存在的依据，均有其合理的成分。对于现代社会而言，税收存在的依据主要有以下几个方面。

首先，政府活动的主要表现是为社会提供公共商品，以满足公共需要。由于公共商品具有非排他性和非竞争性的特点，其效率价格为零。这就决定了这类商品无法通过市场交易方式取得足以补偿成本的资金，而这种成本补偿是必不可少的，否则政府活动就无法维持。因此，税收就成为政府以非市场方式取得收入，为公共商品的供给提供资金保障的基本手段。从政府向社会公众提供公共商品并课征税款，社会公众取得政府服务的“利益”并支付税款的角度来看，税收可以称为公共商品的“价格”，即它体现以政府为一方，社会公众为另一方的整体“交换”关系。

其次，在市场制度下，由市场机制决定的收入和财富分配难以达到社会公平的目标，而社会公平作为一种价值追求，对保证一国的社会和经济稳定是十分重要的。因此，应当通过政府干预来调节收入和财富的分配状况。由于税收影响纳税人之间的利益关系，因而是政府对收入和财富分配进行调节的有力工具。

第三，市场经济的运行有一定的盲目性，这种盲目性造成诸如经济结构扭曲、价格水平不稳定和难以保持充分就业等问题，从而引起经济的周期性波动。现代政府担负的重要职责之一，就是要促进资源的充分利用和经济结构的合理化，保持宏观经济的稳定和均衡发展，为此，需要运用各种财政手段进行结构性和“反周期”性的调节。税收即为主要的财政调节手段之一，以差别税率引导经济行为，以增税或减税影响总供需关系等，有助于政府实现一定的宏观经济调控目标。

此外，在发展中国家，由于民间资金积累不足和存在市场残缺问题，为了实现经济的快速发展，通常也以税收作为筹集国家经济建设资金的工具。

在税收存在的各种依据中，补偿公共商品的成本是基本依据，其余情形则为派生现象。换句话说，以税收方式对收入、财富分配和对国民经济运行进行调节等，是把税收作为一种既定工具加以利用的。

（三）税收的特征

税收的本质决定了税收收入与其他财政收入相比，具有三个基本特征，又称为税收的“三性”。

1. 强制性

税收的强制性是指国家征税是凭借政治强制力，以国家颁布的税收法律、法令为依据进行的，任何单位和个人都必须依法纳税，否则要受到法律的制裁。这与凭借经济权力取得的其他财政收入，如公共收费、国有资产收益、债务收入等有着根本区别。凭借经济权力取得的收入归根到底要以交易行为为基础，而交易行为具有自愿性。税收的强制性使财政收入具有必要保障，避免公共商品消费上的“搭便车”行为使公共需要无法满足。

税收的强制性是税收最明显的一个特征。但征税的强制性也不是绝对的，在纳税人自觉遵守税法规定交纳应缴税款时，强制性就会转化为自觉性。尽管如此，从强制性与自觉性的关系来看，强制性是基础，没有国家课税的强制规定，自觉纳税就缺乏依据和标准，同时也就不存在国家打击税收偷逃等“不自觉”行为的必要。

2. 无偿性

税收的无偿性具有两层含义。

一是指国家征税并不直接以向纳税人提供相应数量的公共商品或向纳税人分享相应的公共商品利益为依据，即不具有“等价交换”的性质。就国家与纳税人的具体关系而言，国家向纳税人征税是无偿的，而纳税人消费公共商品也是无偿的。

二是指国家所征税款为国家所有，不需要直接归还给纳税人，即不构成国家与纳税人之间的债权债务关系。税收的这一特征与其他财政收入形式不同，其他财政收入形式从各自的意义分析均具有有偿的特征。

当然，税收的无偿性也是相对的，它是就税收的具体征收过程、对具体的纳税人及与其他财政收入形式相比较而言，但从财政活动的整体来看，国家所征税款又通过公共商品供给使所有纳税人及社会公众受益。从这一层面看，税收又具有有偿性。

3. 固定性

税收的固定性是指国家按事先以法律形式规定的征税对象、征收标准和课征办法等实施征税。一般来说，纳税人只要取得了税法规定的应税收入，发生了应税行为，拥有了应税财产，就必须按预定的标准缴纳税款，不得违反。同样地，国家也要按预定的标准对纳税人征税，不能随意提高或降低征收标准。税收的固定性有利于财政收入的稳定，使政府活动的必要支出得以保证。当然，税收的固定性并不是说税收制度及征收标准是一成不变的。随着社会经济条件的变化，对税制结构及征收标准进行调整，使之更加科学化和合理化，是税收发展的必然趋势。所以，税收的固定性要求的是税收制度及征收标准的相对稳定性，以利于征纳双方的具体操作。

税收的上述特征是衡量一种财政收入是否为税的标准。若一种财政收入同时具备了这三个特征，即无论其是否以税的形式出现，均具有税的性质；反之，即使称其为税，也不具有税的性质。

二、税收要素

（一）纳税人

纳税人又称为纳税主体，是按税法规定负有直接纳税义务的单位和个人，表明对谁征税。纳税人可以分为自然人和法人。自然人指在民事上拥有权利并承担义务的公民或居民个人；

法人指依法成立，独立行使法定权利并承担法律义务的社会组织，包括各类企业和非营利性的公益团体。

与纳税人相联系的概念是负税人。负税人是税款的最终承受者。在税负不能转嫁的情况下，纳税人与负税人是一致的；而在税负可以转嫁的情况下，纳税人只起缴税作用，并不因缴税而减少其收入，因此纳税人与负税人是分离的。

（二）课税对象

课税对象又称为课税客体，指税法规定的征税标的物，表明对什么征税。课税对象可以是商品、所得、财产、资源、行为等。每一种税都有其特定的课税对象，也就是说，课税对象的不同是一种税区别于另一种税的主要标志。

与课税对象相联系的一个概念是计税依据。计税依据是按一定标准对课税对象予以度量的结果，亦称为“税基”。计税依据和税率是决定应缴税额的两个因素，即应纳税额=计税依据×税率。计税依据可分为两类：一类按价值量计算，如销售额、营业额、所得额、增值额等；另一类按实物量计算，如重量、面积、容积等。

与课税对象相联系的另一个概念是税目。税目即课税对象的具体项目。有的税种课税对象的范围较广，征税的品目较为复杂，将课税对象进一步划分为税目有利于明确征税的具体界限，并可对不同项目设计差别税率，进行经济调节。如中国关税、消费税、营业税等，均含有多个税目。

（三）税率

税率是应征税额与课税对象的比例，是计算税款的尺度。由于税率高低是影响政府税收数量和纳税人负担水平的主要因素，因此它是税收制度的中心环节。一般来说，税率可分为比例税率、累进税率和定额税率三类。

1. 比例税率

比例税率是对同一课税对象，不论数量大小，均按一个比例征税。在具体运用上，比例税率可分为统一比例税率和差别比例税率两类。统一比例税率是对一个税种只设置一个比例税率；差别比例税率是对一个税种设置两个或两个以上的比例税率。差别比例税率可按产品、行业或地区设计。比例税率计征简便，并且同类征税对象等比负担，有利于规模经营和平等竞争，因而应用较为广泛。其缺陷是有悖于量能负担原则，且税负具有累退性。

2. 累进税率

累进税率是把课税对象按数额大小划分为若干等级，分别规定不同等级的税率。征税对象的数额越大，适用税率越高。累进税率因计税方法不同，又分为全额累进税率和超额累进税率。

（1）全额累进税率　按全额累进税率计征税款，当课税对象的数额达到适用高一级税率时，对课税对象的全额均按高一级的税率计税，即课税对象全部数额均按所适用的边际税率计税。

（2）超额累进税率　按超额累进税率计征税款，当课税对象的数额达到需要提高一级税率时，仅就其超额部分按高一级的税率征税，即一定数额的课税对象可同时适用几个等级的税率，其全部应纳税额是各等级部分应纳税额之和。

与全额累进税率相比，按超额累进税率计税，税负的累进幅度较为平缓，且不具有跳跃性，能为纳税人所接受，因而具有较强的应用价值。累进税率能体现量能负担的原则，主要适用于所得税，是政府对收入分配进行调节，实现社会公平的重要手段。

3．定额税率

定额税率是按课税对象的实物单位直接规定固定税额，而不采取征收比例的形式。如按吨、平方米、辆等实物单位规定单位税额。定额税率的特点是计算方便，且税款不受价格变动的影响，但税负不尽合理，只适用于少数税种或某些税种中的部分税目。

除了比例税率、累进税率和定额税率三种类型外，税率有时还采取加征的特殊形式，包括加成征税和加倍征税。加成征税是对按法定税率计算的税额再加征若干成数的税款，加征一成为 10%。加倍征税则是对按法定税率计算的税额再加征一定倍数的税款，加征一倍为100%。税收加征增加纳税人的税收负担，对其经济活动起限制作用。

（四）减税免税

减税免税是依据税法对某些纳税人或征税对象给予少征部分税款或全部免于征税的优惠规定。减税免税的形式主要有税基式减免、税率式减免和税额式减免三种。

（1）税基式减免　税基式减免是对纳税人应税收入项目给予减除或免除的税收照顾，包括起征点和免征额的规定。起征点是对课税对象开始征税的数量界限，课税对象的数量未达到起征点的不征税，达到或超过起征点的要全额征税。免征额是课税对象总额中免予征税的数额，只对课税对象中超过免征额的部分征税。

（2）税率式减免　税率式减免是通过降低法定税率对纳税人的税收照顾。

（3）税额式减免　税额式减免是对纳税人应纳税额的减除或免除。

三、税收分类

1．按课税对象的性质分类

按课税对象的性质，一般可把税收分为商品税、所得税、财产税、资源税和行为税五类。

（1）商品税　商品税是以商品（包括劳务）的交易额或交易量为课税对象的税类。商品税课征普遍，税款不受课税对象成本、费用高低的影响，征收管理较为方便，有利于保证税收收入的稳定性。但商品税会影响课税商品的价格，同时，从价征收的商品税本身也受价格变动的影响。

商品税包括增值税、消费税、营业税、关税等。

（2）所得税　所得税又称为收益税，是以纳税人的所得额为课税对象的税类。所得税可以量能负担，即所得多的多征税、所得少的少征税、无所得的不征税，体现税收公平原则，并能对纳税人的收入水平进行调节。但所得税受纳税人收入水平的制约，同时征收成本较高，要求税务机关有较强的征管能力。所得税包括个人所得税和公司所得税等。在西方国家，社会保险税、资本利得税一般也划入此类。

（3）财产税　财产税是以纳税人拥有或支配的财产数量或价值为课税对象的税类。财产税的税基较为固定，收入比较稳定，同时具有调节财富分配的作用，为许多国家的政府，尤其是地方政府所采用。财产税主要有房产税、车船税、遗产税、赠与税等。

(4) 资源税　资源税是以纳税人占有或开发利用的自然资源为课税对象的税类。自然资源与财产的区别在于，前者为非人类劳动创造物，而后者为人类劳动创造物。征收资源税除了可以增加财政收入外，还能够促使对自然资源的合理利用，调节纳税人因占有或使用自然资源的不同情况而形成的级差收益，例如对土地资源利用、矿产资源开发、水资源使用等征税。

属于资源税类的税种主要有资源税、土地使用税等。

(5) 行为税　行为税是以特定的经济或社会行为为课税对象的税类。这类税种的设置有较强的选择性。政府课征这类税收，有的是为了筹集财政资金，有的则是为了实现特定的政府目标。

中国的固定资产投资方向调节税、屠宰税、印花税等，即属于行为税。

2. 按税负能否转嫁分类

以税负能否转嫁为标准，可以把税收分为直接税和间接税。直接税是税收负担不能转嫁或难以转嫁的税种，如所得税、财产税；间接税是税负能够转嫁或易于转嫁的税种，如商品税。对于直接税而言，纳税人与负税人是一致的，而对于间接税而言，纳税人与负税人是分离的。

3. 按税收与价格的关系分类

按税收与价格的关系可以把税收分为价内税和价外税。凡税金构成商品价格组成部分的，称为价内税；凡税金作为商品价格之外附加的，称为价外税。与此相适应，价内税的计税依据为含税价格，价外税的计税依据为不含税价格。一般认为，价外税比价内税更容易转嫁，价内税课征的侧重点为厂家或生产者，价外税课征的侧重点是消费者，价内税的负担是不透明的，价外税的负担是透明的。如中国的消费税和营业税属于价内税，增值税属于价外税。

这种分类常见于商品税。

4. 按课税标准分类

按课税标准的不同，税收可分为从价税和从量税。从价税以课税对象的价值为计税标准，实行比例课税或累进课税，作为计税依据的价值额，可以是销售额、营业额，也可以是所得额。在商品货币经济条件下，从价计税是普遍采用的方式。从量税以课税对象的实物量为计税标准，如重量、面积、容积、辆数、个数等，适用于特定税种或特定的课税对象，如中国城镇土地使用税、耕地占用税、车船使用税以及消费税中的少数税目，即为从量税。

5. 按税种的隶属关系分类

按税种的隶属关系和征管权限，可将税收分为中央税、地方税和共享税。中央税指税收立法权、管理权和收入支配权由中央政府掌握的税收。地方税指税收立法权或管理权、收入支配权由地方政府掌握的税收。共享税是收入按一定形式由中央政府和地方政府分享的税收。中央税、地方税及共享税在一国税收制度中的具体划分，各国的做法不尽相同，但一般将收入规模大、调节功能强的税收作为中央税或共享税，而将税源具有地域性、税基具有非流动性、收入规模相对较小的税收作为地方税。

这种分类常见于实行分税制的财政管理体制中，实行这类体制的国家是按税种划分中央政府和地方政府的财政收入的。

税收还可以按其他标准进行分类，如按税收在再生产过程中的课征环节分类，有生产要素税和商品交易税；按税收收入的形态分类，有实物税和货币税；按预期税法执行的时效分类，有经常税和临时税；等等。不同的税收分类有各自的理论分析或实际操作的意义。

第二节　税收原则

一、税收原则的发展

税收原则是制定税收政策和税收制度的指导思想，同时也是评价税收政策好坏、判断税制优劣的标准。

早在自由竞争的资本主义发展阶段，资产阶级经济学家就对税收原则问题进行了系统的分析，并提出了各种观点，较著名的为亚当・斯密的税收原则和瓦格纳的税收原则。

亚当・斯密在他的《国民财富的性质和原因的研究》一书中首次对税收原则进行了理论分析，列举了税收的四项原则，即：①平等原则，指纳税人应按各自能力（收入）的比例来负担税款；②确实原则，指纳税人的应纳税赋和完税方式必须是确定的，不得随意变更；③便利原则，指纳税手续尽量从简，为纳税人履行纳税义务提供便利；④节约原则，即最少征收费用原则，指征税过程应尽量减少不必要的支出，使纳税人的付出尽可能等于国库收入。亚当・斯密的税收原则实际上表明了平等和效率两方面的含义。

德国经济学家阿道夫・瓦格纳在其所著《财政学》一书中，对税收原则问题阐明了自己的观点，归纳起来有：①财政收入原则，指税收收入应充分满足财政需要且随财政支出需要的变动而增加或减少；②国民经济原则，指税源的选择应有利于保护税本，尽可能选择税负难以转嫁或转嫁方向明确的税种；③社会公平原则，指税收的征收应普遍、平等，使每一公民都负有纳税义务，并依照纳税人的负担能力大小征税；④税务行政原则，指税法应当简明确实，纳税手续应简便，征税费用和纳税费用尽可能节省。瓦格纳的税收原则继承和发展了斯密税收原则中公平与效率的内容，同时明确提出了税收的财政原则。

在现代经济中，随着经济活动的复杂化和税收对经济运行影响的扩大与加深，税收原则问题更受人们的关注，人们对税收原则的认识也有了进一步的发展。尽管不同学派的经济学家对税收原则问题存在不同的看法，但对税收原则的分析一般围绕税收与财政、税收与公平、税收与效率等方面进行，从而形成税收的财政原则、公平原则和效率原则。

二、财政原则

税收的财政原则的基本含义是：一国税收政策的确定及税收制度的构建与变革，应保证国家财政的基本需要。这一原则与税收在组织财政收入中的地位和作用是一致的。税收是财政收入的基本来源，国家征税的首要目的是为一定时期的政府活动筹集资金，否则税收将失去其存在的必要性。

为使税收能保证一定时期的财政支出需要，政府制定的税收政策和构建的税制模式应与经济发展水平和税收管理能力相适应，使既定的税制能产生足够的收入并具有一定的弹性。为此，应合理选择税源，正确确定税种，尤其是税制结构中的主体税种。一般来说，在发展中国家，由于商品税税基宽而稳定，征管要求不高，在聚财方面具有突出优势，因而是其税制中的主要税种；而发达国家纳税人的收入水平较高，政府的税收管理能力也较强，因而所得税可以成为税收的主体。

税收的弹性是指税收收入增长与经济增长之间的数量关系，当税收收入增长快于经济增长时，弹性大于1；当税收收入增长慢于经济增长时，弹性小于1。税制设计应当具有较好的弹性，以在经济发展的情况下使税收收入能保证日益扩大的财政支出需要。

三、公平原则

税收的公平是指社会成员的税收负担应符合公平标准。具体包含两层意思：一是条件相同者缴纳数额相同的税收，二是条件不同者缴纳数额不同的税收，前者称为横向公平，后者称为纵向公平。税收公平是横向公平与纵向公平的统一。

从纳税人所处的纳税地位或纳税条件做进一步分析，税收公平又存在两种衡量标准：一是受益标准，二是能力标准。

1. 受益标准

以受益标准为依据，要求纳税人按其从政府提供的公共商品中所获得的利益大小来纳税，也就是把公共商品的成本费用分摊与社会成员从其中获得的收益联系起来，实际上是要求在公共商品的供给过程中尽可能体现市场交易原则。由于公共商品具有联合消费和共同受益的性质，在实践中往往难以度量具体纳税人的受益程度，因而据此标准来设计税制和征收税款具有较大的难度。同时，这种征税思路是以不扰乱市场决定的收入分配状况为前提的，而市场决定的收入分配并不能完全符合社会公平的要求。但尽管如此，受益标准在特定领域仍有其应用价值，如燃油税、车船税、社会保障税等。这些税种实际上把征税与受益联系了起来，有利于公共费用的合理分担和提高相关公共商品的供给效率。

2. 能力标准

能力标准是按纳税人的支付能力课征税款。按照这一标准，支付能力相同者同等纳税，支付能力不同者在税收负担上应有所区别。依据支付能力课税，纳税人分摊的公共费用与其从政府的公共服务中获得的边际收益大小无直接对应关系。按这一标准设计税制，税款的分摊较为合理、易于接受也便于实施。一般来说，支付能力的测度可以采用收入、财产和支出三种尺度。这三种尺度可以同时作为课税依据体现在一定的税制中，如所得税是以收入为标准课征的，土地和财产税是以财产为标准课征的，消费税是以支出为标准课征的。

四、效率原则

税收的效率包括经济效率和行政效率两个方面。

1. 经济效率

税收的经济效率是指政府在以课税方式将经济资源从私人部门转移到公共部门的过程中，所产生的额外负担最小和额外收益最大。税收额外负担是指课税除了给纳税人带来正常的经济负担外，对资源配置和经济运行产生的不良影响。税收额外负担的产生主要是由于税制设置不合理导致商品比价关系和人们经济行为扭曲，扰乱市场配置资源的正常机制，使资源配置和人们的行为选择难以达到最优状况，从而造成社会福利损失。税收的额外收益是与额外负担相反的一种状态，即课税后经济活动得到促进，社会利益获得增加。要使税收具有经济效率，一方面应尽可能地保持税收对市场机制运行的“中性”影响，充分发挥“看不见的手”对资源配置的调节作用；另一方面应在一定范围内适当运用差别性的税收政策解决市场失灵问题，促进公共利益的增长。

实现税收的经济效率涉及税收的中性与税收的经济调节作用问题。所谓税收的中性，是指政府课税对纳税人的市场行为选择不发生影响，不给纳税人带来超出税款之外的额外负担，不干扰市场机制的正常运行。而税收的调节作用，则意味着税收对市场活动的干预，对经济主体行为选择的引导，并与实现一定的政府目标有关。表面上看，保持税收的中性与发挥税收的调节作用是矛盾的，因为要"中性"就不能有“调节”，要“调节”必然失去“中性”。但实际上两者之间具有统一性。税收的中性是对市场“有效”而言的，即在市场对资源的配置能达到“帕累托效率”的领域，税收应尽量保持中性；而税收的调节作用是对市场“失效”而言的，即在市场机制难以有效作用的领域，通过税收干预来实现资源配置的“帕累托效率”。因此，无论保持税收中性还是发挥税收的调节作用，其目的都是促使经济资源配置达到“帕累托最优状态”。在市场经济条件下，由于市场机制在资源配置中具有基础性作用，因此使税制结构具有中性是首要的，差别性的税收政策应当建立在税收中性的基础上。当然，在实践中，由于技术上的难度和受多种因素的影响，税收中性与税收调节的恰当组合往往只是政府努力追求的一种理想的状态。

2. 行政效率

税收的行政效率是指税收征纳过程所发生的费用最小化，即税收成本最低，包括税务当局执行税收法令的成本和纳税人遵照税收法令纳税的成本。提高税收的行政效率要求税制简便、透明、易于操作和实施，税务当局的管理效率和税务人员的素质较高，社会成员依法纳税的自觉性较强。

第三节 税收负担

一、税收负担的含义

税收负担简称“税负”，是纳税人履行纳税义务所承受的经济负担。税收负担是仅就政府征税和纳税人缴税所形成的征纳关系而言的，并不考虑税款使用给纳税人带来的福利收益。

税收负担可以从不同角度加以考察。从不同的经济层面看，有宏观税收负担和微观税收负担；从具体的表现形式看，有名义税收负担和实际税收负担。

1．宏观税收负担与微观税收负担

宏观税收负担是从国民经济总体看的税收负担水平，反映一国社会成员税收负担的整体状况。衡量宏观税收负担的指标主要是宏观税率，一般指一定时期内（通常为一年）一国税收收入总额与同期国民（国内）生产总值的比率，表明一定时期内政府以税收方式从经济总量中抽走的份额。

微观税收负担是从纳税人个体看的税收负担水平，反映具体纳税人因国家课税而做出的牺牲。微观税收负担可以以纳税人缴纳的某一种税来衡量，如公司所得税负担率、个人所得税负担率；也可以以纳税人缴纳的各种税收综合衡量，如企业综合税收负担率。

宏观税收负担与微观税收负担具有内在联系，微观税收负担是基础，宏观税收负担是微观税收负担的综合反映。在一定的税制结构中，微观税收负担的增加或减少，必然引起宏观税收负担的相应变化。

2．名义税收负担与实际税收负担

名义税收负担又称为法定税收负担，是从税制规定看的纳税人应承担的税收负担水平，表现为纳税人依据税法应向国家缴纳的税款与课税对象的比值。如一国的公司所得税法规定，公司所得税的标准税率为33%，则33%即为公司所得税的名义或法定税收负担。

实际税收负担是在税收征管过程中考虑影响纳税人向政府实际缴付税款的各种因素后，纳税人实际承受的税负水平，一般表现为纳税人实纳税额与课税对象的比值。影响纳税人实际税收负担的因素有：税收扣除、减免、退税、加成或加倍等合法因素，以及税收偷逃、以费代税等不合法或不合理因素。

显然，由于上述因素的存在，税收的名义负担与实际负担往往存在差异。

二、合理的税负水平

确定合理的税负水平是一国税收制度设计所要解决的中心问题。从宏观上判断一国税负水平是否合理，主要有两个标准：一是经济发展标准，二是政府职能标准。

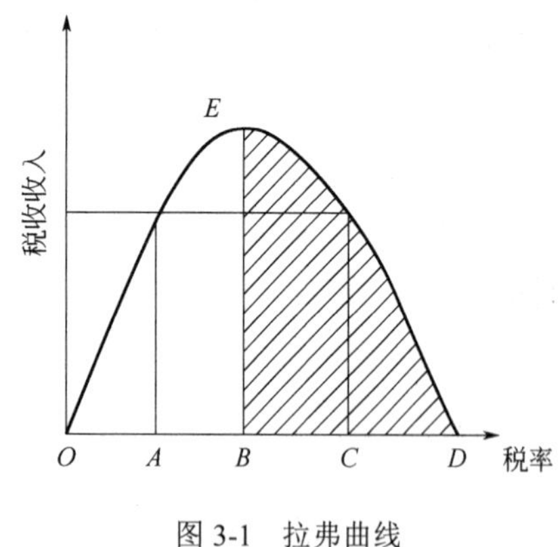

图 3-1　拉弗曲线

（一）经济发展标准

税收负担影响纳税人的收入水平，进而影响经济主体生产、劳动的积极性以及投资和消费水平，因此，一般来说，税收负担水平过高是不利于经济增长或发展的。对此，从斯密、萨伊到现代供给学派理论，都对轻税政策与促进经济发展的关系做了较为深入的分析。美国供给学派代表人物阿瑟·拉弗所提出的“拉弗曲线”（图 3-1）则较为形象地说明了经济发展、税收收入和税率之间的内在联系。

图 3-1 表明，在曲线 OE 段，当税率为零时，税收收入为零，随着税率的提高，税收收入也相应增加，当税率提高到 B 点时，税收收入最高；

在曲线 *ED* 段，随着税率的进一步上升，税收收入逐步下降，当税率达到 100%（*D* 点）时，税收收入为零。

拉弗曲线表面上看反映税率与税收收入之间的函数关系，实际上体现的是税收负担与经济增长或发展的关系。因为税率过高导致税收收入下降，是源于税收负担过重抑制了经济活动，损害了税基。因此，图中阴影部分被视为税收的“禁区”。

当然，轻税并不意味着税负越低越好，因为由税收收入支持的公共支出，尤其是基础设施建设、教育、社会管理等，有的直接构成经济增长的要素，有的为经济正常发展创造外部条件，对促进经济发展的作用是巨大的。若一国税负水平过低，必然降低政府的投资和管理能力，从而妨碍经济长期、稳定增长。

（二）政府职能标准

筹集财政资金、满足政府需要，是税收的基本功能。政府的职能范围不同，对税收的需要量也不一样，因此，一国总体税负水平的高低，还要视政府职能范围的大小而定。

从各国的实践来看，随着社会经济的发展，政府职能范围会有所扩大，公共支出需要也不断增加，而税收作为筹集财政资金的主要手段，相应呈现了一种日益增长的趋势。尤其对于发展中国家，由于政府面临着经济建设、社会管理、宏观调控等艰巨任务，税负水平随经济增长而逐步提高是必然的。但在经济发展达到一定高度后，税负水平也会出现相对稳定的状态。

综合以上两种标准，从理论上看，在进行税制设计确定合理税负时，就实现一定的税收收入目标而言，应选择较低水平的税率，以免影响经济的活力。为取得税收收入量，既可以用高税率 C 征得，也可以以低税率 A 征得，而以 A 为优；就实现税收收入最大化目标而言，应选择税收边际收入增长为零的税率。

三、税负转嫁与归宿

（一）税负转嫁与归宿的含义

在现实生活中，纳税人因政府课税而产生的税收负担，尤其是在商品交易过程中形成的税收负担具有运动的特性，研究税负转嫁与归宿即是对税收负担的运动过程及其结果所做的分析。

所谓税负转嫁，是指纳税人将其所缴纳的税款以一定方式转嫁给他人承受的过程。典型的税负转嫁与商品交易具有内在联系，即表现为纳税人通过操纵商品交易价格把其税收负担转移出去，因而一般认为商品交换是税负转嫁的基础。税负归宿则是指经过转嫁后税负的最终落脚点。在这一环节，税收承担者已不能把其所承受的税负再转嫁出去了。

作为经济人，尽力将税负转嫁出去是纳税人维护自身利益的一种理性行为选择，这与税收偷逃是根本不同的。税收偷逃是违法行为，并引起国家税收收入的损失，而税负转嫁与依法纳税无关，并不减少国家的税收收入，只引起相关经济主体之间利益关系的变化。

（二）税负转嫁的方式

1. 前转

也称顺转，指纳税人通过提高商品销售价格将税负转嫁给购买者。例如，对商品的制造商征税，制造商通过提高商品价格把税负转嫁给销售商，销售商又通过进一步提高价格把税负转嫁给消费者。从这一过程来看，商品制造商是名义上的税收负担者，而经过税负转嫁后，商品消费者成为实际上的税收负担者。前转是税负转嫁中最为普遍的一种形式。

2．后转

也称逆转，指纳税人通过压低商品购进价格将税负转嫁给供应者。如对商品的制造商征税，制造商不是通过提高商品销售价格将税负向前转移，而是通过压低商品生产要素的购入价格将税负向后转嫁给要素出售者。如果可能，要素出售者则设法进一步向后转嫁税负。

3．税收资本化

也称税收还原，指要素购买者将所购资本品（主要是房屋、土地、设备等固定资产）的未来应纳税款在购入价中预先扣除，由要素出售者实际承担税负。税收资本化与一般意义上的税负转嫁不同的是，后者是“现时”税负的即时转嫁，前者是“未来”税负的预先转嫁。税收资本化实际上是税负后转的一种特殊形式。

在实际活动中，各种税负转嫁方式往往是同时并行的，即对一种商品课税后，其税负可向前转嫁一部分，向后转嫁一部分，这种现象称为“混转”。

（三）税负转嫁与归宿：局部均衡分析与一般均衡分析

局部均衡分析是假定其他条件不变的情况下，分析某种商品或要素在市场均衡时的价格与数量决定。一般均衡分析是分析两个以上的相关商品或要素在市场均衡时的价格与数量决定。显然，前者是后者的基础，如图 3-2 所示。

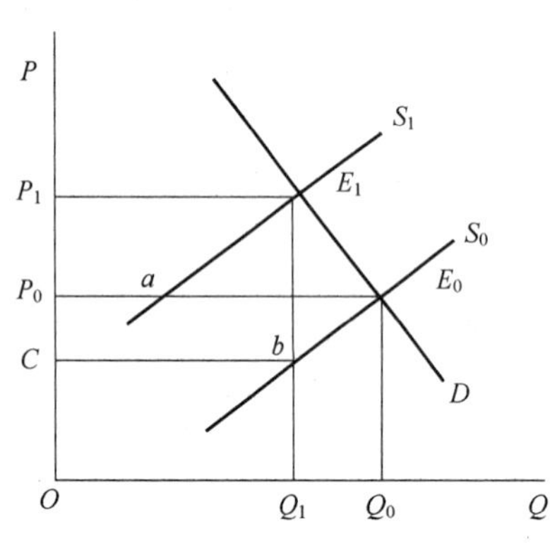

图 3-2　税收的局部均衡

图 3-2 中，P、Q、D 分别为价格、产量和需求曲线，O 为原点，S_0、E_0、P_0、Q_0 分别是政府征税前的供给曲线、均衡点、均衡价格与产量。假定政府对生产商征收相当 P_1-C 的定额税，此时，供给曲线上移至 S_1，E_1、P_1、Q_1 分别是税后新的均衡点、均衡价格与产量。可以看出：

① 由于存在供给弹性，政府对生产商的征税会使生产商在既定需求下减少产量，从而使供给曲线上移，商品市场出现新的均衡。在新的均衡中，均衡价格由 P_0 上升至 P_1，均衡产量则由 Q_0 下降至 Q，这是政府征税对市场的扭曲。

② 与税前均衡相比，消费者剩余减少的面积为梯形 $P_0E_0E_1P_1$，生产者剩余减少的面积为梯形 P_0E_0bC，政府的税额为矩形 CbE_1P_1 的面积。税后社会福利（总剩余）减少了ΔaE_0E_1。这就是我们在税收原则中分析的额外负担。

③ 政府征税后，由于供给弹性与需求弹性的共同作用，商品的均衡产量与均衡价格发生了变化。这时，从税负的归宿来看，政府对生产商的征税额（矩形 CbE_1P_1 的面积）由生产商与消费者共同分担，消费者负担的税额为四边形 $P_0aE_1P_1$ 的面积，生产商负担的税额为四边形 P_0abC 的面积。这实际上等于生产商通过提高商品售价将一部分税负转嫁给了消费者，是一种顺转。

④ 生产商与消费者分担税负的比例是由各自的价格弹性决定的，用公式表示为：

$$\frac{T_s}{T_d}=\frac{E_d}{E_s}$$

式中，T_s、T_d 分别代表生产商与消费者负担的税负，E_s、E_d 则分别是供给弹性与需求弹性，它可以用简单的几何方法得到证明。从公式中我们可以看出，生产商与消费者负担的税额比例是他们的价格弹性之比的倒数。

如果改变假设，政府是对消费者（而不是生产商）征税，在其他条件（征税幅度、供求弹性）不变的情况下，通过局部均衡分析，可以得出相同的结论。即与对生产商征税相比，均衡产量水平、社会的额外负担额不变，供求双方的剩余减少幅度、税负分担份额不变，唯一改变的是均衡价格，此时，它不是上升，而是下降，但下降的幅度与先前上升的幅度相同。这时的税负转嫁是一种逆转。

这就意味着，在既定的供求弹性情况下，政府选择不同的市场主体征税，其结果相同。这就是所谓的“无关性定理”，即在完全竞争市场中，均衡产量水平、交易主体的税负和额外负担与政府选择的征税对象无关。

当我们把分析拓展到两个以上的相关商品或要素市场时，即用一般均衡方法分析时，无关性定理也可以推广。也就是说，在完全竞争市场中，无论政府选择征税的对象是什么生产要素（劳动或资本），或者是什么商品（服装或食品），其产出水平、额外负担、税负归宿不变。

（四）影响税负转嫁的因素

实现税负转嫁是纳税人的一般行为倾向，但税负能否转嫁，能以何种程度转嫁，还取决于多种现实因素。

1. 税种因素

税负转嫁与商品价格变动存在直接关系，因此，对于课税对象与商品价格的联系较为紧密的税种，其税负较容易转嫁，而与商品价格的联系不密切或不直接的税种，其税负则较难转嫁。从主要税类看，一般来说，商品课税容易转嫁，如增值税、消费税、营业税、关税等，而所得课税难以转嫁，如个人所得税和公司所得税。

2. 商品的供求弹性

商品的供求弹性是指商品价格变动对商品供给或需求量变动的影响程度，具体为商品价格变动程度与商品供给量变动程度（供给弹性）或与商品需求量变动程度（需求弹性）的比值。对于供给弹性而言，一般来说，供给弹性较大的商品，生产者在调整和确定生产数量时有较大的灵活性，并最终能使其在所期望的价格水平上将商品销售出去；而供给弹性较小的商品，生产者调整生产数量的回旋余地较小，从而难以控制商品销售价格水平。对于需求弹性而言，需求弹性较大的商品，需求变动对价格变动的反应较大，商品价格更多取决于买方；而需求弹性较小的商品，购买量的变动对价格变动的反应较小，商品价格更多取决于卖方。显然，从税负转嫁的角度看，对供给弹性大的商品课税，税负较易转嫁，相反，则税负较难转嫁；对需求弹性小的商品课税，税负较易转嫁，相反，则税负较难转嫁。若把商品的供给弹性和需求弹性结合起来分析，则当供给弹性大于需求弹性时，销售方的大部分税负可以转嫁出去；而当供给弹性小于需求弹性时，销售方的大部分税负只能由自身承受。在个别情况下，若供给弹性等于需求弹性，则税负由销售方和购买方等量承担。上述结论都隐含在局部均衡分析的公式中。

3．课税范围

一种税的课征范围不同，税负转嫁的难易程度也是不一样的。一般来说，课税范围广的商品税容易转嫁，课税范围窄的难以转嫁。若一种税对所有商品都同等课征，购买者无法找到不征税的替代商品，只能接受因课税而形成的商品加价，因而税负容易转嫁；若一种税只对部分商品课征，且购买者可以找到不征税的替代商品，则这种税的税负难以转嫁。

（五）研究税负转嫁与归宿的意义

税负转嫁是与商品经济活动相联系的一种经济现象，因此，对税负转嫁和归宿进行分析构成了税收理论的一项重要内容。研究税负转嫁和归宿问题，不仅能了解税负的运动过程和最终的分布状态，明确因政府课税而引起的各经济主体之间的利益关系变化，以及这种变化对社会经济活动产生的影响，同时对制定税收政策和设计税收制度也是十分重要的。

首先，要实现税收的效率，应考虑税负转嫁的影响。由于税负转嫁会引起商品比价关系的变化，从而影响人们的经济行为选择，因此，为充分发挥市场机制在资源配置中的基础性作用，应努力使因课税造成比价关系变化而产生的经济扭曲控制在最低限度，如对一般商品同等课税，对需求弹性小的商品征高税，对需求弹性大的商品征低税，等等。

其次，要体现税收的公平，应考虑税负转嫁的影响。由于税负转嫁造成纳税人与负税人的分离，会使税制中税收负担的名义公平与实际公平产生矛盾，因此为了缓解这一矛盾，一方面应适当控制商品课税的比重，逐步提高所得课税的比重；另一方面在消费品的课税中，对生活必需品课征低税，而对奢侈品课征高税。

最后，加强税收征管，要考虑税负转嫁因素。税负转嫁与纳税人自觉纳税的意识存在一定的联系。一般来说，在税负容易转嫁的情况下，纳税人自觉纳税的意识较强，税收偷逃行为较少；而在税负难以转嫁的情况下，纳税人自觉纳税的意识较弱，税收偷逃行为较多。因此，税务机关应通过加强税收征管，尽力防止因税负难以转嫁而出现的税收偷逃行为。

本章思考题

① 为了实现效率目标，税收应贯彻哪些原则？

② 如何理解税收的公平与效率原则？

③ 税收超额负担是如何产生的？

④ 试述税收中性和税收对经济的调节作用。

⑤ 试述税负转嫁与逃税的区别。

⑥ 试述税收对投资和储蓄的影响。

⑦ 政府应如何通过税收政策来鼓励个人与企业的投资行为？

第四章

税收制度

第一节　税制结构

一、税收制度概述

税收制度是一个国家税收征纳行为的基本规范，是税收法律、法规的统称。从形式上看，税收制度是以法律的形式出现的，这是税收的强制性特征的具体体现。从本质上说，它是由税收的无偿性决定的。正是由于税收的无偿性，纳税人的可支配收入必然减少。这样，一方面，站在政府的角度，只有用法律强制才能确保纳税人能履行纳税义务；另一方面，站在单个纳税人的角度，也只有用法律约束政府和其他纳税人，才能确保自己的合法权益。

从内容上看，税收制度的主体是税种。每一个税种又是由课税对象、纳税人、税率、征税环节、纳税期限、减免税等若干个税制要素组成的。这些要素规定了对什么征税、对谁征税、征多少税，以及在什么环节、什么时间纳税等具体问题，从而使征、纳双方的权利义务明确而具体。因此，也可以说，税收制度是不同税种构成的法律整体。

二、税制类型

税制类型是指一个国家税收制度的基本形式结构特征。按照不同的划分标准，税制有不同的类型。如按前述的不同税收分类标准，有商品税制、所得税制与财产税制、比例税制与累进税制、单一环节征税制与多环节征税制，等等。除此以外，在理论上，税制类型主要是根据税制复杂程度来划分的。按这种分类标准，有单一税制与复合税制之分。单一税制是指一国只征收单一税种的制度；复合税制是指一国征收两种以上税收的制度。

1. 单一税制

从各国税制历史来看，单一税制从来就没有出现过，它只是经济学家们在理论上的一种主张。在税收思想史中，先后出现过单一土地税制、单一消费税制、单一财产税制、单一所得税制和单一人头税制等主张。这些经济学家们主张国家实行单一税制，是基于以下原因。

第一，税收扭曲。即由于税收产生的经济效应，会扭曲纳税人的经济行为，这必然影响资源配置效率，因此，政府征收税种越少，对经济的扭曲就越小。如按福利经济学的理论，征收一次总付人头税，就不会产生任何扭曲。

第二，税收征纳成本。在政府征税过程中，征税人和纳税人都会为此而付出相应的成本，税种越多，成本越高。特别是对纳税人而言，政府反复多次征税，使他们付出的税款以外的服从成本会成倍增加，因此，实行单一税制，会使税收征纳成本大大降低。

第三，税负转嫁。由于存在税负转嫁，政府征税越多，转嫁过程越复杂，居民了解自己的实际税负越困难，这样在对公共政策进行抉择时，离理性越远。因为决策理性建立在充分信息的基础上，而依据公共选择理论，在公共选择的过程中，公民对公共政策投票是以自己的收益（消费公共品）与成本（纳税额）来做出选择的。

但是，这些理由相对于以下因素来说，其说服力就显得非常苍白。

第一，收入充裕程度。按照税收的财政原则，税收收入要充足而有弹性，单一税制很难满足这一要求。在单一税制情况下，由于任意一个课税对象的税基都有限，政府的收入很难满足不断膨胀的支出需求。

第二，税负公平程度。按照税收的公平原则，政府课税要普遍而平等，符合横向公平与纵向公平的要求，单一税制也很难做到这一点。即便是理论上认为既有效率又较公平的一次总付人头税，根据现有的技术条件，也是不可能设计出来的。

第三，对经济发展的影响。按照税收的效率原则，税制要能促进经济的发展。在单一税制情况下，由于税基较小，为满足收入需要，必然要采用高税率。这时，政府选择任何一个课税对象征税，都必然严重地影响经济的发展。

正因如此，各国政府都毫无例外地选择了复合税制。

2．复合税制

复合税制由多种税组成。由于每个税种有不同的课税对象或纳税人，如果进行合理组合，既能较好地满足各项税收原则的基本要求，也能满足现代政府的职能需要。

对复合税制的税种组合来说，要解决的问题主要有三个。第一，征多少种税？尽管单一税制从来就未曾实践过，但主张单一税制的那些理由却一直为理论界和各国政府所重视。换言之，虽然单一税制不可行，但并不等于税种越多越好。简化税制一直是各国政府努力的方向。第二，征哪些税？确定税种的主要依据是税收原则。那些收入来源充足、税收负担公平、经济扭曲较小的课税对象是政府选择的主要课税目标。一方面，不同国家在不同经济发展阶段，社会和政府的价值观在不断变化，加之政府要满足的主要目标不同，使政府侧重考虑的具体税收原则不同；另一方面，由于不同经济社会背景，同样的税收原则需要选择不同的课税对象，因此，各国政府选择的课税对象不仅千差万别，而且不断变化。尽管如此，我们还是可以在这些看似纷繁复杂的现象中，找到一些共性：这些税种一般都是商品课税、所得课税和财产课税，而其他一些曾经征收过的税种都已经在人类长期的实践检验中被淘汰。商品课税的主要优点是收入充足，财产课税的主要优点是公平，而所得课税兼而有之。第三，如何搭配？税种搭配就是税制结构，这是一个更为具体也更难回答的问题。其核心是主体税种的选择。

三、主体税种

所谓主体税种，是指那些在一国税制中经济影响最大，收入比重最高的税种，是税制类型与税制结构的关键所在。从不同税种的特点来看，能够成为主体税种的主要是商品课税和所得课税。因此，税制结构的选择就是选择以它们当中的哪个为主。由于商品课税是间接税，所得课税是直接税，所以，理论上一般表述为直接税与间接税的选择问题。从各国的实践来看，主要有单一主体结构和双主体结构两大类。发达国家一般选择直接税，而发展中国家大都选择间接税。而自 20 世纪末以来，各国的税制改革有趋同的迹象——发达国家的间接税比重有所提高，而发展中国家的直接税比重有所提高。

从理论上说，影响税制结构的主要因素可概括为：经济发展水平、税收征管能力、税收政策目标等。

1．经济发展水平

经济发展水平决定了一个国家的企业和居民个人的收入水平，从而也就影响政府税收来源的结构。经济发展水平越高，企业利润水平和居民个人收入水平就越高。这时，政府以直接税作为主体税种，就可以保证有充足的收入来源。相反，如果经济发展水平较低，以直接税作为主体税种，就难以满足政府支出的需要。因此，发达的工业化国家，大都选择直接税特别是个人所得税为主体税种，而在发展中国家，主体税种大多为间接税。即便是少数直接税比重较高的发展中国家，也是以公司所得税而不是个人所得税为主。

2．税收征管能力

如前所述，最优课税要求在选择主体税种时，需要考虑的一个重要因素是征税成本的高低。从理论上说，征税成本的高低主要取决于两个因素：税收征管能力与课税对象。在税种（从而课税对象）既定的前提下，政府征管能力或技术不同，征税成本就不同，这就如同不同能力的人完成同一个任务费时不同一样。同样，在政府征管能力和技术既定的前提下，不同的主体税种，征税成本也不同。这是因为，一方面，不同的税种有不同的课税对象，征管机构需要掌握不同的信息，从而有不同的信息搜集成本；另一方面，不同的课税对象，纳税人的逃税激励不同，从而要求不同的征管力度。因此，主体税种的选择，既直接影响征税成本，又间接要求政府具有不同的征管能力。一般说来，直接税的征税成本高于间接税。这是因为，一方面，直接税所需要的信息量大；另一方面，由于它的税负难以转嫁，从而使纳税人的逃税动机更强。因此，直接税要求政府有更强的征管能力。这也是发达国家与发展中国家的税制差异的一个重要原因。

3．税收政策目标

从税种功能的角度来看，不同的主体税种，其实现的主要政策目标不同。一般说来，直接税特别是个人所得税主要影响的是收入分配，而间接税主要影响的是资源配置。因此，政府的政策目标不同，需要选择不同的主体税种。发达国家由于其市场机制相对完善，能较好地配置资源，政府的主要任务是缓解收入分配矛盾；而发展中国家由于其市场机制不够完善，政府还需要更多地弥补市场在资源配置领域的缺陷。这也是导致其税制结构差异的一个重要原因。

除上述主要因素以外，一个国家的税制结构及其主体税种的选择还受本国政治、经济、社会文化等方面的相关制度和传统的影响。在某些特殊情况下，这些相关制度和传统甚至起到了关键性的作用。

第二节　商品课税

一、增值税

1．增值税的概念和类型

增值税是以应税商品及劳务的增值额为计税依据而征收的一种税。增值税起源于法国，法国于1954年开始实行增值税的课税制度，此后西欧各国迅速推行，现在已为世界上许多发达国家和发展中国家所采用。中国于1983年引入增值税，当时其课征范围仅限于机电行业，1994年的税制改革后，增值税的课税范围大大扩展，已成为中国商品税中最主要的税种。

增值税的课税对象为商品流转环节的增值额。从理论上看，增值额是商品生产过程中新创造的价值，相当于商品价值中扣除生产上消耗掉的物质资料价值 C 之后的余额，即 $V+M$ 部分（V 为工人工资，M 为利润）。具体到一个生产单位，增值额是指这个单位的商品销售收入或劳务收入扣除外购商品或劳务支出后的余额，即包括工资、利息、租金、利润、直接税等增值性项目。

但在实际设计增值税的征收制度时，对纳税人各种外购项目扣除的规定，从而增值额的具体计算，是可以有差别的。这种差别主要集中在对外购固定资产价款是否允许扣除以及如何扣除上。根据对购进固定资产价款的处理规定不同，增值税可以分为三种类型。

（1）生产型增值税　生产型增值税在计算增值税的计税依据时，不允许将任何外购固定资产价款从商品或劳务销售额中抵扣。就国民经济整体而言，计税依据相当于国民生产总值，所以称为生产型增值税。

（2）收入型增值税　收入型增值税在核定计税依据时，只允许将当期固定资产折旧从商品或劳务的销售额中抵扣。就国民经济整体而言，计税依据相当于国民收入，所以称为收入型增值税。

（3）消费型增值税　消费型增值税在确定计税依据时，允许将当期购进的用于应税产品生产或流通的全部固定资产价款从商品或劳务的销售额中扣除。就国民经济整体而言，计税依据只含消费品价值而不含资本品价值，所以称为消费型增值税。

比较三种类型的增值税：生产型增值税的税基较宽，有利于增加财政收入，但不能完全避免重复课税，且不利于鼓励投资；收入型增值税的计税依据与理论上的增值额一致，与其他两种类型的增值税相比，在保障财政收入和鼓励投资上具有中性；消费型增值税的税基较窄，对实现一定的收入目标而言需要较高的税率，但能刺激投资。在发达的市场经济国家，普遍采用后两种类型的增值税。

2．增值税的特点

增值税既继承了传统间接税的优点，又克服了传统间接税存在的重复课税等不足，具有良好的财政和经济效应，因而为许多国家的政府所推崇。增值税的特点主要表现在以下方面。

（1）征税范围广泛，税源充裕　在商品生产和流通中实现价值增值，是商品货币经济活动的基本内容，因此，作为增值税课税对象的商品及劳务的增值额，遍及物质生产和流通的各个领域及各个经营单位，从而使增值税有广泛而充裕的税源，能为政府提供大量的税收收入。

（2）实行多环节课税，但不重复征税　增值税对商品流转的各环节实行道道征税，但由于只对每一流转环节实现的增值额课税，因而可以避免重复课税现象，使商品之间在税负上保持均衡。这一方面使增值税收入不受商品流转环节多少的影响，保证税收收入的稳定性；另一方面使企业税负不受其生产经营组织形式的影响，企业的兼并和分解都不会引起增值税税额的变化。就此而言，增值税有利于鼓励生产和管理效率较高的企业组织形式的发展，如专业化协作的生产组织形式。

（3）具有税收“中性”效应　由于增值税能避免重复课税，在对绝大多数商品征收同一比例税率的情况下，能使不同商品的税负具有均衡性，因而能较大限度地避免税收对商品比价关系的扭曲性影响，有利于发挥市场机制对资源配置的调节作用。

（4）相关经济主体在纳税上具有相互制约性　在增值税的课税制度下，税款是道道前移又不重复征收的，即上一环节税款要转嫁到下一环节，下一环节应纳税额是该环节实含税额减去上环节的已纳税额。这有利于相关经济主体在纳税上互相制约，减少乃至杜绝税收偷逃行为，因为上游单位偷逃税款必使下游单位多缴税款，在经济利益驱动下，下游单位必然会主动监督上游单位的纳税情况。

（5）便于出口退税　实行出口退税，使商品以不含税价格到国际市场上竞争是各国的普遍做法。由于增值税是按增值额计税的，各环节已纳增值税之和等于按最后环节销售额乘以同一税率计算的税款，因而，在商品出口时可以准确计算商品的实际含税量，使出口商品彻底退税，从而鼓励外向型经济的发展。

3. 增值税的计税方法

根据增值税的征收原理，从理论上看，增值税的计税方法有三种。

（1）加法　将纳税人纳税期内新创造的价值（如工资、利息、利润和其他增值项目）逐项相加得出增值额，然后乘以适用税率得出应纳增值税额。用公式表示为：

应纳增值税额=适用税率×(工资+利息+利润+其他增值项目)

（2）扣额法　是将纳税人纳税期内的销售收入额减去法定扣除项目的金额（如原材料、燃料和动力、低值易耗品等）后的余额，再乘以适用税率得出应纳增值税额。用公式表示为：

应纳增值税额=适用税率×(销售收入-法定扣除额)

（3）扣税法　不直接计算增值额，而是从按销售收入计算的实含税额中扣除法定外购商品已纳税金，以其余额作为增值税应纳税额。用公式表示为：

应纳增值税额=适用税率×销售收入-外购商品已纳税金

或：应纳增值税额=销项税金-进项税金

由于“加法”计算复杂，误差较大，在实践中很少被采用。而采用凭发票注明税款进行扣税计算增值税的方法，不仅计税科学、严谨，而且简便易行，应用较为广泛。中国现行增值税即采用扣税法计算应纳税额。

二、消费税

1. 消费税的概念和类型

消费税是以一般消费品或特定消费品为课税对象而征收的一种税。目前世界上的许多国家都设置了消费税的征税制度，如美国的国内产品税、德国的联邦消费税、韩国的特种消费税、智利等拉美国家的货物税等。中国1994年设置了消费税税种，对烟、酒、化妆品、贵重首饰等特定商品征收消费税。

消费税的种类很多，依据不同的标准，可以分为不同的类型。

（1）国内消费税和国境消费税　按征税领域，属于消费税征税对象的消费品可分为两部分：一部分是在国内生产、销售的应税消费品，一部分是从国外进口的应税消费品。对在国内生产销售的消费品征收的消费税，称为国内消费税；对报关进口的消费品征收的消费税，称为国境消费税。

（2）综合消费税和单项消费税　就一个税种而言，消费税的征税项目有多寡之分，有的征税项目较多，含数十种乃至上百种消费品，有的征税项目较少，甚至税种是按单项消费品设置的，如石油税、烟税、酒税、茶叶税等。前者可称为综合消费税，后者可称为单项消费税。与此相联系，实行综合消费税的国家一般只设置一种消费税，而把需要课税的诸多应税项目列入一个税法中；实行单项消费税的国家则按征税项目分别设置税种，单独立法征收。

（3）直接消费税和间接消费税　直接消费税以纳税人的消费支出额为计税依据，即按个人总收入减去储蓄部分后的余额计征，也称“支出税”，属于一种特殊性质的所得税，带有直接税的色彩。这种税由于计征难度较大，在实践中应用较少。间接消费税是以消费品的价格或数量为计税依据，一般由生产者缴纳，由购买者（消费者）间接负担，带有间接税的性质。现实生活中的消费税一般指间接消费税。

2. 消费税的特点

（1）征税项目的选择性较强　各国征收的消费税大多属于对特定消费品征收的税种，尽管征税范围宽窄不一，但一般是在人们普遍消费的大众消费品中有选择地确定若干个征税项目，在税法中列举征收。较常见的征税项目有烟、酒、化妆品、机动车、汽油、金银珠宝等，有的国家还对茶叶、饮料、水果、盐等征收消费税。

（2）征税环节单一　由于消费税的征税对象大多为最终消费品，故一般采取单一环节课税制。征税环节可以选择在生产或进口环节，也可以选择在零售环节。单一环节课税有利于税源控制，降低税收征纳成本，并均衡同一消费品的含税量，减少税收对价格的扭曲。

（3）按全部销售额或销售量计税　与增值税不同，消费税的计税依据为应税商品的全部销售额或销售量，因而税基较宽，计征也较为简便。就从价计征的消费税而言，有价内税和价外税两种形式，价内税的计税依据为含消费税的商品销售额，价外税的计税依据为不含消费税的商品销售额。

（4）税率具有差别性　消费税是政府运用税收手段对某些消费品的生产和消费行为进行特殊调节的税种。为了体现国家的调节政策，通常会对列入征税范围的消费品根据不同的情况规定不同的税率；对需要限制消费的消费品或主要由高收入群体消费、需求弹性较小的高档消费品，征税较重；对一般消费品或低档消费品，征税较轻。如中国的消费税，最低税率为3%，最高税率为45%。

（5）具有引导和调节经济行为的作用　由于消费税课税对象具有选择性和实行差别税率，会对商品比价关系产生一定的扭曲性影响，从而影响人们的消费行为选择。因此，消费税可以成为政府积极干预市场活动，引导和调节经济行为的重要工具。

3．消费税的计税方式

消费税的计税方式由相关税法规定，一般有从价计税和从量计税两种方法。

① 实行从价计税的应税消费品，其应纳税额的计算公式为：应纳税额=应税消费品销售额×适用税率。

② 实行从量计税的应税消费品，其应纳税额的计算公式为：应纳税额=应税消费品销售数量×单位税额。

三、营业税

营业税是以纳税人开展经营活动取得的营业收入为课税对象征收的一种税。营业税有较长的历史。18世纪末，法国政府就开始对经营商户按营业额多少征收营业税，此后各国相继仿行。营业税曾作为各国的主要税种在筹集财政资金方面发挥重要作用，目前，许多国家和地区仍在开征营业税。中国原工商税制中就有营业税这一税种，1994年的税制改革对其予以保留，同时进行了适当的调整和改革，征收领域主要是第三产业（不包括商业）和建筑业、不动产销售等，是与增值税平行征收的一种商品税，即征收增值税的领域不征营业税，征收营业税的领域不征增值税。

营业税一般有以下几个特点。

① 以营业收入额为计税依据：营业税大多按纳税人取得的营业收入全额计税，不受纳税项目成本、费用变化的影响，收入具有稳定性。

② 可按行业设计税率：营业税可根据各应税行业的性质、特点、盈利水平高低及国家的导向政策设计不同的税率，以利于筹集财政资金和对行业结构进行调节，如中国现行营业税按行业不同设置了3%，5%，8%，5%～20%四档税率。

③ 计算征收较为简便，征税成本较低。

营业税的计算方式一般为：应纳税额=营业收入额(销售收入额)×适用税率。

四、营业税改增值税

营业税改增值税，简称营改增，是指将以前缴纳营业税的应税项目改成缴纳增值税。营改增的最大特点是减少重复征税，增值税只对产品或者服务的增值部分纳税，减少了重复纳税的环节，可以促使社会形成更好的良性循环，有利于企业降低税负。其目的是加快财税体制改革，进一步减轻企业赋税，调动各方积极性，推动服务业尤其是科技等高端服务业的发展，促进产业和消费升级，培育新动能，深化供给侧结构性改革。

营业税和增值税是我国两大主体税种。营改增在全国的推开，大致经历了以下阶段。2011年，经国务院批准，财政部、国家税务总局联合下发营业税改征增值税试点方案。从2012年1月1日起，在上海交通运输业和部分现代服务业开展营业税改征增值税试点。至2013年8月，“营改增”范围已推广到全国试行，将广播影视服务业纳入试点范围。2014年1月起，将铁路运输和邮政服务业纳入营业税改征增值税试点，至此交通运输业已全部纳入营改增范围。2016年3月18日召开的国务院常务会议决定，自2016年5月1日起，中国将全面推开营改增试点，将建筑业、房地产业、金融业、生活服务业全部纳入营改增试点。至此，营业税退出历史舞台，增值税制度更加规范。这是自1994年分税制改革以来，财税体制的又一次深刻变革。

改革之后，原来缴纳营业税的改交增值税，增值税增加两档低税率：6%（现代服务业）和11%（交通运输业）。

营业税改增值税主要涉及交通运输业和部分现代服务业。交通运输业包括：陆路运输、水路运输、航空运输、管道运输。现代服务业包括：研发和技术服务、信息技术服务、文化创意服务、物流辅助服务、有形动产租赁服务、鉴证咨询服务。

1．转型后应纳税额计算规则

① 转型后认定为一般纳税人的，可按取得的增值税专用发票计算抵扣进项税额。如取得外地或本市非试点纳税人的原属于营业税可差额征收范围的发票，可按发票金额在销售额中扣除；如取得税务机关代开的专用发票，可按发票注明的税款抵扣销项税额。

② 转型后认定为小规模纳税人的，交通运输业、国际货运代理业务纳税人取得的外省市和本市非试点纳税人的原属于营业税可差额征收范围的发票，可按发票金额在销售额中扣除；其他行业如取得外省市和本市非试点纳税人的原属于营业税可差额征收范围的发票，也可按发票金额在销售额中扣除，但取得的本市试点一般纳税人或试点小规模纳税人的发票，不可扣除销售额。

2．税率档次

根据试点方案，在现行增值税17%和13%两档税率的基础上，新增设11%和6%两档低税率。新增试点行业的原有营业税优惠政策原则上延续，对特定行业采取过渡性措施，对服务出口实行零税率或免税政策。

3．新增四大行业营改增的实施

① 建筑业：一般纳税人征收10%的增值税；小规模纳税人可选择简易计税方法征收3%的增值税。

② 房地产业：房地产开发企业征收10%的增值税；个人将购买不足2年住房对外销售的，按照5%的征收率全额缴纳增值税；个人将购买2年以上（含2年）的住房对外销售的，免征增值税。

③ 生活服务业：6%。免税项目有托儿所、幼儿园提供的保育和教育服务，养老机构提供的养老服务等。

④ 金融业：6%。免税项目有金融机构农户小额贷款、国家助学贷款、国债地方政府债、人民银行对金融机构的贷款等的利息收入等。

全面实施营改增，一方面实现了增值税对货物和服务的全覆盖，基本消除了重复征税，打通了增值税抵扣链条，促进了社会分工协作，有力地支持了服务业发展和制造业转型升级；另一方面将不动产纳入抵扣范围，比较完整地实现了规范的消费型增值税制度，有利于扩大企业投资，增强企业经营活力。有利于完善和延伸二、三产业增值税抵扣链条，促进二、三产业融合发展。此外，营改增有利于增加就业岗位，有利于建立货物和劳务领域的增值税出口退税制度，全面改善我国的出口税收环境。

第三节　所得课税

一、企业所得税

企业所得税在公司制下又称为公司所得税，是对企业（公司）取得的生产经营所得和其他所得征收的一种税，为直接税中的主要税种之一。对企业或公司的收益（所得）课税，是市场经济国家的普遍做法。

企业所得税具有以下特点。

1. 课税对象是税法规定范围内的企业净所得，计征较为复杂

作为课税对象的企业净所得，不完全等同于企业按照财务会计制度、方法计算出来的会计所得，也不是企业实现的商品劳务价值中的增值额，更非企业销售或营业额。企业应税所得额的核算与税法对企业总收入中扣除项目的规定有关。一般来说，确定扣除项目的基本原则是：只允许扣除与取得应税收入相对应的必要的费用（成本）支出。为此，必须区分企业支出与个人支出、经营性支出与非经营性支出、费用性支出与资本性支出的界限，并合理确定各扣除项目的支出标准。由此可见，所得税的计征较为复杂，涉及应税所得额核算的一系列问题。

2. 既可采用累进税率，也可采用比例税率

采用累进税率有利于量能负担，采用比例税率有利于鼓励企业扩大生产经营规模。从世界各国的情况看，企业所得税采用比例税率的较多，即使采用累进税率，其累进的程度一般也比个人所得税低。

3. 可以通过调整计税依据的形式体现国家的导向政策

通过减轻或加重税收负担以鼓励或限制纳税人的某种经济行为是税收的特定功能，但一般税种只能以差别税率来体现国家的政策意向。企业所得税除了可以设置差别税率外（如优惠税率），还可以通过放宽或严格扣除项目或扣除标准，以及直接调整应税所得额等方式来影响纳税人的税收负担，实现一定的政策目标。如加速折旧、盈亏互抵就是常见的一种以缩小税基来刺激投资的所得税措施。

4. 实行按年计征、分期预缴的征收办法

利润所得综合反映企业经营业绩，通常是按年度计算的。企业所得税一般也以全年应税所得额为计税依据，分月或分季预缴税款，年终汇算清缴。这既反映了所得税的本质要求，同时也有利于税款的均衡入库（表 4-1）。

表 4-1　2021 年企业所得税税率表

企业所得税	税率
企业所得税基本税率	25%
符合条件的小型微利企业（2019 年 1 月 1 日至 2021 年 12 月 31 日，应纳税所得额不超过 100 万元的部分，减按 25%计入应纳税所得额，对年应纳税所得额超过 100 万元但不超过 300 万元的部分，减按 50%计入应纳税所得额）	20%
国家需要重点扶持的高新技术企业	15%
技术先进型服务企业（中国服务外包示范城市）	15%
线宽小于 0.25 微米的集成电路生产企业	15%
投资额超过 80 亿元的集成电路生产企业	15%
设在西部地区的鼓励类产业企业	15%
广东横琴、福建平潭、深圳前海等地区的鼓励类产业企业	15%
国家规划布局内的重点软件企业和集成电路设计企业	10%
从事污染防治的第三方企业（从 2019 年 1 月 1 日至 2021 年底）	15%
非居民企业在中国境内未设立机构、场所的，或者虽设立机构、场所但取得的所得与其所设机构、场所没有实际联系的，应当就其来源于中国境内的所得缴纳企业所得税	10%

5．2021 年企业所得税年度纳税申报表再升级

国家税务总局 2020 年发布《关于修订企业所得税年度纳税申报表的公告》（国家税务总局公告 2020 年第 24 号，以下简称“24 号公告”）以及相关解读，对《中华人民共和国企业所得税年度纳税申报表（A 类，2017 年版）》部分表单和填报说明进行了修订。调整后的表单和填报说明（以下简称“2020 年修订版申报表”）适用于 2020 年及以后年度的企业所得税汇算清缴。

相较于往年，2020 年修订版申报表在填报逻辑上并无太大变动，依旧是在现行申报表单和填报说明的基础上进行更新和调整。修订主要包括：①在表单中增加 2020 年新出台政策的填报行次及填报说明；②调整《资产损失税前扣除及纳税调整明细表》（表 A105090）；③用新的《贷款损失准备金及纳税调整明细表》（表 A105120）替换原《特殊行业准备金及纳税调整明细表》等。

6．企业所得税要如何节税

现在很多地方政府为了吸引企业到当地入驻，会划出特定的行政地区实施税收优惠政策，这样既能更好地吸引企业到当地入驻，还能帮助企业节税，帮助企业发展，是一个双赢的操作。

（1）成立个人独资企业（小规模）筹划方案　缺少成本、进项，利润高的企业，可以在产业园区内开设个人独资企业，并申请核定征收，与原公司进行业务往来，这样就可以合法开具票据。而且在园区建立的个人独资企业税率很低：个人所得税率低至 0.5%，综合税率低至 1.6%。

（2）成立有限公司或迁移地址　有限公司入驻园区正常纳税，就能享受税收返还：地方留存高达 90%，个人所得税返税比例高达 85%，增值税、企业所得税返税比例高达 80%，可

按月返还，纳税大户一事一议。

（3）一般纳税人企业入驻税收洼地　一般纳税人企业入驻税收洼地园区，申请核定征收，免征企业所得税，个税固定 1.5%，三流合一合法合规享节税。

企业入驻园区是不需要实体办公的，只需要在当地园区注册一家公司，正常开展业务或者合理分包业务在园区纳税，即可享受这些政策。

7．发票、增值税、企业所得税的关系

专用发票和普通发票都是证明公司支出的证据，都是证明花了钱的，是公司成本、费用发生过的证明，所以，发票除了对增值税产生影响，还对所得税产生影响。只要是发票，无论专用还是普通，都证明真实地发生了费用，都有抵减应交所得税的作用，不会让纳税人多交所得税、交冤枉税。

普通发票虽然不能抵扣进项、减少应交增值税，但是可以合法计入成本费用，抵减利润，进而减少企业所得税。

合理节税的方法如下。

比如某公司一年含税收入 87 万元，不含税收入 77 万元，销项税总额 10 万元，成本 27 万元，税前利润 50 万元。

如果这 27 万元成本，公司没拿到发票，那么在年终交税时，税局不认这 27 万元，也不认公司的税前利润是 50 万元，而认为公司的税前利润是 77 万元，要让公司交 77×0.25×0.2=3.85（万元）的税。公司要交增值税 10 万元，企业所得税 3.85 万元。

如果这 27 万元成本，公司都拿到了普通发票，那么税局认公司这 27 万元成本，公司交的企业所得税就变成 50×0.25×0.2=2.5（万元）。因为是普通发票，不能抵扣增值税进项，所以公司要交增值税 10 万元，企业所得税 2.5 万元。这就是普通发票，增值税虽然没抵减，但是企业所得税抵减了。

如果这 27 万元成本，公司都拿到了专用发票，那就既可以抵扣增值税进项，还可以进成本抵减企业所得税，应交增值税就变成 10-(27×13%)=10−3.5 =6.5（万元）。企业所得税为 50×0.25×0.2=2.5（万元）。公司要交增值税 6.5 万元，企业所得税 2.5 万元。

8．鼓励类产业企业

西部地区鼓励类产业企业减按 15%的税率征收企业所得税 2021 年起执行。财政部、税务总局、国家发展改革委三部门发布通知，自 2021 年 1 月 1 日至 2030 年 12 月 31 日，对设在西部地区的鼓励类产业企业减按 15%的税率征收企业所得税。

根据通知，鼓励类产业企业是指以《西部地区鼓励类产业目录》中规定的产业项目为主营业务，且其主营业务收入占企业收入总额 60%以上的企业。

此通知的西部地区包括内蒙古自治区、广西壮族自治区、重庆市、四川省、贵州省、云南省、西藏自治区、陕西省、甘肃省、青海省、宁夏回族自治区、新疆维吾尔自治区和新疆生产建设兵团。湖南省湘西土家族苗族自治州、湖北省恩施土家族苗族自治州、吉林省延边朝鲜族自治州和江西省赣州市，可以比照西部地区的企业所得税政策执行。

9．2019 年对小微企业的最新减税措施

① 大幅放宽可享受企业所得税优惠的小型微利企业标准，同时加大所得税优惠力度，对

小型微利企业年应纳税所得额不超过 100 万元及 100 万元到 300 万元的部分，分别减按 25%和 50%计入应纳税所得额，使税负降至 5%和 10%。调整后，优惠政策将覆盖 95%以上的纳税企业，其中 98%为民营企业。

② 对主要包括小微企业、个体工商户和其他个人的小规模纳税人，将增值税起征点由月销售额 3 万元提高到 10 万元。

③ 允许各省（区、市）政府对增值税小规模纳税人，在 50%幅度内减征资源税、城市维护建设税、印花税、城镇土地使用税、耕地占用税等地方税种及教育费附加、地方教育附加。

④ 扩展投资初创科技型企业享受优惠政策的范围，使投向这类企业的创投企业和天使投资个人有更多税收优惠。

⑤ 为弥补因大规模减税降费形成的地方财力缺口，中央财政将加大对地方的一般性转移支付。

上述减税政策可追溯至 2019 年 1 月 1 日，实施期限暂定三年，预计每年可再为小微企业减负约 2000 亿元。

举例说明：应纳税所得税 95 万元，应纳企业所得税=95×25%×20%=4.75（万元），简化计算=95×5%=4.75（万元）。

举例说明：应纳税所得额 280 万元。

① 应纳税所得额 100 万元部分=100×25%×20%=5（万元）。

② 应纳税所得额 100 万～300 万元部分=180×50%×20%=18（万元）。

③ 最终应纳企业所得税=5+18=23（万元）。

简化计算=100×5%+180×10%=23（万元）。

二、个人所得税

个人所得税是以个人（自然人）取得的各项应税所得为课税对象征收的一种税。个人所得税为各国普遍征收，并且是不少西方国家收入额最大的税种。

世界各国征收的个人所得税可分为三种类型：综合所得税制、分类所得税制和混合所得税制。综合所得税制是将个人全年各项应税所得额加以汇总，减除法定宽免额和扣除额后，按适用税率计征。分类所得税制是将个人应税所得额按性质或来源加以分类，对不同类别的所得项目规定不同的税率，分别计征。混合所得税制的计征办法介于综合所得税制和分类所得税制之间，一方面对个人取得的不同性质或来源的所得要综合计税，另一方面对少数特定所得项目规定专门的税率和征收办法。这三种税制各有长短，综合所得税制计征较为简单，税务成本较低，但对不同性质的收入不能区别对待；分类所得税制相反，计征较为复杂，税务成本较高，但能对不同性质的收入实行区别对待政策；混合所得税制则能融合前两者的长处。从实际应用的情况看，实行混合所得税制的国家较多，而综合所得税制和分类所得税制也有不少国家采用，如美国、德国、法国等国家实行综合所得税制，中国、英国等国家实行分类所得税制。

各国对个人所得税中收入扣除项目和扣除标准有不同的规定，但总体来看，扣除项目可分为两大类：一类是个人为取得收入所必需支付的费用，如差旅费、利息支出、维修费、保险费等；另一类是生计费，如基本生活费、赡养费、教育费、医疗费等。这些费用的扣除形式有多种，如据实扣除、限额扣除、定率扣除等。

个人所得税一般实行累进税率，征税有弹性，税负较为公平。

十三届全国人大常委会第五次会议通过了关于修改《中华人民共和国个人所得税法》的决定，并于2018年10月1日起过渡施行，2019年1月1日起正式施行。

个税起征点历次变化如下：

1980年，起征点为800元；

2006年，提高到1600元；

2008年，提高到2000元；

2011年，提高到3500元；

2018年，提高到5000元。

工资个税的计算公式如下。

第一步，先算出应纳税所得额，计算公式为：应纳税所得额=税前工资-五险一金（个人缴纳部分）-专项附加扣除额。

解释说明：专项附加扣除额是指新个人所得税法规定的子女教育、继续教育、大病医疗、住房贷款利息、住房租金和赡养老人等六项专项附加扣除。

第二步，对照个人所得税税率表（表4-2）找出税率及速算扣除数代入下方公式计算：应纳税额=应纳税所得额×税率-速算扣除数。

表4-2　个人所得税税率表（个人工资、薪金所得、劳务报酬所得、稿酬所得、特许权使用费所得）

级数	全月应纳税所得额	税率/%	速算扣除数/元
1	不超过3000元	3	0
2	超过3000元至12000元的部分	10	210
3	超过12000元至25000元的部分	20	1410
4	超过25000元至35000元的部分	25	2660
5	超过35000元至55000元的部分	30	4410
6	超过55000元至80000元的部分	35	7160
7	超过80000元的部分	45	15160

案例说明

案例一　李四为某公司销售人员，某月取得的收入为20000元、三险一金为4520.84元。假设附加专项扣除有以下几项：子女教育1000元（按1个子女一方按月100%扣除）、首套房月供利息1000元（一方按月100%扣除）、赡养老人1000元（兄妹两人按月均摊）故专项扣除总费用为3000元，那么如何按照“综合所得税制”计算其本月应缴纳的个人所得税呢？

新个税公式：个税=（工资-五险一金-起征点-附加专项扣除）×税率-速算扣除数

步骤一：求出应纳税所得额，找出税率和速算扣除数。

20000-4520.84-5000-3000=7479.16（元），对照税率表得知：税率 10%，速算扣除数 210 元。

步骤二：代入公式计算可得个税=7479.16×10%-210=537.92（元）。

案例二　公司员工张三：2021 年 1 月工资 15000 元；2021 年 2 月工资 45000 元；2021 年 3 月工资 15000 元。有一个正在上小学的儿子，子女教育每月扣除 1000 元；首套住房贷款利息支出每月 1000 元；父母健在，且是独生子女，赡养老人支出每月可以扣除 2000 元；五险一金每月缴纳 3000 元；购买符合条件的商业健康保险每月 200 元。

2021 年 1 月：

应纳税所得额=15000-5000（累计减除费用）-3000（累计专项扣除）-4000（累计专项附加扣除）-200（累计依法确定的其他扣除）=2800（元）；

应纳税额=2800×3%=84（元）。

2021 年 2 月：

应纳税所得额=60000（累计收入）-10000（累计减除费用）-6000（累计专项扣除）-8000（累计专项附加扣除）-400（累计依法确定的其他扣除）=35600（元）；

应纳税额=35600×3%-84（已预缴预扣税额）=984（元）。

2021 年 3 月：

应纳税所得额=75000（累计收入）-15000（累计减除费用）-9000（累计专项扣除）-12000（累计专项附加扣除）-600（累计依法确定的其他扣除）=38400 元；

应纳税额=38400×10%-2520-1068（已预缴预扣税额）=252 元。

年度预扣预缴个人所得税税率表（按 60000 元起征点-综合所得适用）和个人所得税税率表，见表 4-3、表 4-4。

表 4-3　年度预扣预缴个人所得税税率表

级数	年应纳税所得额	预扣率/%	速算扣除数/元
1	不超过 36000 元的部分	3	0
2	超过 36000 元至 144000 元的部分	10	2520
3	超过 144000 元至 300000 元的部分	20	16920
4	超过 300000 元至 420000 元的部分	25	31920
5	超过 420000 元至 660000 元的部分	30	52920
6	超过 660000 元至 960000 元的部分	35	85920
7	超过 960000 元的部分	45	181920

注：

1. 本表含税级距中所称年应纳税所得额是指居民个人取得综合所得以每一纳税年度收入额减除费用 6 万元以及专项扣除、专项附加扣除和依法确定的其他扣除后的余额。全年应纳税所得额-综合所得金额-各项社会保险金-专项附加扣除-起征点 6 万元的余额。

2. 综合所得指 4 项劳动性所得（工薪所得、劳务报酬所得、稿酬所得、特许权使用费所得）。劳务报酬所得、稿酬所得、特许权使用费所得，以收入减除 20%后的余额为收入额。在此基础上，稿酬所得的收入额再减除 70%计算。

3. 本表按照新个税法税率推算。

4. 本级速算扣除额=上级最高所得额×（本级税率-上一级税率）+上一级速算扣除数。

表 4-4 个人所得税税率表

级数	全年应纳税所得额	税率/%	速算扣除数/元
1	不超过 30000 元的	5	0
2	超过 30000 元至 90000 元的部分	10	1500
3	超过 90000 元至 300000 元的部分	20	10500
4	超过 300000 元至 500000 元的部分	30	40500
5	超过 500000 元的部分	35	65500

注：本表适用于个体工商户的生产经营所得和对企事业单位的承包经营、承租经营所得。

2020 年个税政策迎来新调整。2020 年 7 月 29 日，国家税务总局发布《关于完善调整部分纳税人个人所得税预扣预缴方法的公告》，对一个纳税年度内首次取得工资、薪金所得的居民个人和扣缴义务人在预扣预缴个人所得税时，可按照 5000 元/月乘以纳税人当年截至本月月份数计算累计减除费用。

例如：大学生小李 2021 年 7 月毕业后进入某公司工作，公司在发放 7 月份工资，计算当期应预扣预缴的个人所得税时，可减除费用 35000 元（7 个月×5000 元/月）。

有什么好处呢？假设小李领取工资 1 万元，个人缴付“三险一金”2000 元，没有专项附加扣除，调整之前需要每月预缴个税（10000-5000-2000）×3%=90（元）。而调整之后，则可以减除费用 35000 元，无需预缴个税了。

如果纳税人仅是在新入职前偶然取得过劳务报酬、稿酬、特许权使用费所得，则不受影响，仍然可适用该公告规定。

这是为了进一步支持稳就业、保就业，进一步减轻毕业学生等年度中间首次入职人员以及实习学生预扣预缴阶段的税收负担。

三、社会保险税

社会保险税是以劳动者的工资薪金为课税对象的一种税，所以也称工薪税。在绝大多数 OECD（经济合作与发展组织）国家以及部分发展中国家广泛开征。其占税收总收入的份额平均约为 20%，是仅次于个人所得税的第二大税种。个别国家的收入份额甚至高达 40%以上。

社会保险税是政府专门为社会保险基金筹资而征收的一种专项税。与一般税种不同的是，它有专门用途。在有些国家，还有专门的社会保障预算。

虽然社会保险税的课税对象近似于个人所得税，又都有助于实现社会公平，但社会保险税本质上不是所得税，其课税对象不是个人的全部所得，而是一定限额以内的工资薪金，且没有费用扣除规定。

社会保险税分别由雇主和雇员缴纳（分担的比例一般各为 50%），雇员承担的部分由雇主代扣代缴，独立从业人员在缴纳个人所得税时一并自行纳税。政府的目的是让他们分担社会保险的成本。但是实证研究表明，由于劳动的供给弹性较低，雇主一般会通过压低工资来转嫁税负。

与个人所得税的另一个区别是，社会保险税采用比例税率，虽然税负具有累退性，但征管简便，征税成本较低。

本章思考题

① 试述农村税费改革的主要内容、意义及如何跳出“黄宗羲定律”的怪圈。

② 试述所得课税的特点及其对社会、经济的影响。

③ 分析“营改增”的重大意义。

④ 如何理解大、中、小口径税基？

⑤ 税法中的税率与经济分析中的税率有何不同？

⑥ 试比较全额累进税率与超额累进税率的特点。

⑦ 消除国际重复征税的方法有哪些？

⑧ 简述国际重复征税的消极影响。

第五章
公共收费

第一节　公共收费的性质与功能

一、公共收费的性质

公共收费是政府在提供公共服务、公用设施或实施行政管理的过程中，向受益或管理对象所收取的费用。公共收费是国家财政收入的重要形式之一，同时也是国家干预市场活动，实施国民经济管理的重要手段。从理论依据来看，公共收费实际上是国家提供准公共商品和自然垄断产业的产品就私人受益部分实施的收费，以补偿相应公共供给的部分或全部成本，体现负担的公平；从操作效应来看，合理的公共收费不仅有利于增加财政收入，而且通过利益调节的方式影响人们的社会经济行为，有助于公共资源的合理配置和有效利用，促进经济效率的提高。

由于公共收费和税收是政府组织财政收入的两种重要形式，分析这两种收入形式的区别和联系，对于充分认识公共收费的性质是必要的。

公共收费与税收的区别主要表现在以下方面。

1．立法层次不同

税收的征收以税法为依据，各种税的税法要由立法机构审议、批准，然后颁布执行，因而税收的征收是十分严格的。公共收费的收取可以以国家法律为依据，也可以以国家有关管理部门制定的规章、制度为依据，即使有法律规定，其规定一般也是原则性的，具体的征收通常要通过部门规章加以规范。因此，公共收费具有较大的灵活性。

2．执行主体不同

税收是由税务机关、财政机关和海关按照国家规定的管辖范围，依照税法的规定代表国家征收的，收入必须上缴国库；公共收费却是由国家的诸多部门和单位担当着执收主体的角色，除部分法律、法规有规定的以外，大量的公共收费是由政府行政部门或者事业单位在提供服务和实施管理的过程中收取的，部分收入可以按规定不上缴国库。

3．性质不同

税收体现的是纳税人作为整体与国家之间在公共商品供给和消费上的利益关系或交换关系，个别纳税人在“付出”与“得益”之间并不直接对应；公共收费则体现缴费者个体与有关公共部门之间在服务和受益上的利益关系或交换关系，缴费者个人在“付出”与“得益”之间是直接对应的。前者适用于纯公共商品及准公共商品中社会受益部分的成本补偿；后者适用于准公共商品中个别受益部分及政府经营的自然垄断品的成本补偿。从收入形式上看，税收是国家凭借政治权力强制征收的，具有无偿性；公共收费则是国家有关部门或单位因向社会成员提供了特定服务，依据“谁受益谁负担”的原则来收取的，具体征收标准根据服务成本和受益情况确定，具有有偿性。

4．功能不同

税收是国家组织财政收入的主要形式，并在调节社会经济运行、促进公平和效率的统一上发挥广泛的作用。公共收费是财政收入的重要补充，在保障负担公平和促进资源合理利用上也具有不可替代的作用。但公共收费无论在收入水平还是调控功能上，与税收相比都是十分有限的，如果不适当地扩大公共收费的作用范围，将会对财政和经济活动带来消极影响。

5．款项使用的方法和用途不同

税收在征收范围和征收对象上有普遍适用性，纳税人缴纳的各种税款，列入政府财政预算统一安排，用于满足社会公共需要。公共收费的征收一般只适用于特定领域和特定对象，所征收的资金在使用上通常受指定范围和用途的限制，有的并不纳入财政预算，不由政府统一支配，即使是纳入预算的收费资金往往也与特定的支出项目相对应，用于满足特定公共供给的需要。

另外，公共收费与税收在属性上也有一些共同点。首先，公共收费和税收的执收主体都代表国家或其授权机构，体现一种国家或公共部门的行为。其次，公共收费和税收在本质上都是以国家权力为依托开展的筹集财政收入的活动，并影响着国民收入分配的格局。第三，通过公共收费和税收形成的收入都用于满足国家履行其职能的物质需要。

公共收费与税收之间存在联系，因而在实践上两者间的界限并非是不可逾越的，存在着所谓“费的税化”和“税的费化”的现象。费的税化是指将一些公共收费采取征税的形式来收取，典型的如燃油税、轮胎税及土地使用税。因为对汽油或轮胎的消费数量大体上反映了对公共道路的使用情况，对公共土地的占有或使用则直接反映从这些公共资源中获得的利益，从而对相关主体的征税实际上在付税者的“付出”与“得益”之间存在着直接对应关系，这与公共收费的性质是一致的。对一些大宗和稳定的公共收费采取税的形式征收有其必要性和合理性，可以利用税收征收强制性和管理规范性的优势来加强对相关收支过程的控制，避免收费中可能出现的随意性并降低收费成本。税的费化是指以公共收费形式取得本质上应属于税的收入。税的费化是一种不正常、不合理的现象，实际上是费的泛化，体现政府部门利用其垄断权力来增加自身收入的行为，如不以公共服务、公共供给或公共管理为依据的政府收费、摊派或罚款。这种现象的存在反映了政府的权力缺乏约束，收入行为不规范，会扰乱社会经济秩序和收入分配格局，加重社会成员负担，应当加以避免和纠正。

对公共收费的范围需要合理界定。就公共服务或设施的供给而言，一般只有以下三种情况，才适合对使用者收费。一是对某项公共服务或设施的消费所设置的排他性装置在技术上可行、经济上合理；公共收费遵循的是受益公平原则，即谁受益谁负担、多受益多负担。相应地，对于一项需要收费的公共供给项目，必须可以具体确定受益者及受益程度，并将未支付者排除在外，比如，高速公路、高等教育、自来水等，其利益可以分割占用，具体成员的受益状况可以明确测度，并且设置排他性装置的成本较低，而国防、立法等纯公共商品的供给就无法通过定价收费的方式来获得成本补偿的资金来源，只能运用税收方式筹集资金。二是当特定公共项目的供给规模不变，增加消费者会导致边际收益下降，从而在消费上产生竞争性时，需要通过收费适当限制消费，否则会出现过度拥挤而造成效率下降；而在公共供给项目具有消费上的非竞争性时，实行收费没有必要，只会降低公共项目的利用效率。三是当特定公共供给项目只由少数社会成员受益时，对使用者收费是必要的，如果不是用收费而是用税收来补偿这些公共项目的供给成本，则会出现用一般纳税人的钱为少数人服务的现象。这既不公平，也是没有效率的。

二、公共收费的基本原则

1．非营利性

政府是服务于公共利益的，以收费形式组织收入主要是为了补偿部分公共项目的供给成本，除了一些自然垄断性项目要取得正常收益外，一般收费项目的供给不以营利为目的，特别是对属于混合商品的公共供给，收费只与个人受益部分的供给成本相对应，不能取得全部成本的补偿资金。

2．效率性

公共收费项目的设置和收费标准的确定应考虑收费成本及相应供给项目的使用效率。一方面，公共收费活动本身是要花费成本的，例如过桥收费要建收费站，要承担收费人员的工资、相应的管理费用以及配套装置的费用等，如果收费成本太高，造成资源的无效耗费，就应以征税方式加以替代，以节约费用，减少浪费。另一方面，收费不应影响供给项目的有效利用，对于外部收益性强的项目，如果收费标准定得过高，将不利于促进公共利益；对于需要收费的非竞争性项目，过高收费也不利于提高消费效率。实际上，一些公共项目的供给成本大体上是一个常量，从资源利用的角度看，其被充分消费就是最大的效率。对于拥挤性公共商品，适当收费则有助于减少拥挤，合理利用公共资源。

3．受益性

公共收费必须体现负担与受益相对应的原则，即谁受益谁付费。付费者应是直接从公共部门的特定供给中受益的社会成员，非受益者不应负担相应费用。

4．自愿性

一般来说，社会成员有权根据自己的情况选择是否接受收费性公共项目的服务供给，即使是一些管理性、惩罚性的公共收费，实际上也是以付费者的行为选择为前提的。除非有法律规定，否则政府不能强制社会成员消费收费性公共服务或设施。

三、公共收费的功能

1．筹集财政收入

公共收费是国家筹集财政收入的一种重要形式，为实现国家职能和满足公共需要提供重要的财力来源。由公共收费形成的资金无论是纳入政府预算管理，还是按制度或法律规定由收费部门或单位直接弥补其运行费用，都属于公共财力，对国家的财政状况、资源配置能力产生着重要的影响。特别是对于特定公共事业或公共产业的发展，公共收费往往具有不可替代的作用，如保障高等教育、医疗卫生等公共事业的经费投入，保证城市供水、供电、供热、供气等公用事业的有效运营，促进交通、通信等基础设施的建设，等等。因为这些事业或产业活动所提供的物品或服务具有混合商品性或自然垄断性，其发展所需要投入的资金量也很大，必须发挥公共收费的筹资作用。

2．管理社会事务和公共资源

为了维护社会经济活动的正常秩序，国家必须制定、实施各种法律和制度，如为保障消费者利益，有必要对危险物品、药品、食品等的生产、运输、保管、销售等进行严格管理，对产品质量加强监督，对有关经济主体实行发证经营；为保障公民、法人和其他组织的合法利益，必须开展法院审判、行政仲裁、行政鉴证工作，等等。这些都常伴之以公共收费，包括服务性收费和惩罚性收费。

公共资源如森林、草场、水资源、公共河道、矿产资源、土地资源等，是人类社会生产和生活的物质基础与前提条件。从休谟开始，学者们已认识到当人们从私人动机出发自由利用公共资源时，公共资源就会被过度利用，产生所谓“公地的悲剧”。要对公共资源加以合理利用，就必须明确界定公共资源的产权，并保障公共产权的应有权益。制定有关公共资源开发、利用的收费政策，是保障公共产权权益、合理和有效利用公共资源的需要，如通过征收资源使用费或补偿费，有利于相关经济主体在占有、开发或使用公共资源时，正确评价其成本收益，合理利用公共资源，减少浪费。

3．提高公共商品供给效率

在免费提供混合商品的情况下，往往导致过度消费和浪费，同时也不利于保障相关公共供给项目的投入，增加供给数量和提高供给质量。适当的收费有助于消费者正确表达偏好，相关部门可决定公共供给的最优水平，并取得较为稳定和可靠的资金来源。

第二节　公共收费的类型

一、按收费的性质划分

1．规费

规费是国家机构为居民或团体提供特定服务或实施特定行政管理时所收取的手续费或工本费。规费包括行政规费和司法规费。

行政规费是附属于国家各种行政活动的收费，其内容主要有：内务规费，如户籍费；外事规费，如护照费；经济规费，如商标登记费、商品检验费、度量衡鉴定费；教育规费，如毕业证书费；其他行政规费，如会计师、律师、医师等的执照费。

司法规费是附属于国家各种司法活动的收费，它又可分两类：一是诉讼规费，如民事诉讼费、刑事诉讼费；二是非诉讼规费，如结婚登记费、出生登记费、财产转让登记费、继承登记费和遗产管理登记费等。

2．使用费

使用费是政府部门向特定公共设施或公共服务的使用或受益者收取的费用。使用费的种类也很多，如交通设施收费、城市公用事业收费、教育事业收费、医疗卫生事业收费、文化事业收费、体育事业收费、环保收费，等等。

二、按照收费资金的管理渠道划分

1．财政预算内管理的收费

由这类收费所形成的收入须按规定上缴国库，纳入财政预算统一管理。这类收费的管理较为严格、透明和规范。在中国，目前纳入预算内管理的公共收费的范围呈逐步扩大的趋势。

2．财政预算外专储性收费

由这类收费所形成的收入需存入政府指定的专户，并按经财政部门和相关主管部门审定的计划提取使用。从管理的严格性和规范性看，预算外专储性管理介于预算内管理和自收自用管理之间。中国目前有相当部分的公共收费采取这种管理方式。

3．执收单位自收自用的收费

这类收费由执收单位按国家规定收取和安排使用，适用于一些公用、公益事业和自然垄断产业。

三、按收费的实体划分

（一）行政性收费

行政性收费是国家行政机关在履行职能、开展社会经济管理活动时依法收取的费用，其主要内容如下。

1．管理性收费

管理性收费又分为资格审查收费、裁定性收费和交易行为管理费等。

（1）资格审查收费　对个人或团体从事特定社会或经济活动的资格进行审定，颁发证明其行为或身份合法、允许其开展特定活动的证件所收取的费用，如办理工商营业执照、结婚证、卫生许可证、生产许可证、行车执照、驾驶执照、居民身份证、出口许可证等的收费。

（2）裁定性收费　对经济主体之间在社会经济活动中发生争议的事项进行协调和裁定的收费，如经济合同仲裁费、劳动仲裁费等。

（3）交易行为管理费　对经济主体的市场交易活动进行管理和控制的收费，如市场管理费、摊位费、旧车交易市场管理费等。

2．惩罚性收费

对违反国家法律、法规，有损公共利益的行为给予的经济性惩罚。如对违反交通规则、治安管理条例的罚款，对经营假冒伪劣商品的罚款，对违反技术标准、商标管理的罚款，对违反污染排放规定的罚款，等等。

惩罚性收费与管理性收费都是管理和规范社会经济活动的必要手段，但它们在社会经济管理过程中所处的环节不同，管理性收费侧重于事前规范和事中控制，惩罚性收费侧重于事后惩治和纠正。

3．资源性收费

对占有、开发、使用公共资源行为的收费，如土地使用费、矿产资源补偿费等。

（二）事业性收费

事业性收费是国家提供事业服务的部门和单位按规定标准向其服务对象收取的费用，用以弥补其服务的部分或全部成本。如学校、医院、科研单位、文化馆、体育馆、图书馆、剧院、出版社等机构向其服务对象的收费。

在市场经济条件下，政府提供事业服务的原因主要是由于外部性的存在，市场机制对某些领域的资源配置会产生效率缺失，不利于社会经济的正常发展。政府提供的事业服务主要集中在基础设施、科研、教育、文化、卫生、邮政电信、供水供电、公共交通等外部性较强的领域。但并非所有的事业活动都应该收费。一般来说，凡是从全局和长远利益出发，要求社会成员充分消费的事业服务，如基础教育、卫生防疫、计划生育等，就应该免费使用，使其产生最大的社会效益；而只有在政府不能靠一般税收收入保障充分供应的，或是免费提供会导致过度消费和浪费的，以及具有明显的私人受益性的事业服务，如高等教育、医疗等，才应当适当收费。

（三）经营性收费

经营性收费是国有经营单位向社会提供私人商品时按市场原则所收取的费用，如交通运输费、房屋租赁费、文化娱乐费等。这些国有经营单位一般实行独立核算，自负盈亏，其经营活动不但要保本，还要有适当收益。

四、按收费的目的划分

1．一般目的收费

一般目的收费是指通过收费取得补偿相应供给项目成本的部分或全部资金，体现费用负担公平原则，并产生相应的调节资源利用和促进资源有效配置作用的各类收费。大部分公共收费都属于一般目的收费。

2．特殊目的收费

特殊目的收费是指国家通过对这类收费的确定和控制要达到特定的经济或社会目的。

这类收费主要有：①限制自然垄断的收费，如由政府直接经营自然垄断企业并按成本价格收费，以防止放开经营时经营者利用其垄断地位谋取高额利润，损害消费者利益；②市场准入性收费，如审定、颁发各种许可证的收费，以此排除不合格者进入相关活动领域，并规范业内的经营行为；③校正外部不经济收费，如收取排污费、对违反法规行为的罚款，以此将外部成本内部化。

第三节　公共收费标准与定价方法

一、公共收费的标准

收费标准也称收费价格，其确定、执行和调整是否合理，直接关系到政府或执收部门的收入、社会成员的利益以及收费的社会经济效果。由于公共收费并非纯市场行为，其价格不是市场均衡价格，在收费标准的确定上往往供应方的影响力要大于消费方，这就必然要求对公共收费的定价进行有效的管理和约束，以保证公共收费与公共利益的一致性。

在理论上，公共收费定价可以依据两个标准，一是费用还原标准，即根据有关公共供给活动所消耗的成本费用数额来确定收费标准，即以收费补偿其成本耗费；二是利益报偿标准，即以社会成员从相关公共供给中获得的个别利益的大小来确定收费标准。这两种标准均有特定的实践意义，如对于自然垄断产业提供的物品或服务供给，主要运用费用还原标准来确定收费价格，而对于混合商品的供给，则主要运用利益报偿标准，并结合供给项目的成本耗费情况，来确定与个别受益相对应的收费价格。

在现实生活中，政府往往根据不同的情况和需要，对需要收费的公共供给项目采取按低于、等于和高于其供给成本水平的标准来选择和确定收费价格，形成不同的收费价格政策。

1．低价政策

按照低于物品或服务供给的成本耗费水平来确定收费价格，一般适用于混合商品、有益物品的供给。原则上，所提供的物品或服务的外部收益越大，收费价格就应越低。低价政策可以促使社会成员更多地使用或消费这些物品或服务，使之获取最大的社会效益。例如高等教育收费、卫生防疫收费、博物馆和图书馆收费，等等，通常采取低价政策，并结合财政拨款，既降低了消费者负担，促进这类资源的充分利用，又保障了这些事业发展的资金需要。

2．平价政策

按照与物品或服务供给的成本耗费水平大体相当的标准来确定收费价格，一般适用于由自然垄断产业提供的物品或服务及外部收益不大的一般物品或服务。实行平价政策，从消费方面来说，可以使社会成员正确评价这些物品或服务的价值，合理、有效利用这类消费资源；从供给方面来说，有利于相关部门合理筹集资金，既减轻财政负担，又保证相关事业发展的需要。比如城市供水，实行低价政策必然导致供水需求的大量增加和水资源的浪费，且增加财政补贴负担，高价政策又会影响居民的正常生活，两种定价政策均不利于资源合理配置，而平价政策则较为适当。

3．高价政策

按照高于物品或服务供给的成本耗费水平来确定收费价格，一般适用于高价政策，并结合财政拨款，既降低了消费者负担，促进这类资源的充分利用，又保障了国家为对特定的社会经济行为进行管理和控制而实行的收费，如对特定领域的准入性收费，校正外部经济收费。实行高价政策，一方面可以加强国家对特定社会经济活动的管理和控制，以实现社会利益的最大化，另一方面可以筹集较多的财政资金，用以解决特定的社会经济问题。以对污染排放收费为例，当经济单位超标准排污时，通过高额的收费处罚，不仅使得相应的外部成本能够内部化，增加排污单位的经济负担，起到限制和惩治作用，而且，以此取得的资金可以用于解决环境保护问题。

二、公共收费的定价方法

由于公共收费的种类繁多，不同的收费对应于性质不同的公共供给项目，适用于不同的收费标准，因此，公共收费的定价方法也是多种多样的。这里以自然垄断产业的产品定价为例，说明公共收费的定价方法。

1．平均成本定价法

平均成本定价法又称完全成本定价法，其基本思路是按产品成本的补偿标准来确定收费价格。

自然垄断产业生产的基本特征是存在由技术因素决定的规模报酬递增，或平均成本递减。其生产函数可由图 5-1 说明。

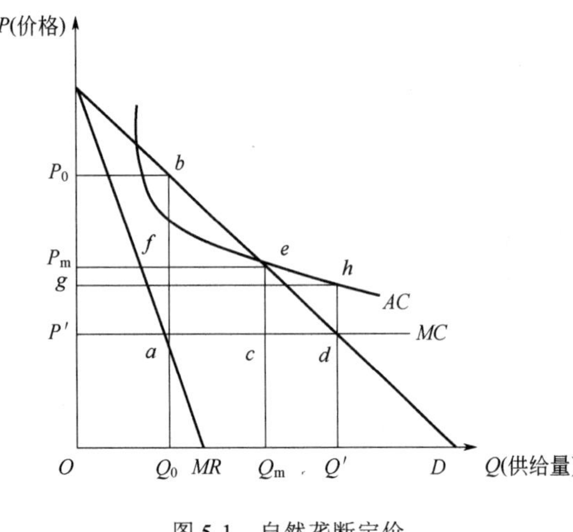

图 5-1　自然垄断定价

处于自然垄断地位的经营单位，其平均成本曲线（*AC*）向右下方倾斜，边际成本曲线（*MC*）可视为水平线，表明边际成本不随产量的变化而变化。平均成本递减的主要原因，是在这类经营单位的成本构成中，固定成本占有较大的比重，随着产出量的增加，单位产品分摊的固定成本减少，由于单位变动成本相对稳定，因此总的单位平均成本下降。在自然垄断情况下，如果由经营单位自由定价，如同一般的垄断定价情形，会将价格确定在与产量 Q_0 相对应的 P_0 处，使边际收益等于边际成本，即 $MR=MC$。此时经营单位获得总额相当于四边形 P_0P_mfb 的垄断利润。显然，这将使消费者蒙受因高价格、低供给带来的损失。

为了避免产生这样的现象，就需要政府介入，实行公共定价。这时的公共定价有以下两种思路。①按效率原则定价，将价格确定在等于边际成本的水平上，即图中 P'处，此时的产量为 Q'，消费者剩余最大，但由于经营单位的平均成本高于边际成本，此时产生总额相当于四边形 $gP'dh$ 的亏损，为了维持其再生产，需要政府给予相应的亏损补贴。这种补贴实际上是将政府的部分税收收入转移给这些经营单位，而最终受益者则是消费相关物品或服务的社会成员。因此，按边际成本定价的问题是：增加政府的财政压力、产生收入再分配效应、不利于经营单位控制其财务成本，从长期看，也可能会因经营单位财务收支不能平衡而降低产量或供给质量。②按平均成本定价，即图中的 P_m 处，相应的产量为 Q_m。此时，经营单位的财务收支能够平衡，虽然与边际成本定价相比，价格较高、产量较低，但能避免边际成本定价带来的问题。

平均成本定价的基本公式为：

$$P = K \times \frac{C}{Q}$$

式中，P 为价格；C 为供给总成本；Q 为供给量；K 为调整系数。

2．二部定价法

二部定价法是把收费分成两部分分别定价：一部分是按月或按年定额收取，与使用量无关；另一部分是按单位使用量确定。如电话费既有按月固定收取的月租费，还有按通话次数多少、时间长短和距离远近等从量计算的话费。二部定价法实际上是平均成本定价法的一种转换形式，它以经营单位的财务收支平衡为条件谋求资源配置与经济福利的优化。通常，二部定价中的定额费与供给单位的固定成本耗费相对应，而从量费则与变动成本耗费相对应，两项相加能使供给单位的全部成本获得补偿。这种定价方法在电力、电信、城市公用事业等自然垄断行业较为常见。

3．高峰负荷定价法

高峰负荷定价法是根据不同时段的消费需求确定不同的价格，以调节和平衡不同时段的供需。通常在消费的高峰期适用较高的价格，以抑制需求；在低谷期适用较低的价格，以鼓励消费。高峰负荷定价法可以适当调节特定消费需求在不同时段之间的分布，解决消费拥挤或资源闲置问题。这种定价方法在电力、电信、交通等行业较为常用。根据不同行业的特点，收费价格调整的周期可以按季节、月份乃至时辰划分。

三、价格听证

公共收费既涉及有关供给部门的成本补偿，也关系到社会公众的切身利益。由于供给部门通常处于垄断地位且拥有信息优势，如果由其单方面提出定价方案或进行价格调整，难免会出现片面追求个别利益而背离社会利益的现象，违反公共收费所应遵循的原则。为此，许多国家都通过制定法律或规章，明确公共收费的定价程序和收费资金的管理要求。其中，在制定或调整与一般社会成员的切身利益密切相关的收费价格时，必须举行价格听证，如公用事业收费价格、公益服务价格、自然垄断经营的商品价格等。价格听证通常由政府的价格管理部门主持，供给方、专家和消费者代表参与，论证定价水平的合理性，并将有关信息公之于众，广泛征求各方意见，在此基础上，由政府主管部门做出定价决策。

价格听证是消除公共定价过程中信息不对称，协调供需双方利益的有效手段，也是让社会公众参与公共决策的重要形式。价格听证一般按以下程序进行：首先，由供给方提出定价或价格调整方案，方案应说明定价依据或价格调整理由，包括供给成本水平及成本构成情况、经营收入状况、事业发展需要等；其次，政府组织专家小组或专家委员会，对价格方案进行分析、论证，并向社会发布有关信息，广泛征求意见；第三，举行价格听证会，由供给方、专家和消费者代表表达各自的意见，进行沟通和协调；最后，在充分掌握各方面信息的基础上，政府做出定价决策，并公之于众。

本章思考题

① 分析公共收费与税收的异同。

② 公共收费的功能有哪些？

③ 什么是我国的行政性收费与事业性收费？两者有何区别？

④ 我国行政性收费的种类及相应的收费标准是什么？

⑤ 我国事业性收费的种类及相应的收费标准是什么？

第六章 公共债务

第一节 公债概述

一、公债的性质与特点

公债，即公共债务，是政府为解决正常财政收入的不足，或实施特定的经济调控政策，以信用形式筹集资金而形成的债务。在市场经济条件下，以货币借贷形式形成的货币信用是一种普遍存在的现象，企业和个人经常会在特定情况下或因特定需要而借入款项。同样地，政府也会利用信用形式来满足其特定的支出需要或实现一定的经济政策目标。政府的这种借贷行为，构成了以政府为债务人的特殊的货币信用关系。

公债包括国债和地方债。国债是由中央政府发行的，其所筹资金由中央政府支配使用并负责偿还。地方债由地方政府发行，所筹资金由地方政府支配并负责偿还。一般来说，由于中央政府在管理公共事务中承担较大的职责，因而国债规模往往大于地方债规模。同时，中央政府会以一定形式对地方债的发行和使用进行管理或指导，以规范地方政府的负债行为，保障公债规模和结构的合理性及其使用的有效性。

公债作为特定的财政收入范畴，与其他财政收入相比，具有自身的一些特点。

（1）有偿性　公债收入的取得是以按期向债权人偿还本金并按预定利率计付利息为前提的，并以此吸引社会各界认购，国家通过发行公债取得的只是资金在一定时期内的使用权。以税收、国有资产收益等形式取得的财政收入，国家拥有所有权，对缴付者不承担偿还义务。

（2）自愿性　人们是否认购公债、认购何种公债以及认购多少公债，一般由购买主体根据各自情况自主决定，除法律授权外，政府不能作强制性要求，否则违背货币信用关系的基本准则。税收是依据税法的规定强制征收的，国家资产收益的取得则以国家对国有资产的所有权为依托，国有资产占有、使用者有义务按规定向国家提供其部分纯收入。

（3）灵活性　国家可根据财政收支、宏观调控、经济建设等需要，决定在预算年度内是否发行公债、发行多少公债及公债发行的条件，一般不需要以立法形式预先规定发行条件。而税收的课征对象、征收标准、征纳方式等是由税法和征收条例预先规定的，在征收过程中不能随意更改。国有资产收益的收取要以国有资产管理体制和国有资产收入分配制度为依据，也有相对的稳定性。

由于公债的本息偿付是以国家经常性财政收入为保证的，因而与私债相比，公债的信用程度较高，投资公债的风险较小，俗称金边债券。

二、公债的产生与发展

1．公债产生的条件

公债作为一个特定的财政范畴，其产生要比税收晚，是随着商品货币制度的形成和国家财政需要的扩大而出现的。据文献记载，最早的公债产生于奴隶社会。在公元前 4 世纪，古希腊和古罗马就出现了国家向商人、高利贷者和寺院举借债务的情况。到了封建社会，公债有了进一步发展，各封建国家为克服因战争引起的财政支出困难，不得不举借公债以弥补国用之不足。但限于当时的经济落后状况，社会闲散资金极其有限，公债制度发展缓慢。具有现代意义的公债制度是在封建社会末期随着资本主义生产关系的产生和发展而出现的。

公债的产生需要特定的环境和条件。

① 政府以公债形式组织财政收入，是因为以税收为主的经常性财政收入不能保障政府必要的财政支出。随着政府活动的增多及财政支出规模的扩大，仅靠税收已不能满足财政支出的需要，这时国家就不得不利用信用工具筹集资金，以弥补财政的收支缺口，这样公债就有了其必要性。

② 公债能不能产生，还取决于社会的应债能力，即社会上是否具有相当的闲置资金为公债筹资提供可能。因此，经济发展水平是公债产生的客观基础。

2．公债的发展

公债的真正发展是在商品经济和信用制度高度发达的资本主义社会。其主要原因如下。

（1）对外扩张的需要　从历史上看，公债制度在资本主义国家的形成和发展是与保证其对外扩张的需要相联系的。马克思指出："殖民制度以及它的海上贸易和商业战争是公共信用制度的温室。"殖民制度和海上贸易以及为促进经济发展所进行的大规模基础设施投资使得国家财政开支不断膨胀，仅靠税收难以满足财政支出的需要，因此公债的规模才不断扩大，成为政府重要和经常性的收入形式。

（2）剩余产品增长、闲置资本扩大　公债的发展、公债制度的完善要求社会上有足够的剩余产品和充裕的闲置资金，这一条件只有到了市场经济较为发达的资本主义社会才得以满足。资本主义的发展积累了大量的货币资本，从而为公债的发行提供了经济基础。信用制度的发展保证了社会闲置资金能够顺利转移到政府手中，保障了公债制度的有效运转。

（3）实行赤字财政政策平抑经济波动的需要　20 世纪 30 年代以后，资本主义国家普遍推行凯恩斯主义，实行赤字财政政策，通过发行公债来扩大财政支出，使潜在的货币购买力转化为现实的货币购买力，以刺激总需求，促进经济的增长。在战后发达资本主义国家的财政实践中，公债政策是财政宏观调控政策的重要组成部分，在政府的"反周期"调控中起着重要作用。

在现代国家，公债已成为政府筹集财政资金和进行宏观经济调控的重要工具。"二战"以来，各主要国家的公债规模呈不断增长趋势。以美国为例，在 1965～1995 年的 30 年间，联邦政府债务总额从 2608 亿美元增加到 36034 亿美元，增长了 12.8 倍。中国实行改革开放后，公债发行规模及公债累积额也不断扩大，政府的债务融资活动在筹集建设资金、促进改革开放和进行宏观调控中发挥了重要作用。

三、公债的分类

公债是一个综合性范畴，它由许多不同类型或不同形式的具体公债组成。为了便于认识公债的特点和进行有效管理，应对公债加以适当分类。

1．以发行地域为标准，可分为国内公债和国外公债

政府在国内发行的公债称为国内公债，国内公债的债权人可以是本国企事业单位、金融机构和居民个人。政府在国外发行的公债称为国外公债，国外公债的债权人可以是国际经济组织，外国政府、公司、金融机构和居民个人。发行和偿还国内公债反映一国经济资源在国内不同使用者主体之间的转移，并不直接影响一国的经济资源总量；而发行和偿还国外公债则对一国一定时期的经济资源总量产生影响，因为它引起资源在国际间的转移。国外公债发行时增加本国可支配的经济资源，还本付息时减少本国可支配的经济资源。

2．以举债形式为标准，可分为契约借款和公债券

契约借款是按照一定的程序和方式，借贷双方共同协商，签订借贷协议或合同而形成的债权债务关系。契约借款手续简便，筹资过程的成本费用较低，周期较短，适用于发行对象较集中、认购数额较大的国内公债，如向国内金融机构借款，以及国外公债中向国际金融组织和外国政府的借款等。公债券是一种由政府发行的表示债权债务关系内容的有价证券，如中国的国库券。公债券的优点是应用范围广、效能高，适用于认购范围较大的公债发行，如对企事业单位和居民发行的公债；其缺点是发行成本较高，需要有覆盖面较广的发行网络。

3．以偿还期限为标准，可分为短期公债、中期公债和长期公债

一般把偿还期限在一年以内的公债称为短期公债，偿还期限在一年以上十年以内的公债称为中期公债，偿还期限在十年以上的公债称为长期公债。短期公债主要用于平衡预算年度内因财政收支进度差异而出现的短期收支缺口。如在某些月份或季度预算支出大于预算收入，而另一些月份或季度则是预算收入大于预算支出，这时，发行短期公债就可以起到调节预算收支进度的季节性差异的作用。中、长期公债除了用于弥补年度财政赤字外，还可为建设周期较长的基础设施或重点投资项目筹措资金，如经济建设公债。

4．以公债的流动性为标准，可分为可转让公债和不可转让公债

发行后可在金融证券市场上买卖的公债称为可转让公债。对公债认购者而言，这种公债在持有期间可以通过证券交易机构或银行柜台随时变现。目前各国发行的公债大多属于此类公债。在主要发达国家，可转让公债的发行量一般占全部公债发行量的 70%以上。中国近年来在证券交易市场上发行的“记账式”国债即为可转让公债，而通过储蓄系统发行的“凭证式”国债在期满前持有者可在认购点贴现，属可定向转让公债。发行后不能在金融证券市场上买卖的公债称为不可转让公债。对公债认购者而言，购买这种公债后必须将其持有至公债偿付期到时才能兑现（兑付本息），如美国的“储蓄券”以及中国 1981～1984 年发行的国库券。由于这类公债不具有流动性，因此通常利率较高。

公债还可依据其他的标准加以分类。如以公债发行价格为标准，按公债券面值定价发行的为平价公债；低于公债券面值定价发行的为折价公债，高于公债券面值定价发行的为溢价公债；以公债收入的用途为标准，用于建设项目投资的为建设公债，用于弥补公共预算赤字的为赤字公债；以公债的计量单位为标准，可分为货币公债和实物公债，其中后者是以实物为计量单位的公债；以公债的币种为标准，可分为本币公债和外币公债，其中前者是以本国货币为本位币发行的公债，后者是以外国货币为本位币发行的公债。

第二节 公债负担与效应

一、公债的负担

从形式上看，公债的负担可分为三个层次。

① 认购者的负担 即公债投资者认购公债的机会成本。从公债发行和认购这一环节来看，投资者认购公债就等于牺牲了现期的消费，因而给公债投资者带来了机会成本。

② 政府的负担 指的是公债还本付息给政府带来的负担。由于公债是要还本付息的，政府在举债时获得了财政收入，增加了可支配资源，而在偿债时就形成了财政支出，减少了可支配资源，因此，政府举债过程就是其债务负担的形成过程，偿债的过程就是其债务负担的消除过程，公债的还本付息便构成对政府的财政压力。

③ 纳税人的负担 指的是公债的发行给纳税人带来的负担。不论公债资金的流向和效益如何，偿债的资金来源最终要依靠税收，或要以税收为保障，而税收的课征便形成了纳税人的负担。

从实质上看，公债的负担就是纳税人的负担。首先，认购者的负担是短期性的，从公债偿付周期看，认购者负担最终能从政府的还本付息中获得补偿；其次，政府的负担是形式上的，它最终会转嫁到纳税人身上，因为政府活动主要是提供公共商品和服务，其活动本身不能带来直接收入或不能带来足够的直接收入以保障债务的清偿，从而最终要以税收收入作为偿债的基本来源。纳税人的负担包括两个层次，一是因政府的偿债需要而造成的课税数额的增加，二是由于政府增加课税而给经济活动带来的超额负担，这都影响纳税人的实际福利水平并产生再分配效应。

公债的负担还存在代际转移问题，即政府通过“借新债还旧债”和举借长期债务的方式把偿债时间向后推移，让下一代人来承担还债的责任。公债负担在代际间转移的合理性取决于公债资金运用项目的性质。若举债资金用于即期耗费性项目上，即意味着将后代人的税收用于当代人的公共消费，这往往是缺乏经济依据和道德基础的，当然，关系到国家安全和稳定的开支例外，如战费。若举债资金用于能产生长期效益的资本项目上，则公债是将项目成本在代际合理分摊的一种工具，它有助于将各代人的受益与其付费（税）对应起来。从代际转移看，当代人不仅给下代人留下债务，同时也留下相应的有效资产，从而这种负担转移具有一定的经济依据和道德基础。因此，根据公债负担的性质，长期公债融资适用于公共资本项目。

二、公债的经济效应

1. 财政效应

在现代经济中，总体上看，财政支出具有稳定和持续增长的特征，而经济的发展则具有一定的波动性，因此，在年度中要使正常的财政支出与收入完全匹配几乎是不可能的。这时，公债作为财政收入的补充形式，就具有保证特定时期财政支出需要的重要作用。实际上，公债是弥补财政赤字、平衡财政预算、缓解财政困难的最可靠和迅速的手段。当国家财政一时支出大于收入，面临短期困难时，如果通过增税来满足需求，一则要通过一系列法律程序，手续较为烦琐，周期较长；二则增税将带来长期性影响，并会产生经济扭曲。而通过发行公债尤其是短期的国库券，则程序简捷，能够满足急时之需，并避免消极影响。所以，各国无不把举债作为弥补年度财政收支缺口的主要手段。从长期看，公债融资还是筹集国家建设资金的重要方式。特别对于发展中国家来说，一些投资大、建设周期长的项目，如能源、交通、环保等基础设施，往往是制约国民经济发展的“瓶颈”，对这类项目企业和个人可能无力投资或因风险太大而不愿投资，这就需要国家来承担投资建设的重任，否则，经济发展就缺乏持续的推动力。国家积累建设资金，税收无疑是重要手段，但是，任何国家都不可能依靠单一的税收方式去完成积累建设资金的任务。在市场经济条件下，运用各种信用方式筹集建设资金是有效、便捷和不可缺少的。一般来说，公债筹资较之银行吸纳储蓄，具有信誉高、风险低、稳定性强等特点，从而它以独特方式为国家积累建设资金开辟了道路。

公债要用未来的财政收入来偿还，因而以借债方式满足当前支出需要实际上是对未来收入的提前支用，或者说支取未来的税收。由于这一性质，公债筹资还会引起收入再分配效应。首先，公债改变当代人之间的收入分配关系。公债不仅要还本，还要付息，在币值不变的情况下，公债购买者会增加收入，多买者多受益，少买者少受益，不购买者则无相应的利益。由于为支付公债利息而征收的税款在负担的分布上与利息的收益者之间不可能是一致的，因而会产生收入再分配效应，并且，一般说来，收入高者多购买，收入低者少购买或不购买，这种再分配效应倾向于扩大收入分配差距。其次，公债产生代际分配关系。在将公债偿还责任向下代人推移的情况下，就会产生公债究竟是给后代人造福还是加重后代人负担的问题。

2. 公债的货币信用效应

公债是政府以税收为偿还保证而举借的债，因而具有较高的信用水平。公债的债权人在失去原有的货币资金使用权后，可以用公债作担保或抵押取得银行贷款或向其他主体拆借资金。这样，公债就成为一种极为重要的信用工具，被广泛应用于信贷活动中。其结果必然是加速资金周转，导致货币投放和信用规模的扩张。

另一方面，由于公债较高的信誉和一般来说高于普通存款的实际利率，会对投资者产生较强的吸引力，从而使部分已在银行体系中运转的资金转而流向公债。这将导致银行的资金来源相应减少，对金融系统原有的信贷平衡产生冲击，要求银行相应调整其信贷规模和结构。

3. 公债的投资扩张和挤出效应

公债具有筹集建设资金的功能，为政府投资支出的扩张提供支撑。实际上，公债筹资除少数情况外，一般都用于增加财政投资支出。公债筹资使政府在资源配置上具有更强的能力，尤其对完善基础设施、调整经济结构、促进重点领域和重要产业的发展，能产生明显的效果。公债不仅能将社会闲散资金集中起来重点运用，同时还会产生“引致效应”，即为民间部门投资提供更多的机会并引导资金流向。如运用公债资金建设的公共项目将会改善相关区域的投资环境，增加投资机会，降低投资风险。

公债筹资的另一方面是会产生挤出效应。公债的挤出效应是指公债的发行导致民间部门可借贷资金的减少，引起资本投资的减少。其形成机制为：当政府通过举债扩大其支出规模时，将使部分原可支撑民间部门投资的资金发生转移，在货币供给量不变的情况下，这一方面增加了货币需求，另一方面减少了市场即期资金供给量，相应抬高市场利率水平，从而产生对民间部门投资的“挤出”。公债挤出效应的大小，在不同的经济条件下存在很大差异。首先，挤出效应的大小取决于政府举债时的市场投资意愿、投资机会、资金供求状况、利率变动趋势等因素。当市场投资需求不旺、闲置财力较大、利率趋于下滑时，政府债务融资对利率的影响较小，挤出效应也较小；相反，政府债务融资对利率的影响较大，挤出效应也较大。其次，公债的挤出效应在很大程度上受到中央银行货币政策的影响。对公债挤出效应的分析通常以货币供给量不变为前提，而现实生活中货币供给量会随中央银行货币政策的调整而发生相应变化。因此，当公债发行规模扩大时，只要经济尚未达到充分就业状态，其挤出效应就会因同期中央银行货币政策的松动而有所减弱。

实际上，在存在挤出效应的情况下，公债发行的利弊还取决于对其机会成本的评估。当公债投资效益高于市场平均效益时，即使存在对民间投资的挤出，公债发行仍是有利的，相反则是不利的。

4．公债的宏观经济调控效应

公债具有刺激经济、拉动需求、保持宏观经济平衡的作用。在失业率上升、经济增长速度下降时，通过增加公债发行、扩大财政支出，可以提高总需求水平和资源利用效率，使经济尽快走出困境。这就是所谓扩张性财政政策对经济的调节作用。实施扩张性财政政策一般与增加公债发行量相联系，它实质上是以预算收支赤字和增加政府债务负担为代价，谋求经济的稳定和持续增长。在这种情况下增发公债，应当说有利于政府长期目标的实现，因为在经济低谷期若固守财政平衡的观念，实际上是放弃了财政应有的职能，不仅使财政平衡的水平下降，而且不利于未来正常收入的增长，最终财政收支也难以保持平衡。当然，在一般情况下，公债发行规模过大也可能导致需求过度膨胀，引发物价上涨。从货币政策的运用看，公债还是中央银行实现一定货币政策目标的操作对象。当商业银行把公债当作流动性较强的金融资产时，中央银行通过向商业银行买进或卖出公债，可以十分有效地调节商业银行的资金，进而影响商业银行的贷款和投资，调控资金和货币流量，刺激或抑制社会总需求。这就是所谓中央银行“公开市场业务”的基本运作方式。

三、公债的规模与风险

（一）衡量公债规模的指标

公债的规模指公共债务的总水平。公债作为弥补财政赤字、促进经济增长、调控经济运行的重要手段，在社会经济生活中有着重要的作用，但公债的发行并不是一个无限的量，公债规模存在一个适度的问题。如果公债规模失控，不但难以发挥其应有的积极效应，反而会给国家财政和社会经济的正常运转带来消极影响。一般来说，量度公债发行规模的指标主要如下。

1．债务负担率

用公式表示为：

$$债务负担率=\frac{当年累积未清偿公债余额}{当年国内生产总值}\times 100\%$$

该项指标表示政府债务存量规模与国民经济活动规模的关系，反映政府举债对国民经济的影响程度。债务负担率较高说明政府的借债行为对国民经济活动的影响较大，增发公债的潜力有限；而债务负担率较低则说明社会应债能力较强，公债规模可以适当扩大。

2．债务依存度

用公式表示为：

$$债务依存度=\frac{当年公债发行总额}{当年财政支出总额}\times 100\%$$

该项指标用以表示在当年政府预算中，公债收入占财政支出的比重。其中，财政支出包括债务还本付息支出，它反映财政支出对公债的依赖程度。当公债发行量过大，债务依存度过高时，表明财政支出过分依靠债务收入。这必然对未来的财政平衡构成潜在威胁。

3．偿债率

用公式表示为：

$$偿债率=\frac{当年公债还本付息额}{当年财政收入总额}\times 100\%$$

该项指标表明预算年度的财政收入中有多大份额需用于偿付到期债务本息，反映以往年度发行的公债对当期财政形成的压力大小。

（二）公债债务风险

公债债务风险是指一国公债在发行、流通、使用和偿还过程中，由于各种不确定因素的存在，不仅给政府财政活动自身而且给国民经济运行带来负面影响的可能性。它包含两个层次的问题：一是举债规模过大，导致财政收支体系和债务清偿机制紊乱，使财政陷入支付困境；二是因举债引发通货膨胀，使正常经济活动秩序遭到破坏。前者可称为公债的财政风险，后者可称为公债的货币风险。

公债给财政经济活动带来负面影响的潜在风险向现实风险的转化需要以下的机制和条件。

1．公债潜在的财政风险转化为现实风险的机制

由于公债为政府的信用收入，其取得是以还本付息为前提的，因此，公债的财政风险表现为在政府举债满足当前支出需要的同时，对其未来收入和支出形成的压力。显然，这种压力的大小与举债的规模密切相关。从对未来收入形成的压力来看，在债务清偿期内，若政府税收收入增长不能高于正常财政支出的增长，则势必造成债务负担的后移，甚至进一步增加公债累积额，当前举债规模越大，对未来收入增长的要求也越高。从对未来支出的压力来看，

若在债务清偿期内无法对正常财政支出形成一定约束，产生适量的预算盈余，则不能化解乃至加重原有的债务负担。当前的公债依存度越高，对未来支出控制的压力也越大，甚至会对未来正常财政支出产生“排挤”，影响财政职能的实现。综合以上两种情况，若在未来财政收入和支出上不能形成有利于当前债务清偿的运行机制，则势必产生所谓“财政赤字→公债发行→更多的财政赤字→规模更大的公债发行”这样一种循环。长此以往，因举债而使财政陷入支付危机的潜在风险就会变为现实风险。

2．公债潜在的货币风险转化为现实风险的机制

公债的货币风险表现为因政府举债导致货币超量发行和通货膨胀的可能性。一般而言，随着经济的发展和金融市场的完善，经济活动对货币的需求量会相应增加。无论启动中央银行基础货币流出闸门的杠杆是公债还是其他因素，只要其流出量是适当的，就会被正常的经济活动所吸纳和消化。只有当公债发行所引致的货币投放超过了经济生活对货币的正常需求，才会产生公债发行引起通货膨胀的现实问题。同时，政府举债是否构成对中央银行货币投放的压力，还取决于举债当期社会资金的供求状况。倘若举债时市场利率低迷，社会资金闲置严重，则政府适量发债不仅不会引起新的货币发行，反而有利于激活社会的存量资金。此外，即使由公债引致的货币发行超量，但以物价的小幅上涨换取就业率的提高，也许是值得的。实际上，公债发行是否会转化为通货膨胀，一是取决于当期的市场环境，二是取决于举债规模是否为货币政策的运用留下一定的余地。

（三）公债风险的防范

鉴于公债运用过程中存在的各种风险因素，有必要采取各种措施，防范和化解债务风险。

1．严格控制债务规模

如前所述，公债规模存在一个适度的问题，如果公债规模失控，不但难以发挥其弥补财政赤字、筹集建设资金、调控经济运行等积极效应，反而会影响政府其他职能的实现，并容易产生债务危机。公债发行规模的合理限度，主要从两方面来衡量：一是政府的公债发行安排不应影响企业生产经营发展对资金的需要，不应影响居民消费水平的逐步提高，即要尽量避免公债发行对企业投资或居民消费的挤出，保障市场体系的正常运行；二是公债的发行必须考虑财政和经济的承受能力，避免损害财政收支的长期均衡，防止财政陷入债务危机。因此，防范公债的债务风险，必须把公债的发行规模控制在合理和适度的范围内。

2．合理确定公债资金用途，提高资金使用效益

为防范债务负担的累积，一般而言，应避免将公债资金用于财政的经常性支出项目，而把公债资金纳入政府的资本运作体系。公债资金应主要用于公共基础设施建设，以利于形成良性的资金循环。

首先，按一般会计标准，与当期产出相关的支出才真正构成一种“损耗”，而与未来产出相关的支出则是一项“资产”。因此，当政府将公债收入安排在资本项目时，意味着资金由货币形态向实物形态转换，实物形态的资产在其存续期内不仅能满足社会的特定需要，而且只要其具有一定的市场价值，是能够作为相应债务的清偿保证的。

其次，政府通过债务融资进行的资本投资若能产生收益，并且预期收益高于项目运营成本和债务利息，则举债不仅不构成政府的一种负担，相反，还能改善政府未来的收入状况。

最后，即使项目本身不带来直接收益，但能够改善相关区域的市场条件和经营环境，促进经济以更快速度发展，增加税收来源，也有助于满足未来的财政需要。为保障公债资金的有效运用，应合理选择公债投资项目，加强资金运作管理，提高资金使用效益。主要措施有：制订公债投资规划，科学确定公债投资项目，强化公债资金使用管理，对公债投资实行项目决策责任制，强化对公债资金使用情况的监督和审计，制止不合理的重复建设和盲目建设，确保投资发挥预期效益。

3．优化公债的结构

① 优化公债品种结构，根据不同的需要设计不同品种的公债与之对应，以便满足不同的资金使用要求。

② 优化公债期限结构，做到短期、中期和长期公债的合理搭配。

③ 优化公债到期结构，使各年债务支出流量保持均衡。从短期来看，要避免某一财政年度公债偿付时间过于集中于某些月份；从长期来看，要避免在一段时期内形成偿债高峰期；从整体来看，全部未清偿公债应当保持相对较长的平均到期期限。

4．建立政府债务预警指标体系，防范债务风险

一般可用以下两个指标进行宏观指导和控制：①用财政赤字占GDP的比重监控赤字规模，赤字口径按当年财政收支差额加上债务利息进行计算，其上限一般为4%；②用政府债务负担率监控债务规模，一般以债务负担率不超出60%，最高不超出100%为宜。

当接近上述预警线时，在增发公债的决策上需慎重行事。

5．建立合理的公债本息偿付机制

公债利息支出应纳入政府一般预算，而对本金的偿还，在债务规模较大时，可建立偿债基金制度，每年按照一定的比例从预算收入或发债收入中提取偿债基金。这一方面使债务清偿具有一定的资金保证，另一方面可平衡不同年度的偿债压力，避免在偿债高峰期对当期预算造成过大的挤压。

第三节　公债的发行与偿还

一、公债的发行

公债的发行是指公债的售出或被个人和企业认购的过程，它是公债运行的起点和基础环节。公债发行方式是指政府以何种方法将公债售出，不同的公债发行方式有不同的特点和操作要求，并影响公债的发行范围、发行周期及发行成本。公债的发行方式多种多样，从世界各国的情况看，公债发行的主要方式如下。

1．行政分配方式

行政分配方式是凭借政府的行政管理权，将公债发行任务分配到各地区、部门、单位甚至个人，承受主体必须按政府要求完成规定的认购指标。这是一种计划经济的管理方式，适用于金融市场不完善或人们对公债认知较少的时期。其特点是具有一定的强制性，公债利率可定得较低，发行指标也较易完成，但违背了公债的自愿性和交易性原则。中国1981年恢复

国内公债发行后的前十年间，主要采用这种发行方式。

2．直接出售方式

这是由财政部门直接与公债认购者举行一对一谈判出售公债的方式。这种方式适用于公债的机构投资者，如金融保险机构、投资基金组织等，而个人投资者不能以这种方式认购公债。直接出售方式的特点是公债发行条件可通过谈判确定，发行周期较短，有利于充分吸收集中性的社会闲置财力。但其适用范围有限，主要用于一些定向发行的公债。

3．委托出售方式

这是由财政部门委托金融机构、邮政储蓄机构、证券交易所等向社会发行公债的方式，目的是利用这些组织从事金融证券服务的网络优势，便于公债的推销及个人和单位对公债的购买。受托发行组织可从公债发行收入中按标准提取一定的手续费或提成，以弥补其发行费用并取得收益。这种发行方式的特点是覆盖面广，发行条件和发行时间灵活，有利于吸引分散的社会资金，但发行成本较高，周期较长。储蓄债券和在证券市场上发行的公债可采用此种方式发行。

4．承购包销方式

承购包销是指由政府与公债承销人（一般为金融机构或大的财团）或承销团签订公债承购包销合同，将公债统一售出，再由承销者自行发售的方式。承销者在签订承购合同买入公债后，对公债的发行事务拥有较大的自主权。若承销者在既定时期内不能将所承购的公债全部售出，其余额将成为承销人对政府的债权。这种发行方式的特点是政府能及时获得公债资金，并利用承销人较为接近市场的优势，分散公债发行风险。

5．公募招标方式

这是政府在金融市场上通过公开招标发行公债的方式。其基本做法是在财政部或中央银行的主持下，由认购者对预定发行的公债利率或价格进行投标，投标后主持者对投标情况按报价高低进行排列，利率由低到高，票面价格由高到低，按顺序选定认购者，直到达到所需发行的数额为止。这种发行方式的主要特点是公债发行条件通过投标决定，发行效率较高，发行价格与市场价格基本一致。在采用这种发行方式时，通常要附加某些条件，主要是规定最低标价（出售价格）或最高标价（公债利率），低于最低标价或高于最高标价的投标，发行机构不予接受。1996 年，中国公债发行开始引入公募招标方式，在当年发行的十期国债中，有八期是采用招标方式发行的。

二、公债的结构与利率

（一）公债的结构

公债的结构是指一个国家公共债务中各种性质债务的互相搭配以及各类债务收入来源的有机组合。公债的结构可以从不同的角度加以分析。从公债发行的角度看，合理设计公债的期限和品种结构是十分重要的。

1．期限结构

公债的期限结构是指一定时期所发行公债中偿还期限不同的公债品种的搭配。公债期限结构的设计首先要满足政府对公债资金使用的需要，如为建设周期较长的公共投资项目筹资，应发行中长期公债；为解决预算收支短期平衡问题，应发行短期公债。

其次，要与社会资金分布状况和人们对公债的投资需要相适应。一般来说，在社会资金分布较为分散的情况下，资金的流动性较强，闲置时间较短，要发行数量大、偿还期长的公债较为困难；而在社会资金分布较为集中，即大量社会财富由少数人或机构持有时，会存在数额较多的长期闲置财力，从而长期公债较易发行。同时，不同的经济主体对公债的认购有不同的习惯和要求，公债的期限结构设计也应考虑这一因素。

最后，对可转让公债而言，在其发行后，会成为金融市场的交易对象，并且是中央银行实施货币政策的载体之一。若公债的期限结构单一，既不利于金融市场的活跃，也难以满足中央银行以买卖公债方式调节社会资金流量的需要。因此，公债期限结构的合理化，是繁荣金融市场和开拓货币政策传递渠道的重要一环。

2. 品种结构

公债的品种结构指政府一定时期所发行的各种公债品种的组成与搭配。公债品种形式繁多，主要包括凭证式公债、无记名式公债、记账式公债等。公债品种结构与公债期限结构有一定的联系，从一定层面上看，期限结构可以为品种结构的一个方面，但品种结构内容更为丰富，涉及特点各异的公债种类。品种结构的合理化，主要是根据不同时期公债发行需要、社会闲置资金的构成、人们的投资偏好及金融市场的运行状况，设计不同品种的公债，以利于顺利发行公债、分散公债风险和活跃金融市场。

（二）公债的利率

公债利率是指公债利息与本金的比率。对发行者来说，公债利率的高低影响其未来利息支付水平。对于投资者来说，年利率就是他们的年度收益率。利率越高，发行成本越高，认购收益越大；反之亦然。

公债的计息方式分为单利计息和复利计息两种。

单利计息指公债到期还本时一次支付所有应付的利息，利息按本金计算，到期前应付的利息不加入本金计算。这种计息方式简单、便利。复利计息指公债到期还本时，将公债本金偿还前按年所生利息加入本金计算，逐期增加计息基数。显然，单利计息和复利计息对公债发行成本和投资者的收益率有不同的影响，在同等条件下，复利计息应略低于单利计息。

通常情况下，影响公债利率水平的主要因素如下。

（1）市场利率　在市场经济国家里，市场利率是制约公债利率的主要因素。一定时期的市场利率水平，反映该时期的资金供求关系、物价变化状态等因素。公债利率应与市场利率保持大体相当的水平，才能使公债具有吸引力，保证公债的顺利发行。

（2）政府债务信誉　政府是公共权力机关，拥有课税权力，公债作为一种特殊的信用形式，其偿还实际上是以税收为保障的，因此，一般来说，公债的债信要强于其他信用形式，如银行信用、商业信用等。较高的债信对投资者具有较强的吸引力，从而在其他条件相同的情况下能以较低的利率发行。

（3）公债期限的长短　公债期限的长短对公债投资者的机会成本及资金的流动性和安全性有重大影响，是决定公债利率水平的重要因素。如果公债偿还期限较长，就意味着投资的机会成本较高，风险较大，因而必须将公债的利率定得高一些，才能吸引投资者；如果公债偿还期限较短，则意味着投资的机会成本较低，资金的流动性强，风险小，可将公债的利率定得低一些。

一般来说，政府确定公债利率要以上述因素为依据。但是，有时政府为了实现特定的经济目标，或在特定的环境中举债，会打破常规，选择较高或较低的公债利率。如在通货膨胀时期发行高利率公债以抑制购买力，在战争时期发行低利率或无息公债以减轻国家负担，等等。

三、公债的偿还

（一）公债偿还的资金来源

公债到期后，国家必须安排资金及时清偿，以维护国家债信和公债持有者利益。偿债资金来源主要有以下几种。

1．经常性预算收入

即用经常性预算收入（主要是税收）来清偿到期债务。通常把公债还本付息作为支出项目列入当年预算，如债务还本、利息支出。这种做法的好处是偿债资金来源较为稳定，能确保到期债务的及时清偿，但实践上往往难以操作。一方面，对到期债务的偿付可能影响正常财政支出的稳定性，尤其在偿债数额较大时，会造成对经常性支出项目的“挤出”，影响政府职能的实现；另一方面，当偿债资金需求量过大而破坏财政平衡时，将迫使政府举借新债，以弥补财政收支缺口，这时，以经常性预算收入清偿到期债务显得徒具形式。

因此，这种做法除了在国家财力较充裕的时期，一般较少采用，通常只是把债务利息支出纳入经常性预算，而还本支出则另项处理。

2．预算盈余

即以政府以前年度滚存的预算盈余作为偿还当年到期公债的资金来源。其限制条件是显而易见的，若盈余的数额能满足当期偿债的需要，则债务清偿可顺利实现，若盈余不足以清偿当年应偿债务，或根本不存在盈余，则需另寻偿债资金来源。从实践上看，由于政府职能范围不断扩大，支出需要日益增加，出现财政盈余的年份不多，即使有盈余，其数额也难以与不断扩大的公债规模相匹配。因此，预算盈余充其量只能作为偿债资金的补充来源，而不能成为主要来源。

3．举借新债

指政府通过组织新的债务收入来偿还到期债务，即借新债还旧债，将债务负担向后推移。这种做法既有实践上的必然性，也有理论上的合理性。从实践上看，由于赤字的年份较多，各国的债务累积额越来越大，每年需清偿的到期债务也不断增加，这往往为正常财政收入所难以承受，从而不得不依赖举借新债来筹措偿债资金。从理论上看，持有公债可以被视为居民储蓄或企业投资的一种形式，或是居民和企业的一项特定的金融资产。就单个主体而言，该项金融资产是可以变换的，即认购、兑付或转让，而从整体上看，有存有兑，有买有卖，其总额可以不变甚至不断增加。因此，就单项公债而言，它有偿还期，而从公债总体看，只要经济规模和财政规模不断扩大，它就可以不断滚积下去，成为实际上无需偿还的债务。或许正因为如此，借新债还旧债便成为各国政府偿还到期公债的基本手段。

4．偿债基金

它是由政府预算设置的一种专项基金，专门用以偿还到期公债。其做法是每年从财政收入中拨出一笔款项进入偿债基金，该基金由专门机构管理和运作，以备偿债之需，并且在公债未还清之前，每年的预算拨款不能减少，以期逐年减少债务，故又称为“减债基金”。设立偿债基金的好处在于为清偿债务提供一个稳定的资金来源，可以均衡各年度偿债负担，使偿债具有计划性和节奏性；其弊端是管理较为复杂，实践上往往难以保证款项的按期足额拨付和基金的专项使用，特别是在财政平衡出现较大困难时，一方面缺乏足够的拨款资金来源，另一方面会被迫挪用该项基金，从而使偿债基金形同虚设。

（二）公债的偿还方式

政府可选择使用的公债偿还方式主要有以下几种。

1．一次清偿法

即在公债到期时按公债票面额和应付利息一次全部兑清。这是一种常用的偿债方式，其优点是公债偿还管理工作较为简单、方便，缺点是造成政府偿债负担随每年到期公债数额的不同而起伏波动，在到期公债数额较大时，偿债负担较重，财政支出压力较大。中国自 1985 年后发行的国库券，绝大部分采用这种方式清偿本息。

2．抽签偿还法

是指在公债偿还期内分年度确定一定的偿还比例，由政府按公债券号码抽签对号确定具体的偿还对象，直至偿还期结束，全部公债皆中签偿清为止。抽签方式分为一次性抽签和分次抽签两种。一次性抽签是在第一次偿还之前，把偿还期内所有需要清偿的公债一次抽签，同时公告，债券持有者根据中签年份届时兑付本息。中国 1981～1984 年发行的国库券，就是采用这种清偿方式。分次抽签是根据偿还期内每次需偿付的公债比例定期抽签，确定当次偿付的对象，直至全部应偿公债付清为止。中国 1954～1958 年发行的国家经济建设公债就采用分次抽签法偿付。抽签偿还法的好处是可以分散公债清偿时对国库的压力，避免集中偿还给财政带来的困难。其缺陷为管理工作较复杂，须频繁进行本金兑付，同期公债因偿还时间不同其利率也要差别规定，增加计付工作量。

3．市场购销法

即在公债存续期内，根据政府的财政状况、公债市场行情及经济调控需要，适时从证券市场上购回公债，以在该公债到期前将债权收回的方式。市场购销法通常与预算盈余、偿债基金和中央银行公开市场操作有关。在预算有盈余时，可动用盈余在市场上购入公债，以提前清偿债务；在实行偿债基金制度时，用偿债基金买入公债，一方面是政府的一种债务清偿行为，另一方面可对政府债券价格起支持作用。中央银行的公开市场操作是调节货币流通的一种方式，买入公债意味着增加基础货币投放，刺激需求。在这种情况下，当某种公债已部分或全部为中央银行持有，到期满时，债券的偿还实际上成为财政与中央银行之间的账目处理问题了。运用市场购销法要求有健全的管理制度，对从事此项业务的人员也有较高的素质要求。

4. 以旧替新法

即公债持有人以到期公债券替换相应数额的新发行公债，以达到兑付原有债券的目的。实际上这是延长债务清偿期的方式。这种方式通常在偿债高峰期或财政较为困难时采用，其利在于减轻偿债时对国库的压力，增加了政府清偿债务的灵活性；其弊是加大了未来的债务负担，并容易损害政府债信。

本章思考题

① 公债的宏观分析与微观分析有何区别？

② 公债的发行条件包括哪些？

③ 如何才能使公债有助于实现效率？

④ 什么情况下公债会给后代造成负担？

⑤ 试比较公债与税收的特点。

⑥ 世界各国都采取哪些方式发行公债？

⑦ 政府一般采取哪些方式偿还公债？

第七章 财政支出总论

第一节 财政支出规模

一、财政支出的内涵与外延

（一）财政支出的内涵

财政支出是政府为实现其职能的需要在一个财政年度内耗费的资金总和。从性质上说，它既是政府行为的政府成本，也是实现政府职能的主要手段，因而也是组织财政收入的直接目的。它可以从两个方面来理解。

1．财政支出是政府职能和政策的最直接反映

政府为了实现其政治、经济和社会方面的职能，必须动用一定的社会资源。政府占有资源的过程就是财政收入行为，而使用这些资源的过程就是财政支出。因此，取得财政收入的直接目的是满足财政支出的需要，而财政支出的目的是实现政府职能。在不同历史时期，政府权力来源可能有差异，政府职能也可能有不同的内容，从而使财政支出的受益对象、财政支出的规模和结构有所不同。因此，财政支出直接反映了政府职能和政策选择。

2．财政支出是政府行为的政府成本

在政府履行其职能的过程中，社会将消耗一定的资源，这构成了政府行为的社会成本。但是，这种社会成本并非全部由政府承担，政府行为的某些成本可能是由国民间接承担的（这不同于公民直接纳税），因此，财政支出只是政府行为的部分成本，即政府（承担的）成本。这进一步说明，财政支出只是政府实现其职能的主要而不是全部手段。

（二）财政支出的外延

按照前面的定义，政府的财政支出包括以下方面。

1．预算内支出

即纳入政府预算管理的各项财政支出。如 1994 年颁布的《中华人民共和国预算法》规定，政府预算支出范围有六项：经济建设支出，教育、科学、文化、卫生、体育等事业发展支出，国家管理费用支出，国防支出，各项补贴支出和其他支出。

2．预算外支出

即不纳入预算管理的各项财政支出。出于某种特定目的，有时某些财政资金并没有纳入预算管理，这时的财政支出就成为预算外支出。由于制度和习惯的不同，在不同国家和不同时期，政府预算外支出的范围是有差别的。

（三）财政支出规模的量度指标

财政支出的规模通常有两类指标来反映，即绝对指标和相对指标。

1．绝对指标

它反映的是一定时期内财政支出的绝对额。但我们在解读财政支出的绝对指标时，应注意以下几点。

第一，从理论上说，为了准确反映政府行为的成本，也为了便于公众对政府行为的全面监督，所有为履行政府职能的公共部门支出都应计入财政支出当中，并经过法定的预算程序。但在现实中，由于种种原因，各国政府对财政支出的统计一般都仅限于政府的预算支出。

第二，与一般企业会计核算采用权责发生制原则不同的是，财政支出的核算通常采用收付实现制，即以财政资金是否付出作为财政支出是否实现的标准。

第三，在统计国家财政支出总量时，为避免重复计算，各级政府之间的转移支付不列入财政支出计算范围。

2．相对指标

它是将特定时期的财政支出绝对额与其他相关经济变量进行对比，如财政支出占 GDP 的比重（财政支出率）或财政支出占 GNP 的比重、财政支出增长率等。

3．绝对指标与相对指标的比较

绝对指标比较直观，而且它是计算相对指标的基础。但由于它不能反映财政支出与国民经济其他变量之间的变动关系，因此，在进行理论分析时，人们通常更注重相对指标。财政支出的相对指标是判断政府规模大小以及政府对社会经济生活介入程度的一个重要（但不是唯一）指标。

二、财政支出增长理论

随着社会的发展，尤其是经济的增长，财政支出将出现相应的增长。从 19 世纪末开始，世界上大多数国家的财政支出不仅出现了绝对规模的增长，同时也出现了相对规模的增长。

一些经济学家将这种现象称为“财政支出增长趋势”，甚至有人将此称为“财政支出增长规律”。这一“规律”意味着，财政支出增长的速度超过了经济增长速度。但是，为什么财政支出增长速度会超过经济增长速度，一直是经济学家们研究的一大问题。由此形成了一批旨在解释这一原因的理论，即财政支出增长理论。

1．瓦格纳法则（Wagner’s law）

德国经济学家阿道夫•瓦格纳最早注意到财政支出增长超过经济增长速度这一现象。早在 19 世纪 80 年代，他就对西方工业化国家的工业化过程进行了考察。他认为，工业化经济的发展伴随着公共部门特别是国家活动的扩张。后人把他的这一论断称为“瓦格纳法则”。可以说，后来发展的有关财政支出增长的理论几乎都是基于对“瓦格纳法则”的验证和补充。瓦格纳也因他的这一开创性成果和他的税收原则理论而在财政思想史中占有一席之地。

瓦格纳的这一思想可以用图 7-1 表示。

图 7-1 中，Y 表示经济发展的规模（如国民生产总值），G 为政府的支出规模，曲线 E 反映了财政支出规模与经济发展规模的函数关系。A、B 分别是曲线 E 上的两点。图 7-1 表明，一国的经济规模越大，政府支出规模就越大。

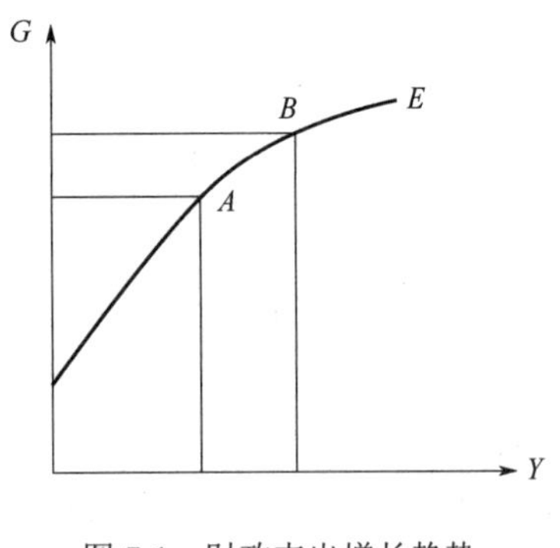

图 7-1　财政支出增长趋势

瓦格纳对此的解释是：第一，工业化的发展使得社会分工和生产的专业化日益加强，这一方面带来社会的进步，另一方面也因经济交往日益复杂化而导致各种摩擦或社会冲突加剧，这就必然要求更多的公共管制和保护活动，从而导致政府行政支出增加；第二，进入工业化发展阶段之后，具有外部性特征的行业越来越多，为了克服由于外部性而导致的资源配置效率降低和收入分配的不公平，政府需要更加直接地参与生产性活动，从而导致政府经济性支出扩大；第三，随着人们收入水平的提高，在需求的收入弹性作用下，人们对教育和公共福利的需求也会扩大，从而造成政府社会性支出的增长。

关于瓦格纳法则，仍然存在三个问题。第一，瓦格纳只是解释了财政支出绝对规模增长的原因，并没有解释财政支出增长速度超过经济增长速度的原因。第二，瓦格纳考察的是西方工业化国家的工业化时期，如果离开这一背景，这一规律是否存在？如果存在，又该如何解释？第三，瓦格纳是站在需求的角度分析财政支出规模扩张的原因，但很显然，只有在供给方面也存在财政支出规模扩张的可能时，财政支出规模的扩张才能成为现实。那么，供给方面又当如何解释？

正是基于以上问题，后来的经济学家对瓦格纳法则做了进一步的补充。

2．经济发展阶段论

发展经济学把经济社会的发展划分为五个阶段，即早期阶段、起飞阶段、成熟阶段、高消费阶段和生活质量阶段。美国经济学家马斯格雷夫和罗斯图运用这一理论分析了经济发展不同阶段的财政支出增长和支出结构变化的特点。这一理论被称为经济发展阶段论，亦称财政支出增长的发展模型。

经济发展阶段论认为：财政支出的规模和结构在社会发展的不同阶段呈现不同的变化。

① 早期阶段：政府投资会在总投资中占有较高的比例，这时，公共部门的主要任务是为社会提供必要的物质条件和人力资源。

② 中期阶段：在早期阶段的政府支出项目仍然存在的前提下，又增加了新的支出项目，其中主要是对私人投资的补充。

③ 成熟阶段：在前两个阶段的政府支出项目仍然存在的情况下，又出现了新的支出项目，即对教育、医疗和社会福利等方面的支出。在其他两个阶段也是如此。

这意味着，在经济匀速增长的同时，财政支出却呈现跳跃性增长，其结果必然是财政支出增长速度超过经济增长速度。

3．梯度渐进增长论

英国经济学家皮考克和魏茨曼在对英国的财政支出进行考察之后认为，在一个较长的时期内，财政支出的增长并不是直线型的，而是呈现阶梯性增长的特点。这被称为“梯度渐进增长论”。他们的这一观点可以用图 7-2 表示。

在图 7-2 中，和平时期财政支出呈逐渐上升的趋势，但这时的增长是直线型的；战争时期，财政支出呈跳跃性增长态势，这时，由于战争支出的大量增加，私人部门支出和民用财政支出相对减少；战后，民用财政支出快速增长，部分替代战争支出的下降。

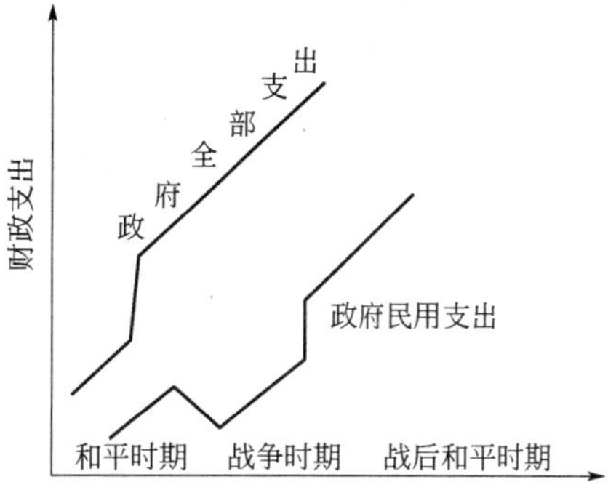

图 7-2　财政支出增长的阶梯性

皮考克和魏茨曼解释说，在这里起作用的是两个效应：审视效应（inspection effect）和替代效应（displacement effect）。

和平时期，财政支出的增长之所以呈直线型，是因为公众心里有一个“可容忍的纳税水平”，财政支出规模的增长受这一水平的制约；但在战争时，公众“可容忍的纳税水平”提高，财政支出就出现阶梯性跳跃增长；战后，公众“可容忍的纳税水平”并没有降低，从而财政支出规模可以继续保持在一个高水平上。这就是“审视效应”。

“替代效应”有两层含义：一是战时战争支出对私人支出的和民用财政支出的替代，财政支出规模扩大，而私人支出和民用财政支出规模相应减少；二是战后民用财政支出对战争支出的替代，战争支出减少，而民用财政支出增加。

皮考克和魏茨曼的模型强调了公共收入对财政支出的制约，因此，又有人将这一理论称为“公共收入增长引致论”。尽管替代效应经常被其他经济学家用来解释财政支出的增长，但理论界对替代效应有许多不同的解说。大量的计量研究成果也没能给它以充分的经验证明。

4．公共选择增长论

这是公共选择理论对财政支出规模扩张的解释，它试图从财政支出决策方式的角度来解释财政支出规模的扩张，即财政支出的政治性扩张。这可以从三个角度来分析。

首先，从选民的角度看，选民的目标是自身利益的最大化。在财政上，就是要实现纳税最小化和公共商品受益最大化。但是由于每个人的纳税与受益是分离的，加之政府有税收以外的融资手段，这就容易产生一种“财政幻觉”。对那些投票支持某个议案的选民来说，他在看到由于实施这一议案可能增加自己受益的同时，并不一定了解由此可能需要相应增加的税收对其自身利益产生多大的影响。而且，随着民主程度提高，选举权的扩大，中间投票人不断向低收入阶层位移。他们一般倾向于相信政府支出会做出有利于自己的再分配，这就使财政支出的扩张在选民环节有了政治支持的基础。

其次，从政治家的角度来看，政治家的目标是选票最大化。为此，他们总想取得骄人的政绩以赢得选民的选票，这就需要更多的财政支出作为基础。

最后，从官僚的角度来看，官僚行为的特征是预算最大化。官僚是预算的实际执行者，他的效用函数中包括薪金、额外收入、荣誉、地位、权力等。这些变量都与他支配的公共资源规模正相关，只有预算最大化，官僚才能实现自身利益的最大化。由于选民、政治家、官僚之间是一种委托代理关系，在不对称信息的情况下，官僚可以利用自己掌握的信息优势，夸大各种支出的重要性和支出需要量，影响财政支出的决策。

公共选择理论的这一解释，从制度层面上分析了财政支出增长的原因，也揭示了现行民主制度存在的某些缺陷。

三、影响财政支出规模的微观因素

从微观的角度分析，影响财政支出增长的因素包括需求和供给两个方面。

（一）需求因素

依据公共选择理论，公共需求决定于中间投票人。具体来讲，取决于两大因素：第一，需求的收入弹性与价格弹性；第二，对公共商品的偏好。

1. 需求的收入弹性与价格弹性

毫无疑问，不同的公共商品有不同的收入弹性和价格弹性。单独测算某种公共商品的收入弹性和价格弹性是非常困难的。这是因为，按照定义，公共商品不需要付费，不存在交换，也没有价格，而大量的混合商品市场又在不同程度上存在着垄断。大多数经济学家认为，公共商品就总体而言，其收入弹性较高，价格弹性较低。这就是说，随着人们收入水平的提高，对公共商品的需求会以更快的速度增长，而公共商品价格的上涨，则不会导致人们的需求相应减少。

2. 对公共商品的偏好

除了上述收入和价格影响公共商品的偏好以外，下面几个因素也是不可忽视的。

（1）人口因素　首先是人口规模的变化。对纯公共商品而言，由于增加一个消费者的边际成本为零，因此，人口规模的扩大不会导致对公共商品需求的增加。但是现实生活中，纯粹的公共商品较少，大量的财政支出实际上是生产混合商品。这样人口规模的增加将会导致对财政支出的需求的增加，但增加的幅度比人口增加的幅度小。

（2）人口结构的变化　它对财政支出需求的影响更加显著。例如，适龄儿童的比重扩大，必然要求政府扩大对教育的支出；老龄人口的增加，要求政府扩大对社会保障的支出；城市人口增加，要求政府增加城市基础设施的供给；等等。

（3）技术进步因素　技术进步对财政支出需求的影响是双向的。一方面，技术进步会引起对财政支出的新的需求，如国防支出、医疗卫生支出、基础设施投资支出等；另一方面，技术进步可能会使原来的公共商品的排他性程度提高，从而使私人提供的可能性加大。因此，整体来看，技术进步未必注定会导致财政支出扩大。

（4）公共选择的过程　公共选择的过程也是影响投票人偏好的一个因素。在多数决策模型中，投票人互投赞成票，就会导致对财政支出需求的扩大。此外，若放松政府中性的假定，官僚扩大支出的偏好也是造成财政支出规模扩张的一个重要原因。

（二）供给因素

影响公共商品供给的因素主要有服务环境（生产环境）、公共商品的质量、相对价格效应等。

1. 服务环境

公共商品的生产函数在一定程度上取决于服务环境，即影响生产所需的一组社会经济和地理变量。服务环境的变化主要通过影响供给曲线来影响公共商品产出的均衡量。例如，在治安投入一定的前提下，一个地区居民享受的治安服务水平取决于该地区犯罪率高低和逮捕犯人的概率等因素。任何一个因素的恶化都可能导致治安状况的恶化。为了维持原有的治安水平，就要增加投入，从而导致财政支出的增长（图 7-3）。

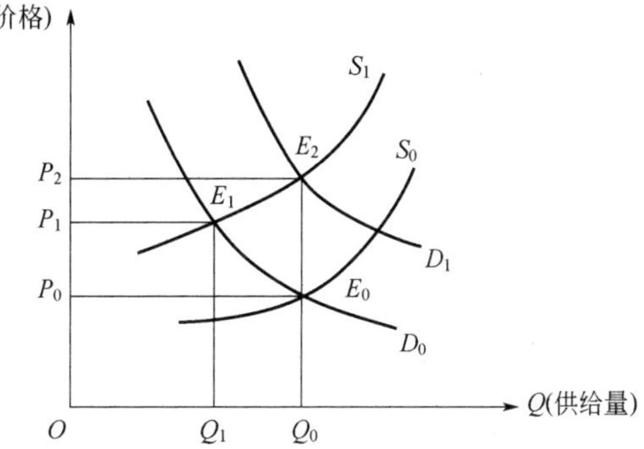

图 7-3　服务环境对财政支出的影响

图 7-3 中，S_0、S_1 分别表示不同服务环境下的供给曲线，D_0、D_1 分别表示公众对公共商品的需求曲线（D_0 为初始），E_0、E_1、E_2 分别表示服务环境发生变化前后的均衡水平，Q_0、Q_1 分别表示服务环境变化前后的治安水平，P_0、P_1 分别表示服务环境变化前后的财政支出成本或价格。服务环境恶化使供给曲线上移，由 S_0 移为 S_1。这时，若需求曲线不变，则新的均衡水平为 E_1，对应的服务水平（Q_1）降低（治安恶化），若要维持原来的服务水平 Q_0，则必须在纳税人收入增长、需求曲线上移至 D_1 时才能实现。但这时，实际财政支出却增加至 P_2。这一观察结果很重要。它说明，当财政支出增加而服务水平没有提高时，并不一定是公共部门效率降低，很可能是服务环境恶化。而事实也是如此，现实中很多财政支出增长都是因为服务环境的恶化，如犯罪率上升、环境污染加剧、社会摩擦增加等。

2．公共商品的质量

随着人们收入水平的提高，需求也会增长，然而需求的增长有两层含义：一是指愿意在同一价格上购买更多的产品；二是指在相同需求数量上对产品质量要求的提高。毫无疑问，在生产效率不变的情况下，产品质量提高要求更多的投入。对公共商品来说，产品质量问题显得尤为重要。因为，人们对私人商品需求的增长更多地表现为对新产品需求的增长，而人们对公共商品需求的增长则更多地表现为对质量要求的提高。如安全需求、教育需求、保健需求等。这是导致财政支出规模增长的又一个因素。

3．相对价格效应

英国经济学家鲍莫尔指出，随着时间的推移，既定数量的公共商品相对于既定数量的私人商品之间的价格会上升，原因在于公共部门的活动是劳动密集型的，其生产率的提高要比资本密集型的制造业慢许多，而公共部门工资的提高往往与私人部门同步。这就会使公共商品的单位生产成本相对上升。如果对公共商品的需求是无弹性的，就必然会形成财政支出增长的趋势。他的这一论断被称为“相对价格效应”或“非均衡增长模型”。

鲍莫尔模型说明：第一，如果公共部门产出与私人部门产出的比例保持不变，那么部分劳动力资源必然会从私人部门转移到公共部门；第二，公共部门花在劳动力要素上的支出的增长速度，比私人部门更快。上述两点，在主要工业化国家都可以得到证实。

第二节 财政支出结构

财政支出结构是指财政支出具体项目的构成比例。显然，为了了解财政支出的构成，有必要对财政支出进行分类。

按照不同的分析目的和标准，财政支出有不同的分类方法。常见的分类方法有按政府职能分类、按支出是否获得等价补偿分类以及按支出的具体用途分类等。

一、按政府职能分类

尽管人们对政府职能的范围还存在许多争论，但一般认为，政府职能包括三个方面，即政治、经济和社会。与此相适应，财政支出可以分为：维持性支出、经济性支出和社会性支出。

（1）维持性支出　维持性支出是指政府为维持公共安全和宪法秩序的支出，主要包括国防、行政管理和法律方面的支出。维持性支出所提供的公共商品和劳务有两个特点：第一，它是纯公共商品；第二，它是国家和社会维持正常运行所必需的商品，其收入弹性较小。

（2）经济性支出　经济性支出是指政府为提高资源配置效率和保持经济稳定而用于经济发展方面的支出，主要包括基础设施投资支出、国家物资储备支出、应用性科研支出和对生产活动的补贴支出等。经济性支出有两个特点：第一，它提供的不是纯粹的公共商品，而是混合商品；第二，经济性支出的范围和规模取决于市场失灵的程度。

（3）社会性支出　社会性支出是政府为满足社会公众非物质需求而安排的用于教育、科学、文化、卫生、环境保护、社会保障等社会服务的事业性支出。社会性支出的特点是：第一，它提供的对象有的是纯公共商品，有的是混合商品；第二，这些物品需求的收入弹性较高。

既然财政支出是政府为提供公共商品和混合商品而耗费的资源，那么把财政支出按政府职能进行分类，从实证角度上说，有助于了解政府职能变化的趋势；从规范的角度看，则有助于明确政府在不同时期所应保持的合理的支出结构。

在不同发展时期，政府职能的侧重点有所不同，从而会使按政府职能分类的财政支出结构发生变化。一般来说，早期的政府支出主要用于维持性支出；随着市场经济的发展和普及，市场失灵表现得越来越明显，政府的经济性支出比重将会逐步上升，维持性支出比重会有所下降。随着经济的进一步发展，市场机制逐步完善，政府用于弥补和矫正市场失灵的经济性支出的比重也会有所下降。与此同时，政府支出的重点会逐步转移到社会性支出，以改善收入分配状况，提高人们的生活质量。

二、按支出是否获得等价补偿分类

最常见的一种方法是按财政支出是否获得等价补偿分类。按这种标准分类，财政支出可以分为购买支出和转移支出。

（1）购买支出　所谓购买支出，是指政府按照有偿原则，在市场上购买商品和劳务的支出。购买支出包括政府部门的消费支出和投资支出。前者如国防支出、行政支出，后者如各级政府的固定资产投资支出。政府在付出这类支出的同时，获得了相应商品和劳务的所有权。政府只有购买这些商品和劳务，才能生产出公众所需的公共商品和劳务（包括混合商品）。它是政府对经济资源的一种消耗，因此又称消耗性支出。

（2）转移支出　所谓转移支出，是指政府单方面地、无偿地支付给其他经济主体的财政资金，包括各种财政补贴支出、社会保障支出和利息支出等。政府在付出资金时，并没有相应地获得任何回报。这时，政府所扮演的是一个“中间人”的角色，将一部分人（纳税人）的收入转移给支出的接受者。

由于这两类支出遵循的交换原则不同，因此这一分类方法也称按支出的经济性质分类。它有助于分析政府支出产生的不同经济影响。一般说来，政府的购买支出主要影响的是资源配置。一方面，政府购买的商品和劳务的种类不同，生产的公共商品也就不同，从而对资源配置的结构产生的影响不同；另一方面，由于政府购买支出直接成为一种有效需求，其支出的大小必然影响经济总供给和总需求的平衡状况。

从上述意义上说，购买支出的经济效应主要体现在两个方面。一是“挤出效应”。由于购买支出占用了一定的经济资源，从而排除了私人部门使用这些资源的可能性。特别是，如果政府支出是依靠税收筹资，政府支出规模的扩大就必然意味着私人部门税负加重，从而使他们可支配的收入减少。在资源总量和收入总量一定的前提下，公共部门与私人部门各自可支配的资源和收入显然是互为消长的。二是“拉动效应”，由于私人投资的大小取决于预期利润率的高低，因此当政府扩大购买支出，尤其是投资支出时，投资环境的改善和有效需求的扩大会提高私人投资的预期收益，从而刺激和带动私人投资的扩大。

转移支出对社会经济的影响主要体现在收入分配上。由于它是政府的一种无偿性支出，因此，转移支出的规模和对象不同，所形成的收入分配格局也就不同。具体说来，这种经济效应也体现在两个方面，即收入效应和替代效应。转移支出所产生的收入效应和替代效应与税收的收入效应和替代效应的作用方向正好相反。

实际上，购买支出对收入分配也会产生一定的影响。例如，政府购买支出的具体结构不同，必然影响相关商品和劳务提供者的收入水平，只不过，这种影响是通过对资源配置的影响间接实现的。转移支出同样会间接影响资源配置。一方面，政府对企业的转移支出（补贴）会影响企业的资源配置行为，如对正外部性物品的补贴；另一方面，政府对个人的转移支出也会由于改变了消费者的消费行为而间接影响资源配置。

基于上述分析，可以得出这样的结论：在财政支出结构中，购买支出比重越大，政府执行资源配置的功能就越强；而转移支出比重越大，政府执行收入再分配的功能就越强。

在不同经济发展时期，政府职能的重点有所不同，相应地，财政支出的这一结构也会有所不同。一般而言，在经济发展水平较低时，财政支出中购买支出的比重较高，转移支出的比重较低；在经济发展水平较高时，购买支出的比重会有所降低，而转移支出的比重会明显上升。

除此以外，诸如经济体制、所有制结构和政府政策等因素也必然会影响政府职能结构，从而影响购买支出和转移支出的比例。

三、按支出的具体用途分类

按支出的具体用途分类，财政支出一般包括国防支出，国家管理支出，科研、教育、文化、卫生支出，社会保障支出，经济建设支出，债务支出等。

采用这种分类方法的主要目的是便于对财政资金的管理。这种分类使财政资金的使用方向一目了然，一方面，它有利于政府部门依据国家在不同时期的方针政策编制预算，合理安排财政支出结构，以及进行支出的具体核算；另一方面，它也有利于立法机关和社会公众对政府支出进行监督。

四、按财政支出的受益范围分类

财政支出的受益范围，即财政支出受益对象的界定。按这种方法分类，财政支出可以分为一般利益支出和特殊利益支出。一般利益支出是指全体社会成员均可受益的支出，如国防、行政管理等纯公共商品支出。特殊利益支出是指部分特定的社会成员受益的支出，如由文教支出、经济建设投资等形成的混合商品支出和转移支出。

采用这样一种分类方法，可以了解财政支出的最终归宿，从而分析财政支出在收入再分配方面的具体影响。

值得注意的是，分析财政支出对收入分配的具体影响，必须与财政支出的筹资方式结合起来。但是，由于许多财政支出项目并不是与收入项目一一对应的，因此，这种分析在技术上是难以做到的。对此，经济学家一般都是将个人税前收入与财政再分配后（包括税收和财政支出）的收益进行对比分析，而不是从某一个具体的财政支出项目的受益情况进行分析。

上述分类方法之间的关系可以从图 7-4 看出。

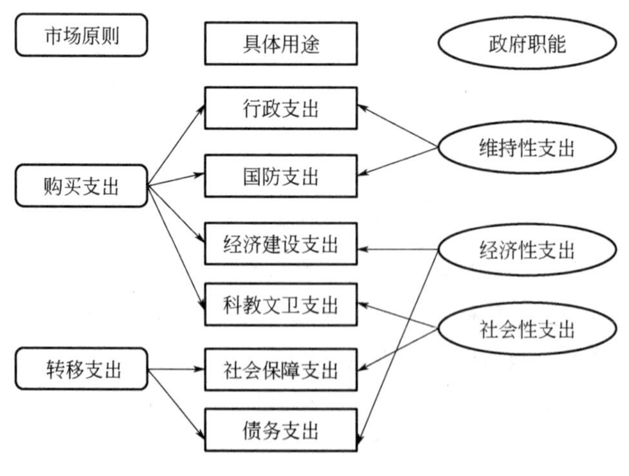

图 7-4　财政支出分类方法

本章思考题

① 购买支出和转移支出有什么不同？

② 如何理解财政支出增长理论？

③ 试述财政支出按经济性质分类及其对经济分析的意义。

④ 简析影响财政支出规模的因素。

⑤ 根据个人的理解，阐述我国当前优化财政支出结构应采取的政策和措施。

⑥ 简述瓦格纳法则的内容。

⑦ 简述皮考克和魏茨曼梯度渐进增长论的内容。

第八章 购买支出：公共投资

第一节 公共投资支出概述

一、公共投资与私人投资

公共投资是指政府为购置满足公共需求所必需的资产而花费的财政支出。公共投资支出在量上相当于复式预算中的资本预算支出。在中国它还应包括经常预算中的非生产性投资。

为了满足公共需求，政府需要提供公共商品和公共服务。如同企业没有投资就不能生产私人商品一样，公共投资是政府提供公共商品的基本手段，也是政府提供公共劳务的前提和基础。

公共投资是社会总投资的一个特殊组成部分。根据投资主体的不同，社会投资可以分为公共投资和私人投资。二者的区别如下。第一，投资主体不同。作为公共投资主体的政府与作为私人投资主体的家庭和企业，由于其拥有的筹集资金的手段不同，其投资能力也有较大的差异。一般说来，政府的投资能力及承担风险的能力远非单个的家庭和企业可比。第二，投资目的不同。私人投资以其自身的利润最大化为目的，而政府由于必须满足公共需求，因此公共投资应该是以社会福利最大化为目的。由于存在市场失灵，私人利润最大化与社会福利最大化并不总是一致的。第三，投资客体不同。由于存在上述两个差异，公共投资与私人投资的客体（即投资项目）也具有不同的特征。相对而言，私人投资生产的是私人商品，项目往往具有投资规模小、投资周期短和外溢收益少的特点；而公共投资提供的是公共商品，项目具有投资规模大、投资周期长和外溢收益较多的特点。

由于二者的上述差异，公共投资与私人投资是一种互补、互替和互动的关系。

① 互补是指二者相互补充。由于公共商品与私人商品是满足人类需求的两类不可或缺的物品，因此，公共投资与私人投资也就不可或缺。

② 互替是指二者相互替代。一方面，公共商品一般由公共投资提供，私人商品一般由私人投资提供，但这并不等于二者之间不能交叉，换言之，二者在客观上存在相互替代的可能性；另一方面，公共商品与私人商品不过是一种理论抽象，对于现实生活中大量存在的介于两者之间的混合商品，公共部门与私人部门的分工并不总是明确的，当私人投资不足时，政府可以（而且也应该）替代私人投资，反之亦然。

③ 互动是指二者之间的分工协作关系处在不断变动之中。在某些条件下由政府投资的领域随着条件的改变，会改由私人部门投资，而原来由私人部门投资的领域也可能因为情况的变化改由政府投资。需要强调的是，一般而言，在这种互动关系中，政府应该是被动的，私

人部门是主动的。换言之，公共投资范围和对象的变化需要随着私人投资的变化而变化，而不是相反。

二、公共投资支出的范围

在市场经济条件下，市场机制在资源配置中发挥基础性作用，与此相适应，社会投资也主要通过市场机制来安排。但正如以前分析过的，市场是有缺陷的，这不仅表现在市场机制本身失灵的某些方面（如资源配置、收入分配和经济稳定等），而且还表现在市场发育有一个完善的过程。这就为公共投资的介入提供了前提。公共投资作为一种非市场的投资行为，虽然可以弥补市场缺陷，促进资源的有效配置，但若过分夸大公共投资的作用，也将造成政府对市场的过度干预，甚至抑制市场活力。因此，在市场经济制度下，公共投资不能取代市场在资源配置中的基础性作用，必须有其确定的范围。

关于公共投资范围，理论上的认识有一个不断深化的过程。在自由资本主义时期，人们崇尚自由竞争，看重市场调节，反对国家干预。亚当•斯密把政府的投资限制在防务、司法、公共工程三个方面。用现代经济学的观点看，实际上是将政府投资限制在提供纯公共商品。到了 20 世纪上半期，凯恩斯从其“有效需求不足”的理论出发，主张政府对经济活动的积极干预。他指出：市场机制无法达到充分就业所要求的投资水平，政府必须进行直接投资以弥补私人投资的不足。他将公共投资范围扩大到了有关国民经济全局的基础设施和重点产业，对公共投资的作用，也做出了新的解释。

从实践来看，不同的国家由于实行的经济体制不同以及经济发展水平的差异，其公共投资范围也不同。一般来讲，实行计划经济体制的社会主义国家，公共投资范围大一些；而实行市场经济体制的国家，公共投资的范围要小一些，在这些国家，公共投资一般不进入具有市场竞争性的行业。即使是近年来才实行市场经济制度的国家，公共投资也在逐步退出竞争性领域。发展中国家由于市场存在更多的缺陷和不足，因而其公共投资的范围比发达国家要宽。公共投资范围虽因各国的国情不同而有差异，但以扶持基础产业（特别是基础设施）、农业为主的公共投资领域则大体一致，从而使对这些领域的投资成为公共投资研究的主要内容。应该说，私人投资追求的是微观效率，而公共投资则追求宏观效率并兼顾公平的要求。因此，是否有利于提高宏观效率和促进社会公平，是确定公共投资范围的根本标准。

从国民经济各部门的特点看，公共投资主要安排在基础产业部门、农业部门以及国家战略物资储备等领域。在必要时，政府也可对一些新兴产业部门的创建进行投资，如高新技术投资和风险投资。在国际竞争日趋激烈的情况下，许多国家从长期发展的战略高度考虑，加强了对科学研究和教育的投资。如果从更广泛的意义上来考察，政府还投资于社会事业及国防安全。可以说，在现代社会，公共投资的范围已大为扩展，公共投资的内涵更为丰富。

三、公共投资的资金来源与投资方式

公共投资的资金来源，应根据不同的情况进行具体分析。当项目的投资完全不能通过市场收回时，应由财政无偿拨付，如对行政单位和某些事业单位的投资；对于可以采取收费形式部分收回投资的，应采用向社会招标与财政补贴相结合的方式；若能全部收回投资，一般由私人部门进行投资，并辅之以适度的政府管制，也可以由政府进行直接的或间接的投资。

政府管制是指政府通过立法和行政手段对企业经营进行特定约束的一种行为，如价格管制、规模管制、质量管制、许可证制等。采用管制方法的主要好处是不需要政府进行投资，减轻了政府的负担，但缺点是企业的所有权和经营权仍在私人手里，由于信息不对称，政府不一定能有效地予以监督和调控。此外，过度管制也会扭曲私人的投资和消费行为，造成不必要的效率损失。

直接投资是以政府作为投资主体的一种投资方式，国有企业就是政府直接投资形成的。理论上说，政府直接投资（或生产）本身并不足以保证公共投资的配置效率和生产效率的实现，因为政府不可能对众多的投资项目和企业进行直接经营管理，而必须将其委托给代理人经营。由于存在委托代理机制，企业代理人不一定以社会利益为目标，而可能以利润最大化或代理人利益最大化为目标。为此政府仍必须规定企业的产品价格，并努力减少委托代理中的信息不对称。因此，在直接投资中，政府往往采取缩小政府投资比例的办法，或在项目建成后，通过股份化这种分散股权的方式来完善企业的经营机制。

间接投资是政府作为间接投资主体的一种投资。这时，政府只是以债权人的身份出资，它是财政投融资的一种方式。所谓财政投融资是指政府为了实现其特定政策目标，以信用方式进行的不以营利为目标的投资和融资。财政投融资是一种政策性投融资，它不同于一般的财政投资和商业性投资，而是介于两者之间的一种新型的政府投资方式。其资金主要来源于需要还本付息的有偿资金，资金投向服务于政府在不同时期制定的政策目标，资金管理和运营由政府设立的政策性金融机构来操作。公共投资采用信用方式，一方面可以体现政府对基础产业的扶持政策；另一方面可以避免政府作为直接投资主体所引起的问题。尽管财政投融资在理论上还有一些争论，但在实践中，它已被许多国家成功地运用。

近年来，很多国家兴起了一种 BOT（build-operate-transfer）即“建设、经营、转让”的投资方式。其基本含义是政府将一些拟建的基础设施建设项目通过招商转让给某一财团或公司，由其组建一个项目经营公司进行投资和经营。在双方协定的一定时期内，该项目公司通过经营该项目偿还债务，收回投资，协议期满，项目产权无偿转让给政府。这也是吸引社会资本尤其是外资进行基础设施投资的重要方式。

第二节　基础产业投资

一、基础产业的界定

基础产业是指能为社会经济活动所依赖的基础设施与基础工业。它的含义非常广泛，但在财政理论中，它通常特指公共部门的有形资产。基础设施包括各类交通设施（如铁路、公路、桥梁、机场、航道、码头等），水利设施，通信设施及城市公用事业（如水电气供给系统、排污系统、城市交通系统）等。基础工业主要指能源工业（煤炭和原油开采、水电、火电、核电生产等）和基本原材料工业（如钢铁、建材、石化等）。

基础产业是支撑一国经济运行的基础部门，它决定着其他产业的发展水平。一国的基础产业越发达，其国民经济的发展后劲越足，国民经济的运行就越有效，人民的生活就越便利，生活质量也越高。因此，一国要使其国民经济保持长期、快速、协调和有效的发展，就必须首先发展其基础产业。

与其他产业相比，基础产业具有以下特征。

第一，基础性。基础产业之所以是“基础”，就在于它在国民经济的产业链中居于“上游”环节。基础设施是国民经济和社会生活的“共同条件”，而基础工业的产品是其他生产部门所必需的投入品。

第二，自然垄断性。基础产业一次性投入的固定成本非常大，而运营时的变动成本小，在产量达到设计供应能力之前，由于边际成本低于平均成本，其生产的平均成本递减。这种成本结构使得市场不太可能在一个给定的地区支持超过一个供给者，从而使得唯一的服务供给者成为垄断者。例如，我们很难想象在同一个城市有两条线路完全一样的地铁运营商，或同一个小区有两家供水公司竞争。这种由于成本递减而导致的垄断就是自然垄断。

第三，混合商品的属性。基础产业中，绝大多数属于混合商品。它们虽然几乎都可以排他，但却都具有一定程度的非竞争性，其拥挤系数介于 0 到 1 之间，即在消费量达到其供给能力之前，消费者的满足程度相互之间并不受影响。基础产业的这种特性，使它成为国民经济和社会发展的先导部门，各国政府都在不同程度上采取不同方式对其进行干预，公共投资就是其中的一种。特别是在发展中国家，经济基础薄弱，社会财富的积累率低，市场投资主体缺乏进行大规模投资的实力与承担较大风险的能力，难以投资基础产业，如果政府不能对基础产业进行投资，就必将形成国内基础产业发展滞后的局面，并最终拖累其他经济部门的发展。

二、政府投资的条件

在发达的市场经济国家，基础产业作为公共部门的有形资本，它们当中，没有哪一项必须完全在公共部门内或由公共部门来提供：所有这些资产都能够、曾经或正在由私人营利性实体或私人非营利性实体提供。私人收费道路先于公共的免费高速公路出现，市民有可能从市政供水系统或一个私人的、营利性的供水商得到水，电力由公共实体、营利性公司传送……

既然如此，政府投资的充要条件是什么？

1．必要条件：市场失败

市场失败是政府投资的必要条件。可分为以下两种情况。

① 私人部门不愿或不能提供，导致已有的供给不能满足公众的需求。由于基础产业的正外部性特点，私人资本不愿提供，或基础产业投资规模大，私人资本不能提供，都可能导致基础产业的供给小于社会需求。在这种情况下，政府有必要弥补私人投资的不足，这是政府对市场的补充。

② 私人投资导致基础产业资源配置效率低下。由于基础产业的自然垄断性，私人投资企

业如果按边际成本定价，就必然出现亏损（边际成本低于平均成本）；如果按平均成本定价则不符合资源配置帕累托条件。在这种情况下，政府需要取代私人部门投资或对私人投资实施补贴，这是政府对市场的矫正。

2．充分条件

既然政府投资的必要条件是市场失败，那么，政府投资的充分条件就是政府能弥补和矫正市场失败，这就是效率与公平。政府投资的效率除了政府投资项目本身的效益评估以外，更重要的是与私人投资效率的比较。而公平与否，则主要取决于投资决策机制。一般来说，决策机制越民主，结果越公平。

除此以外，政府预算约束也是政府投资的充分条件之一。在预算约束一定的前提下，政府需要根据投资效益的评估来选择优先投资的项目。但是，在大多数情况下，政府预算约束是软的，因为政府可以比私人部门更容易融资。为此，与私人部门效率的比较成为评估政府投资充分性的最重要因素。

三、投资、经营方式

基础产业投资最关键的问题是投资和经营方式，它不仅直接关系到投资效率，还决定着投资的资金来源。值得注意的是，不同的投资、经营方式，实际上意味着有不同的成本补偿方式。从各国的实践来看，投资方式主要有以下几种。

（1）直接投资，无偿提供　即政府直接进行基础设施投资，免费向公众提供，政府承担全部的成本。这是最基本的也是最传统的一种政府投资方式。它适宜于那些公众普遍受益，且受益额大体相等的基础设施项目。这时，政府实际上是依靠税收融资。

（2）直接投资，非商业性经营　即政府直接投资，由政府所属的特定的公共部门进行非商业性经营。所谓非商业性经营，即不以营利为目的。经营主体向使用者收取等于或小于经营成本的费用。这种方式适宜于那些公众普遍受益但受益额不同，具有排他性但又不宜由私人部门经营的基础设施项目。这时项目成本补偿实际有两种方式：税收和使用费。

（3）间接投资，商业经营　即政府只提供投资贷款，由私人部门按商业方式投资和经营。它适宜于那些受益对象不够普遍、具有排他性且适宜私人部门经营的一般性基础设施和基础工业项目。这时，项目成本补偿实际来源于提供项目服务的价格。

除了以上几种基本方式以外，在实践中，基础产业还有许多其他的组合投资、经营方式，如前面提到BOT、政府投融资等。

第三节　农业投资

一、政府投资农业的必要性

农业之所以成为公共投资的一个重要内容，与农业在国民经济和社会发展中的地位及其自身的特点密切相关。

（一）农业在国民经济和社会发展中的地位

农业发展对于国民经济和社会发展的重要意义主要表现在三个方面。

1．农业是国民经济的基础产业

首先，农业为人类提供了最基本的生存资料；其次，农业为工业特别是轻工业的生产提供原材料；最后，农业又是工业产品的主要市场之一，尤其对农用工业品和消费品，更是如此。

2．农业发展是工业化、城市化和现代化的前提和基础

从产业发展的历史与逻辑顺序看，农业劳动生产率的提高是工业化的前提和基础。这主要表现在两个方面：一是农业发展和农业劳动生产率的提高为工业化提供了资本积累的源泉，二是为工业化提供了剩余劳动力。工业化又是城市化和现代化的前提和内容。所谓工业化，指的是由于机械化、电气化和自动化的发展，工业部门成为国民经济主导部门，工业产值占社会产值的比重大幅度提高的过程。伴随着工业化的，必然是城市化和现代化。实现工业化有两条途径：一条是先发展农业，在农业劳动生产率大幅提高的基础上，再实现工业化；另一条是不顾及农业的发展，优先发展工业，在工业获得相当发展的基础上再回过头来发展农业。但是农业是国民经济的基础，要跨越农业直接发展工业，现实中很难行得通。历史经验也证明：走第一条道路，工业化较为顺利，而走第二条道路，总是困难重重。从历史上看，18 世纪末的工业革命，首先是在农业劳动生产率较高的英国开始，以后相继发生工业革命的国家，其农业劳动生产率也都较高。从 20 世纪来看，凡是农业劳动生产率水平较高的地区，工业化都取得了成功；凡是农业劳动生产率水平较低的地区，工业化都遇到了不同程度的困难。

3．农业的稳定是国民经济和社会持续稳定发展的重要因素

只有当农业源源不断地提供能满足居民消费需要的生活资料和工业部门所需的原材料时，社会才会稳定，国民经济的运行也才能健康有序。农产品供给出现严重短缺，势必会引起高通货膨胀。一方面，食品价格上涨会通过人工成本带动工业品生产成本增加，作为加工业原材料的农产品价格上涨，则会直接增加其产品成本；另一方面，农产品价格上涨和工业品成本上升会引起农业以更高的投入增加农产品供给。这两方面的作用导致物价总水平的急速上升形成通货膨胀。通货膨胀的结果是经济波动、社会不稳。对发展中国家来说，由于农业和农村人口的比重较高，农业在国民经济和社会发展中的重要地位是不言而喻的。在发达国家，政府对农业的重视程度也不曾因农业比重的下降而有丝毫的改变。

（二）农业的特殊性

与国民经济其他部门相比，农业有其自身的特殊性，主要表现在以下方面。

1．农业面临双重风险：市场风险与自然风险

农业是一个自然再生产和经济再生产交织的过程。农业生产的对象是动植物等生命物质。土地、森林、水利、气象既是农业生产的要素，也是构成大农业系统的子系统。这种利用动植物生长机理的资源配置行为，除了与非农产业同样面临市场风险外，还将面临自然风险。地理、气候条件及其他各种因素的变化都可能对农业的生产活动产生决定性影响。

2．农产品市场是一种典型的发散型蛛网市场

所谓蛛网市场，是指在该市场中，商品价格与产量的波动取决于该商品供给弹性与需求

弹性的对比关系。蛛网市场中的商品具有这样的特点：即都需要一定的生产周期才能生产出来，生产规模一经决定，在生产过程完成之前，不能任意改变。因此本期的农产品价格取决于本期的产量，本期的产量却取决于上期的价格。由于其波动轨迹类似于蛛网，故称蛛网市场。

蛛网市场中，商品价格与产量的波动有三种情况：第一，供给弹性小于需求弹性时，波动逐渐减弱并最终恢复均衡，这称为收敛型蛛网市场；第二，供给弹性大于需求弹性时，波动逐渐增加，离均衡点越来越远，这称为发散型蛛网市场；第三，供给弹性等于需求弹性时，波动幅度不变，这称为封闭型蛛网市场。

对农业来说：首先，由于动植物的生长规律，农业生产具有周期性、季节性以及周期长等特点；其次，大多数农产品是人们生活必需品，其需求弹性小；最后，由于农业生产要素在其内部具有转换性（如耕地可以种植不同的农作物），农产品供给弹性相对较大，因此，农产品市场属于典型的发散型蛛网市场。农产品产量与价格的剧烈波动必然危害农业的发展乃至整个国民经济和社会的稳定。

3．农业比较利益低

农业的资产利用率低、资金周转慢，加之农业劳动生产率提高的速度较慢，农产品储运较困难，因而投资于农业往往得不到平均利润。

二、政府投资农业的对象

确定农业投资的方向与重点，必须考虑农业投资项目本身的特点与公共投资的特点。

一般说来，以下两个方面应当成为政府农业投资的重点。

1．改善农业生产条件的投资

农业生产条件主要包括农田水利基础设施，如防洪灌溉工程、水土保持工程、风沙防护工程以及农用电网建设等。把改善农业生产条件作为公共投资重点，原因如下。第一，农业生产条件具有公共商品或准公共商品性质，其牵涉面广，投资形成的资产具有明显的外部经济性，由于这些投资产生的效益不易分割，或即便可以分割，但交易成本太高，私人投资者很难通过对这部分外溢的效用采用收费的方式收回投资；第二，改善农业生产条件的投资所需资金量大、周期长、风险高，私人投资者一般不愿或不能独立投资。

由于具有以上特点，私人投资者一般不愿进行改善农业生产条件投资，这部分投资更不可能由分散的农户独立进行。而这些投资对于农业的发展又是必不可少的，因而，政府必须担负起这部分投资的责任。

改善农业生产条件应做好中央政府与地方政府的分工。二者分工的依据有二。一是受益范围原则，即全国范围内受益的项目，原则上由中央政府负责；某一地域受益的则由地方负责。但这也不能绝对化，有时虽然只是某地受益，但如果地方财力不足以及具有较大社会意义的，也应由中央政府负主要责任。二是效率原则，即谁投资的效率更高就由谁负责。比如，对于一些地方性的建设，地方政府所掌握的信息更充分，动员人力、物力的能力更强，因而应由地方政府负责；而跨省、区、市的项目建设，由中央政府组织实施，效率可能就比地方政府高。

2．农业科研和科技推广投资

由于农业资源的有限性，通过扩大耕地面积来增加农产品供给的潜力不大。为了提高农产品的产量和质量，增强其市场竞争能力，真正发挥其在国民经济中的基础性作用，必须转变农业经济的增长方式，即由传统粗放型经营向现代集约化经营转变。实现农业经济增长方式的转变，主要是依靠科技进步和劳动者素质的提高，而这又离不开农业科研投入、农业科技推广和农业科研成果的转化。为了使农业生产者接受并正确使用这些新技术，还需要对农业生产者进行宣传和教育培训。这些活动不仅需要投入大量资金，而且具有典型的外部经济性。以农业科研为例，如果单纯依赖市场，一方面，一项科研成果的推出，使运用这一科研成果的全部生产者受益，但科研单位却不能通过市场方式将该项成果带来的全部收益内部化；另一方面，科研活动所需的费用却只能由科研单位自己承担。这些科研活动需要的资金大、风险高，投入资金的机会成本和科研的风险成本都是科研成本应该包括的内容。可以清楚看到，其成本与收益是不对称的。除了农业科研之外，农业科技的推广、农户教育等对农业发展至关重要的农业投资，依靠单个的甚至有组织的农业生产者来承办都是不太可能的。因而，政府必须在这些方面的投资中负主要责任。

三、政府投资农业的方式

农业的地位和特点既是政府干预农业的原因，也是政府确定恰当干预方式的依据。在市场经济条件下，政府稳定和发展农业的政策也是建立在市场机制的基础上的，并主要通过财政来实现。其基本方式如下。

1．稳定农产品价格

如前所述，发散型蛛网市场是农产品市场的基本特点，稳定和发展农业的关键是要稳定农产品的产量和价格，其中，重点是后者。这是因为，一方面，虽然当年的产量决定当年的价格，但当年的产量又决定于上年的价格，只要价格稳定了，产量就可以稳定；另一方面，相对而言，政府稳定价格容易，而稳定产量难，政府实施价格管制或价格调节的成本要大大低于生产管制的成本。

稳定价格有两种方式：价格管制和价格平准。价格管制是政府利用行政或法律手段直接规定农产品的价格水平及其波动幅度。其优点是能有效控制农产品价格，缺点是不利于发挥市场机制的调节和引导作用，使农业的竞争力难以提高。价格平准是政府采用经济手段调节农产品价格水平，如建立农产品价格平准基金及农产品储备制度。当农产品价格低于一定水平时，动用基金购进农产品以作储备；当农产品价格高于一定水平时，抛售储备以平抑物价。价格平准由于克服了价格管制的缺点，因而为许多国家所采用。

2．降低农业生产成本和农民负担

要解决农业比较利益低的问题，政府可以考虑从降低农业生产成本和农民负担入手。前者包括对农业投入品的补贴，如对农用生产资料的补贴、财政贴息等，后者主要指农业税收政策。

对农用生产资料实行价格补贴，是财政降低农业生产成本、扶持农用工业的重要内容。一方面，为农业提供生产资料的农用工业一般来说是低利润的行业，如农用机械、电力等。如果完全让市场来调节农用工业的生产经营，会使农用工业在市场竞争中处于不利地位，最终会阻碍农业的发展。另一方面，农用生产资料的价格是构成农业生产成本的重要内容，为了降低农业生产的成本，保护农民的利益，政府可以采取控制农用生产资料价格的办法，但这会使农用工业部门的利益受到损害。在这种情况下，为了使受到价格控制的农用工业免受损失，财政对农用工业的政策性亏损以及由于市场缺陷带来的损失予以适当补贴是必要的。

财政贴息是指财政对某些农业项目的贷款帮助偿还全部或部分利息，它是财政手段与金融手段相结合的一种方式。财政贴息的对象主要是一些经济效益差而社会效益好以及从长远来看需要扶持发展的农业项目。财政贴息既弥补了财政资金的不足，又发挥了金融工具的优势。因此，它是各国政府普遍采用的一种方式。

税收政策是财政稳定、发展农业的重要手段，对农业实行适当的税收优惠可以为农业的发展创造良好的软环境，这既可以增强农业部门和农户自身的积累，还可以吸引社会资金投向农业。

3．改善农业生产条件，提高农业劳动生产率

由于农业生产面临较大的自然风险，政府一方面可以加强农业基础设施建设，改善农业生产条件，提高农业抗风险能力；另一方面，政府也可以采取措施提高农业生产的科技含量，通过农业产业化和现代化达到提高其劳动生产率的目的。

本章思考题

① 简述基础设施投资的提供方式。

② 简述财政必须介入“三农”的理由。

③ 简述基础设施投资与一般投资的关系。

④ 试述农业财政投资的必要性和重点。

⑤ 分析基础产业发展与财政投融资的关系。

⑥ 试述政府投资和非政府投资的特点。

第九章

购买支出：公共消费

第一节 国家管理支出

一、国家管理支出的内容与特点

所谓国家管理支出，是指政府为维持社会秩序和提供公共劳务而安排的支出，通常也称行政管理支出。具体来说，就是财政用于国家各级权力机关、行政管理机关和外事机构行使其职能所需要的费用支出。

在国家范围内，设立必要的国家行政管理机关，是政府组织、领导、管理整个社会的政治经济文化活动，保证社会稳定与秩序的客观需要，也是实现国家在一定时期内的政治经济目标的必要条件。

国家管理支出包括行政支出、治安支出、国家安全支出、司法检察支出和外交支出。按最终用途，国家管理支出可分为人员经费与公用经费两部分。人员经费包括工资、补贴和职工福利费等：公用经费包括公务费、修缮费和业务费等。

国家管理支出主要有以下特点。

第一，提供的是纯公共商品，具有非排他性和非竞争性。

第二，消费性。国家管理支出是一种纯消费性开支，资金一旦投入，便不能收回，其支出结果只能引起社会物质产品的消耗和价值丧失，而不能实现价值的补偿和增值。因此，就要求政府部门尽力节约使用行政经费。

第三，低收入弹性。理论上说，国家管理支出提供的是社会经济运行所必需的秩序，属于必需品。人们对它的需求一般不随收入增长而相应增加。因此，如果其投入品价格一定，其支出增长速度不应超过经济增长率。

第四，连续性。国家管理支出是连续的，只要行政管理机关和国家权力机关存在，行使其职能，就需要连续不断的国家管理支出予以保证。

二、影响国家管理支出的因素

影响国家管理支出的因素主要有以下几个方面。

（1）机构设置　国家行政管理机关的日常开支，直接构成国家管理支出的主要内容。通常情况是行政管理机关设置得越多，所需的行政开支也就越大。社会经济发展的无数事实已经证明，与经济生活不相协调的过多的行政管制和与之相应的政府规模对经济的正常运转是极为不利的。

（2）人员配备　行政管理部门是劳动力密集型部门，其工作人员都是国家的公务员，这些公务员素质的高低对国家管理支出有着重要的影响。行政公共劳务的提供需要消耗一定的人力、物力和财力资源，这些资源之间的配置结构或比例关系并不是固定的。一方面，人力资源与非人力资源之间在一定范围内存在替代关系，即为提供相同的公共劳务，可以用更多的人力资源和较少的非人力资源，也可以用更多的非人力资源和较少的人力资源；另一方面，低素质的人力资源在和非人力资源的结合过程中可能造成资源的极大浪费，为提供一定的公共劳务，就需要消耗更多的非人力资源。无疑，这里的人力资源实际上指的就是公务员的数量和质量。数量问题与前面所讨论的机构相关，而质量问题事实上就是公务员的素质问题。高尚的道德情操、合理的知识结构、较强的组织能力以及健康的体魄等，都构成公务员素质的重要内容，并对国家财政的行政支出规模产生重要影响。

（3）内部的激励约束机制和外部监督体系　内部激励机制是使行政部门及其工作人员的私人目标与社会目标一致化的利益诱导机制，如物质奖励制度、升迁制度等；内部约束机制是防止私人目标与社会目标非一致化的利益处罚机制，如行政处罚、物质利益处罚等。显然，激励约束机制是建立在科学的内部考核体系基础之上的。激励约束机制健全，就能够提高行政工作效率，缩小行政支出的规模。所谓外部监督，是指行政管理部门以外的单位、团体和个人对行政部门的监察和督促。外部监督是一个体系，包括正式监督制度（法律和规定）和非正式监督制度（如新闻媒体监督、群众举报等）。加强监督的实质，就是增加政府行政过程的透明度，减少信息不对称，从而降低政治行政过程的委托代理成本。健全的监督体系对于降低行政部门的开支、提高政府行政效率也有着极其重要的作用。

除此之外，一些客观因素的变化也可能影响一定年度内行政经费的变动，如国家在经济制度转换时期，可能调整政府组织结构而引起行政支出的变化；在国家面临突发事件时（如战争）通常会大力压缩行政开支；在通货膨胀引起价格上涨时期，可能使行政支出也出现相应增长。但这些客观因素对行政支出的影响大多表现在一定时期内，一旦国家形势趋于正常，这些因素的影响也将消退。

三、国家管理支出的管理方式

行政单位的经费支出一般有以下几种管理方式。

（1）全额经费包干，结余留用　全额经费包干是指在国家核定单位年度支出预算的基础上，按核定的经费数额，由单位包干使用。在执行过程中，除非有特殊重大原因，不追加、追减预算。年终发生超支，国家预算不予补助，年终如有结余则留归单位使用。

（2）部分经费包干，结余留用　部分经费包干，是指在国家核定单位年度支出预算的基础上，对其中一项或几项费用，由单位包干使用。在完成任务、计划的前提下，包干部分年终如有结余，则留归单位使用。对于非包干性支出，平时按财政拨款数列报支出，清理结算收回拨款时，再冲销已列支出；年终如有结余，应上缴国家预算。包干部分与非包干部分的支出，不得互相流用。

（3）总额控制，结余上缴　总额控制，就是在国家核定的年度预算总额范围以内，由单位安排使用。年终如有结余，则全部上缴国家预算。

第二节　国防支出

一、国防支出的特点

所谓国防支出，是为满足全体社会成员安全需要的军费支出。国防支出的目的在于加强国防建设，建立现代的国防力量，维护国家独立，保障领土完整、安全和主权不受侵犯。

实际上，国家一经建立，必须执行的一个重要职能就是防御外敌侵犯、保卫国家安全，为此就需要建立军队和军事设施。因而，国防支出与行政管理支出一样是国家财政的基本支出。

当然，国家在国防名义下所采取的行动以及在国防支出名义下安排的支出可能并不都是出于防御目的的。

国防支出的内容包括军队支出、后备役支出、国防科研事业费和防空经费等。它主要是直接用于军事建设的经费，包括人员经费和装备经费。

同国家管理支出相比，国防支出所提供的服务也具有纯公共商品属性和纯消费性。其区别主要表现在两个方面：第一，需求的外生性与供给的内生性。理论上说，如果一国国防支出真正以防御为目的，决定其需求的因素主要是其国防安全风险的大小，即被侵略的概率和侵略力量的大小。对一国而言，显然这是两个外生变量。而其他需求（包括公共需求和私人需求）往往与内生变量（如价格弹性和收入弹性）有关。对国防服务的供给来说，主要受其国力、财力的制约。第二，资本密集型，即国防服务属于资本密集型行业。冷战时代结束后，加强国防建设并不是指军队的人员编制越大越好，随着科学技术的发展，国防装备投入日益重要。

二、国防支出的影响因素

影响国防支出的因素主要包括以下几个方面。

1. 政治因素

政治因素包括国内政治因素和国际政治因素。由于国防支出主要是用于防御外敌，因而同国内政治似乎并无直接关系。但是，国内政局是否稳定，各地区之间是否协调，各民族之间是否团结，老百姓对政府的服务是否认可等，实际上会影响国防支出的规模。至于国际局势对国防支出的影响，则是不言而喻的。如前所述，影响公众国防需求的因素是外生的，国防实际上是两国间或多国间的一种博弈行为，在这种双方或多方博弈均衡中，一方的行为取决于他方。如 20 世纪 50 年代，第二次世界大战虽早已结束，但战争的危险却依然存在，因为“热战”虽已停止，而“冷战”却紧锣密鼓地进行。处在这样紧张的国际环境中，各国无疑都要做好准备，或准备侵略，或准备反侵略，使国防开支居高不下。60 年代末期以后，虽然局部战争仍然存在，但战争的危险毕竟日趋减少，尤其是进入 80 年代以后，国际社会曾掀起了几次规模较大的裁军活动，国际形势趋于缓和。在这样的背景下，世界各国的国防支出大多相对减少。这说明国防支出规模与国际政治形势密切相关。

2．经济因素

国防支出是财政通过对国民收入的再分配形成的。因此，国防支出规模首先受国家财政状况的制约。通常情况下，国家财政状况越好，国防支出的规模也就可能越大。而国家财政的状况，最终又受经济发展水平的制约。经济发展速度越快，效益越高，用于国防支出的资源就可以更多一些。这里有两个重要的指标，一是国防支出占财政支出的比重，二是国防支出占国内生产总值（GDP）的比重。在比重一定的情况下，国内生产总值或财政支出的规模越大，国防支出的规模也就越大。

3．经费使用效率因素

国防服务虽不像私人商品那样可以进行直接的成本收益考察，但也是有效率可言的。私人商品的效率考核重点放在既定成本下的利润最大化，而国防服务的效率衡量则重点放在既定目标下的成本最小化。在国防目标已定的情况下，经费使用的效率越高，国防支出的规模就可以越小，反之亦然。

4．兵员制度

一国政府在动员兵力时，可以采取完全自愿的方法，也可以采取强制性的办法。前者称为自愿兵役制，后者称为义务兵役制。两种不同的动员制度各有利弊。一般讲，义务兵役制可以有效地保证兵员供给，军事人员的薪金常常低于劳动力市场均衡时的工资水平，有助于减少直接的军事开支费用。但相应地，国家需要更多地承担他们退役后的基本生活保障，从而增加社会保障方面的支出。自愿兵役制可以给每个适龄公民以平等选择的机会，有助于实现官兵的报酬与其机会成本的均衡，也有利于提高官兵的军事素质和部队战斗力。总体来看，理论界更倾向于选择后一种兵役制度。

此外，一定时期的国防开支还受物价水平、技术水平和地域因素的制约。就技术水平来说，它对国防支出的影响表现在以下方面。第一，国防服务属于资本密集型行业，其发展受技术水平的制约。只有高新技术的发展才能为国防服务奠定现代化的基础。第二，国防需求的外生性决定了国防技术具有高度的排他性。因此，从根本上说，强大的国防是建立在一国自身技术现代化的基础之上。就地域因素来说，一般地，地域越是广大，国家用于保卫疆土的防卫性支出就越多。

三、国防支出的管理

国防支出的消费性决定了国防支出必须得到合理控制。国防支出的控制包括宏观控制和微观控制两个方面。

宏观控制是指预算控制，即控制国防预算的总体规模。国防的目的是保卫国家不受侵犯。侵犯或潜在的侵犯之敌位于何方，可能动员的侵犯力量有多大，有效遏制这些侵犯所需的军事力量要有多大，都可以接近准确地估计出来，而且是可以量化为各种指标的。这就为国防经费的合理确定奠定了基础。

一国可以首先确定所需的军事打击力量规模，然后为此制定军事计划和措施，再为执行这些计划和措施拟定各种可以替代的实施方案，对各个方案的成本效益进行分析比较，选定成本最小而效益最大的方案。最后，根据被选定的方案所需的资金编制国防支出的预算。

当然，军品的成本收益考核不像民品那样直接和确定。举例来说，一枚北极星舰载导弹的制造费用比一枚陆基导弹高出 50%，按直接的费用考核，理应生产陆基导弹。但考虑到遭受第一次打击后，陆基导弹可能被摧毁 75%，而舰载导弹可以基本无损的情况，北极星舰载导弹的效益就可能大得多。所以，综合权衡的结果有可能是多生产舰载导弹，而不是陆基导弹。

很多学者认为，上述办法可以广泛运用于国防经费的预算上。一是可以用于重大军事行动的资源配置。例如，面对核战争或常规战争，面对全面战争和局部战争，如何安排支出才最有效率？二是在战役安排上，可以用来进行军事的配置，如选择作战武器、军事基地、作战人员、供应通道、通信系统等。三是可用于安排各种武器和军事工程的研究和发展。比较这三种用途，前两种受不确定性因素影响较大，因而只能估算，后一种则可以较为精确地计算。尽管这一制度尚有缺陷，但它毕竟为制定国防预算提供了若干可以遵循的规则。

微观控制是指国防支出的经费管理。由于对他国而言，国防具有高度的排他性，因此，国防经费的具体安排一般是在高度保密状态下进行的，这使国防支出的监督和管理与一般的财政支出不同。一方面，它主要依赖健全的内部管理体系，另一方面，必须寻找一种替代公众监督的外部监督机制。

第三节 社会性支出

一、事业单位与事业支出

1. 社会性支出的意义

社会性支出也称事业支出，是政府为满足社会公众非物质需求而安排的用于教育、科学、文化、卫生、环境保护等社会服务的事业性支出。

世界经济发展的历史证明，单纯依靠经济领域的活动来寻求经济的发展，是十分狭隘的。只有大力发展科、教、文、卫等事业，满足劳动者能力提高和精神文化生活等方面的要求，才能达到预期的目的。随着社会生产力的发展和生产社会化程度的提高，特别是随着知识经济时代的到来，这一点日益成为人们的共识。正因为如此，在公共需求中，逐渐增加了发展文化、教育、科学和提高人民健康水平的内容。相应地，政府用于这些方面的支出也越来越重要。

教育对社会进步来说意义重大，这表现在以下方面。第一，教育是科学技术进步的基础。已有的科学知识是通过一代又一代的教育积累下来的，而新的科学知识的传播也必须通过教育这一渠道。第二，知识是通过教育途径获得的。研究表明，劳动者受教育的程度同劳动力的质量进而同劳动生产率水平正相关。第三，教育是解决经济发展过程中结构性失业问题的重要手段。所谓结构性失业，就是在经济结构不断变动的情况下，由于新部门职位空缺和旧部门职位减少而导致的一种就业结构变动结果。这就需要对失业者进行“再教育”，使他们尽快走上新的工作岗位。第四，教育是建设精神文明、构建和谐社会的重要手段。

科学技术是经济和社会发展的推动力量，是第一生产力。人类社会每一次巨大变革，都是以技术变革为直接动因的。从18世纪60年代以蒸汽机广泛使用为标志的第一次技术革命，经过19世纪以电磁的应用为标志的第二次技术革命，直到20世纪50年代以原子能、电子计算机和空间技术为标志的第三次技术革命，生产力的发展有很大一部分是由科学技术的发展直接带来的。

在现代市场经济条件下，人们的健康水平也日益显示出对国民经济发展的重要性。现代社会化大生产条件下高度紧张的生产活动，非有健康的体魄不能胜任，非有振奋的精神不能承担，而这些都需要有良好的医疗卫生设施才能保证。同时，医疗保健水平也是反映人们生活水平和生活质量的重要标志。

此外，文化支出以及农（业）、林（业）、水（利）、气（象）事业支出等，与人民生活质量的提高、农业的稳定与发展、水利资源的利用与治理、生态环境的保护等都具有直接关系，也越来越引起人们高度的关注。

2．事业单位与企业单位的区别

事业单位与企业单位的区别主要表现在以下方面。

第一，生产对象不同。根据前述的公共商品理论，可以以社会商品的属性将企业与行政事业单位区别开来。凡是提供私人商品以满足人们私人需求的社会组织，即为企业；凡是提供公共商品（包括大部分混合商品）的组织，则为行政事业单位。

第二，生产目的不同。企业以营利为目的，而行政事业单位一般都具有非营利性。这种非营利性的根源在于其活动存在外部经济性，即发生本单位经济利益溢出现象，而使本单位以外的其他单位、人员获利。这种外溢利益不可能由市场补偿，只能由财政拨款予以弥补。行政事业单位的外部经济性，源于它提供满足人类需求的公共商品的特殊性质。

3．事业单位与行政单位的区别

同为提供公共商品、满足公共需求的行政单位和事业单位，二者也存在明显差别。

第一，提供的社会商品属性不同，行政单位提供的是纯公共商品，而事业单位提供的是混合商品。混合商品是既有公共商品特征又有私人商品特征的消费品，例如教育、医疗、科研、卫生等。事业单位提供的消费品有公共商品的特征，因此需要政府出资。也正是从这个意义上说，事业单位履行着政府的职责，成为政府职能的延伸。但事业单位提供的消费品也具有私人商品的特征，在管理上与行政单位也有所区别。

第二，行使的职能不同。行政单位行使的是国家行政管理职能。所谓国家行政管理职能是指政府依靠国家赋予的权力和财政资金，组织和调控国民经济的运行和发展，维护社会公共秩序，指导社会文化及精神文明建设的职责和功能。事业单位在本质上说不具备行政管理职能，不行使行政权力，只是在某些场合、某些时期接受国家的委托，代行部分国家行政权力。

第三，经费来源和运营方式不同。行政单位提供的公共服务属于纯公共商品，其资金耗费全部由财政补偿。由于其业务活动的依托是国家政治权力，故其提供的公共服务不宜导入市场规则。事业单位提供的是混合商品，其经费一部分来自财政拨款，一部分按市场原则对消费者收费。由于事业单位业务情况复杂，单位类型很多，具体经费来源差异较大。

4．事业支出的特点

事业单位的上述性质，决定了事业支出具有以下特点。

第一，它是对混合商品中的公共商品部分的成本补偿。

第二，其需求的收入弹性较高。事业支出满足的需求与行政、国防需求不同，它不是基本需求，而是一种发展需求。这种需求的增长速度一般快于人们收入的增长速度。

第三，具有部分的投资性质。按照经济学中人力资本概念，许多与人力资本相关的事业支出已不仅仅是消费，而且是一种投资，即社会人力资本投资。正如居民住房支出本质上是消费，但经济学却按习惯把它归为投资一样，社会人力资本投资本质上是一种投资，但财政学中一般按习惯把它归为消费。

二、文教支出

（一）教育市场失灵

文教支出一直是各国财政支出中的重要方面，政府介入教育的根本原因不是因为教育是公共商品，而是教育市场的失灵。这表现在以下几个方面。

1．外部性

从经济学的角度上说，教育是一种人力资本投资行为——人们通过投资教育来提高其人力资本的未来生产率。当教育存在正外部性时，将导致市场投资不足。

既然教育是一种人力资本的投资行为而不是一种消费行为，那就和其他投资一样，在决策时要进行成本收益分析。

对投资者个人来说，其成本主要有两个方面：一是直接成本，即受教育过程中发生的各种费用，二是间接成本，即受教育期间的收入损失。教育的收益则主要体现在投资者个人未来收入的提高。

对社会来说，教育的成本几乎等于私人成本，但教育的收益是巨大的，除了私人收益以外，教育的社会收益主要表现为教育的文化效益，这是文明社会的基础。大量的经验性研究证明，初等教育中的识字能力和计算能力具有很高回报率，它能有效促进社会交流、就业与社会和谐。我们受教育的经历既是我们同他人交往的阅历，也影响我们未来的就业和社交圈子。中国古代有句俗语："秀才遇到兵，有理说不清。"这是教育正外部性的一个有力反证：社会民主化进程取决于公民受教育程度的高低；义务教育实际上承担了照管儿童的任务，从而使父母得以进入就业市场；教育的代际效应使儿童智力受父母受教育水平的影响；等等。

2．公平

对不同收入水平的家庭来说，教育的投入不仅存在不同的直接成本，而且还存在不同的机会成本。低收入家庭往往比高收入家庭有更高的机会成本，这就使得处于不同收入水平家庭的孩子在教育市场中会得到不同的教育服务；另外，教育又影响一个人未来的收入水平，这会使收入分配差距产生累积效应。因此，政府对教育的资助有助于在一定程度上促进机会的平等，从而缓解收入分配差距的矛盾。

3．未来不确定性和信息不对称

教育无疑是一个有益物品，即消费者自身不能完全认识其效用的物品。教育收益要经过相当长的时间才能实现，更主要地，教育投入与收益之间的关系存在着一定程度的不确定性。学龄儿童甚至其做出决策的父母也很可能错误地评价其全部收益，他们很可能产生短视，降低了既定收益流的现值。这必然导致教育投资的不足。

另外，受教育者与提供教育服务的机构之间也存在信息不对称。当消费者对其将要接受的教育质量感到不确定时，会产生次优水平的消费，即投资不足；相反，当消费者对自身能力水平不确定时，他们往往会在提供者的劝说下接受更长时间的教育，这会导致投资过剩。

（二）文教支出的对象

正是由于教育市场存在上述的种种市场失灵，因此教育成为政府干预的重要领域。政府对教育市场的干预一般是根据教育市场失灵的不同程度和矫正目标有选择地进行的。

1．义务教育

初、中等教育具有较强的正外部性，是典型的有益物品，也是实现机会均等的重要手段，政府往往通过法律的形式强制适龄儿童接受一定年限的义务教育。由于是法律强制政府提供、公民（或准公民）接受，且每个人受益额大体相等，义务教育往往也是免费教育，所需经费全部由财政提供。

2．高等教育

相对于初、中等教育来说，高等教育有一定的正外部性，有助于实现机会均等，但其受益内在性增强，受教育者从教育中获得私人收益的比例更高。为此，政府在对高等教育给予一定补助的同时，也要求受益者承担一定的成本。但基于不同的政策背景，各国政府对高等教育的补助程度有一定的差异。

3．职业教育与培训

职业教育与培训是对劳动者走上工作岗位前的培训。它对提高劳动力未来的生产率，减缓待业、失业压力都具有一定的意义。职业教育与培训有多种不同的方式，其中包括“职业技术”中学、大专院校、营利性培训机构、短期课程学习班以及在职培训等。这种人力资本的投资有三种可能的资金来源：劳动者、当前或未来的雇主、公共部门。政府提供资助的往往是一般性职业技术院校。

4．托幼教育

这是一种学前教育，兼具教育和福利功能。一方面，它鼓励父母送子女到幼儿园，促使子女及早读书、识字；另一方面，它把父母从家庭解放出来。为此，政府对托幼教育通常也给予一定程度的补助。

5．文化宣传

公众娱乐和文化宣传事业对于提高公众文明素质，构建和谐社会具有重要意义。政府一般也给予不同程度的拨款补助。

（三）文教支出的方式

根据接受主体的不同，政府文教支出可以分为对文教机构的支出和对文教受益者的支出。

1．对文教机构的支出

文教机构有公立的，也有私立的。政府对这些机构的支出一般有两种方式。

第一，经费拨款，包括全额经费拨款和定额经费拨款。它是对文教机构服务成本中经常费用的一种弥补方式。根据文教机构提供的服务内容及机构性质的差别，有的实行全额经费拨款，这一般适合于公立中小学校；有的实行定额经费拨款，它一般适用于公立高等教育机构、政府所属的文化团体和私立教育机构。

第二，专项拨款，是对文教机构专项费用的成本补偿，如购置固定资产、专项科研经费等。

2．对文教受益者的支出

这主要体现在教育方面。对接受教育的人来说，基于教育的公平性、外部性以及教育效率的考量，政府也会直接提供资助。主要的资助方式有三种：第一，助学金，这是对学生（学员）个人教育投入的一种补助，以减轻个人负担，特别是困难学生的家庭负担；第二、奖学金，这是对学习成绩优异者的奖励，目的是提高教育的质量，鼓励优秀人才脱颖而出；第三，贷学金，这是对困难学生提供的优惠贷款，目的是帮助他们不因家庭困难而辍学。

三、科技支出

1．科学技术的市场失灵

科学技术也是政府介入的重要领域之一，财政支出用于科学技术的根本原因也是科学技术市场的失灵。这主要表现在四个方面。

（1）公共商品或混合商品　按照商品属性的不同，科学技术可以分为两类：一是基础科学技术，二是应用科学技术。前者具有公共商品的两个特征，是公共商品；后者具有非竞争性和排他性，是混合商品。在专利制度出现以后，应用科学技术发明人的外溢收益可以部分地内部化，从而在一定程度上鼓励了技术创新。但是，由于科学技术具有较大的正外部性，相对于社会需求而言，私人部门往往投资不足。

（2）未来不确定性　从事科学技术研究是一个高风险行业，投入与产出之间的对比关系有较大的不确定性。正是这种高风险，使科技市场成为一个不完全竞争市场。

（3）有益物品　一项科学技术（包括自然科学和社会科学）对人类的作用是逐渐为人们所认识和开发出来的。换言之，人们在一开始，并不知道某项科学技术的全部效用。这必然妨碍人们的投资激励。

（4）负外部性　科学技术是一把双刃剑，它在给人类带来文明的同时，也造成了人类无穷的灾难：战争、细菌、环境污染乃至对人类文明赖以延续的价值观的挑战，如自然科学中的克隆技术、社会科学中的伪科学。

2．科技支出的对象

基于以上原因，政府对科学支出的对象主要有以下几种。

（1）基础科学技术的研究和普及　这是纯公共商品，主要由政府资助的科研机构（包括大学）来提供。

（2）应用科学技术的研发　虽然这是一种混合商品，但由于其排他性，大多数应用科研机构都采用市场化管理，财政的责任是为他们提供适度的补助和奖励。

（3）科技市场的管理　科技市场赖以存在的基础是专利制度。维护专利制度，打击侵犯知识产权行为是确保科技市场资源配置效率的关键，政府需要承担这一制度运行的成本。此外，对科学技术的开发、应用正当性管理，防止产生负外部性，也需要政府的支出。

3．科技支出的方式

财政用于科技支出的方式主要有以下四种。

（1）经费拨款　对科研机构和科研管理机构的经常费用的拨款。

（2）专项拨款　对科研机构的专项研究和设备购置的拨款。

（3）政府奖励　对科研机构和科研人员的重大科研成果的奖励。

（4）政府贷款　对科研机构提供的优惠专项贷款。

四、卫生支出

（一）卫生医疗的市场失灵

卫生医疗是一种特殊的物品。其市场失灵表现在以下方面。

1．不确定性

卫生医疗是人们对健康的一种投入要素。但是，在健康的效用函数中，一方面，还包括除卫生医疗以外的营养、生活环境、生活习惯等自变量；另一方面，现代医学还不能在卫生医疗投入与健康效用之间建立一个确定的函数关系。这就使卫生医疗投入与健康效用之间存在着一定程度的不确定性，而这种不确定性往往需要人们通过保险市场来规避风险。

2．信息不对称

这种信息不对称主要体现在两个方面。第一，保险市场中的信息不对称。在保险市场中，保险人与被保险人之间存在信息不对称，保险人对被保险人的健康状况所知道的信息少于后者。这容易引发两个问题：一是所谓的“道德风险”问题，即投保人因为投保而出现的不像未投保时那样注意自身保健的现象；二是所谓的“逆向选择”问题，即在一定保费水平下，健康状况好的人会选择不投保，而健康状况差的人会选择投保，保险公司为了维持财务平衡，不得不提高保费水平，而这又会赶走次健康的投保人……于是，保险市场不可能出现均衡。第二，医疗市场的信息不对称。在医疗市场中，病患与医生之间存在信息不对称，医生具有信息优势。这也容易引发市场失灵，即由于“道德风险”引起的“诱发式需求”和治疗费用不必要的上涨。

3．外部性

传染性疾病具有负外部性，一个传染病患者对社会是一个“威胁”，因此，防疫和治疗传染性疾病是一个具有正外部性的行为。只有政府提供适当的补助，才能对病患产生足够的防疫和治疗激励。

4．垄断

医疗市场的垄断有两个方面：一是医院服务存在规模报酬递增的现象，二是政府或行业协会为了防止江湖术士而对医生、医院执业资格认定产生的垄断。这都会导致消费者接受的医疗服务价格偏离帕累托均衡价格。

5．公平

宪法赋予了每个公民基本人权，其中，生存权是人权的首要内涵。由于存在收入分配差距，低收入者可能面临因疾病带来的生存问题。出于对人权的尊重，政府和社会有责任让他们得到必要的治疗。

（二）卫生支出的对象和方式

卫生医疗支出可以分为社会成员身体健康直接受益支出和外部受益支出。前者是指受益完全或绝大部分可以内在化的医疗支出，如一般性疾病的治疗、享受型的保健服务等；后者则指具有外部性的卫生支出，如传染病的防治、妇幼保健等。纯粹从经济学理论上分析，前者属于私人商品，后者是一种混合商品。但基于上述原因，政府对卫生医疗市场的介入程度远超过这种纯经济理论的标准。

政府的卫生医疗支出主要是对医疗卫生服务机构及其管理机关的事业费支出和对个人的卫生医疗支出。对卫生医疗服务机构及其管理机关的事业费支出包括人员经费和公用经费，一般采取经费拨款和专项拨款两种方式。对个人的卫生医疗支出包括作为社会福利的卫生保健支出和作为社会保险的医疗保险支出，这属于社会保障支出的内容。

五、环境、资源保护支出

1．环境、资源的市场失灵

地球是人类的共同家园。但是，随着经济社会和科学技术的发展，特别是人口增长带来的压力，人类生存的环境日益恶化，资源特别是不可再生资源的约束日益加大，如酸雨、臭氧层变薄、水资源污染、水土流失、噪声污染、核污染、湿地和雨林消失、物种变异、全球变暖、能源短缺等。保护环境、节约资源已经成为当今世界共同面对的重要课题。

环境和资源的消费出现严重的拥挤问题固然与消费人群的扩大和消费标准的提高有关，同时，它与环境和资源的产权制度安排的缺陷也密不可分。就环境来说，一般认为它是比较典型的公共商品，也是经济学中外部性概念的经典案例。由于界定环境产权的成本过于昂贵，环境具有非排他性的特点。至于它的竞争性，取决于一定的消费条件。在工业化革命以前，生产力水平较低，环境具有非排他性的特点；工业化革命以后，环境越来越具有竞争性。但由于排他制度的限制，“消费拥挤”这一公共商品最容易出现的问题在环境上一直没有得到有效的解决。就资源来说，现行的市场定价制度只能反映资源的当代价格，后代人的需求没有反映在需求曲线之中，这就使资源定价从代际角度上看过低，从而出现过渡消费。为缓解这一问题，国际组织、各国政府和民间团体都在市场制度之内和之外做出了不懈努力。

2．环境保护支出的对象和方式

对于环境保护，政府的努力主要集中在成本补偿的制度建设方面。环境保护的成本主要有两项。

一是环境保护的管理成本。政府出台相应法律，建立专门的环境保护执法机构，并承担其成本，由财政拨款解决。

二是环境治理的成本。在环境保护与经济发展之间，人们既不能因为保护环境而牺牲发展，也不能因为强调发展而牺牲环境，在发展中治理才是明智的选择。为了提高资源配置效率，有效保护环境，通过建立环境产权制度，坚持“谁破坏、谁治理、谁治理、谁受益”的原则，由环境破坏者承担环境治理成本（或环境保护者承担收益——政府补助），将破坏（保护）环境的负（正）外部性内部化。这有两种基本方式，以污染为例，一是对污染者征税（或收费），使征税（收费）额等于治理成本；二是建立一个污染权市场，拍卖污染权，将污染权出售给最高出价人，然后用拍卖收入治理污染。

3．资源保护支出的对象和方式

资源管理包括资源开发管理和资源使用管理。财政支出的方式主要有以下几种。

（1）资源管理机构经费拨款　这是对资源管理机构日常经费的成本补偿。

（2）资源开发专项拨款　如耕地开发拨款、退耕还林拨款、水资源开发拨款等。

（3）开发、使用替代资源补助　对一些不可再生资源，政府鼓励人们开发、使用一些替代资源，并给予拨款补助。

本章思考题

① 简述政府必须介入医疗卫生事业的理由，并思考应介入的范围。

② 简述决定和影响我国行政管理支出的主要因素。

③ 简要分析行政管理支出与国防支出的基本属性。

④ 试对教育支出的效率进行分析。

⑤ 试论行政管理支出的特点。

⑥ 如何优化教育和国防支出？

第十章
转移支出

第一节　社会保障支出

一、社会保障的含义与构成

社会保障（social security），是国家和社会为帮助社会成员克服因非理性风险造成的物质生活困难，维持其基本生活条件而依法进行的国民收入再分配活动。

社会保障作为一种国民收入再分配形式是通过一定的制度实现的。我们将由法律规定的、按照某种确定规则经常实施的社会保障政策和措施体系称为社会保障制度。由于各国的国情和历史条件不同，在不同的国家和不同的历史时期，社会保障制度的具体内容不尽一致。但有一点是共同的，那就是为满足社会成员的多层次需要，相应安排多层次的保障项目。社会保障一般包括社会救济、社会保险和社会福利三个层次。

1．社会救济

社会保障体系的第一层次就是提供基本生存保障的社会救济。社会救济是由国家和社会向因残疾、自然灾害或意外事件等不可抗拒的力量而使维系生命所需要的物质来源中断的那部分社会成员提供物质帮助的一种形式。其项目主要包括：①对残疾公民提供的部分生活资助；②对残疾军人及军烈属的抚恤和照顾；③对灾区和部分生活困难居民的资助等。

社会救济具有两个显著特点：第一，由于社会救济的接受对象是社会弱者，所以社会救济不以接受者预先支付一定费用作为受助前提，资金全部由财政拨款或由社会捐助；第二，受益人的选择性，即只有经过一定形式的经济情况调查被证明符合救济条件的个人或家庭才能得到救济。

2．社会保险

社会保障体系的第二层次是提供日常生活保障的社会保险，它是现代社会保障制度的核心内容。社会保险是社会成员因遭遇年老、生病、失业或意外事件而导致收入来源减少以及发生其他生活困难时，从国家、社会或有关部门获取物质帮助的制度。其项目主要包括：①养老保险，即向达到退休年龄的离、退休职工支付养老金；②失业保险，即向登记的非自愿失业者提供生活津贴；③医疗保险，即对社会成员因疾病造成的经济困难及医疗费用给予补偿；④伤残保险，即向未达到退休年龄但却部分或全部丧失劳动能力的劳动者支付伤残补助金；⑤工伤保险，即向在工作过程中受到伤害的劳动者给予补偿。

社会保险要求受保人和其就业单位缴纳一定的保险费用，具有风险分担、互助互济的保险功能。社会保险与商业保险在二者体现的经济关系、资金来源、权利与义务以及保险原则等方面均有不同。

3．社会福利

社会保障体系的第三层次是满足人们改善和提高生活质量的需要，以增进社会福利。社会福利是由国家、社会组织举办的以全社会成员为对象的福利事业，如教育、科学、环保、文化、体育、卫生设施，为城乡居民提供的各项补贴，为残疾人和丧失劳力者举办的各项社会福利设施及服务等。社会福利又被称为“高层次的社会保障措施”。

二、社会保障制度的发展概况和趋势

1．社会保障制度的发展概况

社会保障的起源最早可追溯到欧洲中世纪世俗和宗教的慈善事业，但是由国家组织、通过立法实行的以保险为特征的社会保障制度则是以德国俾斯麦政府实行的社会保险立法为开端。德国议会在1883～1889年间先后通过了《健康保险计划》《工伤事故保险计划》《退休金保险计划》三项保险立法，开创了社会保障制度的历史。在此后的二十余年间，英国、法国、挪威、丹麦、荷兰和瑞典等国也先后建立起了社会保障制度。

第二次世界大战后，社会保障制度才日臻完善。1945年，英国在著名的《贝弗里奇报告》的基础上，率先建成了一套“从摇篮到坟墓”的社会保障制度。同年法国颁布了《社会保障法》，奠定了现代社会保障制度的基础。美国战后也多次修改和扩充了1935年的《社会保障法》，逐步扩大了保障范围。瑞典20世纪40～50年代实行了劳动市场政策和国民义务伤残保险。日本1947年颁布了《失业保险法》，随后又制定了《国民年金法》和《厚生年金法》等。至20世纪50年代末，几乎所有的西方发达国家都基本完成了有关社会保障制度的立法，设立了相应的管理机构，实行了一套完整的以高福利为主要内涵的社会保障体系。近年来，为实施社会保障筹措资金的社会保障税已成为这些国家仅次于所得税的第二大税类；而社会保障支出则成为最大的财政支出项目。至于发展中国家的社会保障制度，则大多是在第二次世界大战后建立起来的。

2．社会保障制度的发展趋势

西方各国的社会保障制度虽然在缓解劳资矛盾、维护资本主义生产方式、保持经济和社会稳定等方面发挥了相当大的作用，但也由于失业、通货膨胀、人口老化等因素的长期困扰而面临危机：一是过度保障使社会保障支出日益膨胀，财政不堪重负；二是福利的平均化和救济过度造成受益不公，致使人们的工作欲望减弱，而对政府和社会的依赖心理加重，使效率受损；三是社会保障管理机构膨胀，管理费用增加，造成社会保障资金流失。

为改变这一被动局面，西方各国普遍对社会保障制度进行了调整和改革，使之出现了新的发展趋势。第一，提高社会保障费率，广辟资金来源渠道，增加社会保障收入；第二，降低过高的社会保障标准，减少社会保障支出；第三，减少国家干预，强化市场机制对社会保障的调节作用，使社会保障制度从“国有化”向“私有化”转变，让私有企业在社会保障体系中发挥更重要的作用；第四，鼓励发展商业性保险；第五，将社会保障基金的现收现付制改为现收现付和个人资本积累相结合的混合制，以增强个人的自我保障意识和责任。

三、社会保障的社会经济功能

1. 社会保障是劳动力再生产的保护器

社会保障的功能之一就是在劳动力再生产遇到障碍时给予劳动者及其家属以基本生活、生命的必要保障，以维系劳动力再生产的需要，从而保证社会再生产的正常进行。

2. 社会保障是社会发展的稳定器

通过社会保障对社会财富进行再分配，适当缩小各阶层社会成员之间的收入差距，避免贫富悬殊，使社会成员的基本生活得到保障，能协调社会关系，维护社会稳定。

3. 社会保障是经济发展的调节器

社会保障对经济发展的调节作用主要体现在对社会总需求的自动调节。在经济萧条时期，一方面由于失业增加、收入减少，用于社会保障的货币积累相应减少；另一方面，因失业或收入减少而需要社会救济的人数增加，社会用于失业救济和其他社会福利方面的社会保障支出也相应增加。这使社会保障的同期支出大于收入，从而刺激了消费需求和社会总需求。在经济繁荣时期，其作用则正好相反。

此外，社会保障可以解除劳动力流动的后顾之忧，使劳动力流动渠道通畅，有利于调节和实现人力资源的高效配置。

四、社会保障基金的筹资模式

世界各国社会保障基金的筹资模式，主要有三种，即现收现付式、完全基金式、部分基金式。

1. 现收现付式

现收现付式又称边进边出式，即预先不进行储备积累，完全靠当年的收入满足当年支出的需要。从养老保险的角度看，这是一种隔代赡养模式，即支付给退休者的养老金来自正在工作的一代人交纳的保险费。这种方式的特点是随着社会保障支出需求的增加需要不断提高社会保障收费率，否则会造成财政的沉重负担。

2. 完全基金式

完全基金式又称储备积累式，即根据未来支出需要确定和预提社会保障基金，并进行储备积累。从养老保险的角度看，这是一种自我赡养模式，即一个人退休后领到的养老金，来自自己工作时交纳的保险费。其特点是在较长的时间内收费率稳定，并在一定时期内可形成大量的储备金，但其初始费率较高。

3. 部分基金式

部分基金式是在满足一定阶段支出需要的条件下，进行适当的储备积累。社会保障的收费率分阶段调整，计划实施初期较低，以后逐步提高，保持阶段性的稳定。它吸收了前两种模式的长处。

五、社会保障基金的管理

一个国家的社会保障制度体系，一般包括国家基本保障制度以及集体和个人补充保障制度。其中属于国家基本保障的部分应实行由国家组织社会统筹，而社会统筹的社会保障基金又必须纳入政府预算管理。

1．社会保障预算收支的主要内容

（1）社会保障预算的收入来源　一是社会保障税（费）收入；二是各项社会福利基金收入，包括社会福利彩票发行收入；三是国内外捐赠收入；四是社会保障基金投资收益及利息收入；五是财政预算转入收入；六是国有资产预算转入收入。

（2）社会保障预算支出的开支范围　一是社会救济支出，包括自然灾害救济费、农村社会救济费和城镇社会救济费；二是社会优抚支出，包括社会优抚事业费和社会安置费；三是社会保险支出，包括养老保险支出、失业保障支出、医疗保险支出、职工工伤保险支出、女工生育保险支出等；四是社会福利支出，包括社会福利事业费、社会福利事业单位经费等。

2．社会保障储备金的合理运用

为了均衡不同时期的社会保障费用，保证未来的社会保障费用支付，社会保障基金在满足了当前保障的需要后必须留有结余，形成储备金。通货膨胀风险的存在提出了社会保障储备金保值的必要性，生活水平和社会保障水平的提高又进一步提出了社会保障储备金增值的要求。为实现社会保障储备金的保值和增值，就必须对其加以合理运用。社会保障储备金的投资应遵循安全性、流动性和收益性的原则。按上述原则，银行存款和国债是社会保障储备金最稳妥、最适宜的投资项目。为了提高投资收益率，在切实控制好风险的前提下，社会保障储备金也应适当扩大投资渠道，例如投资于投资基金和股票等。还应根据各类社会保障基金的用途和特点安排其投资期限的长短。

第二节　财政补贴支出

一、财政补贴的性质和分类

（一）财政补贴的性质

财政补贴是国家为了一定的政治经济目的，无偿地对经济组织和城乡居民所实施的财政补助支出。财政补贴作为政府调节国民经济运行的基本经济手段，为世界各国所普遍采用。

从性质上看，财政补贴同社会保障支出一样，是一种转移支出，属于国民收入的再分配。但财政补贴又与社会保障支出有所不同。社会保障起因于自然灾害和社会经济事故，支出主要用于消费环节，目的主要在于扶助社会弱者和实现社会公平。而财政补贴则起因于生产、流通和价格等因素，支出可用于生产、流通、消费等多个环节，目的主要在于补偿外部经济，维持经济的正常运行。

（二）财政补贴的分类

财政补贴可以从不同的角度进行分类。如按补贴对象可分为对企业的补贴和对个人的补贴；按补贴环节可分为生产环节补贴、流通环节补贴、消费环节补贴；按经济性质可分为生产补贴和生活补贴；按财政补贴方式可分为现金补贴（明补）和实物补贴（暗补）；按政策目的可分为价格补贴、居民生活补贴、企业亏损补贴、财政贴息、税收补贴等。国家实施财政补贴总是为了一定的政治经济目的，所以按政策目的分类是财政补贴最主要的分类方法。

1．价格补贴

它指国家对企业由于执行国家的限价政策而造成的亏损所给予的资金补贴，也可以称为政策性亏损补贴，主要包括以下几种。

（1）农副产品价格补贴　这主要是对商业企业的价差补贴，是价格补贴的主要内容。它是当从事农副产品收购的商业企业由于执行政府的价格政策，出现购销价格倒挂而造成亏损时，政府给予的补贴。

（2）农业生产资料价格补贴　这是当农业生产资料的生产企业为执行政府政策，以低于正常价格的价格向农民销售时，政府对其价差给予的补贴。这些生产资料主要有化肥、农药、农用薄膜、农业用电等。

（3）工矿产品价格补贴　这是财政对国家需要统一收购的工矿产品（如黄金、白银、统配煤等）的生产企业给予的补贴。

（4）日用工业品的价格补贴　这是财政对经营某些特殊日用工业品（如民用煤、学生课本、报刊、新闻纸等）的商业企业在进价提高而售价不变时给予的价差补贴。

2．企业亏损补贴

它是财政对国有企业的经营亏损给予的补贴。政府设立国有企业，有它特定的目标（大多与正外部性行业有关）。国有企业往往因为承担着一定程度的政策性负担和社会性负担而出现经营亏损，为了保证这些企业能够继续经营，政府作为社会管理者和企业投资者，必须给予相应的补贴。

3．居民生活补贴

它是财政支付给居民用以补贴生活的资金。当社会处于非常时期（如战争、恶性通货膨胀），为了保证居民基本生活，政府有时需要对居民给予补贴。

4．财政贴息

也称“利息补贴”。它是财政对使用符合政策规定用途的银行贷款的用款单位就其支付的资金利息提供的补贴，如用于以下目的的贷款：引进和开发先进技术和设备、发展优质名牌产品、开发和使用节能产品、投资落后地区等。财政贴息是用有限的财政资金带动更多的社会投资和银行贷款以发展社会经济项目、贯彻政府政策意图的一项重要措施。

5．税收补贴

也称“税式支出”。它是一种特殊的财政补贴，是对减税、免税、退税、税收抵免等税收优惠措施的统称。与一般财政补贴不同的是，财政补贴是政府的支出行为，而税收补贴是政府的一种减收行为。之所以将税收优惠纳入财政补贴范畴，是因为税收优惠等于政府将已征收的一部分税款返还给需要扶持的纳税人，这就实际上发挥了财政补贴的功能。

二、财政补贴的经济效应

作为政府调节经济活动的基本手段，财政补贴与政府征税一样，都会产生收入效应和替代效应，不过二者的方向正好相反。具体来说，财政补贴通过改变商品的相对价格结构和受补贴者的实际收入水平，对国民经济运行产生一系列的影响。

（一）财政补贴对需求的影响

1．对消费需求的总量与结构的影响

就需求总量来说，由于财政补贴产生收入效应，消费者的实际收入增加，因此在其他条件不变的情况下，消费者的消费需求会扩大。财政选择的补贴方式和补贴对象不同，消费需求扩张的程度就会有区别。如果政府选择以现金方式补贴，消费需求扩大的程度就取决于被补贴者的边际消费倾向。显然，如果假定低收入阶层的边际消费倾向高于高收入阶层，那么，对低收入阶层的财政补贴就比对高收入阶层的补贴更能扩张消费需求。如果政府选择以实物方式补贴，即补贴商品，降低被补贴商品的实际消费成本，消费需求的扩张程度则取决于被补贴商品的消费者的边际消费倾向和被补贴商品的需求弹性。由于不同收入阶层的消费结构不同，以及对不同商品的需求弹性不同，因此，政府选择的补贴商品不同，对消费需求扩张程度也会有区别。不过，一般来说，边际消费倾向与商品需求的价格弹性对消费需求扩张的影响是反向的。例如，如果政府选择补贴必需品而不是奢侈品，从边际消费倾向的角度看，更能扩大消费需求；可是，从需求的价格弹性的角度看，则正好相反。

2．对投资需求总量与结构的影响

财政有选择性地对企业的生产行为和投资行为进行补贴，也会相应地产生收入效应和替代效应。就投资需求总量来说，由于收入效应的作用，政府对企业的生产和投资行为补贴会增加相应的投资需求；就投资需求的结构而言，被补贴的生产和投资行为会相应增加，而未补贴的生产和投资行为在比例上会有所降低。

（二）财政补贴对供给的影响

这主要表现在两个方面。一方面，财政对企业产出品的补贴实际提高了企业生产的补贴商品价格，调动了企业增加生产、增加供给、改善供给结构的积极性，从而直接影响着社会供给总量与结构。另一方面，财政补贴对社会需求总量与结构的影响，会间接地反映到社会供给总量与结构的变化上。一是根据需求创造供给的原理，财政补贴对居民消费需求总量与结构的调节为企业供给总量与结构的变化提供了动力；二是财政补贴对企业投资需求（或投入品）总量与结构的调节影响着企业的生产能力和生产结构。

三、财政补贴的二重性

（一）财政补贴的必要性与积极作用

在市场经济条件下，财政补贴的主要作用是弥补市场机制自身的缺陷。

1．促进具有外部经济的部门发展，优化资源配置

自发的市场调节会诱使生产者追逐本位效益而忽视甚至损害社会宏观效益，致使全社会配置具有外部经济的部门的资源量低于帕累托最优水平，而配置具有外部不经济的部门的资源量高于帕累托最优水平，从而降低了社会资源配置的效率。政府对具有外部效益的经济活动给予一定的财政补贴，就可以鼓励生产者更多地从事这些经济活动，促进具有外部经济的部门发展，优化全社会的资源配置。

2．配合自然垄断领域的价格管制，提高社会福利

城市供水，供电、供气、公共交通等公用事业属于自然垄断领域，又与生产和人民生活息息相关，如果完全由市场定价，自然垄断企业至少会以高于边际成本的平均成本向消费者销售，这与帕累托最优定价原则相悖。如果政府对此类企业实行价格管制，要求企业以等于边际成本的价格向社会成员提供，就可以提高资源配置效率。这时就要求财政给企业以相应的价差补贴，以弥补低价政策造成的企业亏损。

3．推行倾斜式发展战略，加快经济发展

发展中国家经济发展不平衡，薄弱产业和落后地区往往拖了经济发展的后腿。由于这些产业和地区的投资回报低，私人资本不愿投资，因此需要借助政府的力量，推行倾斜式发展战略。一是实行产业倾斜，包括对受自然条件影响较大的弱质产业（农业）、利润率较低的基础产业、风险程度较高的高新技术产业等的倾斜；二是实行地区倾斜，即对经济落后地区投资予以补贴。这就可以在一定程度上改变这些产业和地区在市场竞争中的不利地位，促进产业的协调发展和生产力布局的合理化，从而促进整个国民经济的更快发展。

4．平抑产业和价格波动，促进经济和社会的稳定

在市场机制作用下，价格波动从而导致产业波动（调整）是不可避免的。但如果波动幅度过大，势必造成经济和社会的动荡。为此，在产业调整过程中，有必要对被调整的衰退产业或长线产业给予一定的财政补贴，促其积极调整，弱化因调整引起的经济、社会动荡。对居民给予适当的生活补贴，也能起到平抑物价、稳定经济、稳定社会的作用。

5．促进进出口贸易，增强民族工业竞争力

对本国出口产品提供财政补贴（财政贴息、税收优惠等）可以提高出口产品的竞争力，扩大出口；对进口替代产品提供财政补贴，可以在确保生产商利润不变的情况下，降低该产品的价格，加快进口替代的进程；有选择地实施技术和设备进口补贴，有利于弥补国内急需技术和设备的不足，加快民族工业的现代化进程。

（二）财政补贴失控的消极影响

在市场经济条件下，财政补贴只能是一种辅助性调节手段。如果过度使用，处于失控状态，将对国民经济造成一系列消极影响。

① 财政补贴反映在财政上不是增加财政支出，就是减少财政收入。如果补贴过多过滥，就会造成国家财政的沉重负担。

② 价格补贴主要用于消费性支出，在当年财政收入一定的条件下，价格补贴在财政支出中所占比重增加，必然要使积累性支出比重下降。所以当价格补贴超过一定限度时，就会减缓生产发展速度。而生产上不去，反过来又会加剧财政困难，增加赤字发行，引起通货膨胀。

结果事与愿违，价格补贴反而成了涨价的因素。

③ 价格补贴是在价格之外，对商品价格低于价值的部分进行补偿。这样，它就掩盖了补贴商品的真实成本、价值，扭曲了它与相关商品的比价关系。如果长期地、过度地使用价格补贴，就会严重削弱价格杠杆的作用，造成整个价格体系的紊乱和商品供求的结构性矛盾，还可能使价格补贴成为保护落后产品的手段，从而降低资源配置效率。

④ 大量的企业亏损补贴造成企业的预算约束软化，甚至还可能出现以政策性亏损掩盖经营性亏损的现象，使经营管理不善合法化，助长了经营管理落后和浪费现象。

⑤ 财政补贴的对象、标准、环节和方式选择不当会造成不同地区之间、不同企业之间、城乡居民之间、高收入者与低收入者之间的分配不公，从而与财政补贴收入公平分配的初衷相违背。

四、财政补贴的合理运用

鉴于财政补贴的两重性，我们必须按照趋利避害的原则，合理运用财政补贴。

1. 合理确定财政补贴的范围和项目

在市场经济条件下，凡是市场机制能发挥作用的领域，都应当充分发挥价值规律和价格杠杆的调节作用，尽量不采用或少采用财政补贴手段进行干预。只有在市场机制发育不成熟、市场失效或者市场波动幅度过大的领域，才可适当运用财政补贴这一调节手段，以发挥对市场机制的弥补和娇正作用。因此，财政补贴的范围和项目应限制在以下几方面。

① 对宏观经济效益和社会效益大而自身微观经济效益小的项目和产品，如军工、航天、节能、节水、资源综合利用、环境治理和保护等，应给予一定的财政补贴作为对其外部经济的补偿。

② 对仍然需要由国家实行价格管制的关系国计民生的少数重要产品和劳务，如石油、煤炭，及城市供水、供电、供气、公共交通等，可保留适当的财政补贴，以弥补因价格政策造成的企业亏损。

③ 对在市场竞争中处于不利地位的弱质产业（如农业等）和经济不发达地区，以及市场风险程度较高的高新技术产业等，应通过适当的财政补贴予以必要的扶持。

④ 对国家鼓励出口的产品，填补国内空白的进口产品和技术以及进口替代产品等，应给予适当的财政补贴，以促进对外贸易，调节国内供求，并保护民族产业，维护国家经济权益。

属于上述范围的项目也不能一概补之，而应因时因地地科学选择具体补贴项目。至于上述范围以外的其他财政补贴，则应通过市场化改革逐步压缩乃至取消。

2. 严格控制财政补贴的规模和标准

首先，必须严格控制财政补贴的总规模。这里有三条原则界限：一是财政补贴的总规模应以不影响市场机制在全社会的资源配置中发挥基础性作用为限度；二是财政补贴的总规模应以不影响财政收支平衡、加剧财政困难为限度；三是财政补贴的总规模应以不挤占其他财政支出，不妨碍财政整体职能的发挥为限度。

其次，严格控制财政补贴总规模还必须落实到严格控制具体补贴项目的补贴标准上，对具体补贴项目的补贴标准应以价格同价值的背离程度为依据。具体界限为：对生产部门的补贴额=成本额+行业平均利润-出厂价；对流通部门的补贴额=购进价格+流通费用+商业平均利润销售价格；对消费者的补贴额则应使居民实际收入（工资+补贴）的增长速度大致等于物价的上涨速度；等等。在出厂价格、销售价格和工资水平较低的情况下，补贴标准可以定得较高。但随着价格体系的理顺，以及出厂价格、销售价格和工资水平的提高，补贴标准应向下调整。

3．科学选择财政补贴的环节

科学选择财政补贴的环节，是正确发挥财政补贴作用的关键。如果财政补贴环节选择不适当，就会使补贴偏离原来的政策目标，甚至与政策目标背道而驰。换言之，某项财政补贴环节的选择，应以其既定的政策目标为依据。如果财政补贴是为了配合产业政策和生产力布局政策，实现优化资源配置目标，那么应选择在生产（包括投资）环节进行补贴，以直接调动生产（投资）单位的积极性，改善其生产和投资条件，促进该产业和地区经济更快发展。例如对农业生产、高新技术产业和经济不发达地区的财政补贴，就应主要选择在生产环节，多采用投资补贴、税收减免、财政贴息等政策手段。如果财政补贴是为了配合适度的物价管制，实现稳定物价、稳定经济、稳定人民生活、稳定社会的政策目标，那么就应选择在流通环节进行补贴，以平抑物价，使社会成员普遍受益，从而达到稳定的目的。例如对涉及面广、波动效应大的重要基本生活资料和生产资料（粮食、石油等），就应选择在流通环节以价格补贴的形式对经营单位进行补贴。如果财政补贴是为了配合收入分配政策，实现社会公平的政策目标，那么就应选择在消费环节，重点是对低收入者提供生活补贴，等等。总之，财政补贴环节的选择，应着眼于国家宏观调控全局和整个政策目标体系，进行通盘考虑和统筹安排。

此外，财政补贴的合理运用和补贴效益的提高，还有赖于进一步加快企业制度、价格制度、工资制度、住房制度、社会保障制度等综合配套改革的进程。

本章思考题

① 试述购买支出和转移支出对经济的不同影响。

② 如何完善我国的社会保障制度？

③ 如何完善我国的财政补贴制度？

第十一章 财政预算与财政政策

第一节　财政预算概述

一、财政预算的概念

预算是对未来一定时期内收支安排的预测和计划。它作为一种管理工具，在日常生活乃至国家行政管理中被广泛采用。就财政而言，财政预算就是由政府编制，经立法机关审批，反映政府一个财政年度内的收支状况的计划。

从形式上看，它是按照一定标准将政府财政收支计划分门别类地反映在一个收支对照表中；从内容上看，它是对政府年度财政收支的规模和结构所做的安排，表明政府在财政年度内计划从事的主要工作及其成本，政府又如何为这些成本筹集资金。因此，财政预算是政府活动计划的一个财务反映，它体现了政府及其财政活动的范围、政府在特定时期所要实现的政策目标和政策手段。

与一般预算不同的是，财政预算是具有法律效力的文件。作为财政预算基本内容的级次划分、收支内容、管理职权划分等，都是以预算法的形式规定的；预算的编制、执行和决算的过程也是在预算法的规范下进行的。财政预算编制后要经国家立法机构审查批准后方能公布并组织实施；预算的执行过程受法律的严格制约，不经法定程序，任何人无权改变预算规定的各项收支指标，通过预算的法制化管理使政府的财政行为置于民众的监督之下。

财政预算是政府调节经济和社会发展的重要工具。在市场经济条件下，当市场难以保持自身均衡发展时，政府可以根据市场经济运行状况，选择适当的预算总量或结构政策，用预算手段去弥补市场缺陷，谋求经济的稳定增长。

二、财政预算的特征

财政预算既是履行政府职责，反映社会经济发展目标的计划，同时又是限制政府收支的手段。因此，其基本特征如下。

（1）法定性　这不仅指财政预算的产生过程必须严格通过法定程序，而且指财政预算的收支范围和方向均有相应的法规为依据。

（2）精细性　这是指财政预算的安排是详细的，有精确说明的，而且有相应的表式。也就是说，政府各项收支的来龙去脉都是清楚的、有根据的。

（3）完整性　这是指政府收支都应在财政预算中得到反映，也就是说法规规定的预算收支都应列入财政预算。

（4）时效性　财政预算的时效通常为一年。财政预算年度的划定各国不尽相同。中国的预算年度和公历纪年的自然年度保持一致。有些国家的预算年度采取跨年度制，如美国的预算年度从 10 月 1 日始至次年的 9 月 30 日止。财政预算在年度终了时应做出决算。

（5）公开性　财政预算在本质上是反映公共需求和公共商品供给的计划。既然政府代表公众利益，财政预算就必须向公众公开，便于公众监督。这不仅有利于政府的清正廉洁，而且有利于预算效率的提高。

三、财政预算的产生和发展

现代财政预算制度最早出现于英国。英国是近代资本主义和现代议会制度的发源地。在 14～15 世纪，新兴资产阶级的力量逐步壮大，他们充分利用议会同封建统治者争夺财政支配权。他们要求政府的各项收支必须事先做计划，经议会审查通过后才能执行，财政资金的使用要受议会监督，以此限制封建君主的财政权。

欧美其他国家财政预算制度的确立相对较晚。以美国为例，早期的宪法中并没有关于预算制度的规定，直到 1800 年才规定财政部要向国会报告财政收支，但这时的财政收支报告只是一个汇总的情况而已。美国南北战争后的 1865 年，国会成立了一个拨款委员会，主管财政收支问题。1908～1909 年，美国联邦财政收支连续出现赤字，才促使美国政府考虑建立联邦预算制度。第一次世界大战后，美国国会在 1921 年通过了预算审计法案，正式规定总统每年要向国会提出预算报告。

由此可见，资本主义生产方式的出现是财政预算产生的社会经济条件，也是财政预算产生的根本原因。只有在新兴资产阶级作为一股强大的政治力量出现在历史舞台以后，王室财政与国家财政才有可能彻底分开，也才有可能通过议会控制国家的全部财政收支，编制财政计划。因此，预算制度既是政治民主化进程的一个结果，也是实现政治民主化的基本手段。

加强财政管理是财政预算产生的另一个动因。随着社会生产力的发展和政府职能的扩展，财政分配规模日益扩大，不仅财政收支项目增多，而且收支之间的关系日益复杂化。

财政收支的复杂化，客观上要求加强对财政活动的计划和管理，要求制定统一的财政预算制度。因此，预算制度既是管理技术科学化进程的一个结果，也是推进财政管理技术科学化的基本手段。

总之，预算制度形成和发展的历史，就是“民主”和“科学”深入财政管理的历史写照。前面提到的财政预算的特征也无不是体现民主和科学精神的保证。

四、财政预算体系和基本程序

一国的预算由各级政府的预算组成，而各级政府的预算由该级政府所辖的公共部门预算组成，相互之间有复杂的预算资金往来关系。因此，财政预算体系是指由各级政府的预算以及各级政府的公共部门预算组成的一个体系。例如，《中华人民共和国预算法》就明确规定，国家实行一级政府一级预算。中国政府分五个级次：一是中央政府；二是省级政府（包括自治区和直辖市）；三是市级政府（指设区的市级政府，包括自治州政府）；四是县级政府（包括自治县、不设区的市和市辖区）；五是乡级政府（包括镇级政府，民族乡、镇）。因此，中国的预算体系也由这五级预算组成。但有些不具备条件的乡级政府经省级政府认定批准后可暂不设财政预算。从世界各国的做法来看，预算体系也多由中央预算和地方各级预算组成。

预算的基本程序有四个阶段：编制、审批、执行和决算。在编制阶段（新预算年度开始之前），预算管理部门确定财政支出总额，再按部门确定最初的分配方案，各支出部门（职能部门）对最初方案提出反馈意见之后，再编制预算草案。预算管理部门与各支出部门之间经过几个来回的修改与反馈，形成最终的预算草案，进入审批程序。在审批阶段，立法机关首先审定总体预算规模，再由专门的委员会对预算草案逐项审查并提出审查意见，经立法机关批准后，成为正式财政预算，并成为具有法律效力的文件。在执行阶段，各收入机关依法及时、足额地完成财政收入计划，预算管理部门根据预算对政府所属的职能部门拨款，各职能部门根据拨款履行其相应的政府职能。在决算阶段（预算年度结束之后），各职能部门和预算单位对执行结果进行总结，编制决算，经预算管理部门汇总后，交立法机关审计和审批。

在预算形成与执行的过程中，财政部门是编制预算、预算拨款和预算监督管理的政府职能机构。

第二节　财政预算的编制

一、财政预算的编制形式

（一）单式预算

单式预算是将全部的财政收支汇编在一个统一的预算表之中。它的特点是：体现国库统一和会计统一的原则要求；完整性强，能从整体上反映年度内的财政收支情况，便于了解财政收支的全貌；便于立法机关的审议批准和社会公众对财政预算的了解。

20 世纪 30 年代以前，世界各国均采取单式预算，他们认为，单式预算符合“健全财政”的原则，在当时的历史条件下起到了监督与控制财政收支的作用。

（二）复式预算

1．复式预算的概念

复式预算是把预算年度内的全部财政收支，按收入来源和支出性质不同，分别编成两个或两个以上的预算，通常包括经常预算和资本预算。

经常预算是指财政经常性收支计划，由政府以社会管理者身份取得的收入（如一般税收）和用于维持政府机关活动、维护社会秩序、保障国家安全、发展文教科卫及社会公益事业的支出组成。资本预算是财政投资性收支计划，由政府投资性支出和各种专门收入来源组成。在资本预算中，经常预算结余和债务收入是其重要的收入来源。

2．复式预算的产生

复式预算的产生有其深刻的历史背景。从实践上看，复式预算的出现与政府开支大幅度增加有直接的关系。20 世纪 30 年代世界经济大危机之后，资本主义国家逐步放弃了“自由放任”的经济政策，纷纷推行凯恩斯的财政政策。政府大规模干预经济活动，从而政府活动范围扩大，财政开支也随之增加，正常的收入已不能满足支出的需要，政府只有通过借债弥补。由于债务收入不仅要偿还，而且要支付利息。因此用债务收入安排的支出应该是有收益的项目，这样就有必要将政府的支出划分为一般性支出和应有收益的资本性支出。从理论上看，复式预算的出现与当时财政理论的发展密不可分。一些西方经济学家逐步认识到，一国收入分配的变化与该国年度预算的规模以及支出结构关系极为密切，因而主张在长期的经济计划中，应该将年度预算的内容进行合理的安排，以减缓经济波动和促进经济增长。他们认为，预算不仅是监督和控制政府收支的手段，而且还应当成为政府对国民经济进行宏观调控的重要手段。基于以上背景，复式预算便应运而生。最早实行复式预算制度的国家是丹麦、瑞典等国，随后英国、法国、日本等国家也都陆续采用了这种预算编制形式。

3．复式预算的特点

复式预算的优点有：

① 便于考核预算资金的来源和用途；

② 有利于分析预算收支对社会供求的影响；

③ 资本预算投资伸缩性较大，有助于使预算成为促进经济发展的强有力杠杆，有利于提高就业水平。

复式预算的主要缺点包括：

① 复式预算中资本预算的资金来源主要依赖于举债，如果举债规模控制不当，容易导致通货膨胀、物价上涨，影响国民经济的稳定；

② 经常预算支出的资金来源主要是税收收入，税收在整个预算收入中占很大比重，这样容易掩盖支出浪费的现象；

③ 把财政预算划分为不同的子预算会给预算编制带来一些困难，如经常预算和资本预算科目的划分标准难以统一。

二、财政预算的编制方法

（一）绩效预算

绩效预算就是政府首先制定有关的事业计划和工程计划，再依据政府职能和施政计划制定计划实施方案，并在成本效益分析的基础上确定实施方案所需费用来编制预算的一种方法。

绩效预算是美国于 20 世纪 50 年代推行的一种预算制度。第二次世界大战后，美国罗斯福“新政”告终，复式预算的控制问题引起了美国胡佛委员会的重视。该委员会提出了两个基本问题：其一，在财政预算主要的项目上，理想支出的最大数字应该是多少？其二，如何通过立法机关有效和节约地执行被批准的项目？胡佛委员会受到了当时在美国一些大城市中盛行的和联邦政府中某些部门试行的绩效预算技术的影响，于 1949 年建议在联邦政府中采用绩效预算。

绩效预算主要包括以下内容：政府职能（经济、国防、教育等），部门（如教育下面分为高等教育、中等教育和初等教育等），支出费用（分列为经常支出和资本支出），最终产品（如受教育人数、新建校舍及教育设施等），以及成本与目的，然后对各项计划从其最终产品成本及目的来衡量和评估其绩效。

实行绩效预算制度，对某些部门支出进行成本效益评估时，难以用数字表明其预期的经济效益，导致所谓的“绩效”无从考核。例如，国防支出的“绩效”、教育的“真实绩效”就很难进行评估，致使该制度在各国并未普遍推广和应用。

（二）计划项目预算

1. 计划项目预算的产生

计划项目预算制也源于美国。美国政府每年将数千亿美元巨款用于军费开支。1960 年，美国经济学家希奇等所著的《核时代的国防经济学》一书探讨了国防经济的效率问题，并建议在军事设计上应将各种可行方案的成本与效益做出比较。1961 年美国国防部长麦克纳马拉采纳了他们的意见，并建议在国防部试行计划项目预算。据分析，美国采取这种根据经费（投入）与效果（产出）的分析来编制国防预算，一年可节省几十亿美元。因此约翰逊政府于 1965 年决定在政府其他部门也推行这种预算制度。

传统的预算支出是按照谁开支（即什么部门）和开支被安排到哪里（即人员经费、公用经费、设备开支等）去的方式安排的。这可以称为投入预算设计。而在计划项目预算中，支出按方案分类，并把各类方案尽可能和确认的政策目标相靠拢，因此可以冲破部门边界进行统一设计，同时把方案的结果和投入相联系，有利于提高预算支出的效率。

总之，计划项目预算是在绩效预算的基础上发展起来的，它是依据国家确定的目标，着重按项目和运用定量分析方法编制的预算。

2. 计划项目预算的基本原则

① 要以整个方案规划安排预算。预算拨款的法律控制是对职能机构进行的，但支出方案可能在职能机构交错，因此需要看到整个方案和整个计划单位，例如对文教支出运用方案规划和预算设计体系来安排，要把所有与文教支出有关的职能机构一并考虑。而通常对教育基本建设支出和教育事业费支出等是按不同部门安排的。

② 在对方案规划的目标进行成本收益分析时要对成本收益进行量化评估。在成本收益分析的基础上对预算支出进行有效率的调整。

③ 对支出方案的评估需要确定一个适当的时限，一般考虑五年的长度。

3. 计划项目预算的一般方法

① 要确定方案的目标。预算方案的目标实际上是指该方案提供的公共商品的效用。例如国防支出的目标是战斗力。战斗力又可分为核战略力量、常规力量等。文教支出的目标可以定为基础教育发展、职业教育发展以及科学技术发展（高等教育的目标是推动科技发展）等。

② 提供怎样动用资源的信息。这类信息要有利于成本和效果相联系。比如，目标下面要设置相应的子科目，子科目是实现目标的手段。

③ 评估现行方案与目标有关的效率。

④ 对实现目标的各种手段进行评估。例如运用成本收益分析方法，在各种手段中选择最优的。

⑤ 对预算计划方案进行系统的、长期的评价。

4．计划项目预算的特点

计划项目预算可以把预算中安排的项目和政府的中、长期计划相结合，做到长期计划短安排，有利于政府活动的开展。由于在选择和安排项目过程中重视成本收益分析，因而要求依据各项数据资料进行经济分析和评估，并在项目之间进行比较，从而有利于降低各个项目的费用和提高财政资金的使用效果。

许多项目往往是跨年度的，按项目安排预算，可以根据发展变化情况对目标、计划和预算进行调整。

可见，计划项目预算制能较好地把政府活动的长期计划和年度预算所包括的各项活动规划结合起来，利用各种数量分析法对方案进行分析，参照各种成本和效益的数据选择出最佳预算方案，是完善预算编制方法的有效手段。

（三）零基预算

零基预算是美国企业界在60年代初采用的一种管理财务的形式，要求对每个项目每年初都进行重新评估，以达到节省开支和有效使用资源的目的。

零基预算法是指预算方案的一切安排从实际需要出发，根据成本收益分析确定各项目支出数额，然后综合确定支出总体方案。零基预算法是针对传统的基数预算法提出的，基数预算以前一年的实际数或前几年的平均数为基本依据来确定预算年度的支出方案。其特点为注重过去，不注重将来，注重历史因素，不注重发展因素，因而原有的一些不合理、不必要的支出得以继续保留，而适应新的发展需要的支出不易充分考虑进来，导致支出规模和结构不合理，支出对象之间利益不平衡，资金使用效益低下。零基预算法能较好地解决上述问题。

1．零基预算的编制步骤

首先要求各基层预算单位每年根据下达的计划重新编制预算，并要求提出尽可能多的方案，进行择优选择；其次，上级主管部门对基层预算单位上报的方案进行认真的审查和评估，提出修正意见；最后，基层预算单位根据最后选定的方案，结合上级提出的修正意见，编制详细的执行预算。

2．零基预算的特点

（1）投入与产出结合　零基预算是一种非常有逻辑的预算编制方法，通过此方法制定出的预算方案可以提供有效的服务供给，还能保证相应的资金支持。

（2）难点在零基预算的执行过程　最必要的是：对整体的组织和组织的每一个分部门均确定明确的目标；有一个结构好、可以衡量的标准；有一个能够为预算单位及其工作计划执行结果产生财政和预算数据的会计制度。此外，主管行政人员的态度在很大程度上影响着政府机构推行零基预算的成败。必须看到，每年将全部支出项目重新审查有导致预算行为短期化的危险。

（3）年度之间的非连续性　零基预算不要求以后几年的程序完全与第一年一致。实行一年后每年强调的重点都不一样。因此，在第一年之后，预算编制人员应该对整个过程进行评价，并适当调整以提高水平。

（4）需要做大量的文书工作　零基预算方法需要花费大量的时间和纸张，尤其在第一年，以后年份需要花费的时间会减少。文书工作应该强调“实质重于形式”，注重所收集信息的质量，而不是数量。

3．零基预算的实质

零基预算并不是一切以零为基数，割断与过去的一切联系。零基预算的核心是打破基数加增长的预算编制方法。零基预算由美国农业部于 1962 年首次采用。

当时，美国农业部对它的解释是“所有的计划都从头到尾地受到检查……已经实施了若干年的某些活动这样一种事实，将不能适当地证明它们有继续存在的必要……建立在颁布法规基础上的项目目标是适应所发生的问题或各种需要，而这些目标今天已缺少优先权，必须根据现时的状况进行再评估。”预算项目及其金额的确定不受以往年度“既成事实”的限制，每个项目及其金额都被当作一项备选方案，系统地做成本收益分析，并进行评估，按重要程度确定各备选方案的先后次序，确立资金的停止供应点，对低于停止供应点的项目不再提供资金。各个部门在申请预算时，应从计划的起点（所谓"零基"）开始，在系统地评价和审查所有的（包括新的和原有的）计划项目和活动的基础上编制预算。

美国始于 50 年代的绩效预算，尤其是随后计划项目预算制的实践和获得的经验，为零基预算在 1977 年导入联邦政府铺平了道路。70 年代早期，私人部门的零基预算实践所取得的经验，也促使人们努力把这些经验应用到政府中去。

同绩效预算与计划项目预算体系相比，零基预算与其说是一个截然不同的体系，不如说是对前者的改进和逻辑延伸。三者的共同点在于都以成本收益分析为基础，寻求降低成本、提高效益的途径。零基预算同计划项目预算都按计划编制预算，都强调从预算出发达到长期宏观经济目标。零基预算同绩效预算与计划项目预算制在编制程序上的主要差别是：后者自上而下；前者自下而上，能够了解基层单位的意见，便于配合。

与绩效预算相比，零基预算从零开始，重视当年的预算效益，割断与过去年份的联系，适应性强；前者注重过去年度的预算效益，不太适应经济情况的突然变化。与计划项目预算相比，零基预算偏重于对各类选择进行描述性和解释性陈述，支持在较低层次上做出的选择；计划项目预算则更强调应用定量技术对各类选择进行评估。

三、部门预算

所谓“部门”是指与财政直接发生经费领拨关系的一级预算单位。部门预算是由政府各部门编制，经财政部门审核后报立法机关审议通过的、反映部门所有收入和支出的预算。

它以部门为单位，一个部门编制一本预算。各部门预算由本部门所属各单位预算和本部门机关经费预算组成。

部门预算制是以编制部门预算为依托的一种预算资金管理制度。在部门预算制度下，各部门编制本部门预算、决算草案，组织和监督本部门预算的执行，定期向本级财政部门报告预算的执行情况。

（一）传统的“功能预算”

传统的预算是收入按类别、支出按功能的汇总预算。这种“功能预算”不分组织单位和开支对象，按照政府的职能对开支加以分类，便于了解政府所行使的职能。但从预算管理的角度来看，其缺陷非常突出，概括起来，主要表现为“残”“粗”“散”“软”。

①“残”是指预算残缺不全，一个部门没有一本完整的预算。各部门的预算一般只反映预算内资金的日常经费收支，不反映预算内安排的建设性和事业发展性支出，也不包括预算外资金、自有资金和政府性基金。这种预算是割裂的，没有一个部门掌握本部门的“家底”。

②“粗”是指预算编制粗糙，没有将预算指标细化到部门和单位。这既不利于部门细化管理，也在一定程度上影响了立法机关发挥审查监督的作用，使各单位的支出缺乏有效的内部约束和外部监督机制。

③“散”是指预算资金分配权分散。一个部门的事业费、基建费、行政费等基本上是从不同的渠道获得，由不同的部门管理，各项经费有不同的既定用途，向各自不同的资金来源单位报账。

④“软”是指预算机动权力过大，预算约束软化，致使预算执行过程中追加追减的情况时有发生。

（二）部门预算的特点

相对于传统的“功能预算”，部门预算的特点主要体现在以下方面。

1. 完整性

部门预算内容由预算内扩展到预算外的，既包括一般预算收支计划，又包括政府基金预算收支计划；既包括正常经费预算，又包括专项支出预算；既包括财政预算内拨款收支计划，又包括财政预算外核拨资金收支计划和部门其他收支计划，使预算全面完整地反映政府活动的范围和方向，增强预算的透明度和调控能力。

2. 细化性

部门预算的内容细化到部门及下属单位。部门预算详细地确定和规范部门及其下属单位预算支出项目和支出内容，既包括行政单位预算，又包括其下属的事业单位预算，更全面地发挥财政分配资金的职能作用，逐步改变目前把资金切块给部门自行分配使用的状况。各部门预算不仅要反映本部门的年度财政需求，还要反映本部门的全部收入状况，内容更全面，体现了预算的精细性。

3. 综合性

部门预算采用综合预算，统筹考虑部门和单位的各类资金。财政预算内拨款、财政专户核拨资金和其他收入统一作为部门（单位）预算收入；财政部门核定的部门（单位）支出需求，先由财政专户核拨资金和单位其他收入安排，不足部分再考虑财政预算内拨款。财政在对部门预算实行综合管理的基础上，将财政预算内外资金纳入政府综合财政预算管理，编制综合财政预算，增强了财政部门统筹安排政府资金的能力。

由于部门预算克服了传统功能预算“残”“粗”“散”“软”的弊端，从而为硬化预算约束奠定了基础，因此预算资金管理由传统的“功能预算”过渡到部门预算。

（三）部门预算的编制

部门预算包括部门收入预算和部门支出预算。

1．部门收入预算

编制部门收入预算，要求各部门根据历年收入情况和下一年度增减变动因素测算本部门组织的收入（不含国家税收）。收入预算要按收入类别逐项核定，对本部门组织的行政性收费和其他预算外收入，以及部门其他收入要核定到具体的单位和项目。

2．部门支出预算

部门支出预算包括基本支出预算和专项支出预算。基本支出预算的核定不再以上年基数为基础，而以财政部门核定的定员定额标准为依据，包括人员经费定额和公用经费定额。财政部门在确定支出标准时需要掌握部门各项支出的基础资料，清产核资，摸清家底。各部门根据经费政策和规定，测算本部门的经费，包括人员经费和公用经费。专项支出预算按项目编制。项目预算是在经常性经费以外，按指定的用途和对象编制的专项支出计划，主要包括专项公用经费、事业发展项目支出和建设性专项支出，采用前述的绩效预算、计划项目预算等方法编制。

第三节　财政政策

一、财政政策目标

在现代混合经济体制中，市场失灵需要通过政府对经济的干预来解决。它的存在也正是宏观经济政策产生及其运用的客观基础。财政政策是一国政府运用税收和财政支出对经济总量和结构实施宏观调控的重要手段。财政政策有广义和狭义之分。广义的财政政策是政府依据客观经济规律并结合社会经济发展需要，制定的指导财政工作和处理财政、经济关系的基本方针和基本准则；狭义的财政政策，则是政府为了实现既定宏观经济目标调整财政收支和预算平衡状态的指导原则及其相应的措施。前者可表现为各级政府或国家机关制定的有关财政的各种法律、法规。后者则主要表现为旨在调控宏观经济运行的财政预算安排和税收制度安排。

财政政策目标是指运用预算、税收、财政补贴等财政政策工具对宏观经济实施调控所要达到的结果或要实现的目的。总体上讲，财政对宏观经济的调控旨在实现四大目标，即：经济增长、充分就业、物价稳定和国际收支平衡。

二、财政政策的类型

按照国际经济学界比较通行的说法，财政政策可分为两大类：自动稳定的财政政策和相机抉择的财政政策。

（一）自动稳定的财政政策

自动稳定的财政政策就是不用政府基于对经济形势的判断去主动选择执行某种政策，而是依靠在经济中自动发挥调节社会总需求的稳定经济的财税制度。它有个专有名称叫“内在稳定器”。内在稳定器的作用主要体现在两个方面。

1．自动调整的税收制度

在发达的市场经济国家中，所得税特别是其中的个人所得税由于数额大而且具有累进性，因此在税收中处于主体地位。其变动对社会需求产生着重要影响。如当经济高涨特别是过热时，居民所得增加，有更多人进入纳税行列，而且有些人进入较高纳税档次，结果税收增加超过居民收入增加幅度，从而可以抑制总需求进一步增加，稳定物价；相反当经济衰退时，居民收入减少，有更多人退出纳税行列或进入较低纳税档次，增加可支配收入，抑制总需求下降。企业所得税也有同样作用。

2．自动增减的转移支付制度

这里说的转移支付不是指中央与地方财政之间的转移支付，而是指政府对居民个人的转移支付。主要是失业救济金的发放和对个人的其他福利支出。在经济繁荣时，社会能提供更多就业机会，失业救济金的支付大大减少，有利于遏止需求进一步膨胀；当经济衰退时，失业人数增加，失业救济金支付增加，从而增加消费需求，减轻需求的下滑和经济衰退。

需要指出的是，内在稳定器作用的大小取决于税收结构、转移支付结构及其水平。美国等发达国家实行的是以所得税为主的税制，且税收的累进性明显，转移支付名目较多，数额较大（北欧高福利国家），自动稳定器作用相对来说比较明显。而我国是以流转税为主体的税制结构，个人所得税在税收收入中所占比例较小，社会保障水平因经济发展水平的制约也较低，所以内在稳定器作用很弱。其实，即使在发达的市场经济国家，它的作用也很有限：内在稳定器只能对经济的剧烈波动起到某种遏止和缓解作用，而不能改变经济波动的大趋势。熨平经济周期、稳定经济发展的目标只能依靠相机抉择的财政政策，并且通过它与货币政策和收入政策等宏观经济政策的综合作用来实现。

（二）相机抉择的财政政策

1．扩张性财政政策

扩张性财政政策是总需求小于总供给，出现通货紧缩和严重失业时，政府采取减少税收、增加财政支出的政策。目的在于增加就业、促进经济回升，直至实现充分就业和经济的稳定增长。

实行该政策，一般情况下要出赤字，政府要做赤字预算，所以它也叫赤字财政政策。出现赤字就要弥补，弥补的办法无非是发行通货和发行公债。用公债来弥补已是各国最常见的选择。

2．紧缩性财政政策

紧缩性财政政策是在社会总需求超过总供给、出现较严重通货膨胀时，实行的增加税收（提高税率和开征新税种）和减少财政支出的政策，旨在消除通货膨胀，稳定物价。

3．中性财政政策

这是一种单纯从财政自身需要出发，即仅仅为了保障公共消费需要而实行的政策。在市场经济条件下，其实质就是不干扰市场机制的作用。该政策多在社会供求大致均衡、经济基本上呈稳定增长态势的环境中实施。在当代，这种政策作用的环境已较少存在。

三、财政政策与货币政策的搭配

从经济运行的实际看，财政政策的实施不是孤立进行的，而是与货币政策（有时收入政策）搭配运作的。

货币政策主要指中央银行运用货币政策工具（利率、法定准备金和贴现率、公开市场业务、信贷规模），通过增加或减少货币流通量，从而达到调节总需求的一种经济政策。

总体而言，财政政策与货币政策搭配类型，主要有以下几种（表 11-1）。

表 11-1　财政政策与货币政策搭配类型

政策时期	经济低谷期	经济高峰期	经济平稳发展期				
财政政策	松	紧	中	中	中	松	紧
货币政策	松	紧	中	松	紧	中	中

不同搭配模式既是宏观经济形势的要求，同时也必将对整个国民经济产生不同的影响。因此，两大政策要协调配合。

本章思考题

① 政府预算可以从哪些角度划分？

② 为什么编制部门预算？

③ 分析我国财政赤字的成因及经济影响。

④ 分析财政政策不同类型的适用范围。

⑤ 结合我国实际谈谈财政货币政策的运用。

第十二章 货币概述

第一节　货币的起源

人类社会已有很长的历史，货币却只不过是几千年以前才开始出现在人类社会的。

货币的出现是与交换联系在一起的。根据史料的记载和考古的发掘，在世界各地，交换都经过两个发展阶段：先是物物直接交换，然后是通过媒介的交换。在古埃及的壁画中可以看到物物交换的情景：有用瓦罐换鱼的，有用一捆葱换一把扇子的。中国古书中有这样的记载："日中为市，致天下之民，聚天下之货，交易而退，各得其所。"这也是指物物交换。在交换不断发展的进程中，逐渐出现了通过媒介的交换，即先把自己的物品换成作为媒介的物品，然后再用所获得的媒介物品去交换自己所需要的物品。在世界上，牲畜曾在很多地区成为这种媒介；在中国，最早的、比较定型的媒介是"贝"。这种出现在交换之中的媒介就是货币。司马迁在《史记·平准书》中说："农工商交易之路通，而龟贝金钱刀布之币兴焉。所从来久远，自高辛氏之前尚矣，靡得而记云。"

一、古代货币起源说

货币是怎么产生的？亚里士多德在描述了物物交易之后说："一地的居民有所依赖于别处居民的货物，人们于是从别处输入本地所缺的货物，而抵偿这些输入，他们也得输出自己多余的产品，于是作为中间媒介的'钱币'就应运而生了。"这种钱币是"中介货物"是"某种本身既有用而又便于携带的货物"。

中国古代具有代表性的观点大体有两种。一种见《管子·国蓄》："玉起于禺氏，金起于汝汉，珠玉起于赤野。东西南北距周七千八百里，水绝壤断，舟车不能通。先王为其途之远，其至之难，故托用于其重，以珠玉为上币，以黄金为中币，以刀布为下币。三币握之……先王以守财物，以御民事，而平天下也。"概括来说的大意，就是先王为了进行统治而选定某些难得的、贵重的物品为货币。与这种观点相对的是上面引述的司马迁的论断："农工商交易之路通，而龟贝金钱刀布之币兴焉。"即货币产生于交换的发展之中。

应该说，无论是用人们的共同信用，还是用先王的意旨和睿智，都解释不了货币为什么必然进入人类生活。强调客观经济生活发展的必然，则是通向认识本质的正确思路。

但理论上系统的、科学的论证，则有待商品经济发展的背景充分展开之后才能完成。

二、马克思对货币起源的论证：价值及其形式

马克思对于货币理论的系统研究开始于 19 世纪 40 年代。这时，商品生产的最高形式——资本主义在西方一些主要国家中已有了充分的发展。与之相伴随，对于商品货币的理论探索也有了三四百年的历史。正是在这样的基础上，马克思全面地对货币问题做了系统的理论阐明，揭开了货币之谜。

人类总是组成社会进行活动。人类的活动首先是生产劳动；不劳动，不论什么社会都不可能生存。在远古的原始共同体中，人们的劳动是直接根据整个共同体的需要并在共同体的统一指挥下进行的，劳动产品则归整个共同体所有，并由共同体统一分配。这时，既不存在商品，也不存在货币。随着社会分工和私有制的出现，情况发生了变化。在社会分工的条件下，每个生产者只从事某种特定的具体劳动，生产一种或有限几种产品，而整个社会的需求则是靠所有生产者用各种不同的具体劳动所生产的多种多样的产品来满足。所以，生产出社会所必需的各种产品的各种不同具体劳动构成了整个社会分工的体系，而每个生产者所从事的特定具体劳动则应是整个社会分工体系的一个组成部分。就这个意义来说，社会分工条件下生产者的劳动是具有社会意义的劳动，简称社会劳动。但是，由于私有制，劳动成了每个生产者的私事，生产什么、生产多少和怎样生产都由他自己决定，生产出来的产品则属于私人所有。所以，劳动并不是直接表现为对社会有意义，而是直接表现为对生产者私人有意义。从这个意义上说，社会分工条件下私人生产者的劳动直接是对私人有意义的劳动，简称私人劳动。这样就产生了社会劳动同私人劳动的矛盾。

劳动的私人性质决定产品归私人所有。可是产品又不完全是，甚至主要不是供生产者本人消费，而是供其他社会成员消费。所以，私人的产品必须纳入社会总产品中进行分配。这就是说，私人劳动要求社会承认它具有社会意义并进而转化为社会劳动。而且，由于每个专门从事某一种社会分工劳动的生产者也需要别人的劳动产品，所以，又要求在私人劳动转化为社会劳动的过程中，必须同时取得从社会总产品中分配一定份额的权利。否则，私人生产者就无法生存；换言之，私人劳动向社会劳动的转化也就没有意义了。要解决这样的矛盾，唯一的途径就是交换，就是用自己所生产的产品来交换别人所生产的产品。产品交换出去了，说明生产产品所投下的劳动为社会所需要，是社会分工体系的必要构成部分，从而私人劳动转化为社会劳动；通过交换取得了别人的劳动产品，这又同时实现了从社会总产品中分得一定份额的权利。

当产品的交换成为具有普遍意义的经济行为时，产品生产的性质变了，与原始共同体的共同生产、共同消费不同，这时的产品生产是为了交换而进行的。于是，这种为交换而生产的劳动产品构成了一个新的经济范畴，即政治经济学中所说的商品。

商品生产者彼此都承认是各自产品的私有者，从这个意义上说，他们是平等的。因此，商品之间的交换比例应该是互不吃亏。但是，各种不同的商品是由不同形式的具体劳动生产出来的，具有不同的使用价值，如粮食是吃的，衣服是穿的，等等。不同的使用价值千差万别，无法比较。所以使用价值不可能成为比较的根据。比较的根据只能是各种商品全都具有的共同性的东西。什么是这种共同的东西呢？由于无论是生产粮食的劳动，缝制衣服的劳动，

还是生产其他商品的劳动，尽管劳动的具体形式不同，但它们都是人类体力和脑力的耗费，所以，一切商品都具有一个共同点，即都是耗费了一般人类劳动或叫做抽象劳动的产物。这种凝结在商品中的一般的、抽象的劳动，就是政治经济学中所说的价值。各种商品的价值，在质上是同一的，因此量上可以比较。经过比较，价值数最相等的商品交换就是等价交换。

但是，价值的实际，即人类的一般劳动耗费，既看不见，也摸不着。所以，单就一个商品来说，无法看出它的价值是什么样子。价值既然只存在于商品交换的关系之中，那么，也只有在交换关系之中才能得到表现。比如，一只羊与两把斧头相交换，通过交换，羊的价值表现出来了：一只羊的价值的具体形象就是两把斧头，斧头则成为表现羊的价值的材料，成为羊的等价物。羊既然通过斧头把自己的价值表现出来并交换到斧头，这就意味着生产羊的私人劳动被斧头证明是社会总劳动的必要构成部分。所以，价值表现的过程也就是私人劳动向社会劳动转化的过程，而起等价物作用的商品则成为社会劳动的具体体现者。通过交换，价值取得了可以捉摸的外在形式，这就是价值形式。

历史证明，马克思关于货币的定义是科学的。他第一次揭穿了货币之谜，提出：只要理解了货币的根源在于商品本身，货币分析上的主要困难就克服了。

马克思从分析商品的产生和商品交换的发展着手，研究了价值形式的发展过程；进而又从价值形式的发展过程揭示了货币的起源，由此科学地概括了货币的本质特点，即货币是从商品世界中分离出来、起一般等价物作用的商品；货币是商品经济基本矛盾——私人劳动与社会劳动的矛盾发展的必然结果。货币出现以后，商品界就分裂为对立的两极：商品和货币。一切普通商品都直接代表各种不同的使用价值，而货币则成为价值的直接体现者。

货币充当一般等价物有以下两个基本特征。

（1）货币是表现一切商品价值的工具　货币出现以后，商品的价值不再直接地由另一种商品表现出来，而是通过商品和货币的交换表现出来。任何一种商品，只要能够交换到货币，该种商品的价值就能得到表现，生产这种商品的私人劳动就得到了社会承认，属于社会劳动的一部分。所以说，货币是表现、衡量一切商品价值的工具。

（2）货币具有直接同一切商品相交换的能力　货币虽来自商品，但它与普通商品有明显不同之处。普通商品以特定的使用价值去满足人们的某种需要，因而它不可能同其他一切商品直接相交换。而作为价值直接体现者和社会财富直接代表的货币，它具有直接同一切商品相交换的能力，因而也成了每个商品生产者所追求的对象。

总之，货币作为一般等价物，它是表现、衡量和实现商品价值的工具。货币作为一般等价物的这个特征，是不同社会形态所共有的。不论在哪个社会，如果某物不作为一般等价物，就不能被称为货币。

第二节　货币的形态及数量划分层次

一、货币形态的不同类型

纵观货币的发展历史，它随着商品生产和商品交换的发展而发展。随着人们对货币在经济发展中作用认识的深化和科学技术的进步，货币的形态也经历了一个从自发演化到人为掌握的不断发展过程。

人类发展史上的货币形态十分庞杂。在古代，作为货币的有牲畜、盐、茶叶、皮革、酒等。在历史博物馆里，常看到用铜、铁、贝壳、银、金等作为货币。在当代，我们所熟悉的是纸币、辅币、银行存款和信用卡等。从中可以发现这样一条线索：货币是由最早的实物形态慢慢发展为用它的替代物，然后发展到现代的信用货币。其发展过程为：名实相符→名实不符→名实脱离。依据等值货币向象征性货币发展这一线索，我们将货币形态的类型分成以下三种。

1．实物货币

在人类历史上，有许多商品做过货币。在古代欧洲的雅利安民族，以及古波斯、印度、意大利等地，都有用牛、羊作为货币的记载。中国最早的货币是贝，至今汉字中很多与财富有联系的字，其偏旁都是“贝”，如货、财、贸、贱、贷、贫等。这种作为非货币用途的价值与作为货币用途的价值相等的货币，称为实物货币。初始时的许多实物货币存在着缺点。例如，实物笨重、携带运送不便、不能分割、质地不一、易遭损失等，很难作为理想的交换媒介、价值尺度和贮藏手段。人们在长期的交换活动中，逐渐运用具有下述条件和特征的实物充当货币：①普遍接受性；②价值稳定性；③价值均质可分性；④轻便和易携带性。据此条件和特征，金属货币最为适宜。所以，在近代的货币史中，金属往往被定为法定货币。大致而论，有用铜、金、银作为本位币的，其中又以金为典型。

2．代用货币

代用货币作为实物货币的替代物，其一般形态是纸制的凭证，故亦称为纸币。这种纸制的代用货币之所以能在市面流通，被人们所普遍接受，是因为它们都有十足的金银等贵金属作为保证，可以自由地用纸币向发行机构兑换成实物货币，如金、银等。可兑换的银行券是它的典型代表。银行券首先出现于欧洲，发行银行券的银行保证随时按面额兑付金币。代用货币较实物货币有明显的优点：①印制纸币的成本比铸造金属币低；②避免了金属币在流通中的磨损和有意切割；③降低了运送的成本和风险。

当然，代用货币也有缺陷，如易伪造和损坏等，但较之实物货币有明显的优越之处，所以它在近代货币史上持续了很长时间。这种货币之所以被历史所遗弃，主要是因为以黄金作为保证和准备，跟不上日益扩大的商品生产和商品交换发展的需要。人们在这一过程中对代用货币进行过改良变革，由原来的金属准备方式，即有十足的贵金属作为发行纸币的准备，变为部分准备方式，但仍满足不了商品生产和交换的发展需要，于是纸币和黄金脱钩。纸币的发行从制度上、名义上彻底摆脱黄金的束缚，是从 1973 年国际货币基金组织正式宣布黄金非货币化开始的。

3．信用货币

信用货币是由国家和银行提供信用保证的流通手段，其本身价值远远低于其货币价值。而且与代用货币不同，信用货币不再代表任何贵金属。它是货币形式进一步发展的产物，是金属货币制度崩溃的直接后果。20 世纪 30 年代世界性的经济危机引发了经济恐慌和金融混乱，迫使主要资本主义国家先后脱离金本位和银本位，国家所发行的纸币不能再兑换金属货币，信用货币应运而生。当今世界各国几乎都采用这一货币形态。

信用货币通常由一国政府或金融管理当局发行，其发行量要求控制在经济发展的需要之内。从理论上说，信用货币作为一般的交换媒介须有两个条件：一是货币发行的立法保障；二是人们对该货币抱有信心。

信用货币包括以下几种主要形态。

（1）辅币　多用贱金属制造，目前世界上几乎都由政府独占发行，由专门的铸币厂铸造。其主要功能是担任小额或零星交易中的媒介手段。

（2）现钞　多数由一国中央银行印制发行。其主要功能是承担人们日常生活用品的购买手段。

（3）银行存款　存款是存款人对银行的债权。对银行来说，这种货币又是债务货币。存款除在银行账户的转移支付外，还要借助于支票等支付。当然，支票与银行存款是有区别的。支票只是一种票据，起着存款人向银行发出支付指示的作用，它本身并不是货币。银行存款主要是活期存款才是真正的交易媒介的支付手段。所以在交易双方不熟悉的情况下，支票未必能为对方所接受。但在信用制度高度发达的社会，这些技术上的困难已被种种信用工具（如各种支票和信用卡等）所克服。目前在整个交易中，用银行存款作支付手段的比重几乎占绝大部分。随着信用的发展，一些小额交易，如顾客对零售商的支付、职工的工资等，也广泛使用这种类型的货币。

（4）电子货币　电子货币是以计算机及其网络为基础，以信息技术为手段，采用电子数据形式实现流通手段和支付手段功能的货币形式。由于科技飞速发展和电子计算机技术的运用，货币的结算和支付方式进入了一个崭新的阶段。人们大量地利用计算机网络来进行金融交易和货币支付活动，产生了各种各样的信用卡、储值卡、电子钱包等，与此同时还可借助计算机、自动柜员机或用电话操作来对货币存储额进行补充。货币由记在纸制凭证上的金额变成了存储在计算机系统中的一组加密数据。

电子货币是信用货币的延伸，是信用货币发展到信息时代高级阶段的产物。电子货币具有安全保密、运用广泛、使用方便快捷等特点，适应了现代经济规模迅速扩展所带来的资金流空前增长的需要，节省了大量的现金流通，加速了资金的循环周转。它的使用不仅增加了银行服务功能，提高了银行的服务效率和经济效益，节约了顾客的时间和精力，而且对人们的货币观念和商业银行的运行模式、管理方式、经营理念产生了巨大的影响，使金融体系和金融产业的格局发生一场深刻的革命。

4．电子计算机的运用与无现金社会

在电子技术迅速发展的今天，货币形态也受到了巨大的影响。

首先，电子计算机运用于银行的业务经营，使很多种类的银行塑料卡取代现钞和支票，成为西方社会日益广泛运用的支付工具。由于这些银行卡发展迅速，有人认为，它们终将取代现金，这样就会出现无现金社会。

同时，由于计算机网络迅速覆盖全世界，纯粹的网络银行出现了，传统银行的业务也有越来越大的部分在网上运作。如此看来，是否有可能使得处于电磁信号形态上的货币成为货币的主要形态？这已不是当前还不值得花费精力来研究的遥远问题。而且，这样的趋势将使货币本身乃至市场经济的运作发生怎样的变化，也同样值得关注。

在中国，1986 年中国银行发行了长城卡；1989 年中国工商银行发行了牡丹卡；1991 年中国建设银行加入了世界最大的 VISA 信用卡集团。20 世纪 90 年代的后两三年，在推进银行卡方面有长足进展。世界上一些有较大影响的银行卡，在中国的一些大城市中早已使用多年。

二、货币的数量层次划分

通常，人们将通货膨胀归结为货币问题。各国严重的通货膨胀一般都起因于货币供给的快速增长。大多数国家某些时期出现的经济衰退一般与货币供给的增长率下降趋势有关。有些经济现象，如失业，虽带有许多非货币方面的特征，但事实上都与货币供给有密切关系。现实状况往往是，货币供给的增加会减少失业，反之，货币供给的减少会导致失业的增加。可见，货币供给理论中的一个最基本的问题就是货币的量的问题。货币“量”的规定性实际上是解决“货币是什么”，即货币包括的范围问题。

（一）西方学者的观点

西方学者通常将货币定义为交易媒介和支付手段，反过来说，凡是充当交易媒介和支付手段的物品就是货币。这在金属货币流通阶段是不存在什么疑问的。但是，随着金属货币过渡到银行券和纸币等货币代用品，并由此过渡到汇票、支票等信用流通工具，争议也就产生了。由于这些信用流通工具也能够充当交易媒介和支付手段（至少是在一定的范围内和一定的时期内），因而或多或少地具有一定的“货币性”，这就引起了学者们的争议。争议的焦点是货币量范围，即哪一类或哪一种组合的信用流通工具应视为货币，而哪些信用流通工具则不应该视为货币。

有些学者仅仅将货币看作是通货；而有些学者则认为，既然货币是一种交易媒介或支付手段，那么货币就应该包括两个内容：通货和活期存款。这里，通货只是指银行体系以外的现金，即政府和中央银行为社会公众与社会团体所收受的钞票和辅币；活期存款则是指商业银行活期存款账户的余额。如果用 C 代表通货，D_{d} 代表活期存款，M_1 代表货币量，则：$M_1=C+D_d$。

有些学者，如克劳尔认为，在现代社会中，有些信用工具如银行透支额、信用卡和旅行支票等，经常担任交易媒介，因此也应包括在 M_1 的定义之内。一般用 T 代表这些信用工具。

但是，克劳尔的这一见解被约翰逊和夏克尔所反对。他们认为，使用银行透支额的信用卡，固然可以使购物者不必支付现款便可购买商品，但在这种交易中购买者欠下的债务，迟早必须通过支付现钞或活期存款来偿还，因此交易媒介与支付手段多少还是有些差别的。由于使用交易媒介可能同时创造债务，需要以支付手段结清债务，所以作为购买手段和支付手段的还是现金和活期存款。把透支额和信用卡所代表的货币量也包括在 M_1 中，不仅在理论上讲不通，而且在计算上有重复，因而把 T 计入 M_1 是不可取的。

另外一些学者认为货币是一种资产，它的主要职能并不是交易媒介，而是价值贮藏（弗里德曼就说过，货币是“购买力的暂栖所”）。从这个角度考察，商业银行体系的其他存款如储蓄存款和定期存款显然也是货币。若以 M_2 代表较广义的货币量，以 D_s 代表商业银行体系的储蓄存款，以 D_t 代表商业银行体系的定期存款，则货币的定义应是：$M_2=C+D_d+D_s+D_t=M_1+D_s+D_t$。

这样，M_2 也就是银行体系以外的通货与商业银行体系的各种存款（企业活期存款和定期存款、居民储蓄存款）的总和。

但是，西方国家能够接受储蓄存款和定期存款的，除了商业银行体系以外，还有各种专业银行（如储蓄银行、工业银行、发展银行、土地银行、进出口银行等）。这些机构虽然不能接受和创造活期存款，但却能接受储蓄存款和各种不同期限的定期存款，而且与商业银行接受的这两种存款又没有本质上的区别。因此，在逻辑上就不能把这些机构的存款排斥在货币定义之外。正因为如此，一些学者都极力主张把货币定义再扩大一些。如果用 M_3 代表更广义的货币量，用 D_n 代表商业银行对金融机构的存款，则可以得到另一货币定义：$M_3=M_2+D_n$。

还有一些学者（以英国的雷德克里夫为主要代表）认为，除了银行和金融机构的存款外，现代社会中还有不少金融或信用工具具有相当程度的流动性或货币性，如政府或大企业发行的短期债券、人寿保险公司保单、互助基金及退休基金股份等。这些流动资产在金融市场上贴现或变现的机会极多，与狭义货币相比只有程度上的差别，而没有本质上的不同。如果用 M_4 代表这一广义货币定义，用 L 代表银行与金融中介机构以外的所有短期流动资产，则货币定义可进一步扩大为：$M_4=M_3+L$。

还有一些学者将货币定义扩得更广，将货币与收入等同，即货币=收入。这是很不确切的，因为货币供给的变化不一定导致收入的等值变化。

关于货币量范围的定义尚无定论，但目前大多数经济学家比较倾向的看法是应将 M_1 作为货币的基本定义。这是因为：①货币的主要职能除价值尺度外，主要是用于交易媒介和支付手段，价值贮藏毕竟是次要职能；②作为交易媒介和支付手段，M_1 的交易成本比任何其他定义的货币都低，如储蓄存款、定期存款和其他信用中介工具，必须先转换为现金或活期存款后才能执行交易媒介或支付手段的职能，而这种转换过程必定引起人、财、物的耗费；③不论货币的定义如何扩大，M_1 始终是货币定义中最基本的组成部分。

（二）马克思关于货币量范围的论述

马克思在其经济著作中，对货币量的规定性论述不尽相同，有时将流通中的货币限定为金铸币，时而也扩及纸币和可兑换金属铸币的银行券；有些地方又认为货币形式具有多样性，除上述金属铸币和银行券外，还应包括汇票、支票以及商业票据等。大致归纳起来，马克思对货币量有“窄”的定义和“宽”的定义之分。

1．“窄”的定义

马克思在《资本论》第 1 卷中明确指出，“在商品世界起一般等价物作用”的“特殊商品”就是货币，并且“有一种商品在历史过程中夺得了这个特权地位，这就是金”。在《资本论》第 2 卷中，马克思指出：“在考察循环的一般形式时，我们所说的货币是指金属货币，不包括象征性的货币、单纯的价值符号（只是某些国家所特有的东西）和尚未阐明的信用货币。”在《资本论》第 3 卷中，马克思又说：“我们这里所说通货的量指的是一个国家内一切现有流通的银行券和包括贵金属条块在内的一切硬币的总和。”这些可以视为马克思对货币量的“窄”的定义。但即使是这种窄的定义，马克思还是将其逐渐发展并将范围不断扩大的，即从第 1

卷的“金”到第2卷的“金属货币”（铸币），再到第3卷的“硬币+银行券”。

2．“宽”的定义

首先，马克思指出货币的形式是可以多种多样的：职能资本家“要预付的资本必须以货币形式预付，并不会由于这个货币本身的形式（不论是金属货币、信用货币、价值符号或其他等）而消除”。有时还把各种货币称为“货币的不同的文明形式”。其次，马克思认为，信用货币的形式也是多种多样的，银行券是典型的信用货币，但信用货币决不只限于银行券，汇票、支票等也是信用货币’，信用货币是一种象征性的货币，而“用一种象征性的货币来代表另一种象征性的货币是一个永无止境的过程”。这样，货币所可能采取的形式就具有无限多样性。马克思说：“开出汇票是把商品转化为一种形式的信用货币，而汇票贴现只是把这种信用货币转化为另一种信用货币，即银行券。”他还转引富拉顿的话说：“几乎每种信用形式都不时地执行货币的职能；不管这种形式是银行券，是汇票，还是支票，过程本质上都是一样的，结果本质上也是一样的。”有时，马克思甚至把商业票据也纳入信用货币之列。在《资本论》第1卷分析货币的支付手段职能时，他就根据英国《银行法特别委员会的报告》，列出伦敦最大的贸易公司之一莫里逊—狄龙公司1856年全年的货币收支表，来说明商业活动所用的现实的货币是多少。这张货币收支表所列的项目，就包括定期支付的票据、见票即付的银行支票、银行券、金、银和铜、邮汇等。

马克思把任何时候都不受限制的、可以稳定地充当流通手段和支付手段职能的金铸币视为流通的基础，而在研究现实经济问题时，马克思就不能不从“窄”的货币范围走向“宽”的货币范围，这是马克思以科学的分析态度，依据当时历史状况提出的十分正确的观点。

目前，发达资本主义国家的交易90%都是用支票偿付的。据说，美国商业银行的活期存款构成美国全部货币供应量的3/4。我国转账结算占整个货币流通总额的95%左右。在当今世界各国纯粹是纸币流通的状况下，这种纸币基本上丧失了原来金铸币固有的保值功能，使它和用于转账结算的存款的差别随之缩小。对消除了现金和存款须在“一定条件下”转化这一要求的西方国家来说，“宽”“窄”货币已几乎进入无差别的“境界”。所以，如果我们把马克思在当时历史条件下提出的科学理论，生搬硬套于客观条件已经变化了的今天，则反而会成为谬误。

必须强调的是，马克思并非否认非现金流通属于货币流通的范围。他清醒地认识到，在考察银行业时，……关于货币的通常的定义已经不够用了。他还明确指出：“货币的不同形式可能消除另一种货币形式无法克服的缺点。”事实证明，货币作为充当一般等价物的商品，任何形式的替代物，包括金属货币、纸币、信用货币以及可转账结算的存款等，只要具备价值尺度和流通手段两个货币基本职能，它就可以成为货币并发挥作用，同时也必然有一个货币量的问题。

（三）传统货币量范围规定的片面性及其纠正

实践证明，统一的货币流通不能只是现金，或称“小货币流通范围”，而应该包括现金和存款在内的“大货币流通”范围。主要原因如下。

1．货币流通规律的客观要求

我们知道，货币流通规律是流通中货币需要量的规律。这一规律是18世纪资产阶级经济学家的代表斯图亚特最先提出来的。这一规律的基本观点是：货币流通决定于商品流通；货币需要量决定于商品价格总额和货币流通速度；一国的货币需要量可以通过贮藏货币自发调节。这些独到见解，超过了他的所有同辈和先驱者。马克思称赞说："实际上，他是第一个提出流通中的货币需要量决定于商品价格总额，还是商品价格总额决定于流通中的货币量这个问题的人。"可见，货币流通规律的基本要求是创造货币和商品均衡的条件，以保证在物价水平稳定和货币流通正常的情况下，使商品的价格总额等于货币量和货币流通速度的乘积，以保持社会商品供应量和社会购买力在总量和结构上相适应。

2．正确、全面地衡量货币供给状况所必需

事实证明，如果我们仅就现金来分析货币流通状况，往往会出现以下偏向。一是就现金论现金，很难得出现金流通状况以至于整个货币供给状况的正确结论。若从1979～1986年的统计数据来看，我国市场货币流通量（现金）同社会商品零售额之间的比例，1979年为1∶6.5，1980年为1∶5.9，1981年为1∶5.4，1982年为1∶4.7，1983年为1∶5.2，1984年为1∶4.7，1985年为1∶4.36，1986年为1∶4.06，均大于历史正常年景水平的1∶8.5。这似乎给人以如此印象，即市场商品越来越少，供求关系越来越紧张，币值越来越不稳定，而实际情况并非如此。所以，正确的方法应该是从整体上分析生产的发展、近期内影响货币流通速度的因素、价格变动原因、信贷扩张程度以及商品交易中使用现金和存款比例的变化等，从而得到切合实际的正确判断。

3．真正解决整个货币流通中存在的问题

我们知道，货币流通来源于银行信贷活动。银行发放的贷款，大部分形成各项存款，小部分形成市场现金流通量。与此相对应，从银行信贷计划表上的资金来源和资金运用的货币形式看，分别是现金形式和转账形式。尽管转账部分仅是银行各账户之间货币资金的转移，在全国范围内是平衡的，但全部银行贷款所形成的社会商品购买力都会对币值和物价带来影响，所以，在一般情况下，货币的超经济发行往往会通过存款和现金的膨胀最终表现为物价总水平的提高。如果仅就现金角度加以考察，就容易忽视存款货币的膨胀，因而不可能找出解决问题的正确途径。例如，某年银行多发行贷款100亿元，其中20%形成市场现金流通量，80%形成存款。单就现金来看，就会误认为银行多发放的货币只有20亿元，由此推测，因贷款扩张所形成的货币需求同商品可供量之间的差额也只是20亿元，进而断定国家只要多组织20亿元的商品回笼或压缩信贷20亿元，即可解决问题。其实，随着经济体制的改革和开放搞活政策的实施，人们对存款通货的膨胀自然有所感觉。所以，要真正解决货币偏多问题，单在20亿元上做文章是远远不够的，而是要组织100亿元商品（包括生活资料和生产资料）的回笼或者紧缩银根100亿元，才能真正达到预期的目的。

（四）货币量的层次划分

1．货币量层次划分的含义

所谓货币量层次划分，就是把流通中的货币量，主要按照其流动性的大小进行排列，分成若干层次并用符号代表的一种方法。货币量层次划分的目的是把握流通中各类货币的特定性质、运动规律以及它们在整个货币体系中的地位，进而探索货币流通和商品流通在结构上的依存关系和适应程度，以便中央银行拟订有效的货币政策。

正因为货币定义的确定和相含层次的排列直接关系到中央银行宏观调控能力的发挥，所以，世界各国均依据不同情况和要求，公布了互不雷同的“货币供给量层次指标系列”，并根据理论进展状况和实际操作经验做适当的调整。如 1984 年 3 月，美国联邦储备银行公布的“货币层次系列”如下。

M_1=通货+旅行支票+商业银行的活期存款+可转让提单+自动转账的储蓄存款+信贷协会股份存款账户+互助储蓄银行活期存款

M_2=M_1+货币市场存款账户+储蓄存款和小额定期存款+即期回购证券协议存款+美国居民持有的即期欧洲美元存款+货币市场互助资金

M_3=M_2+大额定期存款+中期回购证券协议存款+金融机构持有的货币市场互助基金存款+美国公民持有的中期欧洲美元存款

L=M_3+其他流通资产（包括银行承兑票据、商业票据、财政部债券、美国储蓄公债等）

德意志联邦银行的划分方法则要相对简单些，具体如下。

M_1=现金+银行同业以外的活期存款

M_2=M_1+银行同业以外的四年内定期存款

M_3=M_2+有法定通知期的储蓄存款

2．流动性层次划分的基本原则

关于我国货币量层次指标系列的划分，目前学术界的说法不一，关键问题是明确划分的依据，就划分依据或原则来看，有同意以货币周转速度划分的，有主张以货币变现率高低划分的，也有主张按货币购买力即它的流动性来划分的，现分述如下。

（1）按货币周转速度来划分　这并不符合我们研究问题的目的。因为周转速度同货币作为购买力的活跃程度两者含义不同。货币作为购买力的活跃程度，仅指媒介商品的活动情况，而货币周转速度，既包括媒介商品的周转又包括非商品性款项的划拨。

（2）按货币变现率高低划分　现金固然是最活跃的购买力，但变现率高的存款，如活期储蓄存款，作为购买力来说并不是最活跃的；相反，有些存款，如结算户存款，变现率不如活期储蓄存款高，但却是活跃的购买力。

（3）按货币的流动性来划分　所谓流动性，是指一种资产具有可以及时变为现实购买力的性质。流动性程度不同，所形成的购买力也不一样，因而对社会商品流通的影响程度也就不同。按流动性划分，一是能准确地把握流通中货币的各种具体形态在运动特性或活跃程度上的区别，为中央银行制定宏观金融政策提供一个清晰的货币流通结构图；二是流通性是相对于货币与商品换位来说的，这有利于掌握不同货币构成和大体相对应的商品构成之间的对应关系；三是货币的流动性本身也包含中央银行在分析经济动态变化基础上对某一层次货币的控制能力。

以货币的流动性为主要依据，必须把握以下两个原则：一是现实性，即根据我国当前的实际情况，层次指标系列的划分宜粗不宜细，这样既能为实际工作者所乐于接受，又可避免因各货币层次间距过小反而不能明确反映其质的规定性的弊端；二是可测性，即各层次的排列内容有准确可靠的资料来源，如有些货币像商业企业存贷合一账户上的可用贷款指标和中央金库支出限额，就其性质而言与存款相同，但目前银行统计上无此资料，所以没有实际意义。

这个问题，我国有关学者在 1985 年 7 月中国金融学会货币理论与政策研究会上进行了专门的讨论，并形成了以下比较一致的划分意见。

M_0=现金

M_1=M_0+企业结算户存款+机关团体活期存款+部队活期存款

M_2=M_1+城乡储蓄存款+企业单位定期存款

M_3=M_0+全部银行存款

需要指出的是，目前国家统计局和相关部门在发布有关金融数字时，只发布 M_0（现金）、M_1（狭义货币供应量）、M_2（广义货币供应量）。

（五）相含层次中的控制重点

货币供给量相含层次指标系列分为 M_0、M_1、M_2、M_3 等（与西方国家相比，我国最明显的差别是单列了 M_0 这个层次）。由于各国商品范围、金融机构、货币概念有所不同，以及中央银行的调控能力有差异，所以观察和控制重点也不完全一致。即使在一国内，随着经济的发展和新的金融工具的涌现，其重点也会有所变动。

从西方国家控制货币供给量的实践经验和总体趋势看，初期的货币供给量控制大多以 M_1 为主，近年来更多的国家则从 M_1 转向 M_2，而日本中央银行则始终把 M_2 作为控制重点。这是因为，第一，M_2 与经济活动关系的密切程度高于 M_1。日本 1966 年以来 20 年的统计资料说明，M_2+CD（即 M_1+定期存款+可转让存款）与名义国民生产总值变动率的相关系数为 0.8，高于 M_1 的 0.7。M_2 与经济活动的联系程度之所以更加密切，是因为 M_2 的流通速度比 M_1 稳定。第二，M_2 比 M_1 更便于控制。在一般情况下，企业和个人的节余收入（资本）以什么样的比例分布于现金、活期存款、定期存款和储蓄存款上，主要取决于金融制度、结算方式、社会习惯以及人们的心理因素，并且现金、活期存款、定期存款、储蓄存款的相互转化又很频繁，所以 M_1 的变动幅度较大，变化趋势也不易捉摸，而 M_2 不管其结构如何变化，总量是相对稳定的。尤其是它在短期内的变动，主要取决于银行系统的贷款规模，取决于中央银行货币政策的松紧，因而可以和中央银行的货币政策在方向上保持一致，这就为中央银行有效控制货币供给量提供了现实可能。因此，作为货币供给控制对象，M_2 比 M_1 更受货币管理当局青睐。

根据我国的实际情况，如何确定货币供给量相含层次指标系列中观察和控制的重点，建议分两步走。

第一步，即从近期看，应以 M_0 和 M_1 为重点。原因如下。①M_0 主要包括个人手中持有的现金和单位库存现金，是不受多大约束的购买力，不易掌握和调节。有时它表现为反向的运动，即当市场商品充裕时，个人手持现金沉淀反而增加，市场货币周转速度放慢；当市场货币量偏多、商品供应紧张时，现金沉淀反而减少，市场货币周转速度加快，对商品市场带来冲击力。而且消费资料的分配主要是借助于现金来实现的，这部分购买力直接关系到人民群众的生活，影响颇大，反应明显。②从我国现状出发，对市场发生直接影响的是现实流通的货币。长期以来，人们习惯于观察现金，在目前中央银行间接调控机制还不健全的情况下，第一步扩展到活期存款，既易于理解，也容易做到。③在目前我国资金供求矛盾突出的情况下，通过扩大储蓄存款，把一部分消费基金转化为生产建设资金，这是筹集资金以缓解资金供求矛盾的重要渠道，如果把储蓄存款也作为控制重点，显然对融通资金不利。

第二步，即从中长期看，应以 M_2 为重点。原因如下。①M_2 与银行活动的联系比其他层次要密切得多，由于它包括了数额大、增长快、又可随时提取的储蓄存款（定期和活期），因此对市场供求有重大影响。②中央银行对 M_2 的控制程度要比对 M_0 和 M_1 的控制程度大得多。因为从 M_2 的内容看，它主要由现金、活期存款、定期存款、储蓄存款组成。现金和三种存款按比例交存的准备金以及它们的变动都可以从“中央银行货币量”中得到反映，而中央银行账户上的存款和现金具有基础货币的作用，它的运用直接影响商业银行原始存款的增加或减少，进而影响信贷规模和货币供给量的变化。所以，M_2 兼有易于控制和包括范围广泛的优点。③相对于 M_0 和 M_1 来说，M_2 的货币流通速度比较平衡，因而它同货币总需求（即名义国民生产总值）的关系最稳定，在实践中容易掌握和据以调控，这对研究货币流通以及预测货币流通的未来趋势均有独特作用。

必须指出，在确定货币供给量相含层次指标系列中的观察和控制重点时，既要兼顾其他相关的层次指标，又要考虑其他指标，如经济增长、物价上涨、汇率变化等因素。只有这样，才能全面充分地发挥货币量重点层次指标的作用（表 12-1）。

表 12-1　2001～2021 年我国 GDP、M_0、M_1、M_2 等数额

年份	GDP/万亿元	M_0/万亿元	M_1/万亿元	M_2/万亿元	城市人均收入/元	商品房均价/（元/平方米）
2001	9.59	1.57	5.99	15.83	6860	2017
2002	10.24	1.73	7.09	18.50	7703	2092
2003	11.67	1.97	8.41	22.12	8472	2197
2004	13.65	2.1	9.6	25.3	9422	2608
2005	18.23	2.4	10.7	29.9	10493	2937
2006	20.94	2.7	12.6	34.6	11759	3119
2007	24.66	3.0	15.3	40.3	13786	3645
2008	30.07	3.4	16.6	47.5	15781	3576
2009	33.54	3.8	22.0	60.6	17175	4459
2010	39.80	4.5	26.7	72.6	19109	4725
2011	47.16	5.1	29.0	85.2	21810	4993
2012	51.93	5.5	30.9	97.4	24565	5430
2013	56.88	5.9	33.7	110.7	26955	5850
2014	63.65	6.0	34.8	122.8	28844	6323
2015	67.67	6.3	40.1	139.2	31195	6793
2016	74.41	6.8	48.7	155.0	33616	7476
2017	82.71	7.1	54.4	167.7	36396	7614
2018	90.03	7.3	55.2	182.7	39251	8786
2019	99.09	7.7	57.6	198.6	42359	9287
2020	101.60	8.4	62.6	218.7	43834	9860
2021	114.37	9.1	64.7	238.3	47412	10139

注：资料来源于中华人民共和国 2001～2020 年国民经济和社会发展统计公报和统计年鉴的相关数据。

第三节　数字货币

数字货币（digital currency，DC）的出现可以追溯到 1982 年。美国计算机科学家和密码学家 David Chaum 创立了数字货币，同时推出了两种数字货币系统：E-cash 和 cyberbucks。这两种系统均是基于 Chaum 的盲签合约建立的，能保持用户匿名且身份难以被追踪。但当时缺乏足够的技术支持，且不能做到完全匿名，最终以失败告终。

1996 年，著名肿瘤学家 Douglas Jackson 发起了有真正黄金支持的 E-gold，因此大受欢迎，甚至一度有希望在数百个国家吸引超过 500 万个用户。不幸的是，后来平台持续遭遇黑客攻击并且吸引了大量非法洗钱交易，该公司在 2009 年陷入了困境。1998 年，一家莫斯科的公司推出了 Web Money 这一种通用数字货币，能够提供广泛的点对点付款解决方案，涵盖互联网交易平台。它也是少数幸存的尚未加密的数字货币之一。时至今日，该货币仍被很多人广泛地使用和接受。与此同时，它也可以转换为法定货币，如卢布、美元、英镑，甚至比特币。

2008 年 11 月，中本聪提出比特币的概念，并发布论文《比特币，一种点对点的电子现金系统》。文中首次出现区块链，能在不具信任的基础上，建立去中心化的电子交易体系。2009 年 1 月 3 日，比特币正式诞生。比特币是一种 P2P 形式的虚拟加密数字货币，采用开源的区块链技术，将交易信息存储在分布式账本中，这使得破解网络几乎成为不可能；另外，其点对点的传输构建了一个去中心化的支付系统。此后，比特币系统逐渐成熟，官方又陆续发布了新版本，增加了很多特性。

2013 年，以太币诞生，它是基于以太坊技术衍生出的一种虚拟加密货币。以太币以区块链为基础，跟比特币类似，但使用的科技完全不同，是具有开源智慧合约功能的公共区段链平台，双方达成合约条款就能执行。2010～2014 年间，比特币多节点挖矿和点点币诞生。2013 年 8 月，德国承认比特币的合法化。

以比特币为代表的私人数字货币，虽本质上不具备货币职能，但已对现行的货币与金融体系构成了巨大挑战，为应对这一挑战，各国央行正在积极研发或推行法定数字货币。早在 2013 年 Shoaibetal 就提出官方数字货币的概念，英格兰银行 2014 年发布的报告明确以分布式账本技术（distributed ledger technology，DLT）作为数字货币的分类标准，一类是加密数字货币，即运用分布式账本技术生成的数字货币，并指出比特币是史上第一个加密数字货币；另一类是非加密数字货币，以瑞波币为典型代表；随后国际清算银行下设的支付和市场基础设施委员会（CPMI）将法定数字货币定义为加密货币，根据存在形式是否基于央行账户，将法定数字货币分为央行数字账户和央行数字货币。根据国际清算银行（BIS）提出的“货币之花”模型，明确了央行数字货币的概念，即央行数字货币是一种数字形式的中央银行货币，且区别于传统金融机构在中央银行保证金账户和清算账户中存放的数字资金。

数字货币是一种不受管制的、数字化的货币，通常由开发者发行和管理，被特定虚拟社区的成员所接受和使用。欧洲银行业管理局将虚拟货币定义为：价值的数字化表示，不由央行或当局发行，也不与法币挂钩，但由于被公众所接受，所以可作为支付手段，也可以电子形式转移、存储或交易。

一、数字货币的含义

数字货币不是电子货币的替代，根据发行者不同，数字货币可以分为央行发行的法定数字货币和私人发行的数字货币。目前，关于数字货币并没有统一的标准和定义。按照央行数字货币研究所的定义来看，狭义的数字货币主要指纯数字化、不需要物理载体的货币；而广义的数字货币等同于电子货币，泛指一切以电子形式存在的货币，包括电子货币、虚拟货币和数字货币。

根据发行者不同，数字货币可以分为央行发行的法定数字货币和私人发行的数字货币。其中，央行发行的数字货币，是指中央银行发行的，以代表具体金额的加密数字串为表现形式的法定货币，它本身不是物理实体，也不以物理实体为载体，而是用于网络投资、交易和储存、代表一定量价值的数字化信息；私人发行的数字货币，亦称虚拟货币，是由开发者发行和控制、不受政府监管、在一个虚拟社区的成员间流通的数字货币，如比特币等。

广义数字货币大致可以分为三类：一是完全封闭的、与实体经济毫无关系且只能在特定虚拟社区内使用的货币，如虚拟世界中的游戏币；二是可以用真实货币购买但不能兑换回真实货币，可用于购买虚拟商品和服务，如 Facebook 推出的 Libra；三是可以按照一定比率与真实货币进行兑换、赎回，既可以购买虚拟商品服务，也可以购买真实的商品服务，如央行发行的法定数字货币。

数字货币可以认为是一种基于节点网络和数字加密算法的虚拟货币。数字货币的核心特征主要体现在三个方面：①由于来自某些开放的算法，数字货币没有发行主体，因此没有任何人或机构能够控制它的发行；②由于算法解的数量确定，所以数字货币的总量固定，这从根本上消除了虚拟货币滥发导致通货膨胀的可能；③由于交易过程需要网络中各个节点的认可，因此数字货币的交易过程足够安全。

比特币的出现对已有的货币体系提出了一个巨大挑战。虽然它属于广义的虚拟货币，但却与网络企业发行的虚拟货币有着本质区别，因此称它为数字货币。表 12-2 从发行主体、适用范围、发行数量、储存形式、流通方式、信用保障、交易成本、交易安全性等方面将数字货币与电子货币和虚拟货币进行了对比。

表 12-2　数字货币与电子货币、虚拟货币对比

主要要素	电子货币	虚拟货币	数字货币
发行主体	金融机构	网络运营商	无
适用范围	一般不限	网络企业内部	不限
发行数量	法币决定	发行主体决定	数量一定
储存形式	磁卡或账号	账号	数字
流通方式	双向流通	单向流通	双向流通
货币价值	与法定货币对等	与法定货币不对等	与法定货币不对等
信用保障	政府	企业	网民
交易安全性	较高	较低	较高

续表

主要要素	电子货币	虚拟货币	数字货币
交易成本	较高	较低	较低
运行环境	内联网，外联网，读写设备	企业服务器与互联网	开源软件以及 P2P 网络
典型代表	银行卡、公交卡	Q 币、论坛币	比特币、莱特币

二、数字货币的类型

按照数字货币与实体经济及真实货币之间的关系，可以将其分为三类：一是完全封闭的、与实体经济毫无关系且只能在特定虚拟社区内使用，如“魔兽世界”黄金；二是可以用真实货币购买但不能兑换回真实货币，可用于购买虚拟商品和服务，如 Facebook 信贷；三是可以按照一定的比率与真实货币进行兑换、赎回，既可以购买虚拟的商品服务，也可以购买真实的商品服务，如比特币。

三、数字货币的交易模式

现阶段数字货币更像一种投资产品，因为缺乏强有力的担保机构维护其价格的稳定，其作为价值尺度的作用还未显现，无法充当支付手段。数字货币作为投资产品，其发展离不开交易平台、运营公司和投资者。

交易平台起到交易代理的作用，部分则充当做市商。这些交易平台的盈利来源于投资者交易或提现时的手续费用和持有数字货币带来的溢价收入。交易量较大的平台有 Bitstamp、RippleSingapore、SnapSwap 以及昔日比特币交易的最大平台日本 Mt.Gox 和中国新秀瑞狐等。

数字货币通过平台进行交易的流程如下：

① 投资者首先要注册账户，同时获得数字货币账户和美元或者其他外汇账户；

② 用户可以用现金账户中的钱买卖数字货币，就像买卖股票和期货一样；

③ 交易平台会将买入请求和卖出请求按照规则进行排序后开始匹配，如果符合要求即成交；

④ 由于用户提交买入卖出量之间存在差异，一个买入或卖出请求可能部分被执行。

数字货币通过运营公司交易的模式为：以瑞波币为例，瑞波币由专业运营公司 OpenCoin 运营，Ripple 协议最初是基于支付手段设计的，设计思路是基于熟人关系网和信任链。要使用 Ripple 网络进行汇款或借贷，前提是在网络中收款人与付款人必须是朋友（互相建立了信任关系），或者有共同的朋友（经过朋友的传递形成信任链），否则无法在该用户与其他用户之间建立信任链，转账无法进行。

四、数字货币的特点

（1）交易成本低　与传统的银行转账、汇款等方式相比，数字货币交易不需要向第三方支付费用，其交易成本更低，特别是相较于向支付服务供应商提供高额手续费的跨境支付。

（2）交易速度快　数字货币所采用的区块链技术具有去中心化的特点，不需要任何类似清算中心的中心化机构来处理数据，交易处理速度更快捷。

（3）高度匿名性　除了实物形式的货币能够实现无中介参与的点对点交易外，数字货币相比于其他电子支付方式的优势之一就在于支持远程的点对点支付。它不需要任何可信的第三方作为中介，交易双方可以在完全陌生的情况下完成交易而无需彼此信任，因此具有更高的匿名性，能够保护交易者的隐私，但同时也给网络犯罪创造了便利，容易被洗钱和其他犯罪活动所利用。

五、数字货币的影响

数字货币是一把双刃剑，一方面，其所依托的区块链技术实现了去中心化，可以用于数字货币以外的其他领域，这也是比特币受到热捧的原因之一；另一方面，如果数字货币被作为一种货币受到公众的广泛使用，则会对货币政策有效性、金融基础设施、金融市场、金融稳定等方面产生巨大影响。

1．对货币政策的影响

如果数字货币被广泛接受且能发挥货币的职能，就会削弱货币政策的有效性，并给政策制定带来困难。因为数字货币发行者通常都是不受监管的第三方，货币被创造于银行体系之外，发行量完全取决于发行者的意愿，因此会使货币供应量不稳定，再加上当局无法监测数字货币的发行及流通，导致无法精准判断经济运行情况，给政策制定带来困扰，同时也会削弱政策传导和执行的有效性。

2．对金融基础设施的影响

基于分布式分类账技术进行价值交换的分散机制改变了金融市场基础设施所依赖的总额和净额结算的基本设置。分布式分类账的使用也会给交易、清算和结算带来挑战，因为它能促进不同市场和基础设施中传统服务供应商的非中介化。这些变革可能对零售支付体系以外的市场基础设施产生潜在影响，如大额支付体系、证券结算体系或交易数据库。

3．对广义金融中介和金融市场的影响

数字货币和分布式分类账技术如果被广泛使用，就会对金融体系现在的参与者特别是银行的中介作用带来挑战。银行是金融中介，履行代理监督者的职责，代表存款人对借款人进行监督。通常，银行也开展流动性和到期转换业务，实现资金从存款人到借款人的融通。如果数字货币和分布式分类账被广泛使用，任何随后的非中介化都可能对储蓄或信贷评估机制产生影响。

4．安全隐患与金融稳定的影响

假定数字货币被公众所认可，其使用大幅增加并在一定程度上替代法定货币，则与数字货币有关的用户终端遭到网络攻击等负面事件就会引起币值的波动，进而对金融秩序和实体经济产生影响。此外，基于区块链技术的虚拟货币，通常在最初为少数人持有，如比特币在2010年5月发生的第一次购物是1万BTC购买了25美元的比萨饼，到2013年底的三年多时间里每个比特币的价格涨到1200美元。

六、数字货币的应用

（一）快捷、经济和安全的支付结算

1．跨境支付助力人民币国际化

2015 年，全国涉及经常类项目跨境支付的结算量约为 8 万亿元人民币，加速人民币国际化需要低成本、高效率、低风险的跨国支付与结算产品和方案。根据麦肯锡的测算，从全球范围看，区块链技术在 B2B 跨境支付与结算业务中的应用将可使每笔交易成本从约 26 美元下降到 15 美元，即区块链应用可以帮助跨境支付与结算业务交易参与方节省约 40%的交易成本，其中约 30%为中转银行的支付网络维护费用，10%为合规、差错调查以及外汇汇兑成本。未来，利用数字货币和区块链技术打造的点对点支付方式将省去第三方金融机构的中间环节，不但 24 小时实时支付、实时到账、无隐性成本，也有助于降低跨境电商资金风险及满足跨境电商对支付清算服务的及时性和便捷性需求。

2．低成本的资金转移和小额支付

电子支付使流通中现金在货币总量中的比重不断下降。2015 年银行业金融机构共发生电子支付业务 1052.34 亿笔，金额 2506.23 万亿元。其中，移动支付业务 138.37 亿笔，金额 108.22 万亿元，分别是 2013 年的 8 倍和 11 倍。在第三方支付方面，2015 年非银行支付机构累计发生网络支付业务 821.45 亿笔，金额 48.48 万亿元，同比分别增长 119.51%和 100.16%。eMarketer 发布的数据显示，2015 年中国手机移动互联网零售额 3340 亿美元，是美国的 4 倍；支付宝交易额则是 PayPal 的 3 倍多。美国金融业发达，但美联储的数据表明，仍有 11%的消费者享受不到银行服务、11%的消费者未充分享受银行服务。随着智能手机的普及，这些人群可以更容易运用银行数字货币支付服务。中国手机普及率为 94.5 部/百人，而只有 64%的人拥有银行账户，银行可以积极开拓大量无法获得银行账户但通过互联网对接的客户。其中一个途径就是，通过数字货币建立数字钱包，在金融覆盖不足和经济欠发达地区实现更低成本、更安全的小额支付和资金转移，实现中间业务收入增加。

（二）抵押品物权数字化

目前，银行电子化的贷款流程和处理流程仍然存在大量重复的人力工作，而作为贷款发放的基础支撑，很多抵押品存在定价不实或抵押多次甚至无抵押品等情况。可以考虑利用数字货币对银行的抵押品进行定价和交易追踪：理论上， 智能合约的自动实现，将消除抵押品被多次抵押的情况；利用数字货币来发放贷款并构建数字化流程将使银行业精简成本、提高效率，数字化的抵押贷款申请流程可以在云端以自动化的方式建立和处理。

（三）票据金融和供应链金融

近年来，基于商业汇票的各类票据市场业务快速增长，票据理财产品成为互联网理财的热门领域，但国内现行的汇票业务仍有约 70%为纸质交易，供应链金融也还高度依赖人工成本。未来如果实现票据数字货币化并采用区块链交易，将使票据、资金、理财计划等相关信息更加透明，借助智能合约生成借贷双方不可伪造、公开唯一的电子合同，直接实现点对点的价值传递，不需要特定的实物票据或者中心系统进行控制和验证，能防止一票多卖，及时追踪到资金流向，保障投资者权利，降低监管方成本。

第四节　货币的职能

货币职能是货币本质的具体体现。马克思的货币理论认为，货币在与商品的交换发展过程中，逐渐形成了价值尺度、流通手段、贮藏手段、支付手段和世界货币五种职能。其中价值尺度和流通手段是货币的最基本职能。现代西方经济学的货币理论认为，货币具有交换中介、价值标准、延期支付标准、财富贮藏手段等职能。从形式上看，二者没有多大差别，但其实际内容是有差异的。

一、价值尺度

货币在表现商品的价值并衡量商品价值量的大小时，发挥价值尺度的职能，这是货币最基本、最重要的职能。作为价值尺度，货币把一切商品的价值表现为同名的量，使它们在质的方面相同，在量的方面可以比较。货币之所以能执行这种职能，是因为它本身也是商品，也具有价值。

货币执行价值尺度职能具有如下特点。

① 它是商品的内在价值尺度即劳动时间的外在表现。商品价值的大小，是由凝结在该商品中的劳动时间来决定的，所以劳动时间是商品的内在价值尺度。但商品价值不可能由各单个商品生产者耗费的劳动时间来表现，只能借助于货币外化出来，所以货币是商品的外在价值尺度。

② 它可以是观念上的货币，但必须具有十足的价值，因为货币执行价值尺度即商品生产者在给商品规定价格时，只要想象中的或者是观念上的货币就行了，并不需要有现实的货币。所以，货币作为价值尺度是抽象或观念的，因为价值本身就是抽象和观念的。但是在抽象的或观念的价值尺度背后，执行价值尺度的货币本身必须具有十足的价值，如果它没有价值，就不可能用来衡量价值。这就像本身没有重量的东西不可能用来衡量重量一样。

③ 它具有完全的排他性、独占性，因为充当价值尺度的只能是一种商品，只有这样，商品价值才能真正统一地表现。货币执行价值尺度职能要通过价格标准这个中间环节来完成，因为不同的商品有不同的价值量，这就要求借助价格标准来表现数量不等的单位货币。

所谓价格标准，是指包含一定重量的贵金属的货币单位。在历史上，价格标准和货币单位曾经是一致的，如我国过去长期使用“两”（十六两为一斤）为价格标准，即货币单位；英国以“镑”（一镑白银）作为价格标准，也是货币单位。随着商品经济的发展，货币单位名称和货币本身重量单位名称分离了。其主要原因是：①外国货币的输入，如清代外国货币输入中国，使中国货币单位名称脱离了金属重量单位名称，改“两”为“元”；②随着财富的增长，贱金属币材被贵金属代替；③国家铸造不足值的货币。

价值尺度和价格标准是两个既有严格区别又有密切联系的概念。其区别是：①价值尺度是在商品交换中自发形成的，而价格标准则是由国家法律规定的；②金充当价值尺度职能，是为了衡量商品价值的，规定一定量的金作为价格标准，是为了比较各个商品价值的不同金量，并以此来衡量不同商品的不同价值；③作为价值尺度，货币商品的价值量将随着劳动生产率的变化而变化，而作为价格标准，是货币单位本身的重量，与劳动生产率无关。其联系表现在，价格标准是为货币发挥价值尺度职能而作出的技术规定。有了它，货币的价值尺度职能作用才得以发挥。因此，价格标准是为价值尺度职能服务的。

综上所述，马克思经济学中的货币价值尺度理论是建立在劳动价值论的基础上的。货币之所以作为衡量其他商品价值的尺度，是因为货币与其他一切商品一样，是劳动的产物，本身凝结着价值，货币发挥价值尺度的职能，是在货币与商品价值对等的基础上，把商品的价值表现为货币的若干量。而西方经济学中的价值标准，不是建立在劳动价值论的基础之上。在他们看来，货币发挥价值尺度职能，是因为衡量价值需要共同的单位，如把长度单位确定为米、毫米，又把质量单位确定为克、吨那样。

对我国人民币是否具有价值尺度职能这一问题，经济理论界持不同意见。有些学者认为，货币执行价值尺度必须是具有内在价值的货币商品，人民币是纸币，是价值符号，所以它不具备价值尺度职能。有些学者则认为，货币的价值尺度是作为商品价值的一种表现形式，它可能由本身无内在价值的价值符号来担当。其实，我国人民币之所以能执行价值尺度职能，是因为它代表一定的价值量，至于这“一定的价值量”是什么？曾有过“黄金派”和“商品派”两大派别之争。“黄金派”认为，人民币客观上代表一定的金属，它是黄金的符号，代表货币商品去衡量、计算其他商品的价值。“商品派”认为，货币形式已发展到一个新的阶段，当今世界黄金已不起货币商品的作用。人民币之所以稳定，主要是以国家所掌握的大量商品为基础。

二、流通手段

货币充当商品流通的媒介，就执行流通手段职能。作为价值尺度，货币证明商品有没有价值，有多大价值；而作为流通手段，货币实现这种价值与物物交换不同，商品生产者先以自己的商品换成货币，然后再以货币换得自己所需要的商品。每一次交换都通过这种商品—货币—商品（即 W—G—W）形式，这就是商品的流通。商品流通是个系列过程：一种商品形态变化的过程，是第一种商品形态变化的结束，又是第二种商品形态变化的开始。货币不断地在这种交换中起媒介作用，这种作用就是流通手段。W—G—W，是由 W—G（卖）和 G—W（买）两个形态变化构成的；W—G，是商品转化为货币，马克思称这是商品的惊险的跳跃；而 G—W，在市场经济条件下一般是容易实现的。

货币执行流通手段职能，具有以下特点。①必须是现实的货币。因为只有商品生产者出卖商品所得到的货币是现实的货币，才证明他的私人劳动获得社会承认，成为社会劳动的一部分。这里，货币充当商品交换的媒介不能是观念上的，必须是现实的货币。②不需要有足值的货币本体，可以用货币符号来代替。因为货币流通是指货币作为购买手段不断地离开起点，从一个商品所有者手里转到另一个商品所有者手里的运动。这里，货币在商品生产者手中只是转瞬即逝的要素，它马上又会被别的商品所代替。货币作为流通手段只是一种媒介，所以，单有货币的象征存在就够了。③包含有危机的可能性。在货币发挥流通手段职能的条件下，交换过程分裂为两个内部相互联系而外部又相互独立的行为：买和卖。这两个过程在时间上和空间上分开了，货币流通手段的职能包含着危机的可能性。

作为流通手段的货币，最初是金属条块，但每次流通都需要鉴别真假，测其成色，进行分割。由此，货币从金属条块发展到铸币。铸币是国家按一定成色、重量和形状铸造的硬币，它的出现极大地方便了流通。但因铸币在流通中不断磨损，其实际价值低于名义价值，但仍按其名义价值流通，这就意味着在货币流通中隐藏着一种可能性：可以用其他材料做的记号或用象征来代替金属货币执行铸币的职能。于是，没有价值的纯粹象征性的纸币就出现了。可见，作为流通手段的货币的币材形式的变化，主要是由货币作为流通手段时只是一种媒介的特征所决定的。

我国人民币具有流通手段职能。人民币是我国唯一合法的通货，它代表一定的价值量与各种商品相交换，使各种商品的价值得以实现。人民币的流通具有普遍的接受性、垄断性和独占性。随着信用制度的发展，货币执行流通手段职能的一些领域逐渐被支付手段所代替。

人民币发挥流通手段职能，除应具有与一切商品直接交换的能力外，还需要有相对稳定的购买力。人民币的购买力（即交换价值）是价格的倒数。在我国，人民币购买力的变动是通过物价指数的变动表现出来的。因而，要稳定人民币的购买力，首先要稳定物价。稳定物价的主要因素取决于人民币的适量供给和是否具有满足人民群众生存、发展、享受的各种各样商品的保证。

如上所述，马克思经济学中的货币流通手段职能，着重于说明货币是商品流通的媒介而媒介商品流通必须有三个当事人出现，其中两个是商品所有者，一个是货币所有者。商品流通不过是两种商品的物物变换，即从一种使用价值变为另一种使用价值。而西方经济学中的交换中介论，是指人们为了克服物物交换的困难所采取的技术措施，它不回答货币发挥这一职能是否以货币发挥价值标准职能为前提，相反，在更多的情况下是将流通手段职能放在价值尺度职能之前。

三、贮藏手段

当货币由于各种原因退出流通界，被持有者当作独立的价值形态和社会财富的绝对化身而保存起来时，货币就停止流通，发挥贮藏手段职能。马克思把这种现象称为货币的“暂歇”。现代西方学者称之为“购买力的暂栖处”。

执行贮藏手段的货币有两个显著特点。①它必须既是现实的货币，又是足值的货币。作为价值尺度的货币，可以是观念的货币；作为流通手段的货币，可以是价值符号；而作为贮藏手段的货币必须是实实在在的货币，最典型的形态是贮藏具有内在价值的货币商品——黄金或铸币。②作为储藏手段的货币，它必须退出流通领域，处于静止状态。处于流通领域中的货币发挥流通手段和支付手段职能，退出流通领域的货币才执行贮藏手段职能。

随着商品经济的发展，货币贮藏除了作为社会财富的绝对化身外，其作用进一步加强，具体表现在以下方面。①作为流通手段准备金的贮藏。即商品生产经营者为了保持再生产的连续性，能够在不卖商品的时候也能买商品，就必须在平时只卖不买，并贮藏货币。②作为支付手段准备金的贮藏。即为了履行在某一时期支付货币的义务，必须事前积累货币。③作为世界货币准备金的贮藏。即为平衡国际贸易和其他收支差额而用。

贮藏货币具有自发调节货币量的特殊作用：当流通中需要的货币量减少时，多余的货币便自动退出流通进入贮藏；当商品流通需要的货币量增加时，部分贮藏货币会加入流通以满足需要。所以，贮藏手段既是流通中的“排水沟”，又是“引水渠”。

在市场经济条件下，纸币流通与通货膨胀紧密相连，谁也不愿意贮藏不断贬值的纸币。因此，马克思认为纸币不能作为贮藏手段。但他在分析可以兑换黄金的银行券时指出：危机一旦爆发，将会发生对市场上现有的支付手段即银行券的全面追逐。每个人都想尽量多地把自己能够获得的货币贮藏起来，因此，银行券将会在人们最需要它的那一天从流通中消失。可见，纸币能不能贮藏的关键在于它能否稳定地代表一定的价值量。在我国人民币稳定的前提下，人民币也可以发挥贮藏手段职能。当然必须指出，人民币发挥贮藏手段职能与黄金的不同之处在于它有严格的量的限制。如果货币发行过多，不仅现有的人民币不能发挥贮藏手段职能，就是原有贮藏的部分也将转化为现实的流通手段和支付手段，从而冲击市场。

至于企业存款和城乡居民储蓄是否能起到货币贮藏的职能，理论界说法不一。一种观点认为，当前货币形态的积累不仅在流通手段后，而且通常是在支付手段职能后实现的；至于金银收藏，除国家集中准备外，没有重大的独立的经济意义，因此，企业存款和城乡居民储蓄均可看作“积累价值和储存价值”的手段。另一种观点认为，企业存款和城乡居民储蓄属于信用范围，已经投入经济周转；若承认其是货币的储藏，则真正意义上的货币贮藏（如沉淀货币，作为流通手段、支付手段和世界货币准备金的贮藏，金银贮藏等）实际上被否定了。因此，企业存款和城乡居民储蓄不应属于贮藏货币。这个问题还有待于深入探讨和实践检验。

四、支付手段

当货币作为价值的独立形态进行单方面转移时，执行着支付手段职能。如货币用于清偿债务，支付赋税、租金、工资等所执行的职能。

由于商品经济的不断发展，商品生产和商品交换在时空上出现了差异，这就产生了商品使用价值的让渡与商品价值的实现在时间上分离的客观必然性。某些商品生产者在需要购买时没有货币，只有到将来某一时间才有支付能力。同时，某些商品生产者又急需出售其商品，于是就产生了赊购赊销。这种赊账买卖的商业信用就是货币支付手段产生的起源。

与流通手段相比较，货币执行支付手段职能有以下特点：①作为流通手段的货币是商品交换的媒介物，而作为支付手段的货币则是补足交换的一个环节；②流通手段只服务于商品流通，而支付手段除了服务于商品流通外，还服务于其他经济行为；③就媒介商品流通而言，二者虽然都是一般的购买手段，但流通手段职能是即期购买，而支付手段职能是跨期购买；④流通手段是在不存在债权债务关系的条件下发挥作用的，而支付手段是在存在债权债务关系的条件下发挥作用的；⑤货币赊销的发展使商品生产者之间形成了一个很长的支付链条，一旦某个商品生产者不能按期还债，就会引起连锁反应，严重时会引起大批企业破产，造成货币危机。所以，支付手段职能的出现与扩展为经济危机由可能性变为现实性创造了客观条件。

在我国，人民币执行支付手段职能，在范畴和数量上都大大超过了货币作为流通手段的职能。人民币的支付手段职能，绝大部分是通过国家银行的非现金结算实现的。表现为存款货币的流通是以国家银行为中心的货币循环。这种循环既反映银行与各单位信用关系的消长，同时也反映一些单位利用银行的贷款或存款来向另一些单位购买商品或劳务，即货币发挥支付手段职能。所以，存款货币的流通具有二重性，它既是货币流通的过程又是信用活动的过程。现实生活中，这两个过程又是交织在一起的，发挥支付手段职能的货币同发挥流通手段职能的货币一样，也是处于流通过程的现实的货币，所谓流通中的货币指的就是这两者的总体。

五、世界货币

随着国际贸易的发展，货币超越国界。货币在世界市场上发挥一般等价物作用时，执行着世界货币职能。

按照马克思对典型金本位条件下世界货币的科学论述，货币充当世界货币，就必须脱掉自己原有的“民族服装”，还原成金银的本来面目。马克思指出：“货币一越出国内流通领域，便失去了在这一领域内获得的价格标准、铸币、辅币和价值符号等地方形式，又恢复原来的贵金属块的形式。”

随着经济的全球化、一体化进程，世界货币流通领域出现了很多新的现象。许多国家的货币，如美元、德国马克、瑞士法郎、日本日元等，在国际间发挥着作为国际货币的三种效能，即支付手段、购买手段和财富转移的作用。我国人民币具有一定的稳定性，在一定范畴内已被用作对外计价支付的工具，并在 1996 年底实现了在经常项目下的可兑换。与此同时，黄金仍没有完全退出历史舞台，它仍然是国际间最后的支付手段、购买手段及社会财富的保藏和转移形式。因此，关于世界货币在现代国际间运动的形式，是一个需要研究和作出科学回答的新问题。

货币的以上五种职能有机地联系在一起，它们都体现货币作为一般等价物的本质。一般等价物区别于普通商品的两个基本特点是：货币能表现一切商品的价值，具有和一切商品直接交换的能力。正是因为货币能表现一切商品的价值，因此它具有价值尺度职能；正因为货币能与一切商品相交换，因此它具有流通手段职能。因此，价值尺度和流通手段是货币最初始的两个基本职能。当货币的这两个基本职能进一步发展以后，才会出现贮藏手段职能。支付手段职能既与货币的两个基本职能有密切的关系，又以贮藏手段职能为前提。世界货币职能是货币前四个职能的继续和延伸。总之，五大职能是货币本质的具体体现，是随着商品流通及其内在矛盾的发展而逐渐发展起来的。货币的五大职能绝非孤立存在，而是有内在联系的。

第五节　货币制度

一、货币制度及其构成

货币制度简称“币制”，是一个国家以法律形式确定的该国货币流通的结构、体系与组织形式。它主要包括货币金属，货币单位，货币的铸造、发行和流通程序，准备制度等。货币制度的形成经历了漫长的历史发展过程。

从有文字的历史以来，可以发现，各个国家在货币问题方面都制定了种种法令。这些法令反映了国家在不同程度、从不同的角度对货币所进行的控制，其意图总是在于建立能够符合自己政策目标，并可能由自己操纵的货币制度。

货币制度大体涉及这样一些方面：货币材料的确定，货币单位的确定，流通中货币种类的确定，对不同种类货币的铸造和发行的管理，对不同种类货币的支付能力的规定，等等。所有这些方面，也称为货币制度的构成要素。

1．币材的确定

国家规定哪种或哪几种商品（可能是金属，也可能是非金属）为币材，实际上都是对已经形成的客观现实从法律上加以肯定。主观地把现实生活中起不了币材作用的商品硬性规定为币材，或硬不准许现实生活中正在起着币材作用的商品发挥货币的作用，不仅行不通，而且还会造成混乱。

哪种或哪几种商品一旦被规定为币材，即称该货币制度为该种或该几种商品的本位制。比如以金为币材的货币制度称为金本位，等等。

在很长的历史时期中，往往有两三种币材并行流通。反映在法令上，也往往是对几种币材同时予以承认。就中国来看，从先秦直到清代，铜一直是官方肯定的币材，但先是贝，后是金，然后是帛，再后是白银，与铜并行流通并大都为官方所认定。比照习惯的称谓，也可叫做铜贝本位、铜金本位、铜帛本位、铜银本位等。有时是三种币材同时存在，如宋代的银、铜、铁的并行流通，不过铜、铁各有自己的主要流通地区。在西欧，则有很长一段金、银并行流通的时期。当政府明确金、银都是法定币材时，称为金银复本位制。单由黄金垄断流通，在先进工业化国家的历史也不长，最早是英国，也是直到1816年才正式宣布实行金本位。

19世纪末20世纪初，世界主要工业化国家普遍实现了金本位制。然而好景不长，到20世纪30年代实际均转化为不兑现的货币制度。到70年代之后，各国的法令中都抹掉了以任何商品充当币材的规定。这就是说，在过去货币制度中最重要的一个构成因素——币材消失了。这对19世纪的人们来说，简直是不可思议的。但毕竟是生活现实。目前的货币制度似乎可比照地称之为不兑现本位，不过这类表述没有什么意义。曾有一种百物本位说，但没有得到广泛认可。

2．货币单位的确定

这包括两个方面，货币单位的名称和货币单位的“值”。

关于货币单位名称的演变在第四节中已作了说明：最早与货币商品的自然单位和质量单位相一致，后来由于种种原因，日益与自然单位、质量单位脱离：有的是保持原名，内容发生变化，有的则完全摆脱旧名，重立新名。法律规定的名称，通常都是以习惯形成的名称为基础。

按照国际习惯，一国货币单位的名称往往就是该国货币的名称；几个国家同用一个货币单位名称，则在前面加上国家名称，如Franc（音译法郎），是很多国家采用的货币单位名称，前面加上国名，就是各该国的货币名称。法国法郎是法国的货币名称，瑞士法郎是瑞士的货币名称，等等。再如 Dollar，意译为元，也是很多国家货币的名称，加以国名，美元就是美国的货币名称，加元就是加拿大的货币名称，等等。没有其他国家采用同名单位，则不冠国名。中国有些特殊，货币的名称是人民币，货币单位的名称是“元”，两者不一致。

货币单位的确定更重要的是确定币值。当铸币流通时，就是确定单位所包含的货币金属重量和成色。在中国的历史上，秦王朝统一中国之后，铸“半两”铜币。不久，伴随着战乱，钱币流通也陷于极度的紊乱。汉王朝为了整顿钱币的流通，曾不断调整钱币的重量。几经反复，才在轻重适度的重五铢的“五铢”钱上稳定下来。正是取得了理想的重量和成色的标准，这种五铢钱才能流通七百年。唐的开元通宝名义上比五铢钱轻一半。但汉的斤两轻，唐的斤两重，实际重量相差无几。这个重量相差无几的开元通宝铜钱又流通了一千多年。清末开始铸银圆时曾铸 1 两重的银圆。但当时在流通中占统治地位的是在世界上已经流通很久的轻重适度的约 0.72 两的银圆。所以 1 两的银圆无法流通，不得不停铸，而改按通行规格铸造。

当流通中只有不兑现的货币且尚未与黄金脱离直接联系的情况下，则是确定本国货币单位的含金量，或确定本国货币与世界上占主导地位的货币（如美元）的固定比价。当黄金在世界范围内非货币化之后，则是如何维持符合自身利益的本国货币与外国货币的比价，即汇率。这可能要求波动幅度不超过一定范围，也可能要求自己的币值偏低，或可能要求自己的币值偏高。

无论如何，当币材的构成要素消失之后，货币单位的确定成为货币制度中的核心构成要素。

3．金属货币的铸造

应该说，在已经不存在铸币流通的情况下讲铸币的铸造或造币问题，未免过时。但简略回顾历史鉴古知今，仍有必要。

金属货币的铸造权在古代是一个重大的政策问题。统一中国的秦王朝，实施的是国家垄断铜币铸造权的政策。可以说，这是以前各诸侯国垄断铸造政策的延续和实现华夏一统的重要决策，与“书同文，车同轨”有同等重要的意义。汉初曾两度实行“放铸”，即实行允许私人铸造的政策。但实行的结果则是私人铸造的“恶钱”充斥流通，而符合国家法定重量和成色形制的“法钱”被排出流通之外。同时铸造货币的大权旁落，也威胁君王的统治。在总结这些经验教训的基础上，建立了在中国两千年封建社会中占统治地位的中央集中铸币权的传统。在封建社会，这样的政策对于保证相对稳定的货币流通无疑是重要的，但它也为统治者本身铸造劣币创造了条件。

朝廷铸造重量轻，成色差的铸币并强制百姓按铸币面值接受，就可从中形成财政收入。这是封建王朝屡屡采用的伎俩。这样的收入被称为“铸币税”。当然也有相反的情况：为了铸造合乎规格的铸币，不时会出现铸币成本过高的情况，以致成为财政难以承受的沉重负担。但两相比较，后一种情况往往被忽视。

资本主义经济登上历史舞台，要求摆脱封建统治者的意旨而使货币流通的稳定问题能够由法规制度所保证，这就产生了自由铸造制度。所谓“自由铸造”，是指公民有权把经法令确定的货币金属送到国家的造币厂铸成铸币；造币厂代公民铸造，或不收取费用，或收取很低的熔炼打造成本；公民有权把铸币熔化，但却严格禁止私自铸造。由于技术的发展，在自由铸造制度确立之际，私人铸造合乎法定标准的铸币已有技术困难并极不合算；铸造伪劣币，既犯重罪，又很容易被辨认出来。

自由铸造制度的意义在于可以使铸币价值与其所包含的金属价值保持一致。因为铸币的市场价值如果偏高，人们就会把贵金属运到造币厂，要求铸成铸币，流通中铸币数量增加；如果偏低，人们就会把铸币熔成金银锭，使流通中的铸币数量减少。这实质是利用货币贮藏作为调节流通货币量的蓄水池作用。随着流通中贵金属铸币的日益减少乃至完全退出流通，这种机制也就不存在了。

在中国，从清末至20世纪30年代法币改革以前，银圆就是实行这一制度。

4．本位币和辅币

用法定货币金属按照国家规定的规格经国家造币厂铸成的铸币称为本位币或主币。本位币是一国流通中的基本通货。现在流通中完全不兑现的钞票，也称为本位币，其含义也不过是用以表示它是国家承认的、标准的、基本的通货。

本位币的最小规格是一个货币单位。如中国的银铸币全部是 1 元。有些国家的金银铸币最小规格的面值为5个、10个，甚至100个货币单位。

由于商品价格和服务付费很多不到一个货币单位，或在货币单位之后有小数，因此还需要小于一个货币单位的流通手段。这就出现了辅币制度。辅币的面值大多是本位币的 1/10、1/100，其名称则各国不同。如美元的辅币面值为本位币的1/100，叫“分”；英镑的辅币面值过去很独特，其中本位币面值 1/20 的叫“先令”，1/240 的叫“便士”，不过现在也改为统一的 1/100，称“新便士”。辅币多由贱金属铸造，为非足值通货。铸造权由国家垄断，铸造数量一般也有限制，铸造收益归国家。贵金属铸币退出流通后，辅币制度则保存了下来。

中国在金属货币流通时一直未形成规范的辅币制度。当铜钱与银两流通时，铜钱可解决小额支付问题，但银两与铜钱并无固定比价，比价随银铜各自本身价值的高低变化而变化。清末曾铸铜圆（圆形无孔），企图建立辅币制，但未成功。铜圆与银圆的比价仍随银与铜各自的贵贱波动。1935年法币改革后，确定辅币为“角”（1/10元），“分”（1/100元）。但在通货膨胀的局面下，未起作用。直至1955年新人民币发行后，角票、分票与硬角币、硬分币的制度才真正确立。

二、货币制度的演变

货币制度自产生以来，其存在形态经历了银本位制、金银复本位制、金本位制、不兑现的信用货币制度四大类型。

（一）银本位制

银本位制就是以白银作为本位货币的一种金属货币制度。银本位制又分为银两本位和银币本位。银两本位是以白银的重量单位——两作为价格标准的，实行银块流通的货币制度。银币本位则是以一定重量和成色的白银，铸成一定形状的本位币，实行银币流通的货币制度。在银本位制度下，银币可以自由铸造和自由熔化，并具有无限法偿的效力，白银或银币可以自由输出输入。

银本位制是最早实行的货币制度之一，而且持续的时间也比较长。在纪元前及纪元初期，欧洲许多国家如英国、法国、意大利等，均曾有银币流通。16～19 世纪，银本位制在世界许多国家盛行。我国也是最早实行银本位制的国家，但主要是实行银两本位，而由国家法律确认实行银币本位，是在 1910 年，即清朝宣统二年四月颁布的《币制条例》。该条例规定了以圆为单位，重七钱二分，定银圆为国币，并确定成色，禁止各省自由铸造，将铸造权统归中央。1914 年（民国三年）公布新《国币条例》，仍以圆为单位。同年 12 月，在天津总厂铸造带有袁世凯头像的银圆，俗称“袁大头”。1927 年，国民政府停铸袁大头，改铸中山开国纪念币，俗称“孙币”或“船洋”（因背面刻一船形）。需要指出的是，当时尽管在法律形式上实行银币本位制，但实际上银圆和银两仍然并用。直到 1933 年 4 月，国民党政府才“废两改圆”，公布《银本位币铸造条例》，将银圆的重量减少、成色降低，改为一圆银币重 26.7 克，每圆含纯银 23.5 克。这种银圆可以自由铸造，无限制使用。这时，银圆才成为真正的本位货币。

19 世纪后期，世界白银产量猛增，使白银的市场价格发生强烈波动，呈长期下跌趋势。白银价格的起伏不稳，既不利于国内货币流通，也不利于国际收支，影响一国经济的发展，加之银币体重价低不适合巨额支付，从而导致许多实行银本位制的国家都先后放弃了这种货币制度。例如，法国于 1803 年、意大利于 1865 年放弃银本位制，改行复本位制；印度于 1893 年、菲律宾于 1903 年、墨西哥于 1905 年放弃银本位制，改行金汇兑本位制；1935 年国民党实行“法币改革”，宣布禁止使用银圆，从银本位制改行金汇兑本位制。

（二）金银复本位制

金银复本位制，是由国家法律规定的以金币和银币同时作为本位币，均可自由铸造，自由输出、输入，同为无限法偿的货币制度。

在 16 世纪上半叶以前，金银的总产量并不高，只是在墨西哥和秘鲁等地发现了丰富的银矿之后，白银产量才大增；17 世纪在美洲发现了丰富的金矿，黄金的开采量也随之增加。大量黄金从美洲流入欧洲，促成了金银复本位制的实行。金银复本位制是资本主义发展初期最典型的货币制度。

金银复本位制又分为平行本位制和双本位制。平行本位制是金币和银币按其实际价值流通，其兑换比率完全由市场比价决定，国家不规定金币和银币之间的法定比价。由于金币和银币的市场比价经常变动，这就使得用不同货币表示的商品价格也随之经常发生变化。货币作为价值尺度，要求本身价值稳定，本身价值不稳定的货币商品充当价值尺度，会造成交易紊乱。为了克服这一缺点，一些国家以法律形式规定了金银的比价，即实行双本位制。双本位制是金银复本位制的主要形式。但是，用法律规定金银比价，这与价值规律的自发作用相矛盾，于是就出现了“劣币驱逐良币”的现象。

“劣币驱逐良币”的说法出自 16 世纪英国政治家与理财家汤姆斯·格雷欣给英国女王的改铸铸币的建议，后来被英国经济学家麦克劳德在其著作《经济学纲要》中加以引用，并命名为“格雷欣法则”。所谓“劣币驱逐良币”的规律，就是在两种实际价值不同而面额价值相同的通货同时流通的情况下，实际价值较高的通货（所谓良币）必然会被人们熔化、输出而退出流通领域；而实际价值较低的通货（所谓劣币）反而会充斥市场。

为什么在金银复本位制下，会发生“劣币驱逐良币”现象呢？货币按其本性来说是具有排他性和独占性的。法律有关金银两种金属同时作为货币金属的规定是与货币的本性相矛盾的。在金银两种货币各按其本身所包含的价值同时流通（平行本位制）的条件下，市场上的每一种商品都必然会出现两种价格，一个是金币价格，一个是银币价格。而且这两种价格的对比关系又必然会随着金银市场比价的变化而变化。这样，就必然使市场上的各种交换处于非常混乱和困难的境地。为了克服这种困难，资本主义国家用法律规定了金银的比价（双本位制）。但是，这种规定又与价值规律的自发作用发生矛盾，因而不可避免地出现“劣币驱逐良币”的现象。

在金银复本位制下，“劣币驱逐良币”规律是如此表现出来的：当金银市场比价与法定比价发生偏差时，法律上评价过低的金属铸币就会退出流通领域，而法律上评价过高的金属铸币则会充斥市场。比如，金银的法定比价是 1∶15，如果由于采银技术进步或其他原因而使白银的价值降低，致使市场金银比价变为 1∶16 时，按法定比价，金币价值低估，银币价值高估，实际价值较高的金币成为良币，实际价值较低的银币成为劣币。在这种情况下，人们就会不断地从流通中取走金币，熔化成金块，再按 1∶16 的比率换成银块，铸造成银币，然后在流通界按 1∶15 的比率换成金币。如此循环一周，就可以得到 1 份白银的利润。如此不断循环下去，就会获得更多的利润，直到最后金币从流通界绝迹，银币充斥市场。反之，如果法定比价 1∶15 不变，金银实际比价为 1∶14，则金币成为劣币，银币成为良币，金币充斥市场，银币则逐渐绝迹。

因此，在金银复本位下，虽然法律上规定金银两种金属的铸币可以同时流通，但实际上，在某一时期内的市场上主要只有一种金属的铸币流通。银贱则银币充斥市场，金贱则金币充斥市场，很难保持两种铸币同时并行流通。

“劣币驱逐良币”规律曾在美国货币史上有所表现。美国于 1791 年建立金银复本位制，它以美元作为货币单位，规定金币和银币的比价为 1∶15，但当时法国等几个实行复本位制的国家规定金银的比价为 1∶15.5。也就是说，在美国金对银的法定比价低于国际市场的比价。这样，人们可以在美国取得 1 盎司黄金，把它输送到法国去换取 15.5 盎司的白银，然后又将 15 盎司的白银运回美国，在美国购买 1 盎司黄金，剩下半盎司的白银，除了弥补运输费用以外，还可以得到一笔利润。于是黄金很快就在美国的流通界消失了，金银复本位制实际上变成了银本位制。1834 年，美国重建金银复本位制，金银的法定比价重新定为 1∶16，而当时法国和其他实行复本位制的国家规定的金银比价仍然是 1∶15.5，这时就出现了相反的情况。由于美国银对金的法定比价定得比国际市场的低，因此金币充斥美国市场，银币却被驱逐出流通领域，金银复本位制实际上又变成了金本位制。

在金银复本位制向金本位制过渡时，曾出现过一种“跛行本位制”。在这种制度下，法律规定金币和银币都可以成为本位币，两者之间有兑换比率，但金币可以自由铸造，而银币却不能自由铸造。由于银币实行限制铸造，遂使银币的实际价值与其名义价值无法保持一致，银币的名义价值唯有取决于银币和金币的法定兑换比率。实际上，此时的银币已经起着辅币的作用，演变为金币的价值符号。事实上，跛行本位制已不是典型的复本位制，而是由复本位制向金本位制过渡时期的一种特殊的货币制度。

（三）金本位制

金本位制又称金单本位制，它是以黄金作为本位货币的一种货币制度。其形式有以下三种。

1．金币本位制

金币本位制是典型的金本位制。在这种制度下，国家法律规定以黄金作为货币金属，即以一定重量和成色的金铸币充当本位币。在金币本位制条件下，金铸币具有无限法偿能力。

金本位制是资本主义自由经济发展阶段的一种货币制度。最早从金银复本位制过渡到金币本位制的是英国。英国政府于 1816 年颁布法令，正式采用金币本位制。在欧洲大陆各国中，德国最早实行金币本位制。根据 1817 年和 1837 年的法令，德国实行了金币本位制。继德国之后，丹麦、瑞典和挪威均于 1837 年实行金币本位制。到 19 世纪末，美国和其他资本主义国家也实行了金币本位制。

金币本位制的主要特点是：①金币可以自由铸造和自由熔化，而其他铸币包括银铸币和铜镰币则限制铸造，从而保证了黄金在货币制度中处于主导地位；②价值符号包括辅币和银行券可以自由兑换为金币，使各种价值符号能够代表一定数量的黄金进行流通，以避免出现通货膨胀现象；③黄金可以自由地输出入国境，从而保证了世界市场的统一和外汇汇率的相对稳定。

金币本位制是一种相对稳定的货币制度，这种货币制度使得货币的国内价值与国际价值相一致，外汇行市相对稳定，不会发生货币贬值现象，因此对资本主义国家经济发展和对外贸易的扩大起到了积极的促进作用。但是，随着资本主义经济的发展，资本主义国家之间矛盾加剧，这种货币制度的稳定性日益受到削弱。其原因如下。①资本主义各国发展不平衡性的加剧，引起世界黄金存量的分配极其不平衡，到 1913 年末，美、英、法、德、俄五国占有世界货币黄金存量的 2/3。黄金存量的绝大部分集中在少数强国手里，削弱了其他国家金铸币流通的基础。②削弱了价值符号对金币自由兑换的基础。这是因为少数强国为了准备进行帝国主义瓜分殖民地的战争，一方面用黄金购买军火，另一方面大量发行纸币以弥补财政赤字，这就不能保证价值符号的自由兑现。③限制了黄金在国际间的自由输出入。主要是一些国家从本国的利益出发，用关税壁垒限制贸易往来，影响了黄金在国际间的流通。

第一次世界大战后，金币本位制遭到破坏，导致许多国家放弃了金本位制。1924～1928 年，资本主义出现了一个相对稳定时期，主要资本主义国家的生产恢复到第一次世界大战前的水平，各国相继恢复金本位制，但由于金本位制的基础被削弱，已不可能恢复典型的金本位制。当时，除美国之外，其他国家只能实行没有金币流通的金块本位制和金汇兑本位制。

2．金块本位制

金块本位制亦称“生金本位制”，是在一国内不准铸造、不准流通金币，只发行代表一定金量的银行券或纸币来流通的制度。金块本位制虽然没有金币流通，但在名义上仍然为金本位制，并对货币规定有含金量。如法国 1928 年的货币法规定，法郎的含金量为 0.065 克纯金，并规定有官价。实行金块本位制的国家，虽然不允许自由铸造金币，但允许黄金自由输出入，或外汇自由交易。银行券是流通界的主要通货，但不能直接兑换金币，只能有限度地兑换金块。如英国在 1925 年规定，银行券每次兑换金块的最低数量为 1700 英镑；法国 1928 年规定至少 21.5 万法郎才能兑换黄金，从而限制了黄金的兑换范围。

金块本位制实行的条件是保持国际收支平衡和拥有大量用来平衡国际收支的黄金储备。一旦国际收支失衡，大量黄金外流或黄金储备不敷支付时，这种虚弱的黄金本位制就难以维持。1930 年以后，英国、法国、比利时、荷兰、瑞士等国家在世界性经济危机袭击下，先后放弃了这一制度。

3. 金汇兑本位制

金汇兑本位制又称“虚金本位制”。在这种制度下，国家并不铸造金铸币，也不允许公民自由铸造金铸币。流通界没有金币流通，只有银行券在流通。银行券可以兑换外汇，外汇可以兑换黄金。

这种制度在名义上仍为金本位制。这是因为：①本国货币规定有含金量；②本国货币与某一实行金币本位制或金块本位制国家的货币保持一定的固定比价，并将黄金、外汇存放在这个国家作为外汇基金，通过市场买卖以维持固定比例；③银行券是流通中的主要通货，可以兑换外汇，其外汇可以在挂钩国家兑换黄金。金汇兑本位制实际上是一种附庸性质的货币制度。

早在 19 世纪末，帝国主义国家的殖民地就实行过这种货币制度。例如，印度在 1893 年，菲律宾在 1903 年，先后实行金汇兑本位制。第一次世界大战结束后，德国、意大利等战败国为整顿币制，把向别国借来的贷款作为外汇基金，把本国货币与英镑、美元等挂钩，保持固定比价，即实行金汇兑本位制。

金汇兑本位制和金块本位制都是一种残缺不全的本位制，实行的时间不长，终于在 1929～1933 年世界性经济危机的冲击下崩溃了。从此，除个别国家外，资本主义世界各国与金本位制告别，而实行不兑现的信用货币制度。

（四）不兑现的信用货币制度

不兑现的信用货币制度是以纸币为本位币，且纸币不能兑换黄金的货币制度。这是当今世界各国普遍实行的一种货币制度，其基本特点如下。①不兑现的信用货币一般是由中央银行发行的，并由国家法律赋予无限法偿的能力。②货币不与任何金属保持等价关系，也不能兑换黄金，货币发行一般不以金银为保证，也不受金银数量的限制。③货币通过信用程序投入流通领域，货币流通是通过银行的信用活动进行调节，而不像金属货币制度那样，由铸币自身进行自发的调节。银行信用的扩张，意味着货币流通量增加；银行信用的紧缩，则意味着货币流通量的减少。④这种货币制度是一种管理货币制度。一国中央银行或货币管理当局通过公开市场政策、存款准备金率、贴现政策等手段来调节货币供应量，以保持货币稳定；通过公开买卖黄金、外汇来设置外汇平准基金，管理外汇市场等手段，保持汇率的稳定。⑤货币流通的调节构成了国家对宏观经济进行控制的一个重要手段，但流通界究竟能够容纳多少货币量，则取决于货币流通规律。当国家通过信用程序所投放的货币超过了货币需要量，就会引起通货膨胀，这是不兑现的信用货币流通所特有的经济现象。⑥流通中的货币不仅指现钞，银行存款也是通货。随着银行转账结算制度的发展，存款通货的数量越来越大，现钞流通的数量越来越小。

在不兑现的信用货币制度下，货币、信用领域都出现了一系列新现象。例如，货币的实际流通量对商品平均价格的决定作用；银行放款的投放量对货币流通量的影响；国家对银行信用的调节成为控制宏观经济的重要手段；等等。可以说，当代金融领域的重大课题，几乎都与货币制度由金属货币制度演变为不兑现的信用货币制度有关。当代金融可以发挥调节宏观经济总量平衡、结构平衡、稳定物价、提高效益的功能。这种功能产生的前提是不兑现的信用货币制度的建立，而如何更好地实现上述功能，则是金融研究的中心课题。因此可以说，不理解货币制度及其演变，就不能理解当代金融。

本章思考题

① 马克思是如何分析货币起源的？

② 试述作为一般等价物的货币的类型。

③ 如何理解马克思关于货币量范围的论述？

④ 试述我国传统货币量范围片面性的根源及其后果。

⑤ 什么是货币量层次划分？我国划分的标准和内容如何？

⑥ 什么是数字货币？数字货币有哪些类型、交易模式和特点？

⑦ 如何应用数字货币？

⑧ 什么是价值尺度？它与价格标准的关系如何？

⑨ 货币执行流通手段有哪些特点？

⑩ 随着商品经济发展，货币的贮藏作用有哪些进展？

⑪ 与流通手段相比，货币执行支付手段有哪些特点？

⑫ 社会经济生活中为什么离不开货币？为什么自古至今，人们又往往把金钱看作是万恶之源？

⑬ 货币种种形态的演进有何内在规律？流通了几千年的金属货币被钞票和存款货币所取代，为什么是历史的必然？

⑭ 建立货币制度的主要目的是什么？当今世界上的货币制度是由哪些要素构成的？

第十三章
货币供求与失衡及其调整

第一节 货币需求概述

一、货币需求和货币需求理论

1. 货币需求的含义

所谓货币需求，是指在一定时期内，社会各阶层（个人、企业单位、政府）愿以货币形式持有财产的需要，或社会各阶层对执行流通手段、支付手段和价值贮藏手段的货币的需求。

从货币需求的定义可以看出以下几点。

① 不能将货币需求仅理解为一种主观欲望、一种纯心理的占有欲望。经济学意义上的需求虽然也是一种占有欲望，但它与个人的经济利益及其社会经济状况有着必然的联系，始终是一种能力和愿望的统一。所以，经济学研究的对象是这种客观的货币需求。

② 人们产生货币需求的根本原因在于货币所具有的职能。在现代市场经济社会中，人们需要以货币方式取得收入，用货币作为交换和支付的手段，用货币进行财富的贮存，由此对货币产生了有一定客观数量的需求。

③ 货币需求主要是一个宏观经济学问题。因为市场需求是由货币所体现的有现实购买力的需求，所以宏观调控主要是需求面的管理。当然，它的实现必然要通过对货币供给的控制来进行，因此不能忽视与货币需求相对应的货币供给问题在宏观调控中的突出地位。

④ 货币需求与货币供给直接对应，研究货币供给，不能超越货币需求这一范畴。

2. 货币需求理论的研究内容

货币理论是经济学中最富有争论的理论之一，货币需求理论又是货币理论的重要内容之一。货币需求理论是一种关于对货币需求的动机影响因素和数量决定的理论，是货币政策选择的理论出发点。货币需求理论所研究的内容是一国经济发展在客观上需要多少货币量，货币需要量由哪些因素组成，这些因素相互之间有何关系，以及一个经济单位（企业、家庭或个人）在现实的收入水平、利率和商品供求等经济背景下，手中保持多少货币的机会成本最小、收益最大等问题。

就货币理论本身而言，人们最先开始研究并取得突出成果的是货币需求理论。在很长的一段时间里，学者们在研究货币理论时都只把注意力放在与货币需求有关的问题上，众说纷纭，各抒己见，其原因主要有以下两方面。

① 在漫长的历史进程中，人类所使用的是贝壳、兽皮、铁、金等实物货币和金属货币，而普遍用纸币作货币只是近代的事情。在实物货币与金属货币流通的时代，流通中货币量的

形成是一个自发的过程，要由不同的经济单位提供，也为不同的利益群体或个人所收受，一般不会发生流通中的货币量过多或过少的情况。即使这种情况偶尔发生，也会通过客观存在于经济生活中的贮藏货币的“蓄水池”作用自发地进行调节。因此，无须人们花过多的精力去研究货币如何供应和控制的问题。

② 在20世纪60年代以前，西方国家的经济学者通常把货币供应量看作是中央银行可以绝对控制的外生变量。如凯恩斯就认为，货币供应是一个由货币当局控制的外生变量，取决于政府的货币政策，因而是一个既定的量。因此在资本主义国家实行部分存款准备金制度的状况下，也只是把存款准备金数量和存款准备金率作为货币供应量的限制因素，形成单纯的货币乘数理论。它的具体操作过程也比较简单，就是所谓的“逆对经济风向行事”，即在经济衰退、失业增加时，放宽货币供应，以便经济复苏；而在经济过热、发生“需求拉动”型通货膨胀时，则收缩货币供应，以便达到稳定通货的目的。所以，长期以来人们偏重于研究货币需求有其必然性。

二、微观货币需求和宏观货币需求

根据货币需求的动机，可以将其分为主观货币需求和客观货币需求两种。主观货币需求是指个人、家庭或单位在主观上希望拥有货币的欲望。客观货币需求是指个人、单位或国家在一定时期内能满足其经济发展客观需要的货币需求。依据货币作为一般等价物具有质上无限、量上有限的特征，主观货币需求在量上是无限制的，是一种无约束性的无效货币需求，这显然不是我们研究的对象。

就客观货币需求而言，又可分为微观货币需求和宏观货币需求。当从个人家庭或企业单位的微观角度考察其在既定的收入水平、利率水平和其他经济条件下保持多少货币最为合适时，这种类型的货币需求称为微观的货币需求。当从整个国民经济的宏观角度考察一个国家在一定时期内的经济发展和商品流通所必需的货币量时，这种货币量能保持社会经济平稳、健康地发展，我们称这种类型的货币需求为宏观货币需求。

以上宏观和微观两种货币需求，因为是从不同角度确定的货币需求量，所以主要有以下差异。①从研究动机看，宏观货币需求是从国民经济总体出发，去探讨一国经济发展客观上所需的货币量；而微观货币需求则是从一个经济单位着眼，研究每一个经济单位持有多少货币最为合算，即机会成本最低和所得效用最大。②从包含的内容看，宏观货币需求一般指货币执行流通手段职能和支付手段职能所需要的货币量，它不包括货币发挥贮藏手段职能所需要的货币量；而微观货币需求是指个人手持现金或企业单位库存现金以及各自在银行保留存款的必要量，即指货币执行贮藏手段职能所需要的货币量。③从研究方法看，宏观货币需求注重动态的客观的研究，而微观货币需求则注重静态的主观的研究。

事实证明，由经济发展规律要求，货币需求首先要服从于客观的货币需要量。从这点出发，宏观货币需求应该是主要的研究对象，或者说，货币需求首先是一个宏观经济学的问题。当然，宏观货币需求是微观货币需求的集合，因此，对合理安排城乡居民消费、储蓄和手持现金的比例，对企业资金投向和投量的合理选择，对把握包括货币流通、支付和贮藏的总体货币必要量等方面的微观货币需求的研究，也是完全必要的。

三、名义货币需求和真实货币需求

所谓名义货币需求，是指一个社会或一个经济部门在不考虑价格变动情况下的货币需要量，一般用 M_d 表示。而真实货币需求则是在扣除价格变动以后的货币需要量，也就是以某一不变价格为基础计算的商品和劳务量对货币的需求。如果将名义货币需求用某一具有代表性的物价指数（如 GDP 平减指数）进行平减后，就可以得到真实的货币需求，所以真实货币需求通常可记作 M_d/p。

在金属货币流通条件下，流通中的货币需求可以自发调节，所以不存在名义货币需求和真实货币需求的矛盾。在价格水平很少变化的条件下，也没有必要区分名义货币需求和真实货币需求。但在价格水平经常变动且幅度较大的情况下，区分这种货币需求就变得非常必要。

必须指出，价格变动（上涨或下降）的情况异常复杂，既有合理因素（如对某些商品合理调价）也有非合理因素（如通货膨胀或紧缩）。现实状况往往是：如果根据过高的通货膨胀预计所计算的名义需求量来安排货币供给，过多的货币供给就成为直接加速物价上涨的因素；反之，如果不考虑价格不可避免的波动而简单地按实际需求供给货币，则会因货币供给不足而直接抑制经济增长。物价往往带有刚性，按既定膨胀或紧缩的价格水平计算名义货币需要量和真实货币需要量，也并非预期的理想货币需要量。所以，区分名义和实际两种货币需求固然重要，而根据实际变化了的情况测算这两种货币需求更为重要。

四、货币需求和资金需求

要弄清货币需求和资金需求的关系，首先要弄清货币和资金这两个概念的异同。

1．什么是货币

就它作为一般等价物而言，大家都已形成共识。但真正从质和量上加以把握并不容易，这在第一章中已有阐述。我国多少年来研究的货币只是指现金，所说的货币流通也只是指现金流通，甚至认为货币流通规律只在现金领域起作用。持这种传统观念，既无法进行总体货币供给的安排也谈不上对货币量进行宏观调控。改革开放以来，随着市场经济的发展，经济学界认识到，生产资料是商品，货币应是包括现金和存款在内的“大货币”，货币流通也应是包括现金和用于转账结算的存款在内的“大货币流通”，货币需求也应是所有为商品、劳务流通服务以及有关一切货币支付所提出的货币需求。

2．什么是资金

关于资金的概念通常有以下几种不正确的说法。①“资金”就是“钱”，就是货币。其实资金虽表现为一定的货币额，但并不等于货币。固定资金存在于厂房建筑物、机器设备形态上；流动资金则大量存在于原材料、半成品和商品形态上，这些显然不是现实的货币。反过来说，货币虽是资金的表现形式和计量单位，但并不等于资金本身。②资金是物资的货币表现。其实并非凡是物资的货币表现都是资金，从资金在社会再生产过程中的表现形式分析就可以分为商品资金、货币资金和生产资金三种。而且，并非凝结着价值的物体都是资金，而是已经或将要直接用于物质产品的生产和流转过程中的价值物才是资金。资金也并非仅仅是物资的货币表现，如银行账户上的存款虽大部分是货币资金，但也有相当部分是单纯的货币（机关、团体的经费等），并非作为资金来周转。③银行存款是资金，现金是货币。银行账户上的存款虽然大部分是货币资金，但也有相当部分是单纯的货币，如机关团体经费的一次性消费支出，并非用于资金周转。至于现金中，也有相当部分是作为资金的货币，如企业出纳所保存的用作参与再生产过程的现金，农民手中用于购买农业机械设备、化肥等的部分现金。

因此，所谓资金是指在社会再生产过程中，不断占用和周转的、有特定目的和用途的、可以增值的一定价值量。从资金的含义看，其与“资本”这一概念没有多大差别。

可见货币和资金是有明显区别的，主要表现在以下方面。

（1）存在形态不同　货币只能存在于货币形态；而资金不仅可以存在于货币形态，还可以存在于实物形态。

（2）运动过程不同　货币运动的过程是“商品（W）—货币（G）—商品（W）”，货币在这里作为商品交换的媒介；而资金的运动过程是“G—W…P…W'—G'”，这里的 P 是指生产过程，即价值的增值过程。

（3）需要量的规律不同　货币需要量公式为 $M=PT/V$。式中，M 为执行流通手段职能的货币量；P 为商品价格水平；T 为流通中的商品数量；PT 为商品价格总额；V 为货币的流通速度。资金需要量则等于产品生产总值除以资金周转次数。

（4）货币资金具有双重性　即它既是作为资金的货币，又是作为货币的货币。

但是，货币和资金也有密切的联系，主要表现在：①资金的总价值总是以一定的货币量来表现的；②资金总有一部分存在于货币形态，即货币资金形态，货币资金具有资金和货币的双重属性；③各种类型的资金和货币在其各自运动中可以转化；④流通中的货币量大部分为资金运动服务，且资金循环的一头一尾都与货币的流通交织在一起；⑤各种类型的资金紧张往往又集中表现在货币资金上。

那么，是不是可以将“资金紧”和“货币紧”看作是一回事呢？不能，正因为货币和资金有上述的联系和区别，所以在具体实践过程中，不能简单地将“资金紧”看做是“货币紧”。例如，对一个企业的“资金紧”需要进行具体分析，可能是由生产不正常造成的产品积压、滞销引起；可能是由生产成本和费用降不下来所造成；也可能是企业将部分贷款用于基本建设或发放奖金；还可能是非企业主观因素所致，如财政部门未拨应拨资金，银行部门未贷应贷款项，购货单位未付应付订金等。所以，不能绝对地说企业资金紧就需要银行贷款，而必须进行深入细致的调查研究，依据具体情况采取相应的解决办法。在实践中，往往是企业向银行贷款不少，却因为大量资金的挤占挪用而仍感到货币资金紧张。

总之，资金需求和货币需求既有联系也有区别，相互的重合只能在特定条件下。确认它们的差异有利于银行贷款的正常发放，从而有利于防止信用膨胀和通货膨胀的产生。

第二节　货币需要量的测算

对货币需求的本质及其理论演变的分析当然是非常重要的，但对货币需求富有实际意义的还是量的分析。符合经济发展的货币需要量既是货币供给的标的，又是货币政策调控的依据所在。

一、权变法和规则法

1．权变法

西方经济理论界虽然从16世纪重商主义时期就开始了自由主义经济理论与国家干预学说的对立与交替沉浮，但现代宏观经济理论的创立则是以凯恩斯的《就业、利息和货币通论》一书的出版为标志的。国家对宏观经济的全面干预也是1929～1933年的世界经济大危机之后的事情。由于“凯恩斯革命”的重要性与凯恩斯主义经济理论的适用性，第二次世界大战后的资本主义国家几乎无一例外地都以凯恩斯主义为经济理论支柱，实行国家干预的经济政策。

凯恩斯及凯恩斯学派的经济学家都认为：国民经济具有内在的不稳定性，它必然经历各个较长阶段的失业和停滞，以及各个阶段的急剧扩张和通货膨胀之间的波动；促使经济运行发生波动的原因主要是来自实物部门的干扰（例如投资边际收益的变化），而不是来自货币部门的骚乱（前凯恩斯主义者认为货币供应量的变化无关紧要，后凯恩斯主义者则略有不同）；这种干扰一旦发生，国民经济就可能需要很长时间才能恢复到均衡状态，因此必须通过国家干预，运用可自由支配的需求管理政策使国民经济维持在较高而且稳定的就业水平上。他们认为要保持国民经济的稳定，就必须同时使用财政政策与货币政策。但由于可自由支配的财政政策产生的效果比可自由支配的货币政策产生的效果更具有可测性，而且它作用于经济活动更迅速，因此，这派学者主张把可自由支配的财政政策作为主要的政策工具，而把货币政策放在次要的位置上。

在财政政策上，权变法强调所谓“补偿性财政”，即从周期平衡的观点出发，在萧条时期做赤字预算，扩大政府开支，以刺激总需求，推动经济回升；在繁荣时期则做盈余预算，削减政府开支，以抑制总需求，阻遏经济的过度膨胀。

关于货币政策的具体运用问题，权变法主张采取“相机抉择”的办法，即在经济萧条、失业率上升时期，采取宽松的货币政策（增强货币供给，降低利息率）；而在经济过热、通货膨胀到了不能容忍的程度时，就采取紧缩的货币政策，减少货币供应，提高利息率。这种依经济周期变动而确定货币供应量的方法被称为权变法，也称为逆风向而行或简称顶风的货币政策，其抉择标准是追求利益最大化或损失最小化。

西方国家政府实施这套经济政策和依权变法确定最适货币需要量的结果确实使它们比较顺利地走出了大危机的低谷，赢得了经济的较快增长；但同时通货膨胀也扶摇直上，由一位数到两位数，由低两位数到高两位数，加上周期性的经济危机仍然不断发生，以至于20世纪60年代末期以后，各国经济相继出现前所未有的滞胀局面。通货膨胀取代失业问题，成了最可怕的经济魔鬼。于是凯恩斯主义备受责难，面临严重危机。同时，由于新货币主义的崛起和弗里德曼的“反革命”，风靡西方30多年的相机抉择的货币政策主张也随之受到冷遇。

2．规则法

所谓规则法，是指只要货币管理当局按照一个固定的比率供应货币，就可以保持经济的稳定，即最适货币供应量只能是按固定的比率计算出来的。其理论依据是新货币主义，创始人是 1976 年诺贝尔经济学奖获得者米尔顿•弗里德曼教授。这派学者从 20 世纪 50 年代后期就开始攻击凯恩斯主义，但由于当时“凯恩斯革命”已深入人心，凯恩斯的理论红极一时，他们形不成气候。只是在资本主义国家出现滞胀局面，凯恩斯主义普遍受到怀疑的情况下规则法才得到人们的青睐。规则法以反凯恩斯主义为己任，在经济政策上，不同意把财政政策放到货币政策前面而让货币政策屈居第二。他们认为在所有经济变量中，货币最重要。在具体的货币政策问题上，反对凯恩斯主义相机抉择的主张，建议按照一定的规则行事。

规则法的具体思路大致如下。

① 在先进的资本主义国家，在一般允许的失业水平下，国民经济具有内在的稳定性，但这种内在稳定性在受到错误的货币政策干扰下可能会遭到破坏。与凯恩斯主义者相反，规则法派认为，引起国民经济混乱的多数情况不是来自实物部门，而是来自货币部门，是由于货币过多所致的。

② 经济政策制定过程中存在许多不定因素。规则法派学者把这些不定因素的来源归纳为四条：一是由于货币知识有限，经济知识也有限，加上实际资料不全，准确度不高，计算手段不够现代化，预测人员数量不够，素质也不是很高，因此人们不可能对经济现状做出全面的准确估价；二是人们对冲击经济的外生变量不甚清楚，而且对这些变量对经济影响程度的预测也难以精确，因此，人们对未来的经济也就不可能做出准确的预测，从而不可能对货币增长率进行有效的微调；三是由于不同经济学家对同一经济问题的看法不同以及同一经济学家在不同时期对同一经济问题的看法不一，使得人们以及货币当局对这些问题无所适从；四是货币政策效应的产生存在有一个时差，即它并不是立即显示出来的，而往往是隔了一段时间之后才显示出来，因此相机抉择就很难把握“火候”。

③ 当今资本主义国家货币政策所追求的目标大都是多重的，包括经济增长、稳定货币、充分就业和平衡国际收支等。这些目标相互之间存在着一定的矛盾，同一货币政策很难同时实现两个和两个以上的政策目标。

④ 将货币供应问题交给货币管理当局去相机抉择、斟酌处理，既不符合自由社会的准则，又容易受政治经济压力的影响，而且货币管理当局的迭替或政府的变更也容易引起货币管理混乱。况且相机抉择还要受稳定经济以外的目标以及与该目标相矛盾的目标的影响，甚至于知道其错误后，又常常视而不见不加以矫正。这样，对货币供应实行相机抉择的权变方法就不仅不能收到预期效果，而且还成为经济动荡的重要原因。因此，规则派学者中的某些人告诫公众：“政府不可信，货币管理当局不可信。”

正是基于以上考虑，这些学者坚决反对用权变方法来确定货币供应量，竭力主张“立法机关制定规则，指令货币管理当局使货币数量按照具体的比例增长”。他们认为，按规则行事不仅可以克服权变法的上述缺陷，而且可以促进经济的稳定并具有自动刺激经济恢复的功能。如在经济高涨或需求太旺时，固定的货币供应量增长率处于货币需求量增长率之下，这就使货币供应具有自动收敛经济过分膨胀的能力；在经济萧条或需求不足时，固定的货币供应量增长率处于货币需求量增长率之上，这就使货币供应具有促进经济增长的能力。

规则论者还认为，货币规则应包括以下两方面主要内容。

（1）确定货币的定义 他们比较一致地认为要采用广义的 M_2 货币量（通货＋活期存款＋定期存款＋储蓄存款）。不过，也有些学者同时认为，使用狭义的 M_1 货币量（通货＋活期存款）也足以表现“规则”。

（2）选择一个合适的货币增长百分比 对于这个问题，规则派学者没有一致的见解，说法各异甚至同一位学者的观点前后也不完全一致。弗里德曼以“最适货币量”为题进行了长期的研究。他在1960年发表的《货币稳定方案》一文中认为，就美国过去90年的情况而言，货币量的年增长率以稍高于4%比较合适。在这4%中，3%的增长率相当于产量的增长率，余下的1%则相当于公众随着实际收入的增加所保留的货币量的增加。也就是说，美国长期的平均经济增长率为3%，货币供应增长率也应为3%。除此之外，还要考虑货币流通速度变化的需要。而按照他们的研究结果，货币流通速度每年正常递减1%，故货币供应量增长率在4%的水平才能达到GNP年均增长3%的需要。

3．权变法与规则法的比较

权变法最大的优点是可以灵活调节货币供应量，这就在客观上创造了以货币供应量紧盯着货币需要量变化的条件，从而可以通过灵活调节货币供应量来经常保持货币供需均衡，并维持国民经济总体供需均衡。同时，这种相机抉择的政策主张很容易被人接受。它最大的缺点是主观随意性太强，货币管理当局有时可能会出于某种需要而有意识地使货币供应量偏离货币需要量。加之很难正确判断一定时期的货币需要量，虽然也可以用其他方法来计算，但可信度都不高，这样就使权变法很难通过对货币供应量的调节来达到促成并维持社会总体供需均衡的目的。

规则法最大的优点是简单，便于中央银行控制。货币管理当局经常为经济的短期波动而坐卧不安，只要确定一个规则，就可以高枕无忧，就可以以不变应万变。要确定一个适当的规则本来是一件困难的事情，但这派学者认为规则本身并不很重要，即货币供应量增长率按2%还是4%或其他比率并不很重要，只要有一个规则就行。正因为如此，规则法才被人们称为单一规则论或简单规则论。然而，它有一个致命的弱点：不能把货币供应量与货币需要量很好地挂钩，因为货币需要量作为一个由各种因素所决定的内在变量，很难说它是有规则的变动，即使它能有规则地变动，也不能武断地说它就长期按一个固定比率增长。这样，货币供应量就会经常地偏离货币需要量，在经济发展较快的时期，货币供应量就会不足。弗里德曼等人认为，这种货币供应量低于需要量的状况可以防止经济过热增长，避免过度繁荣后突然爆发危机。但是，这种人为制造的“货币饥荒”会延缓经济应有的发展速度，有可能扼杀经济的合理增长。相反，在经济发展较慢时期，货币供应量会显得偏多。弗氏学派认为这种状况可以刺激经济回升，但事实上这就是通货膨胀政策。可见，如果按规则法的主张来控制货币供应量，要么会发生货币饥荒，要么会造成通货膨胀，二者都不利于国民经济的宏观供求均衡。

二、中国传统的货币需要量确定方法

1．“1∶8”的经验数据

在20世纪70年代以前，中国对货币需求问题的研究限于以下两个前提条件：①限于理解和应用马克思关于流通中的货币（金币）的论述，将它称为货币需要量规律；②限于现金，即货币只是指现金，因为存款在国内转来转去收支相抵等于零，所以货币需要量就是指现金需要量。

所谓“1∶8”的经验数据，其含义是：每8元零售商品供应需要1元人民币实现其流通。符合这个标准，说明货币流通正常；不符合这个标准，如1∶7、1∶6等，则说明货币供给超过了需求。

这一经验数据的理论依据是马克思的货币需要量公式。在马克思的公式中，决定货币需求的是待销售的商品价格总额。在我国集中计划体制下，生产资料和消费资料的流通明确划分为两个领域。生产资料领域通常调拨，而不是流通；在流通领域的主要是消费资料。后者的总额在统计口径上近似地可指社会商品零售总额。所以这个总额就是马克思货币需要量公式中的商品价格总额并与现金数量加以比较。

“1∶8”的经验数据是怎样计算出来的呢？依据马克思的货币流通公式 $M=PT/V$，前面已讲过 PT 可以得知，但 M 和 V 未知。我们可以运用倒推法，即将 M 和 V 换一个位置，M 选取正常年份的货币流通量（实际上是现金流通量），因为无论是全国还是某一地区的现金流通量都是可以测定的。所谓正常年份，是指国民经济发展平稳、货币流通正常的年份，选取正常年份的货币流通量，实际上是指这一量和该年的货币需要量相近。因此，由 $V=PT/M$ 求出的 V 也应该是正常年份的 V。假设该年 PT 为800、M 为100，那么 V 就等于8。将正常货币流通速度 V 等于8代入测算期 $M=PT/V$，即可计算出测算期的货币需要量。

应该说，选取对货币运动有决定意义的社会商品零售总额指数与现金这个实现商品零售运动主要工具的存量，把两者的年序数列加以对比，并找出一个适当的比例作为度量标准，在方法上是成立的。所以，用“1∶8”经验数据分析中国20世纪60～70年代的货币流通状况能够起到一定的作用，且简便易行。问题在于，“1∶8”经验数据必须在当时经济体制、运作机制以及相应的政策法规都高度稳定的严格约束条件下才能真正起到作用。随着中国改革开放的不断深化，各种相关因素发生了很大的变化，这一经验数据也逐渐失去其实用价值和应有的意义。

2．定额法

定额法是指中央银行确定一个货币供应量增长的绝对额指标，作为计划期的货币供应依据，年度货币调节的任务就是努力使货币供应增量不突破这个指标。这也是中国在实际工作中一直沿用的传统方法，只是在1986年以前，中国的货币供应量仅指现金流通量，而且不使用“货币供应量”这一国际通用术语，而用“货币发行量”来代替。如1984年，中国现金发行计划为80亿元人民币，1985年为150亿元人民币，1986年为180亿元人民币。这个定额一般是通过编制计划期的现金收支计划表而确定，即计划期货币发行定额＝计划期现金支出（投放）总额-计划期现金收入（回笼）总额。现金支出包括工资支出、农副产品采购支出、财政信用现金支出、各类管理费支出等项目，现金收入包括商品销售收入、信用收入、无偿征缴收入等项目。

一般说来，制定这个定额指标的依据是国民经济发展计划，因而它有一定的科学性。但从中国30多年的实践来看，由于计划指标很少能严格控制住，所以执行结果并不理想。

3．增长率计算法

这一简明易解的公式可表示为：

$$M=Y+P$$

式中，Y 表示经济增长率；P 表示物价的预期或计划的上涨率；M 表示名义的货币需求增长率。

相对于“1∶8”经验数据，增长率计算法的思路要宽阔得多，主要体现在考虑了 P 的变化，但这个方程式的问题也主要在于 P。具体表现为：①在计划价格为主时，选用计划价格上涨率可能是适当的，但在开放价格的条件下，求证物价上涨率是一个复杂而不易解决的问题；②不仅 P 的预期值难以论证，而且决定货币需要量还有除 Y 和 P 外的其他很多因素，这些因素的叠加和消长，往往会使货币需求增长率距 Y 和 P 的算术相加值很远。所以运用这种过分简单的方法来测算货币需要量，很难得出有实践指导意义的结论。

三、三项挂钩法和单项挂钩法

近年来，不少学者对货币需要量的测算进行了一些有益的探索，主要有以下两种测定方法。

1．三项挂钩法

三项挂钩法是指让货币需要量与经济增长、物价变动和货币流通速度三个因素挂钩。其计算公式如下：

$$RM_D=\frac{(1+R_E)(1+R_P)}{1\pm R_V}-1$$

式中，RM_D 为货币需要量增长率；R_E 为经济增长率；R_P 为物价上涨率；R_V 为货币流通速度的变化幅度。

在上式中，经济增长率必须是实际增长率而不是名义增长率。否则，物价上涨因素就会进行一次重复计算。如果经济增长率用的是名义增长率，那就不应该再单独考虑物价上涨因素。日本中央银行计算货币供应量增长率时就只考虑两个因素，即名义经济增长与货币流通速度。其计算公式是：

适度的货币需要量增长率＝理想的名义 GNP 增长率＋货币流通速度的下降幅度

主张三项挂钩法的学者还认为，如果经济增长率、物价上涨率和货币流通速度的变化幅度都不大，即 R_E、R_P 和 R_V 的值都很小，那么上式可简化为：

$$RM_D=R_E+R_P+R_V$$

如果货币流通速度呈递增趋势，那么它对于货币供应量就是一个否定因素，上面的计算公式取减号；反之，则取加号。这种方法从形式上看是正确的，因为它只是从增长率的角度对货币需要量规律（$M=PQ/V$）加以变形，我们可以进行如下数学推导。

因为 $M=PQ/V$，等式两边取对数，得：

$$\text{Lg}M=\text{Lg}P+\text{Lg}Q-\text{Lg}V$$

如果我们对时间 t 求导，则有：

$$1/M \cdot dM/dt=1/p \cdot dp/dt+1/Q \cdot dQ/dt-1/V \cdot dV/dt$$

即，货币需要量增长率＝物价变动率＋产量变动率－货币流通速度变动率。

又因为我们所要求的是货币供应量速度，所以应该有：货币供应增长率＝货币需要量增长率。

依上推导就有：

$$RM_D=R_P+R_E-R_V$$

上式中，如果货币流通速度加快，则 R_V 为正；反之，如果货币流通速度呈减慢趋势，则 R_V 为负。

由上可见，这种货币需要量测算方法在理论上是成立的。然而，如果把它付诸实施，就会遇到如下问题。

① 经济增长率用什么指标表示？“经济增长”虽然是一个使用非常广泛的术语，但其含义却很难准确表达。国外一般用 GNP 的增长率来近似地表示。我国过去一直用工农业总产值增长率来代替。近年来有不少人认为，用工农业总产值来表示增长率的外延太小，应该扩大到用社会总产值来取代。但是，无论用哪种总产值增长速度表示经济增长率，都有一个很重要的问题——重复计算，这是不可避免的。重复计算的次数越多，总产值的膨胀系数就越大。因此，与其用总产值增长率来表示，还不如用国民收入增长率来替代。

② 假定用预期经济增长率作为货币供应计划的问题已经解决，相应地又产生另一个问题，即计划期合理的经济增长率究竟是多少？由于受各种条件的限制（如统计资料齐全与否、准确与否，计算手段先进与否，预测人员素质如何等），人们对合理经济增长率的预期很难说是完全正确的。

③ 把物价上涨率纳入货币供求计划，首先会遇到这样一个问题，即采用什么样的物价上涨率？有学者说用计划物价调整幅度，也有学者说用可承受的物价上涨率，甚至还有学者说用基期的实际物价上涨率。显然三者是有区别的，其内涵不一致，量上也不一定相等。如果以计划物价调整幅度作为依据，那么需要回答的将是以下一系列问题：由于统计对象不同，一国的物价总是多种多样的，有工业品出厂价格，也有农业品收购价格；有生产资料价格，也有生活资料价格；等等，而且它们都只是从某一个侧面反映物价上涨情况，那么选择哪一种物价的计划调整幅度作为依据更合适？如果选用可承受的物价上涨率作为依据，那么这个比率究竟是多少？如果以我国人民对物价上涨的心理承受能力为比率，那么究竟我们应该把可承受的物价上涨率放在什么水平上？另外，“可承受的物价上涨率”是不是“可接受的通货膨胀率”？把物价上涨作为货币供应量增长的一个因素，是否有意推行通货膨胀的货币政策？如果用基期的实际物价上涨率作为预期的物价上涨率，那么物价是否永远按同一幅度上升？

④ 把货币流通速度变化率作为货币供应量增长的一个因素，这当然是正确的，但如何认识货币流通速度的变化？影响货币流通速度的因素异常复杂，有促进其加快的因素，也有促使其减慢的因素，从理论上说，取决于加快和减慢因素的抵消结果，但这在实际上又很难把握。

正是由于有如此多的问题，所以货币管理当局目前还不敢贸然依据三项挂钩法的理论来确定货币供应计划。

2．单项挂钩法

所谓单项挂钩法，是指对货币需要量增长率进行单项指标跟踪，即只与经济增长率一个指标挂钩。这种方法是为了弥补三项挂钩法的缺陷而产生的。其特点是，让货币供应量增长率盯住经济增长率，但又不是采取对应的挂钩方式，即不是经济每增长1%，货币供应量就只能增长1%，而是让二者保持一定的幅度差，通常称之为货币供应系数。用公式表示为：

$$RM_D=aR_E,$$

式中，RM_D和R_E的经济含义同前，a为货币供应系数。

按照单项挂钩法的思路，货币供应系数a一般是大于1的，即经济每增长1%，货币供应量必须增长1%以上才能满足经济发展对货币的客观需要，才能保持货币供需均衡，这也就是货币供应“超前增长”的本意所在。a大于1的主要理由如下。

（1）经济的增长需要货币供应超前增长　虽然货币流通以商品流通为前提，货币供应的增长需要以商品生产和商品流通规模的扩大为前提，以经济的发展为基础，但是，经济的发展并不是无条件的，它需要货币供应作为“原动力”。用马克思的话来讲，货币是发动整个过程的第一推动力。在商品经济条件下，离开了货币这个推动器，国民经济这部大机器就不能启动和运转。在经济发展过程中，每年都要有一定数量的基本建设投资，而项目的建设周期少则两三年，长则要几十年才能见效。即使有当年投资当年投产的，其投产收益也不能完全补偿其投资，而项目在建设期间或见效之前，需要不断注入货币，这就形成了经济增长与货币供应的缺口。此外，项目建成后，企业一旦投产，周转备用金就要增加，流动资金占用会越来越多，而企业自身积累却极为有限，大量的资金占用需要靠银行贷款解决。随着资金占用水平的提高，企业资金自给率却相对降低。不仅新建企业如此，老企业也不例外。

（2）货币流通速度的延缓需要货币供应量的更快增长　只有这样才能使之与经济发展的需要相平衡。因为按照货币流通规律（$M=PQ/V$），可以得出两点推论：一是在PQ不变时，V减慢，则M的值就要增加；二是在PQ增长时，V减慢，则M的增长速度必须快于PQ的增长速度，才能保持等式的成立。

（3）货币供应较之经济发展的超前增长不仅表现在数量上，还表现在时间上　即在商品还没有生产出来之前，货币就已经被预付到流通中去了。马克思曾经指出：如果银行把银行券预付给也许是身无分文的资本家A，指望资本家A把银行券如同其他货币一样转化为资本，并且逐渐地从产品中不仅取回投在产品上的预付款，而且还把他所生产的剩余价值的一部分以贴现等形式付给银行，那么，情况就不同了。在这个场合，G（商品的转化形式）实际上不是现有商品的转化形式，而是这个形式的外表。实际上，G是那些还需要被生产出来的商品的转化形式，或者是将使用劳动的转化形式。这就是说，商品还未生产出来之前，银行就把货币预付给企业了，企业用须收的货币作为资本从事商品生产经营。马克思认为，这种形式必定会对生产制度的发展产生有利的影响。在商品经济较为发达的条件下，银行与企业以及企业与企业、企业与个人之间的预收预付关系是不可扼制也不应该被扼制的。

（4）经济的增长固然是货币供应增加的决定性因素，但并不是唯一的因素　除了经济发展需要供应货币外，社会其他方面的进步也需要占用一定量的货币。现代商品经济条件下的货币流通与简单商品经济条件下的货币流通的一个重要区别就是，它不仅服务于商品流通而且还要满足其他方面对货币的需要。特别是在全球经济一体化、市场化的进程中，不仅货币本身的内涵在不断扩大，而且货币仅以商品作为“物资保证”的理论也有所突破。在虚拟经济中，金融性交易所需要的货币量大大超过以货币为实物交易服务的比例。

现在要说明的问题是，货币供应超前系数 a 究竟如何取值？一般认为有两种可供选择的方法。第一种方法是截取一段历史时期，剔除某些非正常年份，选择经济发展比较健康、货币流通比较正常的年份作为参数，然后分别观察不同年度的两个增长率的比值并综合求证。第二种方法是不作时间剔除，用大样本作时间参数，在一段历史时期中求平均值。虽然有些年份的货币流通可能不太正常，但货币供应在长期的曲折波动中，一些不正常的因素会随着经济的调整而被自动抵消。

a 的量值究竟是多少？按照上述两种方法分别计算，其结果在 1.5 左右。有些日本经济学家建议中国货币管理当局，如果经济增长率为 7%～8%，那么货币供应量增长率以 13%为宜。而有些美籍华人专家则建议，根据中国的实际情况，在 7%～8%的经济增长率条件下，货币供应量增长率以 15%为最好。这就是说，a 值可以达到 1.7～2.0。值得注意的是，弗里德曼的规则论也包含货币供应超前增长的成分。他认为，美国要保持 3%GNP 的稳定增长率，货币量应按每年 4%～5%的规则增长。这表明，在他看来，美国货币供应的超前系数 a 在 1.33～1.67。

第三节　货币供给概述

一、货币供给的含义

所谓货币供给，是指一国在某一时点上为社会经济运行服务的货币量，它由包括中央银行在内的金融机构供给的存款货币和现金货币两部分构成。

关于货币供给的定义，需要说明以下几点。

① 货币供给中所指的货币，关系到货币供给的具体内容，但迄今为止，经济理论界对此并没有一个统一的认识，从而导致人们对许多金融理论和实务问题都存在争议，如货币供给在整个社会经济活动中的重要性，货币政策对宏观经济调控的作用等。因此，有必要进一步弄清货币供给的定义和包含的内容。

② 货币供给是一个存量概念，货币供给量是指一国在某一时点上的货币存量，它不外乎是指被财政部门、各生产经营单位、家庭和个人所持有的，由银行体系所供给的存款量和现金发行量。因此，影响和决定货币存量大小的是银行的信贷收支。银行是供给和改变货币供给存量大小的重要机构。

③ 货币需要量虽然也是一个有客观数量界限的存量，但毕竟是一个预测量。而货币供给却是实实在在地反映在银行资产负债表一定时点上的银行负债总额。具体地说，存款量是商业银行的负债，而现金发行量则是中央银行的负债。

④ 研究货币供给的目的是使社会实际提供的货币量能够与商品流通和经济发展对货币的需求（即预测的货币需要量）相吻合。所以，对货币供给有重要研究价值的不是实际的货币供给量，而是合理的货币供给量，即指由银行通过各项资产业务实际投放的货币量与社会

对货币的正常需求量一致。

⑤ 因为中央银行能够按照自身的意图运用货币政策工具对社会的货币量进行扩张和收缩，即货币供给量的大小在很大程度上为政策所左右，所以货币供给首先是一个外生变量。然而，货币供给量的变化又受制于客观经济过程，即除受中央银行货币政策工具的操作左右外，还取决于经济社会中其他经济主体的货币收付行为。因此它同时又是一个内生变量，即不为政策因素所左右的非政策性变量。因此，中央银行对货币供给量的调控就变得十分困难。

二、现金发行与货币供给

钞票和小面额硬币的发行并不是货币供给问题的全部。

经济生活中存在着形形色色的货币，而不只是现金、钞票和金属辅币。货币供给指经济生活中所有货币的集合，现金存量只是货币供给的构成部分。

因此，现金发行不等于货币供给，这是一个客观事实。

三、名义货币供给与实际货币供给

前面提出了名义货币需求与真实（实际）货币需求的区分。相对应地，也必须区分名义货币供给与实际货币供给。

名义货币供给是指一定时点上不考虑物价因素影响的货币存量；实际货币供给是指剔除物价影响之后的一定时点上的货币存量。若将名义货币供给记作 M，则实际货币供给为 M/P（P 为商品价格水平）。人们日常使用的货币供给概念，一般都是名义货币供给。例如讲某年度、某季度货币量增长多少、增长率多高等，都是该时期货币供给的名义增加量以及与基期存量的比较。

如果一国的物价水平长期比较稳定，仅就名义货币供给量分析是不会出多大问题的。货币当局在做出决策之前，首先要解决的是货币多了还是少了的基本判断问题。而分析货币多了还是少了，主要是靠采用货币供给增长率与商品、服务供给增长率相对比的方法。当价格水平变动不大时，以货币金额表示的商品、服务供给增长率，既是名义增长率，也大体可以反映它们的实际增长率。这时的货币供给也无须考虑是名义的还是实际的，只要相应地增减，也就可以保证商品和货币的顺畅流通。但是，假若某一经济体系正经历着物价水平的剧烈波动，那么，只分析名义货币供给的变动，就可能导致错误的经济形势判断和错误的政策选择。

设本期商品、服务的供给与货币供给是协调的。如果下期实物要素供给增加速度不变，货币供给增长速度也不变，只要价格稳定，一般说来，商品、服务供给与货币供给的关系仍然会是协调的。但是，假如出现了由某种外生因素导致的物价上涨或下跌，要是不区别名义货币供给与实际货币供给，那么相对于商品、服务的流通，就会出现明显的货币不足或过多。

举个简单的例子。设一个国家流通中现有货币是 100 亿元，在考察期间内商品、服务的实际增长率为零，但商品价格水平却提高了 1 倍，如果货币供给的名义增长率为零，显然，原有的 100 亿元货币就只能实现流通中商品、服务的 50%。当把市场出清看成是最佳状态时，这个国家该期间的货币存量显然严重不足，即整整少了一半。原因是，面对没有变动的实际商品和服务供给，实际的货币供给却由100亿元减少了一半，即：

100亿元/（1+100%）=50亿元

第四节　货币供给的形成和运行机制

一、货币出自银行

货币供给量是存在于流通领域之中为各经济单位（银行系统以外的个人、家庭、企业和机关团体等）所持有的货币。如果我们把经济单位划分为两部分：个人、家庭为一部分，简称为个人；企业、机关团体为另一部分，简称为社会各单位。那么，流通中的货币是从哪里来的问题就转化为个人手中的货币从哪里来和社会各单位的货币从哪里来两个问题。

1. 个人手持货币的来源

个人手持货币，在我国俗称“钱”或“人民币”。如果我们问某个商品购买者：“您的钱是从哪里来的?”他可能会做出如下几种回答（其中的一种、几种或全部）：①来自社会各单位发放的工资、奖励、助学金、抚恤金、补贴、稿酬等；②出售商品或提供劳务所得的收入，如农民出售农副产品、城镇个体工商户出售自己生产经营的商品等；③来自银行、信用社等金融机构，如借款所得、金融机构付给的利息、将个人持有的金银和外汇卖给银行；④非金融机构借款，如向所在单位借款、个人相互之间借贷；⑤亲友赠送。

其中，来源④和⑤又可以归结为来源①、②、③。因为个人之所以有钱借给他人或赠送给他人，是因为领到了工资、奖金等，或出售了商品，或卖了金银外汇以及获得利息收入。经过进一步的推论，来源②又只可能来自①和③，因为与商品出卖者（劳务提供者）直接对应的是购买者（劳务接受者），而购买者之所以有钱买，又是因为从①和③两条渠道获得了收入，而①又来源于③，因为除银行以外任何单位不得发行钞票。所以，个人手持的货币最终只可能来源于银行和金融机构。

2. 社会各单位所持货币的来源

社会各单位所持有的货币，在我国通称货币资金。如果我们问一个公司的财务经理：“贵单位的货币资金是从哪里来的?”他可能直接回答，也可能向我们提供一张该公司的资金报表。如果我们进行一次归类，它只可能有以下五种情况：①通过销售商品从买主那里得来；②银行借款；③上级拨入；④同业拆入（包括对单位和个人的借款、预收货款等）；⑤金融市场收入（包括发行股票、债券的发行收入和买卖有价证券的业务收入）。

其中，收入⑤又可归为①、②、③、④，因为该公司的金融市场收入必定是其他单位的金融市场支出，而其他单位之所以能够做这种支出，是因为从前四条渠道获得了收入。同理，经过归类，收入④的来源又只能是前三项。对于①、④、⑤，如果追根求源，也只能是②、③。③可能是主管部门，也可能是财政部门。主管部门的货币资金要么来源于对所辖各单位的征集，要么来源于财政部门。财政部门的货币资金可能有三个来源渠道：一是通过税收等手段从社会各单位和个人征收而得；二是从银行借入；三是国外借款，但借入的外汇必须到银行兑换本币才能在本国使用。这样经过一系列的循环之后，社会各单位的货币最终就只有一个来源——银行，从而全部流通中的货币也就只有一个出口——银行。货币供给量的来源可以用图 13-1 表示。

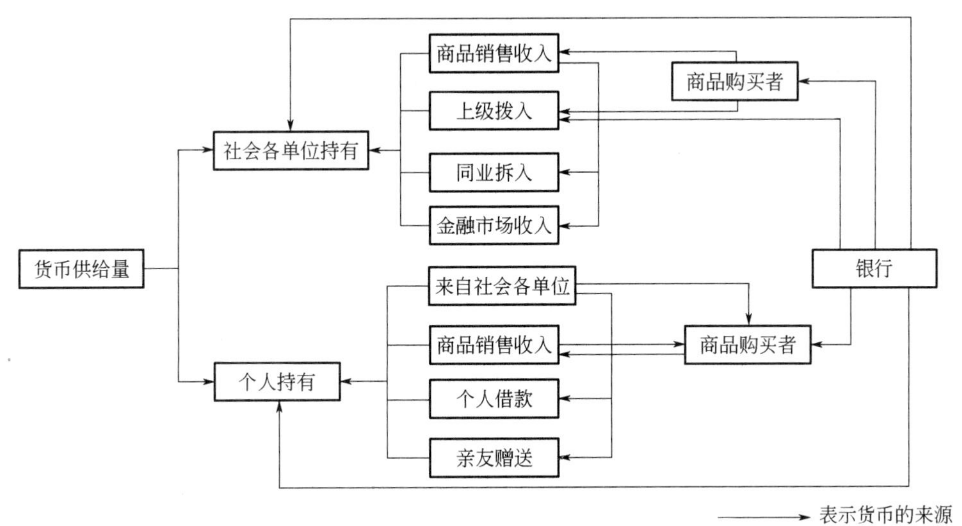

图 13-1 货币供给量的来源

上述对个人和社会各单位货币收入来源的分析说明，现实生活中的货币都出自银行，财政、企业单位、机关团体以及个人等只是货币的运用者，不得发行货币，货币只能由银行发行又不断回归银行，所以银行是整个货币流通的中心环节。

3．两点修正

必须说明的是，对流通中的货币或者说货币供给总量都出自银行这一命题还须做出以下两方面的修正。

（1）这一结论仅适用于近代银行 金融发展史告诉我们，货币的发展史比银行的发展史更古老、更悠久。在原始社会末期公有制解体的时候，就有了简单的商品交换，就有了货币的萌芽。商品生产和商品交换发展到一定阶段，货币才得以问世。可见，货币是在商品交换过程中自发产生的，此时流通中的货币是由参与流通的主体自发供给的。不同货币之间的相互兑换，很自然地产生了货币兑换业。简单的货币兑换业在长期的发展过程中，又演化为接受货币保管业务、委托支付业务和利用委托保管的货币贷款给急需用钱的客户的放款业务。于是，货币兑换业演化成经营存、放、汇业务的银行，货币兑换商变成了银行家。世界上最早出现的银行——威尼斯银行是 1171 年成立的。可见，银行的产生至少要比货币的产生晚 3000 年。

在银行诞生以后的很长一段时期里，流通中的货币并不是来自银行。当金属货币取代其他实物货币流通之后，特别是当金银等贵金属取代铜铁等贱金属成为货币之后，一个国家内的货币才具有了统一性。当个人（货币材料所有者）需要使用货币时，可以把自己持有的贵金属拿到国家造币局，要求铸成铸币。所以，在金属货币流通的条件下，即使流通中的货币是有统一性的，它的出处也是分散的，因为货币有自由铸造的特性。

纸币流通取代金属货币流通之后，情况有了变化——此时的货币发行具有了统一性。但发行纸币是政府的特权，它由国库直接发行。虽然此时的银行也发行自己的银行券，但它的信誉远远不如国家发行的纸币高，因而流通的范围总是受到局限。

所以，在货币流通的相当长的一段历史时期里，货币并不是唯一出自银行。只是到了当代，由于以下原因才使银行垄断了货币发行权：①银行体系中产生了中央银行；②国家把中央银行收归国有；③国家委托中央银行发行货币；④纸币信用货币化和信用货币纸币化等情况出现。

（2）流通中的货币主要但并不唯一出自银行　在当代世界各国纸币（信用货币化了的纸币）流通的条件下，流通中的货币都是由银行发行的。但这只是就一般情况而论。在有些国家，流通中的货币虽然主要出自银行，但并不是唯一出自银行。如英国的英格兰银行享有发行钞票的特权，但辅币由皇家造币厂铸造，归财政部管辖；法国流通中的硬币也由财政部铸造，但通过法兰西银行向全国投放；在德意志联邦共和国，铸币的发行权也归联邦政府而不属于德意志联邦银行。但是，由于铸币占现金（铸币+钞票）的比例很小，占整个货币供给量的比例更小，况且有不少国家（例如我国）硬币和钞票的发行都统一于中央银行，因此，无论在哪个国家，银行都是货币形成的最主要渠道。

尽管历史上的货币并不是出自银行，尽管在当代纸币流通条件下某些国家的货币也不是唯一出自银行，尽管我们对“货币出自银行”的命题可以做如上两点修正，但在当今世界货币流通条件下，这个命题仍然具有普遍意义和正确性。

二、出自银行的货币都是信用货币

综上所述，银行作为一个信用媒介的机构，其信用媒介的特征早就为原始银行业所具备，它主要体现在银行的业务活动之中。而近代银行作为信用媒介机构和信用创造机构的统一，其本质特征在于信用创造方面，即银行可以在相当范围内通过增加自身的负债去增加货币供给量，由此影响社会各种资源的配置、再生产诸环节的协调、各种经济杠杆作用的发挥以及币值本身的稳定。与此同时，这一信用创造功能还使银行在国民经济中的地位有了根本改变。它一方面大大强化了现代商品经济中的信用经济性质，另一方面促使整个经济的运行与金融活动息息相关，不可分离。

马克思在分析货币发展史的基础上曾经预言：“信用货币属于社会生产过程的较高阶段。”这一“较高阶段”显然不是指简单的商品经济，而是指社会分工高度发达的社会化的商品经济。这种发达的社会化的商品经济，客观上要求生产过程的连续不断进行和市场空间的日益扩大。货币职能，特别是支付手段职能的产生，以及商业信用和银行信用的发展，都是信用货币生存和发展的前提条件。所以，以市场化、社会化为标志的发达的商品经济实际上是一种信用经济。信用货币是建立在信用经济关系基础之上，并由此产生能够代替货币执行货币职能的一种信用凭证。从广义上讲，在信用经济条件下，现实流通中的各种形态的货币都是信用货币。因为它们无不体现为银行的负债，即体现着信用关系。

（1）现金　在我国谓之“现钞”，撇开金属辅币不论，从形式上看是纸质货币，而实质上它是银行的一种负债，债权人是现金持有者（个人和单位）。有些人对现金是银行的负债这一说法百思不解，主要是因为对这种负债的两个特点（无须支付利息和市场流通最低需要的部分无须返还）没有足够认识。

（2）各种存款　不管其流动程度和使用方向如何，都是银行对存款者的负债。其中，绝大部分活期存款是信用货币的初始形态，因而它是货币供给量调控的主要对象。当然，全面地分析货币供给还需要将活期存款和定期存款一起列入，并从其相互转化中给予考虑。

（3）银行自有资金　它包括国家财政历年拨给的信贷基金（1984 年我国银行统管企业流动资金以来，财政已停止拨付这项基金）和银行历年留用的利润积累两大部分。它的动用权表面上看来是在银行，实际上是在国家。这是银行对国家的负债。

（4）银行结算中的资金　它是银行对在收付双方清算时因时间差所造成的货币资金的暂时利用。显然，这应视作一种负债关系。

在现实经济生活中，人们通过在银行账面上转移债权债务来实现价值的转移、积累或贮存。这里，信用货币是以双重身份，即既是作为债权债务关系的信用凭证，又是以信用为基础的货币符号而出现的。因为信用货币是价值符号，而单位货币代表的价值取决于参加交换商品的价值总量和货币周转总额的对比关系，所以对信用货币的供给量需要严加控制。如果对信用货币量调节不当，就势必造成过多的货币投入流通，单位货币就会发生贬值。由于信用货币是债务货币，它表现为银行债务的转移，它的供给量是随着银行资产业务的规模变化而变化的，所以，对银行资产业务规模的控制就成为控制货币供给量的主要途径。

三、流通中的货币主要是由银行贷款渠道注入的

近代银行自身具有创造资金来源的能力。从我国改革开放以来的实践看，同样存在着信用创造货币规律。为了便于说明，将全国所有银行的资产负债表汇总并简化如表 13-1。

表 13-1　全国所有银行的资产负债表汇总及简化

资金来源（负债）甲	资金运用（资产）乙
A_1：各项存款	L_1：各项贷款
A_2：银行自有资金	L_2：金银库存占款
其中：当年结益	L_3：外汇库存占款
A_3：流通中货币	L_4：上缴财政款
A_4：其他	L_5：财政透支
合计	合计

根据资金平衡表原理，有如下公式：

$$A_1+A_2+A_3+A_4=L_1+L_2+L_3+L_4+L_5$$

（1）资金运用（资产）不增加，资金来源（负债）就不会增加　因为增加信贷资金来源，至少要构成信贷资金来源的某一项资金增加。而在资金运用不增加的情况下，则全无这种可

能性。例如，A_1 增加，无非是企业单位之间存款账户的转移，或企业单位将现金交存银行；A_2 增加，主要表现为银行利润的增加，而从理论上讲，银行利润来源于利息收入，所以最终还是由企业单位存款的减少而引起 A_3 增加，则意味着居民或企业单位存款减少；A_4 主要是指银行结算中的资金占用，A_4 增加也主要表现为结算户（主要是企业）存款的减少。

可见，以上 A_1、A_2、A_3、A_4 各项的增加，都是在信贷资金来源一方的各项目之间此增彼减，并不影响资金来源总量的变化。

（2）资金运用（资产）发生变动，资金来源（负债）会相应变动　若资金运用减少，在一般情况下，一是企业用销货收入提前归还贷款，则表现为 A_1 和 L_1 相应减少同一额度；二是银行按期收回贷款，则 A_1 或 A_3 与 L_1 相应减少同一额度。若资金运用增加，如某企业向银行贷款，则表现为 L_1 和 A_1 相应增加；企业贷款中部分要提取现金，则表现为 L_1 和 A_1、A_3 的相应增加。若银行购进金银外汇，则出售金银和外汇的个人会增加一笔存款或现金，表现为 L_2 和 A_1、A_3 的相应增加。若银行弥补财政赤字，则表现为 L_1 和 A_1 的同时增加。

根据以上分析，再将原有的资产负债表加以简化，即可得出“贷款=存款+现金”这一恒等式。这一恒等式的实质内容说明，我国货币大多数是由贷款这一渠道注入流通的。或者说，我国银行资金来源的主要渠道是通过贷款将货币注入流通。因此，要控制整个货币供给量，就必须十分重视贷款这一“闸门”的作用。

那么，银行是否还可以通过以下方式供给货币？（1）通过对财政透支的方式　其实如果我们把财政看作是银行的一个客户，那么财政向银行透支，仅仅是银行对财政贷款的一个特别项目。（2）收兑外汇　收兑外汇必须用等值的人民币购买，以使银行的外汇储备增加，这实际上也是靠贷款的增加而形成的。（3）票据贴现　企业之间发生票据化的商业信用之后持票据到银行贴现，这实际上也是银行向企业贷款的过程。

总之，在具体操作中，可以通过贷款和其他方式向流通中注入货币，但是这些方式最终还是由贷款所引起。所以笼统地说，“流通中的货币大多数是由银行通过贷款这一渠道注入的”这一结论应该是正确的。

四、对“贷款引出存款”质疑的解析

如前所述，现实经济生活中的货币都是信用货币，它们主要是通过贷款这一渠道注入流通的。也就是说，流通中的货币包括现金和存款，主要是由银行贷款引出的，现金是由存款所转化的。于是，货币供给量的来源问题又可归为存贷关系问题。从表象来看，似乎是“存款决定贷款”，为什么其实质却是“贷款决定存款”呢？对此，有必要分别进行以下分析。

1.“贷款决定存款”与“具有最重要意义的始终是存款”

马克思曾经说过：“对银行来说，具有最重要意义的始终是存款。”既然存款来自贷款，那么，马克思为什么说存款具有最重要意义呢？首先，马克思生活在资本主义时代，他所说的银行，是指资本主义的商业银行；这里的存款，是指具有内在价值的金属货币。可见，马克思是针对金属货币流通条件下资本主义商业银行主要从事信贷业务这一特点来说的。正因为资本主义商业银行不可能像中央银行那样承担货币发行的任务，所以尽管商业银行可以采用不同形式的信用流通工具（如开出汇票、支票，设立信用账户，发行银行券等）来扩大借贷资本的来源，对顾客提供信用，但它不可避免地要受到存款和现金准备的制约。当这些信用流通工具代表的价值有遭受贬值的可能时，顾客就会要求商业银行以金属货币兑现，即要求银行以价值体作担保。在此情况下，为免遭风险，资本主义商业银行只有尽可能多地吸收存款，同时也只有在此基础上不断扩大业务，获取更多利润，才能增强竞争力。马克思正是从这一意义上强调，对商业银行来说，存款始终是最重要的。显然，“贷款决定存款”并不违背马克思的这一科学论述。

2．“贷款决定存款”与“商业银行在信用创造中的作用”

有一种观点认为，对整个银行业来说是贷款决定存款，而对商业银行来说应该是存款决定贷款。这个问题的实质是如何评价商业银行在信用创造中的作用。因为商业银行的信贷资金运动是整个信贷资金运动的组成部分，只是它相对独立而已。所以要全面地认识这个问题，就必须从总体和局部两个方面加以考察。从总体上说，是中央银行信用创造货币的权力确定了货币供给总量和贷款总规模，但具体经济过程中的货币投放又是由各商业银行及其他基层机构办理的。从这一意义上说，在整个信用创造货币过程中，无论是中央银行还是商业银行均起作用。但就局部论，即就各商业银行基层行而言，要完成差额控制计划和保证资产负债的一定比例，首先要争取足够的存款，并在存款量允许的范围内发放贷款。若存款流出区外或存款提现率上升，就会使该银行的存款减少而影响信贷计划的完成。从这一意义上说，商业银行基层行在“贷款决定存款”这一信用创造货币过程中又有其自身的特点。

3．“贷款决定存款”与信贷失控

有一种观点认为，既然是“贷款决定存款”，银行就可能大胆地发放贷款，从而导致信贷失控。

从纯技术的角度探讨，存款由贷款引出，贷款制约并决定着存款，因此，就银行整体而言，意味着有多大的资金运用，在账面上就有多大的资金来源与之相对应，银行扩大信贷的能力是无限的。

其实，在现实生活中信贷的无限扩张是极其少见的。回顾历史，在金铸币流通时代，信贷的扩大要受银行体系掌握的金储备状况所制约；金属货币停止流通后，贷款的扩大要受借款需求的限制。但是，信贷的扩张还可以通过其他途径，如扩大财政支出和用信贷弥补财政赤字等形成。信贷失控多数是由于投资过热、消费膨胀、财政赤字、向银行透支等原因导致的。现实状况是：贷款的恶性扩大造成流通中货币过多，货币过多又必然引起经济运行的紊乱。

银行扩大信贷技术上的无限性只是问题的一个方面，更重要的是它具有客观上的有限性。这个道理很简单：尽管银行可以创造无限多的货币，但货币不是现实再生产的要素。通过银行向企业单位提供和分配信贷资金是价值的分配。这种价值的分配首先是生产条件的分配，而生产条件的分配应当建立在已形成的价值实体的分配基础之上。

4．“贷款决定存款”与组织存款

既然是贷款决定存款，即先有贷款后有存款，那么，组织存款的意义究竟何在呢？这里的关键问题是，由贷款引出存款后，存款有其相对独立的运动规律，它对整个资金来源和资金运用有重大影响。

① 贷款引出存款后，存款可以离开贷款运行的轨迹分解成各种不同的层次（包括现金和各种存款），这些层次可以依据其购买力的活跃程度（即流动性）划分。由此，银行贷款的意向必然受各种不同层次存款货币量的制约。

② 一笔存款可以多次地媒介社会产品的周转，加速存款周转速度可以节约使用存款的数量；同理，当存款变为现金后，加速现金的周转速度可以节约使用现金的数量。

③ 将社会闲散的不易掌握的货币资金聚集在银行，反映在银行账面上，既有利于银行统一安排使用，又有利于节约流通中的现金。

④ 可以改变资金来源的结构而相应地调节资金运用的结构。如开展储蓄业务，可以把人们手中待用和结余的现金转化为存款。这不仅意味着现实流通的货币量减少，有利于稳定货币流通，而且促使部分消费资金转化为积累资金，从而增加了生产建设资金的供给。

有一种观点认为，银行组织存款没有增加资金来源，是劳民伤财，如储蓄存款，每年还要支付一笔相当数量的利息。这种认识不仅是片面的，而且是错误的。尽管现实生活中的货币是由贷款引出的，但是，绝不能由此而否认组织存款的重要意义。从动态分析，银行大力组织存款，聚集社会闲散资金，能够促进生产要素的合理、迅速结合，增加有效供给。即使是在通胀情况下，也能起到推迟现实的货币购买力，调节货币供求，实现货币均衡的作用。

虽然组织存款的重要意义是明显的，但这并不意味着可以因此而否定“贷款决定存款”。因为银行经营的不是普通商品而是特殊商品，只有普通商品先转化为货币，然后才能转化为存款。如果仅就存款的增长来约束贷款的增长，却不了解存款是由贷款派生而来的，就等于放弃了控制货币供给的关键——对贷款的控制。实践证明，由于信贷规模失控而形成的虚假存款绝不是“利”而是“害”。

五、现金运行机制

我国的现金——人民币（钞票+硬币）是由中国人民银行发行的，其运行如图 13-2 所示。

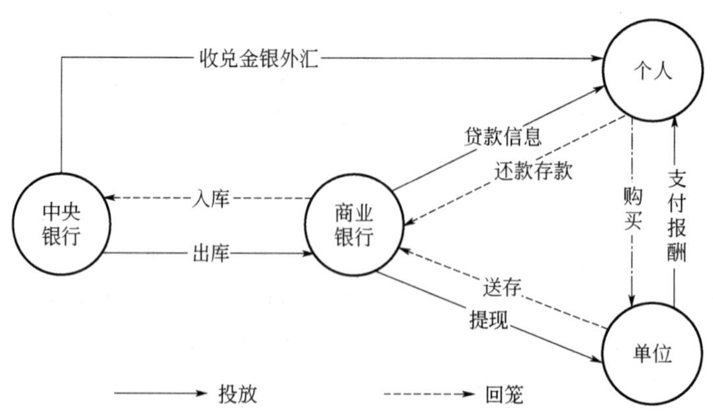

图 13-2　现金运行图

将上图简化，与我国现金发行相对应运行的程序如图 13-3 所示。

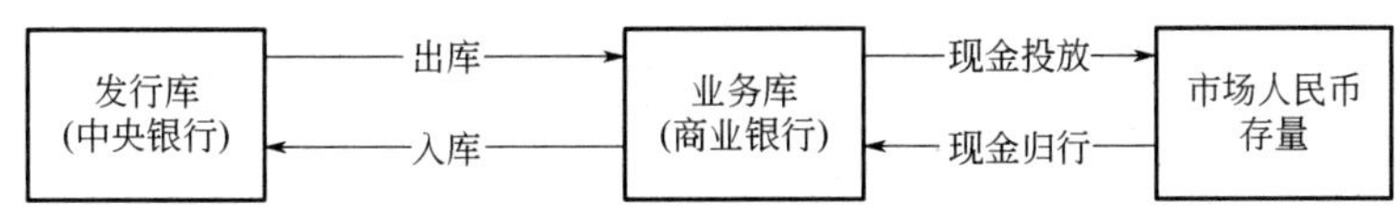

图 13-3　我国现金运行机制图

纵观现金运行机制，它有如下三大特点。

① 现金主要在银行之外流通，进入银行体系之后或走出银行体系之前，现金都不是流通中的，尽管它仍然以现金形态存在。

② 如果银行体系既不增加现金投入，也不组织现金回笼，那么无论现金如何流通，它只会发生持有人结构的变化，而不会有数量上的增减。

③ 现金流通一般主要对应于小宗商品即消费品的交易。

六、原始存款和派生存款

与现金运行相比，存款运行具有两个明显特点：①存款运行都在银行体系内进行；②存款在运行过程中能够自行扩大，即存款运行的结果不仅会引起结构的变化，还会导致总量的增加。

理解第一点并不困难，而弄清第二点却不容易。为了便于理解，这里先阐释一对概念：原始存款和派生存款。

所谓原始存款，是指银行吸收的现金存款或中央银行对商业银行贷款所形成的存款。它包括商业银行吸收到的、增加其准备金的存款。商业银行的准备金以两种具体形式存在：一是商业银行持有的应付日常业务需要的库存现金；二是商业银行在中央银行的存款。这两者都是归商业银行持有的中央银行的负债，也是中央银行对社会公众总负债中的一部分。商业银行所持有的这部分中央银行负债，是其所拥有的一笔资产。这笔以准备金形式持有的资产可分为两部分：一是商业银行遵照法律规定不能用以放款营利的数额；二是由于经营上的原因尚未用去的部分。前者属于法定准备金，后者属于超额准备金。

所谓派生存款，是相对于原始存款而言的，是指由商业银行以原始存款为基础发放贷款而引申出的超过最初部分存款的存款。具体可从以下三方面来理解。

派生存款必须以一定量的原始存款为基础。派生存款作为商品经济条件下银行信用活动必然产生的普遍现象，作为银行经济活动提供的信用流通工具的一种机能，并非可以凭空创造，必须具有派生的基础，即有一定量的原始存款给予保证。在一定时期内，如果存款派生的系数相对稳定，银行可作为派生基础的原始存款数量越大，创造派生存款的能力也就越大；反之，可作为派生基础的原始存款数量越小，创造派生存款的能力也就越小。可见，在存款货币的创造过程中，任何一笔存款都不是凭空创造的。

派生存款是在商业银行（或称存款货币银行）内直接形成的。在现实的银行信用活动中，在实行转账结算的条件下，凡是在银行具有创造信用流通工具能力的货币，都具有创造派生存款的能力。

以原始存款为基础，通过商业银行内的存贷活动形成的派生存款量，应是由贷款引申出的超过最初部分的存款。例如，1 万元的贷款转为 1 万元的存款，通过存款的派生，形成 5 万元的存款，这里，派生存款数应是 4 万元（即 5 万元-1 万元）。

它们之间的数量关系可表示为：

经过派生过程可能形成的最大存款总额=原始存款/必须保存的最低准备金率

可能形成的最大存款总额-原始存款额=派生存款总额

原始存款和派生存款还存在相互转化的关系。原始存款转化为派生存款的过程是：当中央银行用再贷款形式向商业银行发放贷款时，贷款转入借款人存款账户，成为可供借款者使用的存款。但由于存款的所有权属于银行，所以表现在银行账面上，在原有存款的基础上，又引申出一笔存款来。以此类推，这些引申出来的存款，就是派生存款。

派生存款转化为原始存款的过程是：如果一笔由银行创造的货币，由甲银行贷款转入乙银行，从整个银行系统来看，只是派生存款的转移，即甲银行由贷款派生的存款转移到乙银行；但从乙银行来看，有相当部分会作为存款准备金；如果由一家银行通过“多存多贷”促使存款不断派生，在每笔派生的存款中也必须有相当部分作为存款准备金。由此看出，商业银行在不同层次的存款派生过程中，总有数量不等的存款准备金交存中央银行，与此同时，又形成了一定量的原始存款，作为存款派生的基础。

由以上分析可以看出，在原始存款和派生存款的相互转化中，必须以贷款作为条件。由于贷款的发放，原始存款转化为派生存款，由于作为下一步贷款的基础，派生存款转化为原始存款。这里，一方面不断促使原始存款向派生存款转化而扩大资金运用；另一方面不断促使派生存款向原始存款转化而扩大资金来源。正是由于这种相互之间的转化，才使现代银行在存款不断派生的基础上获得了不断扩大信贷规模的能力。

七、存款货币的创造与消减过程

考察和理解存款货币的创造以及消减过程，对于认识商业银行的信用创造功能和货币供给机制，均有极为重要的意义。

存款货币是由存款货币银行创造的。存款货币银行是国际货币基金组织采用的有关金融机构分类中的一个口径，通常指接收活期存款并可以创造存款货币的金融机构，商业银行是其中的主要部分。为简化起见，说及存款货币银行时，往往就用商业银行这一概念来代替。

1. 不能创造存款货币的两个特例

为了考察和理解商业银行创造存款货币的过程，有必要先介绍商业银行不能创造存款货币的两个特例。这两个特例有助于理解商业银行为什么能够创造存款货币，以及多倍创造存款货币的原因。

第一个特例是全额现金准备制度，即以法律的形式要求银行对存款保持 100%的准备金。在这种情况下，如果某一客户存入 10000 万元现金，那会出现什么情况呢？我们可以用一个 T 形账户加以理解。这个 T 形账户代表银行首次负债表的简化形式，它省略了其他的项目，仅仅列示特例条件下所要考察的项目。这时的T形账户表示为：

资产负债（单位：万元）	
现金准备10000	存款10000

银行现在处于平衡状态，它刚好保留了法律规定的必须保有的准备金数量。这里有多倍的存款创造吗？当然没有。产生出的10000万元存款正好用作10000万元的现金准备，这时的比率是1∶1，并没有扩大任何倍数。

第二个特例是现金放款。即在部分准备金条件下，借款获得的贷款完全以现金取出，并长期持有这些现金。在这种情况下，由于规定的准备金率少于100%，上述的T形账户就不代表银行的平衡状况。在保留2000万元的存款准备金后，其余的8000万元用于贷款或投资。T形账户可表示如下。

资产		负债	单位：万元
现金准备	2000	存款	10000
放款	8000		

该银行的资产负债仍处于平衡状态，它正好持有了法律规定的必须保有的现金准备，其余的用作了贷款生息。但这时仍然没有多倍的存款创造：银行原先收到的10000万元现金，并有10000万元的存款余额，存款与现金之比仍然是1∶1。

2．产生多倍存款的过程

为了清楚地说明存款货币的多倍创造过程，下面仍借用简化的资产负债表——T形账户来详细分析银行存款货币的扩张过程。为了分析简便起见，拟作如下假设：①银行体系由中央银行及至少两家以上的商业银行构成；②法定准备金率为20%；③存款准备金由商业银行的库存现金及其存于中央银行的存款所组成；④银行客户将其一切收入均存入银行体系。

设甲银行在开始时的T形账户为：

资产	甲银行	负债	单位：万元
现金准备	20	存款	100
放款	80		
合计	100		100

这说明，甲银行的准备金率为（20/100）×100%=20%，符合法律规定，其余80万元用于放款。至此，甲银行便处于均衡状态，无超额准备金，不能继续扩大贷款。

假设，有一客户将其现金10万元存入甲银行，那么甲银行的原始存款增加了10万元，现金准备也增加了10万元，甲银行的T形账户变为账户B：

资产	甲银行	负债	单位：万元
现金准备	30	存款	100
放款	80		
合计	110		110

此时，甲银行的准备金率为（30/110）×100%=27.3%，高于法定准备金率，拥有超额准备金 8 万元（30−110×20%）。这意味着甲银行的均衡被打破了。由于超额准备金不会给甲银行带来任何收益，所以从盈利出发，甲银行势必将超额准备金用于放款。

假设，甲银行决定将 8 万元超额准备金用于放款，甲银行的 T 形账户则变为账户 C：

资产	甲银行	负债		单位：万元
现金准备	22	存款	110	
放款	88			
合计	110		110	

在账户 C 中，甲银行的准备金率为（22/110）×100%=20%，符合法律规定，超额准备金消失，又处于均衡状态。

由甲银行贷款出来的 8 万元仍然流通于银行体系，假定流入乙银行。

设乙银行在 8 万元未流入前的情况为：

资产	乙银行	负债		单位：万元
现金准备	15	存款	75	
放款	60			
合计	75		75	

此时，乙银行的准备金率为（15/75）×100%=20%，符合法定规定，无超额准备金，处于均衡状态。

当甲银行流出的 8 万元存入乙银行后，账户变为：

资产	乙银行	负债		单位：万元
现金准备	23	存款	83	
放款	60			
合计	83		83	

此时，乙银行的准备金率为（23/83）×100%=27.7%，高于法定准备金率，拥有超额准备金 6.4 万元（23−83×20%），均衡被打破。基于同一理由，乙银行从营利出发，也势必会将超额准备金贷放出去，则乙银行账户变为：

资产	乙银行	负债		单位：万元
现金准备	16.6	存款	83	
放款	66.4			
合计	83		83	

乙银行贷出的 6.4 万元又流入丙银行，丙银行除保留 20%的准备金以外，同样又将其余的 5.12 万元贷放出去……如此辗转存贷，直到超额准备金在整个银行体系中消失。那么最初由客户存入甲银行的 10 万元现金，经过银行体系的反复使用，将扩张至 50 万元，用几何级数来表示，这一扩张过程如下。

$$
\begin{aligned}
&100000+80000+64000+\cdots \\
&=100000\times[1+4/5+(4/5)^2+\cdots] \\
&=100000\times[1/(1-4/5)] \\
&=500000
\end{aligned}
$$

由此可见，该系列的每一个存款机构都在创造存款：A 创造的存款为 100000 元，B 为 80000 元，C 为 64000 元，D 为 51200 元，E 为 40960 元……。换句话说，出现了一个多倍存款创造。银行准备金的初始增加带来一系列接踵而至的存款。这种现象有两个显著的特点：①没有一个存款机构保留 100%的存款准备金；②当每一个机构发放贷款时，它失去了等量的准备金。但是，它失去的这些准备金并没有化为乌有，而是进入另一些存款机构，由后者再次用于扩大贷款。

从这一系列变化过程中可以看到，银行之所以能够创造存款货币，是运用原始存款发放贷款的结果。如前面分析所言，法定准备金率的高低，直接影响银行创造存款货币的能力大小。准备金率越高，银行运用原始存款创造信用的能力就越低，存款货币量就越小；反之，准备金率越低，创造存款货币的数额就越大。就个别银行而言，银行只能就超过法定准备金的那部分加以运用，即只能创造与其超额准备金相等的存款。但就整个银行体系而言，则能创造大于原始存款若干倍的存款货币。这就是我们在前面分析过的存款货币的创造过程。这个过程可用表 13-2 表示。

表 13-2　多倍存款的创造过程

银行	增加存款	法定准备金	增加放款
第一家银行	100000	20000	80000
第二家银行	80000	16000	64000
第三家银行	64000	12800	51200
第四家银行	51200	10240	40960
第五家银行	40960	8192	32768
……	…	…	…
总计	500000	100000	400000

表 13-2 表明，在部分准备金制度下，一笔原始存款由整个银行体系运用扩张信用的结果，可产生大于原始存款若干倍的存款货币。这一扩张的数额主要决定于两大因素：一是原始存款量的大小；二是法定准备金率的高低。原始存款量越多，创造的存款货币量越多；反之越少。法定准备金率越高，扩张的数额越小；反之则越大。这一关系，如以 D 代表存款货币最大扩张额，A 代表原始存款量，r 代表法定准备金率，则可用公式表示如下。

$$D = A\times\frac{1}{r}$$

如把上例代入公式，则为：

$$D = 100000 \times \frac{1}{20 \div 100} = 500000$$

显然，这里的存款乘数是 $1/r=5$，即包括原始存款在内的派生存款是原始存款的 5 倍。存款乘数的含义是每一元准备金的变动所能引起的存款变动。

3．多倍紧缩存款的过程

上述银行扩张过程是由客户将10万元现金存入甲银行，使甲银行原始存款增加而引起的。相反，如果一客户从银行提取 10 万元现金，则引起原始存款减少，在银行体系无超额准备金的前提下，也必然会出现消减存款货币的过程。

仍用前面甲银行账户 A 来说明。最初甲银行是处于均衡状态，即无超额准备金，准备金率符合法律规定。现在假设甲银行的一客户要求提取 10 万元现金，则甲银行账户 A 变为：

资产	甲银行	负债		单位：万元
现金准备	10	存款	90	
放款	80			
合计	90		90	

此时，由于存款人提现 10 万元，使甲银行的存款和准备金同时减少 10 万元，准备金率下降到（10/90）×100%=11.1%，低于法定准备金率。准备金本应有 90×20%=18（万元），差额为 18-10=8（万元）。对此，为了遵守金融管理法规，甲银行必须设法收缩放款，使准备金率恢复到法定准备金率这个界限。

假设甲银行向客户追还贷款 40 万元（8 万元/20%），则账户变为 C：

资产	甲银行	负债		单位：万元
现金准备	10	存款	50	
放款	40			
合计	50		50	

甲银行由于调整了资产结构，即放款和存款同时减少了 40 万元，从而使准备金变为 10 万元，正好符合法令规定，即准备金率为（10/50）×100%=20%。

应该注意，甲银行收回的贷款可能是客户收取的货款，也可能来自其他银行（比如乙银行），如果乙银行并无超额准备金，则势必也要紧缩放款和投资。如此类推，经过各银行的辗转清算，最初减少的 10 万元存款和准备金，将使整个银行体系紧缩 50 万元。

其原理和前述的累积扩张过程完全相同，所不同之处仅在于：在扩张过程中，存款的变动为正数；在紧缩过程中，存款的变动为负数。

八、存款货币创造在量上的限制因素

整个商业银行体系所能创造的存款货币并不是无限的，而是有限的。这个限度主要取决于两个因素：其一是客观经济过程对货币的需求，它要求银行体系必须适度地创造货币；其二是商业银行在存款创造的过程中不仅要受法定准备金率高低的制约，而且还要受诸如超额准备金、现金漏损率等因素的影响。下面继续考察各种因素对存款创造倍数的限制。

1．法定存款准备金率（r）对存款创造的限制

按规定，各家商业银行均需按一定比率将其存款的一部分转存于中央银行，其目的在于限制商业银行创造存款的能力。例如在法定存款准备金率为 20%的条件下，商业银行如果拥有 100 万元的活期存款，则至少必须保持 20 万元的法定准备金，其他部分才可用于放款。存款准备金率越高，商业银行创造存款的倍数就越小；存款准备金率越低，商业银行创造存款的倍数就越大。

如果排除其他影响存款创造倍数的因素，设 K 为银行体系创造存款的扩张乘数。则有 $K=1/r$。

可见，整个商业银行创造存款货币的数量会受法定存款准备金率的限制，其倍数同存款准备金率呈倒数关系。

2．现金漏损率（c）对存款创造的限制

现金漏损是指银行在扩张信用及创造派生存款的过程中，难免会有部分现金流出银行体系，保留在人们的手中而不再流回。由于现金外流，银行可用于放款部分的资金减少，因而削弱了银行体系创造存款货币的能力。在社会经济生活中的一定时期，现金的数量同活期存款的数量之间大致存在某种比率关系，我们可用这种比率来表示现金在存款派生过程中的漏损率。这种现金漏损对于银行扩张信用的限制与法定存款准备金率具有同等的影响。因此当把现金漏损问题考虑进去后，银行体系创造存款的扩张乘数公式应修正为：

$$K=\frac{1}{r+c}$$

3．超额准备金率（e）对存款创造的限制

银行在实际经营中所提留的准备金绝不能恰好等于法定准备金。为了应付存款的变现和机动放款的需要，事实上银行实际具有的准备金总是大于法定准备金，这种差额称为超额准备金。银行体系中，超额准备金率的变化对于信用的影响，同法定准备金率及现金漏损率具有同等作用。如果超额准备金率高，则银行信用扩张的能力缩小；如果超额准备金率低，则银行信用扩张倍数提高。因此，当我们再把超额准备金的因素考虑进去，则银行体系创造存款的扩张乘数公式应修正为：

$$K=\frac{1}{r+c+e}$$

4．定期存款准备金对存款创造的限制

企业等经济行为主体既会持有活期存款，也会持有定期存款。当企业的活期存款被转入定期存款时，尽管不致使原持有的准备金有所下降，但这种变动会对活期存款乘数 K 产生影响，因为银行对定期存款（Dt）也要按一定的法定准备金率（rt）提留准备金（定期存款的法

定准备金率往往不同于活期存款的法定准备金率）。定期存款 Dt 同活期存款总额（Dd）之间也会保持一定的比例关系。当令 $t=Dt/Dd$ 时，则（$rt \cdot Dt$）$/Dd=rt \cdot t$。

由于按 $rt \cdot t$ 所提存的准备金是用于支持定期存款所需的，尽管它仍保留于银行，即仍包括在实有准备金之中，但它却不能去支持活期存款（Dd）的进一步创造，故这部分 $rt \cdot t$ 或（$rt \cdot Dt$）$/Dd$ 对活期存款乘数 K 的影响，便可视为法定准备金率的进一步提高，应在 K 的分母中加进此项数值，以作进一步的修正。即：

$$K=\frac{1}{r+c+e+rt \cdot t}$$

上述四种情况，是用抽象的方法分别说明 r、$rt \cdot t$、c、e 等因素对存款乘数 K 的影响。就实际情况来说，存款货币的扩张究竟能达到多少倍数，还得依整个国民经济情况，依所处的经济发展阶段而定。如果人们的支付方式出现了改变，现金漏损率也会随之出现变化，这样就会对 K 值产生影响。当经济发展处于不同的景气状态，以及利率水平发生变动时，银行会调整所保留的超额准备金数额，从而 e 值会改变，也会影响 K 值的大小。

第五节　中央银行体制下的货币供给决定

一、基础货币

现在讨论在中央银行体制下信用货币的创造模型。

从以上的分析中可以看出，准备存款与现金这两者联系紧密，不能截然分开。作为存款货币创造基础的准备存款，是既因现金的提取而会减少，又因现金的存入而会增多的准备存款；而准备存款的存在，既是现金进入流通的前提——无准备存款无法取得现金，又是现金回笼的归宿——实实在在的现金并不因回笼消失，而是转化为准备存款形态。

需要注意的是，有一部分现金是离开中央银行而并未离开存款货币银行，即存款货币银行的现金库存。前面提到，在银行的日常经营活动中，不断有现金的收付，现金库存则是保证现金收付所必要的。存款货币银行的库存现金属于中央银行现金发行的一部分，它与准备存款性质相同，共同构成银行存款的准备。

存款货币银行的存款准备，是准备存款加库存现金。“漏损”的现金，是指不仅离开中央银行并且也离开存款银行的现金，是中央银行的现金发行。对于创造信用货币来说，这两者缺一不可，因而统称为基础货币，或称高能货币、强力货币。

基础货币的构成常用下式表达：

$$B=R+C$$

式中，B 为基础货币（由于基础货币也称高能货币，所以也通常以符号 H 代表）；R 为存款货币银行保有的存款准备金（准备存款与现金库存）；C 为流通于银行体系之外的现金。基础货币直接表现为中央银行的负债。在市场经济国度中，基础货币的数额均占中央银行负债总额的绝大比重。

二、货币乘数

乘数一词，最早是由英国经济学家卡恩于 1931 年提出的，后被凯恩斯用来研究投资对总收入的倍增原理。概括地讲，乘数就是指某一经济变量的变动对另一经济变量的影响或比率。

所谓货币乘数，是指一定量的基础货币发挥作用的倍数。有些学者习惯于把它称为货币创造乘数，西方学者则通常把它定义为信用的扩张倍数或存款的扩张倍数。本意都是指银行系统通过对一定量的基础货币运用之后，所创造的货币供给量与基础货币的比值。根据货币供给模型 $Ms=mB$，可得货币乘数模型：

$$m=\frac{Ms}{B}$$

正如货币供给模型 $Ms=mB$ 是一个高度抽象的表达式一样，货币乘数模型 $m=Ms/B$ 也只是一个一般的表达式，在实际运用时还需将它具体化。

已知基础货币由通货 C 和存款准备金 R 两部分构成。通货 C 虽然能成为创造存款货币的基础，但其“量”取决于中央银行，不可能有倍数的增加；引起倍数增加的只是存款货币 D。因此，基础货币与货币供给量的关系可用图 13-4 表示。

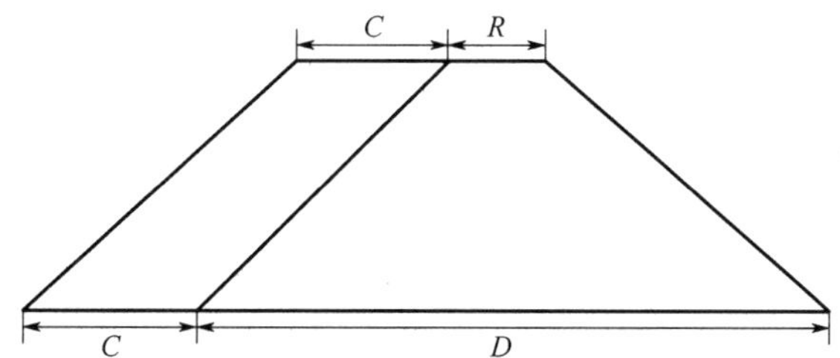

图 13-4　基础货币供给量关系示意图

已知（$C+R$）是基础货币量，（$C+D$）是货币供给，所以：

$$m=\frac{C+D}{C+R}$$

如果把上式的分子、分母均除以 D，则有：

$$m=\frac{\frac{C}{D}+1}{\frac{C}{D}+\frac{R}{D}}$$

如果把第一个公式的分子、分母均乘以 D/CR，则又有：

$$m=\frac{\frac{D}{R}+\frac{D^2}{CR}}{\frac{D}{R}+\frac{D}{C}}=\frac{\frac{D}{R}\left(1+\frac{D}{C}\right)}{\frac{D}{R}+\frac{D}{C}}$$

这里，D/R 为准备存款比率，它取决于存款货币银行的行为；D/C 为现金比重，它取决于企业单位和个人的行为。而基础货币的大小虽基本上取决于中央银行的行为，但正如前面已分析的，也有来自其他方面的决定性因素。可见，调控货币供给量是何等复杂和困难。关键是要适时分析种种变化了的情况，审时度势，牢牢掌握调控的主动权。

正确测算货币乘数具有重要作用，因为用它乘以基础货币，就可以知道某一时点上的货币供给量。更重要的是，由于货币乘数具有事先的可预测性，因此，利用货币乘数这个机制，就可以对货币供给过程进行动态研究，即用不断变动的基础货币乘以不断变动的货币乘数，就可以知道不同时点上的货币供给量及其变动状况。在基础货币一定的条件下，货币乘数对货币供给量起决定作用。就某一时点而言，用预期的货币供给量除以货币乘数，就可以确定适量的基础货币。所以说，充分认识和利用货币乘数原理，对中央银行实施正确的货币政策，及时控制和调节货币供给量具有十分重要的意义。

第六节　货币失衡及其调整途径

一、货币失衡及其原因

货币供给与货币需求大体相适应，即 $M_s=M_d$，就称之为货币均衡。如果货币的供给偏离了货币需求，即货币供给大于或小于货币的需求，$M_s>M_d$ 或 $M_s<M_d$，则称之为货币供求失衡。由于货币均衡是一种状态，是一个从均衡到失衡，再到新的均衡的动态过程，因此，货币供求的失衡是一种常见的现象。

那么，货币失衡的原因究竟是什么？尽管各国货币管理当局都不遗余力地控制货币供给量，但事实证明，货币失衡的现象总是不时地存在着。正如希克斯所说：“失衡在每一件可以想象得到的经济制度中都可能出现。不论其为资本主义制度或社会主义制度、自由制度或专政制度，即使是鲁滨孙也不能避免——他不能预知他会在什么时候生病，或是什么时候歉收，在他为目标寻求最完全的调整手段时，他会为未来的这些事件的不确定性而感到困恼，即使是组织得最完善的经济制度（不管哪种制度）也会因收成的波动、发明或是政治动乱而乱其步伐。”货币失衡总是表现为货币供给量小于或大于货币需要量两种情况中的任一种。

（一）货币供给量小于货币需要量的原因

如果我们以货币均衡为出发点，那么货币供给量小于货币需要量的原因只可能是如下两种。

经济发展了，商品生产和商品流通的规模扩大了，但货币供给量没有及时增加，从而导致流通中货币紧缺。在金属货币流通条件下，这种情况不止一次地出现过。但在纸币流通时代，这种情况出现的概率是比较小的，因为增加纸币供给量对于货币管理当局来说，是一件轻而易举的事情。

在货币均衡的情况下，货币管理当局仍然紧缩银根，减少货币供给量，从而使得本来均衡的货币走向供应小于需求的失衡状态。这里最著名的例子是1929～1933年世界经济大萧条中美国联邦储备银行的行为。在这场灾难中，联邦储备银行本应扩大货币供给、放松信用，以帮助商业银行渡过难关，但联邦储备银行在企图减轻股市动荡的良好愿望下反其道而行之。它的“顶风”政策使货币供给量收缩了1/3，这对于正面临着挤兑危机的商业银行来说，无异于釜底抽薪，各大商业银行频频倒闭，以至于罗斯福总统不得不颁布命令，全国银行一律关门。

（二）货币供给量大于货币需要量的原因

纸币流通时代，货币供给量大于货币需要量是一种经常出现的失衡现象。就我国的情况而言，根本原因是国民收入的超分配，即从整个国民经济来看，价值形态的分配超过了使用价值（实物）形态的分配。

（三）货币失衡的深层原因

以上是就货币供求失衡的一般情况进行分析，但究其深层原因，主要有以下几点。

1．货币运动的相对独立性和物资运动存在着矛盾

列宁在分析社会再生产的平衡条件时，为了说明问题，“丢开了货币流通，只是以物物交换为前提”做抽象的分析。马克思通过从不同方面的考察看到，货币流通的顺利进行，既是社会生产进行的重要条件，又是使社会再生产过程复杂的一个因素。马克思说：“货币流通成为交换的媒介，同时也使这种交换难于理解。”所以，我们必须了解和分析由于货币流通加入后社会再生产过程中的种种复杂问题。

我们知道，社会产品的交换从总体上讲都是商品交换，这种交换必须以货币流通为媒介，即通过货币流通来完成。否则，社会总产品的价值补偿和实物替换就不能实现，社会再生产过程就无法继续进行。这里的价值补偿，实质上是价值的运动，它采取了货币运动的形式；这里的实物替换，是指实物的运动。两者既有密切联系又具有相对独立性。具体说有以下两点。

第一，从货币运动的独立形式看，社会商品的使用价值差别是通过货币用量的差别来反映的。同时，货币总是掌握在需要各种特定使用价值的消费者手中。如果消费者追求不到价廉物美的商品，交换就不能实现，商品就吸收不了货币，货币运动和物资运动就有发生矛盾的可能。

第二，从货币资金和物资运动的渠道看，物资运动的渠道是：产品生产后，由物资部门和商业部门销售或分配，再经过运输过程，最后用于生产建设和消费。货币资金运动的渠道是：在产品价值实现以后，先在企业内部进行初次分配，形成企业基金和企业劳动者收入，并将社会产品价值的一部分上缴财政，企业基金则存入银行。然后通过财政信贷系统进行再分配，最终形成补偿基金、消费基金和积累基金。可见，货币资金和物资运动所通过的部门、途径、环节并非形影相随。它们的关系可以说是同时出发、分道扬镳、殊途

同归。其中财政信贷收支由于种种原因可能不平衡，其以货币形态再分配的国民收入额可能等于也可能大于实际的国民收入。同样，物资一方发生异常，也会出现资金和物资不相吻合的情况。由此，货币资金运动所形成的需求同物资供应在总量、结构、地区上都可能不完全相适应。

2．财政、信贷再分配杠杆的使用和配合失灵

社会产品绝大部分是通过财政和信贷两个渠道分配和调剂的，国家预算收入集中了社会上绝大部分的国民收入。财政收缴的税利实际上是以货币资金形式收缴的物资。信贷资金来源于社会再生产过程中的补偿基金、积累基金和消费基金中的暂时闲置部分，是社会总产品价值的一部分。在国民经济发展正常的情况下，财政资金和信贷资金作为社会产品的价值表现以全额代表着相应的物资，财政和信贷再分配杠杆的运用实质上是分配和调剂其代表的相应物资。

但是，种种因素的影响往往使财政和信贷再分配杠杆的使用和配合失灵。具体来说有以下几点。

第一，财政支大于收。在正常情况下，财政资金不能超分配，但实际生活中，财政实际分配的资金可能有所突破，出现赤字。弥补财政赤字主要依靠银行垫支，即财政向银行透支，银行向财政贷款。当银行不能压缩贷款规模时，就只能依靠脱离生产和商品供应的基础，凭空创造流通手段和支付手段来垫支财政赤字，这种由财政赤字所引起的财政性发行，无论是形成企业存款或是城乡居民储蓄，都属于虚存实放。

第二，财政收支虚假。生产结构比例失调，会使一部分生产企业生产的产品质量低劣，规模品种不符合要求，甚至根本没有使用价值。商业或物资部门用银行提供的贷款收购后放在仓库里，工业部门用这笔资金上缴税金，财政则把这笔虚假收入分配出去，因为这笔收入本来就没有适销物资保证。没有合格适用的产品与之对应，由此使银行增加的存款再发放出去就引起了信用膨胀。信用膨胀掩盖了财政收支虚假平衡，财政虚收实支，又加剧了信用膨胀。

第三，财政应支未支。国有经济各部门和企业流动资金需要银行贷款来解决，其不足部分要靠财政拨付流动资金和信贷基金来解决。这种财政收支和信贷收支的“接合部”问题，如果完全依靠银行，实质上是要银行贷款分担财政支出，是抽掉生产、流通中的周转性物资用于基本建设和其他财政性开支，如果所抽出的生产和流通中可能腾出的周转性物资超过了它所能提供的客观界限，最后必然迫使银行发票子，造成货币资金和物资不平衡。

第四，信贷自身膨胀，由于种种原因，如脱离物资基础滥发贷款，信贷资金的长期占用超过长期来源，不合理的商业信用造成贷款空投放，贷款用于呆滞物资以及预付款过去占用等，都势必使信贷资金和物资运动相脱离。不过，信用过度有一个特点，即由于贷款的扩大必然伴随着存款的增长，从而使得人们很难按从贷款和存款的对比变化中对信用膨胀的数量界限做出正确的判断。

3．国际收支的影响

国际交往形成国际收支，它对国内物资供求平衡也会产生影响。如果我们引进设备时没有考虑到各种条件，如技术、动力、原材料等不具备而长期不能安装投产，或建成后也不能

如期正常运转；对现有财力的可能性和今后偿还能力的预计考虑不周而盲目引进；进门的技术设备数量太多而出口的消费品（一般是农轻产品）又顾及不到国内的基本需要；等等，最终都会导致总需求的扩张，从而造成货币供求失衡。

二、从货币失衡到货币均衡的调整

从货币失衡到货币均衡的调整，可以分为四个步骤，第一步是分清失衡的类型，即货币供给量究竟是大于还是小于货币需要量；第二步是分析失衡的原因；第三步是选择相应的对策；第四步是采取行动。这里，我们着重讨论第三步，即对策问题。现在以货币供给量大于货币需要量为考察对象，提出四种类型的对策。

1．供应型调节

所谓供应型调节，是指在货币供给量大于货币需要量时，从压缩货币供给量入手，使之适应货币需要量。这包括如下几个层次的措施。

① 从中央银行方面来看，一是在金融市场上卖出有价证券，直接回笼货币；二是提高法定存款准备金率，收缩商业银行的贷款扩张能力；三是减少基础货币供给量，包括减少给商业银行的贷款指标，收回已贷出的款项等措施。

② 从商业银行方面来看，一是停止对客户发放新贷款；二是到期的贷款不再展期，坚决收回；三是提前收回部分贷款。

③ 从财政方面来看，一是减少对有关部门的拨款；二是增发政府债券，直接减少社会各单位和个人手中持有的货币量；

④ 从税收方面来看，一是增设税种；二是降低征税基数；三是提高税率；四是加强纳税管理。

财政税收措施在减少社会各单位和个人的存款与现金持有量的同时，增加了财政金库存款。从表面现象上看，这似乎没有压缩货币供给量，但是社会各单位的存款和财政金库存款是两类不同性质的存款，前者流通性强，后者流通性弱。因此，通过财政税收手段将社会各单位的一部分存款转入财政金库存款，就是将一部分现实购买力转化为潜在购买力，从而在实质上达到压缩货币供给量的目的。

这种靠压缩现有货币供给量来达到货币均衡的供应型调节方式，如果仅仅从货币均衡的角度来看，它是有效的，也可以说是一种积极的调节方式。但是，如果把它放到整个经济运行机制中去考察，从收缩货币供给量对国民经济的影响来看，那么这种调节方式在有些情况下则可能是消极的。因为货币供给量的收缩，一方面意味着货币供给总量的减少，另一方面又意味着货币存量分布结构的改变。总量收缩对于生产经营性企业来说，可能是可投入的资金来源减少，也可能是已投入的资金被抽回。在资金使用效益短期内无法提高的情况下，社会再生产经营规模就只能在萎缩的状态下进行，从而使社会经济发展速度受到影响。

2．需求型调节

所谓需求型调节，是指在货币供给量大于货币需要量时，从增加货币需要量入手，使之适应既定的货币供给量。由于货币需要量主要还是一个独立于银行之外的内生变量，因此，对货币需要量的调节措施更多是在银行之外推行。这包括如下几条措施。

① 财政部门拿资金，国家物资部门动用物资后备，商业部门动用商品储备，以此增加商品供应量（这是增加货币需要量的同义语）。

② 银行运用黄金储备和外汇储备，外贸部门组织国内急需的生产资料的进口，以此扩大国内市场上的商品供应量。

③ 国家物价管理部门（受命于国务院）提高商品价格，通过增加货币需要量来吸收过度的货币供给量。例如，零售商品价格的提高就可以很快地收到这种效应，因为商业部门的商品零售额吸收了居民可支配收入的极大部分。因此，任何时候提高商品零售价格都是增加货币需要量，吸收过剩购买力的强有力手段。

以上几种措施的采用，就使得投入流通的商品量（Q）增加，商品价格（P）提高，从而使商品价格总额（PQ）增大。按照货币需要量计量模型时，只要货币流通速度（V）不加快，或加快的幅度不足以抵消 PQ 增长的幅度，货币需要量就必定增大，从而缩小货币供需失衡的缺口，直至完全填平。

3．混合型调节

所谓混合型调节，是指面对货币供给量大于货币需要量的失衡局面时，不是单纯地压缩货币供给量，也不是单纯地增大货币需要量，而是双管齐下，既搞供应型调节，也搞需求型调节，以尽快收到货币均衡而又不会给经济带来太大波动的效果。

4．逆向型调节

所谓逆向型调节，是指面对货币供给量大于货币需要量的失衡局面时，中央银行不是采取“釜底抽薪”之策——压缩货币供给量，而是反其道而行之，采取“火上浇油”之法——增加货币供给量，从而促成货币供需在新的起点达到均衡。这是一种非常特别的调节方法，它是“欲取之，必先予之”和“以退为进”的哲学道理在银行货币供求均衡调节工作中的具体运用。它的内涵是：如果货币供给量大于货币需要量，同时，现实经济生活中又客观存在着尚未充分利用的生产要素（闲置的劳动力、闲置的生产资料、开工不足的机器设备等）和某些短线产品，社会需求量很大，可供能力又有限，银行就可以对生产这种短线产品的企业和其他“短、平、快”的项目提供追加贷款，以促进生产的发展，通过商品供给量的增加来消化过多供给的货币。这种逆向型调节方法不如供应型调节方法那么见效，短期内还会有扩大货币失衡的态势，但只要把握好火候、控制适度，就有可能收到事半功倍之效。

本章思考题

① 在发达的市场经济中，利率对于货币需求的大小起着极为重要的作用。试举出西方国家对这一规律的实际运用。

② 你觉得应如何建立我国的货币需求函数模型？应如何考虑利率因素？

③ 为什么应该将微观角度与宏观角度结合起来考察经济生活对货币的需求？

④ “贷款决定存款”这一结论会不会导致信贷失控?

⑤ 试述原始存款和派生存款的关系。

⑥ 试述存款货币的创造过程。

⑦ 试述存款货币的创造在量上有哪些限制因素。

⑧ 试述影响基础货币变动的因素。

⑨ 试述影响货币乘数的若干因素。

⑩ 试述从货币失衡到货币均衡的调整对策。

第十四章
货币政策调控

第一节　货币政策及其目标

一、货币政策的含义及其构成要素

货币政策是指中央银行在一定时期内利用某些工具作用于某个经济变量，从而实现某种特定经济目标的制度规定的总和。它是实现中央银行金融宏观调控目标的核心所在，在国家宏观经济政策中居于十分重要的地位。

货币政策有三大构成要素：①货币政策工具；②货币政策中介指标；③货币政策目标。它们三者之间的关系是：货币政策工具作用于货币政策中介指标，通过货币政策中介指标去实现货币政策目标（图 14-1）。

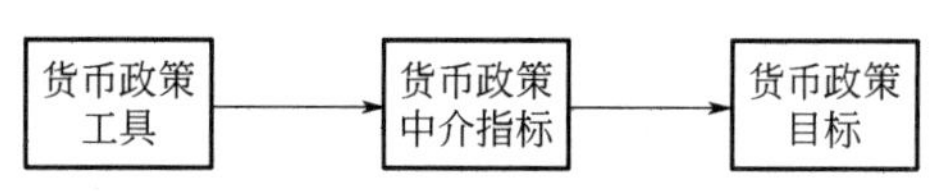

图 14-1　货币政策三要素及其关系

由于货币政策中介指标的确定在很大程度上取决于货币政策目标，货币政策工具的取舍在很大程度上依存于货币政策中介指标，因而货币政策的三要素之间存在一种逆向制约关系。所以，分析是从货币政策目标开始，然后是货币政策中介指标，最后再过渡到货币政策工具等内容，重点是分析货币政策目标。

二、货币政策目标

（一）货币政策目标内容

货币政策的最终目标一般也称货币政策目标，它是中央银行通过货币政策的操作而达到的最终宏观经济目标。货币政策目标的具体内容因国家不同而有所区别，但基本上不外乎下列四种类型：①单一目标型，如联邦德国的货币政策目标就是“保卫马克”；②双重目标型，如中国长期奉行的货币政策目标就是稳定币值、发展经济型；③三重目标型，如日本的货币政策目标就是国内物价的稳定、国际收支的平衡与资本设备相适应的总需求水平型；④四重目标型，如美国的货币政策目标就是强调国民经济的稳定和增长、就业水平的提高、美元购买力的稳定对外贸易收支合理平衡。也就是人们通常所说的经济增长、充分就业、稳定货币和国际收支平衡。

总体来说，货币政策目标是一个因国家不同而有所差别，因时期不同而不一致，因经济形势变化而变化的问题，见表 14-1。

表 14-1　西方七国货币政策最终目标变化一览表（第二次世界大战以后）

国家	20 世纪 50～60 年代	20 世纪 70 年代	20 世纪 80 年代	20 世纪 90 年代
美国	充分就业	稳定货币	稳定货币	稳定货币、经济增长
英国	充分就业 兼顾国际收支平衡	稳定货币	稳定货币	稳定货币
加拿大	充分就业 兼顾国际收支平衡	稳定货币 兼顾国际收支平衡	稳定货币 兼顾国际收支平衡	稳定货币 兼顾国际收支平衡
法国	经济增长、充分就业	稳定货币	经济增长、充分就业	经济增长、充分就业
意大利	经济增长、充分就业	稳定货币 兼顾国际收支平衡	稳定货币 兼顾国际收支平衡	稳定货币、经济增长、充分就业
日本	稳定货币 兼顾国际收支平衡	稳定货币 兼顾国际收支平衡	稳定货币 兼顾国际收支平衡	稳定货币 兼顾国际收支平衡
德国				

资料来源：钱荣望，《国际金融专题剖析》，中国金融出版社，1997 年版；《战后西方国家货币政策目标比较》，《金融研究》1997 年第 6 期。

（二）货币政策目标的内涵

1．稳定币值

从字面上理解，稳定币值就是指稳定货币的价值，但在纸币流通条件下，流通中的货币本身并没有价值，这样稳定币值就成了稳定货币购买力的简称。货币购买力是用单位货币所能购买到的商品（或劳务）来衡量的，稳定货币购买力即指单位商品所能换到的货币数量保持不变。因为单位商品所能换得的货币数量就是物价，所以稳定币值也就等于稳定物价。这也就是人们之所以用物价的变化动态来表示币值的稳定程度与升降幅度的原因。当然，实际上物价也只能是相对稳定而已，并非是通货膨胀率越低越好，因为负通胀率往往会带来通货紧缩，同样会对经济发展产生不良影响。

币值稳定是指币值的相对稳定，包含一定程度的物价变动，但这个变动的上下限究竟是多少，即多少幅度以内的物价变动可以视为币值稳定，超过多少幅度的物价变动视为币值不稳定，则是一个因时因地因人而异的问题。

2．经济增长

货币政策目标所追求的经济增长是指发展速度加快、结构优化与效率提高三者的统一。经济增长的速度通常用国民生产总值（GNP）或国内生产总值（GDP）表示。我国在 20 世纪 80 年代前用工农业生产总值表示，80 年代初期用社会总产值（GSP）取代，1986 年以后用国民生产总值表示。

发展是硬道理。一国的经济增长既是提高人民生活水平的物质保障，也是一国具有经济实力和国际市场竞争力的重要因素，又是保护国家安全的必要条件。当然，这种增长绝不是过度的增长，而是保持国民经济长期持续稳定的增长，否则会导致经济比例严重失调、经济剧烈波动。

3．充分就业

严格意义上的充分就业是指所有资源而言，它不仅包括劳动力的充分就业，还包括其他生产要素的“充分就业”，即充分利用。但人们通常所说的充分就业仅指劳动力而言，指任何愿意工作并有能力工作的人都可以找到一个有报酬的工作。对充分就业的衡量是通过失业率来反映的。所谓失业率，是指失业人数（愿意就业而未能找到工作的人数）与愿意就业的劳动力的比例（%）。美国劳动统计局对失业的定义是：凡年满 16 周岁、在一星期内没有活干因而没有工资或利润收入而又积极寻找工作的人，应列为失业。失业率的高低表示与充分就业的差距。失业率越高，距离充分就业就越远；反之，就越接近。同时，劳动力的就业状况还与土地、资本等其他生产要素的“就业”状况保持着基本一致的关系。即劳动力越是接近充分就业，其他生产要素的利用程度就越高；反之，则越低。

对于充分就业来说，似乎最理想的情况是失业率为零。其实，在正常情况下，摩擦性失业总是存在的，即由于季节性的、技术性的、经济结构等原因造成的临时性失业。除了这种摩擦性失业外，还有一种自愿性失业的情况存在，即劳动者不愿意接受现行货币工资和工作条件而引起的失业，并且经济体制中（无论哪种经济体制）总是存在着一部分愿意就业却找不到工作的人。显然，要追求失业率等于零的充分就业是不可能的。实际上，经济理论中的充分就业允许一定的失业率存在，至于这个失业率究竟多低才合适，也因时因地因人而有不同的答案。一般认为充分就业就是要把失业率降低到自然失业水平。

4．平衡国际收支

保持国际收支平衡是保证国民经济持续稳定增长和国家安全稳定的重要条件。巨额的国际收支逆差可能导致外汇市场波动，资本大量外流，外汇储备急剧下降，本币大幅贬值，并导致严重的货币金融危机。而长期巨额的国际收支顺差往往使大量外汇储备闲置，不得不购买大量外汇而增发本国货币，可能导致或加剧国内通货膨胀。一般来说，国际收支逆差的危害比顺差大。

运用货币政策调节国际收支的主要目标是通过利率和汇率的变动来实现本外币政策的协调和国际收支平衡。

（三）货币政策目标之间的矛盾与统一

1．稳定币值与充分就业的矛盾与统一

就统一性看，币值稳定了，就可以为劳动者的充分就业与其他生产要素的充分利用提供一个良好的货币环境，在充分就业的同时又可能为币值的稳定提供物质基础。但是，稳定币值与充分就业之间更多地表现为矛盾性，即当币值比较稳定、物价上涨率比较低时，失业率往往很高，而要降低失业率，就得以牺牲一定程度的币值稳定为代价。这就是著名的菲利普斯曲线所说明的道理，它表明稳定币值和充分就业两者难以兼顾。

2．稳定币值与经济增长的矛盾与统一

一般而论，这两个目标是可以相辅相成的，货币购买力稳定，可以为经济发展提供一个良好的金融环境和稳定的货币尺度，从而使经济能够稳定增长。经济增长了，稳定货币购买力也就有了雄厚的物质基础。因此，可以通过稳定币值来发展经济，也可以通过发展经济来稳定币值。但是，世界各国的经济发展史表明，在经济发展快时，总是伴随着物价较大幅度的上涨；而过分强调币值的稳定，经济的增长与发展又会受阻。因此，在很多情况下，国家政策和货币管理当局只能在两者之间进行调和，即在可接受的物价上涨率内发展经济，在不

妨碍经济最低增长需要的前提下稳定币值。

3．稳定币值与平衡国际收支的矛盾与统一

稳定币值主要是指稳定货币的对内价值，平衡国际收支则是为了稳定货币的对外价值。如果国内物价不稳，国际收支便很难平衡。因为当国内商品价格高于国外价格时，必然会引起出口下降、进口骤增，从而出现贸易赤字。但国内物价稳定时，国际收支却并非一定能平衡，因为国际收支能否平衡还要取决于国内的经济发展战略、资源结构、生产结构与消费结构的对称状况、国家的外贸政策、关税协定、利用外资策略等，同时还要受其他国家政策与经济形势等诸多因素的影响。

4．充分就业与经济增长的矛盾与统一

通常，就业人数越多，经济增长速度就越快；而经济增长速度越快，为劳动者提供的就业机会也就越多。但在这种统一的背后，还存在一个平衡劳动生产率的变化这一动态问题。如果就业增加带来的经济增长伴随着社会平均劳动生产率的下降，那就意味着经济增长是以投入产出的比例下降为前提的。它不仅意味本期浪费更多的资源，还会妨碍后期的经济增长，因而是不可取的。只有就业增加所带来的经济增长伴随着社会平均劳动生产率提高的组合，才是人们所期望得到的结果。

5．充分就业与平衡国际收支的矛盾统一

如果充分就业能够推动经济快速增长，那么一方面可以减少进口，另一方面还可扩大出口，这当然有利于平衡国际收支。但为了追求充分就业，就需要更多的资金和生产资料。当国内满足不了需求时，就需要引进外资、进口设备与原材料等。这对平衡国际收支又是一大不利因素。

6．经济增长与平衡国际收支的矛盾与统一

当经济增长较快时，国家经济实力也相应增长，这会在扩大出口的同时减少进口，这当然有利于国际收支的平衡。但经济的较快增长又总是对各种生产要素产生较大的需求，这往往又会增加进口，从而引起国际收支逆差的出现。当逆差很大时，国家就得限制进口，压缩国内投资，这又会妨碍国内的经济增长，甚至会引起经济衰退。

可见，货币政策的诸目标之间既矛盾又统一。只有因势利导，慎重选择，才能把握全局。

三、货币政策中介指标

1．中介指标的含义及其标准

货币政策中介指标是指中央银行为实现特定的货币政策目标而选取的操作对象。

通常，合适的货币政策中介指标应该具有如下四个特征：①可测性，即中央银行能够迅速和准确地获得它所选定的中介指标的各种资料，并且能被社会各方面理解、判断与预测；②可控性，即中央银行应该能够有效地控制，并且不会遇到太多的麻烦和障碍；③相关性，即中介指标应与货币政策目标之间具有高度的相关关系；④抗干扰性，即作为操作指标和中介指标的金融指标应能较正确地反映政策效果，并且较少受外来因素的干扰。

目前，中央银行实际操作的和理论界所推崇的中介指标主要有利率、货币供给量、银行信用规模、基础货币、超额准备金、股票价值等。但由于中央银行本身不能左右股票价值，超额准备金和基础货币又都属于货币供给量的范畴，而控制了货币供给量，也就基本上控制了银行信用规模。因此，货币政策中介指标实质上只有两个候选对象，即利率和货币供给量。

由于金融市场上的利率种类多种多样，有时还经常变化，所以对于中央银行来说，利率的可测性不如货币供给量。同时，对于再贷款利率，中央银行只能施加某种影响，而不能强行干预，只有货币供给量是中央银行直接操纵的。所以，从可控性上看，货币供给量对经济变量的作用比利率更为直接。况且利率作为一个经济内生变量，它的变化是随经济发展而变化的，即在经济繁荣兴旺时期，利率会由于信贷需求的增加而上升；反之，在经济萧条时期，利率会因金融市场的萎缩、信贷资金需求的减少而下降。但是，作为一个政策变量，利率与社会总供需之间总是沿着相反方向运动的。即在经济繁荣时期，由于社会各经济单位投资增加，对信贷资金的需求非常旺盛，中央银行为防止通货膨胀，就需要压缩社会总需求，这就需要调高利率；反之，在经济萧条时期，为刺激需求、增加就业，中央银行又要降低利率。可见，作为经济内生变量的利率与作为政策变量的利率，在变化方向上是一致的。这样，如果把利率作为货币政策中介指标，就会使利率的政策效果与非政策效果互相混淆，使中央银行无法确定其政策是否奏效，或者在政策尚未奏效时就误认为已经达到了目的，从而中止政策的执行。

2．货币供给量作为中介指标的优缺点

货币供给量作为货币政策中介指标，有以下明显的优点。①货币供给量的变动能直接影响经济活动，即货币供给量与经济的运动方向是一致的，即经济繁荣时会增加，经济萧条时会自动收缩。②中央银行对货币供给量的控制力较强，即经济繁荣时，中央银行为防止通货膨胀而压缩货币供给量；经济萧条时，中央银行会扩张货币供给量以复兴经济。这两者之间的界线非常明显，不可能误导中央银行的宏观决策。③与货币政策意图联系紧密。货币供给量增加，表示货币政策扩张；货币供给量减少，表示货币政策紧缩。④可以明确地区分政策性效果和非政策性效果。

当然，货币供给量作为货币政策中介指标也并非是十全十美的。其不足是：①中央银行对货币供给量的控制能力不是绝对的，影响货币供给量的诸因素中还有公众和商业银行的行为；②中央银行通过运用货币政策工具实行对货币供给量的控制存在一定的时滞。

由以上比较可知，作为货币政策中介指标，货币供给量优于利率。实际上，现在世界上大多数中央银行都以货币供给量作为直接操作对象，都试图通过对货币供给量的调节去实现其政策目标。

由于货币供给量有层次的划分，所以作为货币政策中介指标，以哪一层次的货币供给量为准，还需要具体分析。一般来说，在金融市场发育程度低，可用的信用工具少的情况下，现金应作为中央银行控制的重点。中国自 1949 年以来至 20 世纪 90 年代以前就是如此。而在发达的金融市场条件下，由于 M_2 与国民收入的联系比 M_1 更为紧密，且 M_2 比 M_1 更便于中央银行控制，所以这些国家逐步将货币控制的重点从 M_1 转向 M_2。随着市场化进程和金融业的逐步发展，中国在 20 世纪 90 年代初期和中期是以 M_1 作为货币控制的重点，而从 20 世纪 90 年代末期开始逐步将控制重点转向 M_2。但目前中国的现金使用还占相当比重，又难以控制，故仍有必要将其列入控制指标之内。

第二节　货币政策工具

货币政策目标是通过货币政策工具的运用来实现的。货币政策工具是中央银行为实现货币政策目标而使用的各种策略手段。货币政策工具可分为一般性货币政策工具、选择性货币政策工具和其他补充性货币政策工具三类。

一、一般性货币政策工具

所谓一般性货币政策工具，是指对货币供给总量或信用总量进行调节，且经常使用，具有传统性质的货币政策工具。一般性货币政策工具主要有以下三个，也称货币政策的“三大法宝”。

（一）法定存款准备金政策

1．法定存款准备金政策的含义

存款准备金是银行及某些金融机构为应付客户提取存款和资金清算而准备的货币资金。存款准备金占存款或负债总额的比例就是存款准备金率。存款准备金分为法定存款准备金和超额准备金两部分。法定存款准备金是指金融机构按中央银行规定的比例上交的部分；超额准备金是指准备金总额减去法定存款准备金的剩余部分。法定存款准备金政策是指由中央银行强制要求商业银行等存款货币机构按规定的比率上缴存款准备金，中央银行通过提高或降低法定存款比率达到收缩或扩张信用的目标。存款准备金是银行存款量与贷款量之间的一个固定差额部分。实行存款准备金制度的本意是，银行所吸收的存款不能全部贷放出去，而要留下一部分以应对存款人的随时支取。现代银行实行法定比率的准备金制度，其主要目的已经不是应付支取和防范挤兑，而是作为控制银行体系总体信用创造能力和调整货币供给量的工具。

2．法定存款准备金政策的效果和局限性

法定存款准备金政策的效果表现在：它对所有存款银行的影响是平等的，对货币供给量具有极强的影响力，通常称它是一剂“烈药”。正因为它力度大、反应快，所以也存在明显的局限性：①对经济的震动太大，不宜轻易采用作为中央银行日常调控的工具；②存款准备金对各类银行和不同种类存款的影响不一致，如果提高法定准备金，可能使超额准备金率低的银行立即陷入流动性困境，从而迫使中央银行往往通过公开市场业务或贴现窗口向其提供流动性支持。

最早实行存款准备金制度的国家是美国。在 20 世纪初，美国就颁布法律规定了商业银行向中央银行缴纳准备金的制度。目前，这一制度随着商品经济的发展与金融业在国民经济中的地位日趋重要而被广泛推行。中国实施这一制度是在中国人民银行行使中央银行职权后，于 1984 年规定各专业银行、城乡信用社及信托投资公司等向国有央行交存准备金的办法。刚开始时规定企业存款准备金为 20%，储蓄存款为 40%，农村存款为 25%。此后进行了多次调整。1985 年，为了增加专业银行的可用资金，将准备金率调整为这几项存款和其他存款总额的10%，1987年调至12%，1988年9月1日又提高到13%，1998年又调低到8%，1999年调至6%。

3．我国完善法定存款准备金政策的方法

（1）按经济发展需要及时调整存款准备金率　从发达国家存款准备金政策的变化来看，法定存款准备金率有调低趋势。例如美联储1997年底公布的《D条例》部分修正内容规定，实行准备金政策，对非个人定期存款和欧洲债券提取10%的准备金。而1991年，美国的法定存款准备金率为0.6%，日本为1%，德国为5.5%，英国为0.1%。这是因为：①发达国家准备金政策有弱化的趋势，有人把用法定准备金去调控货币供给量比作用大铁锤去切割钻石，过于粗笨难以达到微调的目的，因为频繁调整存款准备金率会迫使银行对资产组合做出相应的调整，增加不确定因素，打乱银行的资产负债管理；②西方发达国家普遍监测 M_2，联邦基金利率已放弃了监测货币供给量等数量指标而只监测利率水平等价格指标，认为法定准备金制度只是在发生金融危机时使用，是一种备用工具。

回顾我国的金融调控历史，法定存款准备金政策是我国中央银行应用最普遍的货币政策工具之一。在我国，由于经济制度及市场环境存在着显著的特殊性，存款准备金制度仍然是中央银行运用较为频繁而且也是在调控效率上更为倚重的政策工具。随着我国经济环境的不断变化和利率市场化的不断推进，存款准备金政策在实践层面上的完善和改进已成为我国中央银行理论或货币政策理论的一个值得研究的重要方面。降低法定存款准备金率的现实意义在于：①造成资金适度宽松的局面，有力支持经济的适度增长；②体现央行对银行和其他金融机构自我约束及控制水平的更高要求；③降低了金融机构的资金运营成本，有利于金融机构自身的经营发展。

（2）针对不同的金融机构制定多层次的存款准备金率　纵观各国存款准备金制度的历史和现状，法定存款准备金率的结构有简单的也有复杂的，但总的趋势是从简单到复杂。中国现行的存款准备金率没有按不同的经营规模、经营环境、经营重点加以区别。这样做，不利于国家扶持重点行业、企业及从战略上总体上调整经济结构，不利于国家实现货币政策目标。同时还应看到，我国各个地区的经济发展是不平衡的，资本市场还不完善，各地区的资金供求状况差别很大，用统一的存款准备金率进行调节，势必对经济发展水平不同的地区造成不同的后果。资金力量雄厚的地区可能不受存款准备金率调整的影响，其货币流通量的变化也不大，而资金短缺的地区则可能会受到很大的冲击并陷入困境。

应该采取的措施是：国有独资商业银行信用度高，资金实力雄厚，随着自律性的不断增强，其存款准备金率可以低于其他金融机构；城市银行的经济环境相对有利于信贷资金的安全性，其存款准备金率可以低于县及县以下金融机构。

（3）改变法定存款准备金由央行总行统一使用的办法　中国现行的存款准备金由中央银行统一集中后，不仅商业银行和其他金融机构不能动用，而且连中央银行大区分行及以下支行也无权动用。这不利于发挥其保证存款支付和清偿的作用。特别是市县一级金融机构发生支付困难时，存款准备金难以及时发挥其保证支付、清偿的作用，可考虑从存款准备金中统筹划拨出一定比例留给大区分行和中心支行调剂使用。例如某家商业银行在中央银行临时存款户存款有余，中央银行征得其同意后，可向因先支后收、应收未达、应收缓收等原因而发生资金头寸短缺的商业银行进行柜台调剂，商业银行分别收取和支付一定利息，中央银行收取手续费。又如取消短期调剂资金，可在存款准备金中留出一定比例用于大区分行短期调剂，以减少短期资金调剂的盲目性。

（4）协调好中央银行和商业银行的关系　无论是对国有的、混合所有制的商业银行还是对非国有的商业银行，都应看作是真正意义上的商业银行，不能看作是政企合一的金融机构。可以设想，商业银行没有真正实行机制的转换，仍然躺在中央银行身上吃“大锅饭”，这必然会削弱存款准备金制度的应有作用。因为在此环境下，很可能出现因商业银行要求央行增加再贷款而抵消法定存款准备金的作用。

（二）再贴现政策

1. 再贴现政策的含义及其作用

再贴现政策是指央行通过正确制定和调整再贴现率来影响市场利率和投资成本，从而调节货币供给量的一种货币政策工具。

再贴现政策是国外央行最早使用的货币政策工具。早在1873年，英国就用其调节货币信用。美国的贴现率制度始于20世纪30年代，1946年美国的就业法确定了统一的官方贴现率（再贴现率），以便于谋求政策目标的实现。德国的再贴现起源于帝国银行的前身普鲁士银行时期，至今再贴现仍是德意志联邦银行重要的货币政策工具，再贴现贷款约占其中央银行总贷款的1/3。20世纪70年代初，日本银行就开始较频繁地调整官方贴现率，即再贴现率，以调节社会信贷总量。在第二次世界大战后的经济重建过程中，日本银行的再贴现政策对日本经济的恢复和发展产生了积极的作用。它不仅为对办理贴现的银行提供了优惠的资金来源和流动性，而且对于出口导向型企业的发展和经济结构的重建都有十分重要的推动作用。此外，票据的推广使用有助于解决金融市场的资金不足，并改善商业银行对央行的资金依赖状况。1973年4月，以石油危机为契机，日本银行更加频繁地调整官方贴现率并将其作为政策工具。韩国银行从20世纪60年代开始运用再贴现政策操作，90年代以来，随着金融自由化与国际化的不断发展，其再贴现贷款逐渐限于向中小企业提供资金。

再贴现政策在一些国家之所以广泛得以运用，主要是因为通过它能为那些难以按市场条件从金融市场获得所需资金的部门和地区融资提供了便利。再贴现作为货币政策的重要工具具有双重效力。它既能起到引导信贷注入特定领域以增加流动性总量的作用，又能在社会信用结构、利率水平、商业银行资产质量等方面发挥调节作用。

2. 再贴现政策的优缺点

再贴现政策的最大优点是中央银行可利用它来履行最后贷款人的职责，通过再贴现率的变动影响货币供给量、短期利率以及商业银行的资金成本和超额准备金，达到中央银行既调节货币总量又调节信贷结构的政策意向。

再贴现政策的缺点在于：①中央银行固然能够调整再贴现率，但借款与否和借款多少的决定权在商业银行，所以这一政策难以真正反映中央银行的货币政策意向；②当中央银行把再贴现率定在一个特定水平上时，市场利率与再贴现率中间的利差将随市场利率的变化而发生较大的波动，它可能导致再贴现贷款规模甚至货币供给量发生非政策意图的波动；③相对于法定存款准备金政策来说，贴现率虽然比较易于调整，但调整频繁会引起市场利率的经常波动，从而影响商业银行的经营预期。

3．中国拓展再贴现政策的思路

中国运用再贴现货币政策工具的进程大致经历了三个历史阶段：第一阶段是利用商业票据作为一种结算手段，通过办理贴现、再贴现以推广使用票据，从而帮助企业解决拖欠；第二阶段是把再贴现作为调整信贷结构的一种手段，对某些行业、部门或商品实行信贷倾斜政策；第三阶段是把再贴现作为货币政策工具体系中的重要组成部分。这一进程呈现出从简单到规范，从初级向高级的发展过程。

就目前来看，开户行在办理贴现和向央行申请再贴现方面还应采取有效措施加以完善。

（1）观念上的转变　中国再贴现政策的运用始于1994年，是一个从单纯的结算手段到调整信贷结构的手段，再到成为货币政策工具体系中的重要组成部分的发展过程。人们对再贴现的认识也有一个不断深化的过程。由于种种缺陷，人们对再贴现的作用一直未予高度重视。而认识上的种种误区又导致票据这种安全、灵活、低成本的投资工具被束之高阁，不受青睐，票据市场一度曾出现萎缩。实际上，存款准备金政策和公开市场业务操作一般只能解决货币资金供应的总量问题，而再贴现手段不仅可以控制总量，而且对改善社会信用结构、利率水平、商业银行资产质量及降低商业银行的资产风险等方面均有独特的作用。所以，必须大力宣传票据贴现及再贴现知识，努力创造适宜于票据贴现和再贴现业务的社会氛围和环境。

（2）体制上的完善　央行适当集中再贴现业务管理，加快发展以中心城市为依托的区域性票据市场；适当扩大再贴现的对象和范围，对符合国家产业政策的各类所有制企业以真实的商品、劳务交易为基础签发的商业汇票，经金融机构贴现后，可按规定条件办理再贴现；同时，把再贴现作为缓和部分中小金融机构流动性不足的一项政策措施并给予重视。

（3）运用上的配套　首先，再贴现要与超额准备金的管理相结合。运用再贴现政策应顾及商业银行的超额准备金，不能盲目进行，否则会影响商业银行的流动性管理和经营机制的转变。其次，再贴现要与公开市场业务操作相配合。为有效实行宏观调控，在中央银行对整个金融系统注入货币时，可考虑买进一部分国债，然后办理一些再贴现，并在总量上服从整个调控目标。再者从长远看，加快经济体制和金融体制改革的步伐，逐步实现银行商业化经营和利率的市场化，建立企业信誉评级和信誉档案等制度，加强通信设施的建设等，对于完善和运用再贴现政策都是非常必要的。

（三）公开市场业务

1．公开市场业务的含义及其特点

所谓公开市场，是指各类有价证券（包括政府债券、中央银行证券或私人票据等）自由议价，其交易量和交易价格都必须公开显示的市场。公开市场业务则是指中央银行利用在公开市场上买卖有价证券的方法，向金融系统投入或撤走准备金，用来调节信用规模、货币供给量和利率以实现其金融控制和调节的活动。其传递机制是：当货币管理当局从任何有价证券持有者手中购进有价证券的时候，货币管理当局签发支票支付价款，证券出卖人将支票拿到自己的开户银行，开户银行收到这张支票后将它送交货币管理当局请求支付，货币管理当局承兑这张支票，并在证券出卖人开户银行在货币管理当局的准备金账户上增记支票金额。

这时，证券出卖人开户银行的准备金增加了，而其他账户的准备金并不减少，结果是准备金总额增加（表现为超额储备增加，即基础货币增加），从而货币供给量增加（图 14-2）。当货币管理当局抛售有价证券的时候，情况则恰恰相反。

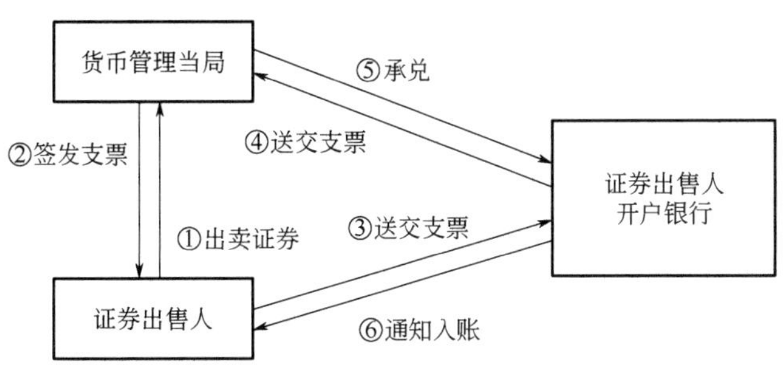

图 14-2　公开市场业务引起货币供给量增加

公开市场有以下特点。

（1）公开性　中央银行在公开市场上买卖政府债务、吞吐基础货币，是根据货币政策的要求，按照市场原则，通过众多交易对手竞价交易进行的。这使它具有较高的透明度，既为商业银行以平等身份在货币市场上竞争创造了条件，也有利于消除金融市场上的幕后交易弊端和不正之风。

（2）灵活性　中央银行在证券市场上进行证券交易，不仅在时间上（即什么时候买进或卖出）而且在数量上（即买多少）均很灵活，这有利于中央银行根据经济发展形势、货币市场利率走向、资金稀缺程度的观测以及货币政策的需要随时操作。由于经常性地对货币供给量进行微调，其效果平滑稳定，可以减少对经济和金融的震动。

（3）主动性　中央银行在公开市场上始终处于主动地位，即它可根据一定时期货币政策的要求和该时期银根的趋紧情况，主动招标和买卖政府债券，所以它日益受到货币当局的青睐，成为最常用的调控手段。

（4）直接性　即公开市场操作直接性强，中央银行的有价证券买卖可直接影响商业银行的准备金状况，从而直接影响市场货币供给量。

当货币当局从银行、公司或个人购入债券时，会造成基础货币的增加。由于债券出售者获得支票后的处理方式不同，因此会产生不同形式的基础货币。

以美国为例，假设美联储体系从一家银行购入 200 万美元债券，并付给它 200 万美元支票。这家银行或是将支票兑现，以增加库存现金量；或是将款项存入在联储体系开立的储备账户。这时，该银行和联储体系的账户分别发生两组变化。

第 1 组：

某银行

资产		负债
政府债券	−$200 万	
通货库存	+$200 万	

联储体系

资产		负债	
政府债券	+$200 万	通货发行	+$200 万

第 2 组：

某银行

资产		负债	
政府债券	-$200 万		
在联储的储备存款	+$200 万		

联储体系

资产		负债	
政府债券	+$200 万	商业银行储备存款	+$200 万

当债券出售者为非银行的公司或个人时，假若出售者将联储体系的支票存入自己的开户银行，这时，联储体系、开户银行及出售者的账户分别出现如下变化。

第 1 组：

出售债券者

资产		负债	
政府债券	-$200 万		
手持通货	+$200 万		

联储体系

资产		负债	
政府债券	+$200 万	通货发行	+$200 万

假若联储体系不是购入债券而是出售债券，对基础货币就会产生相反的影响：或减少了通货发行，或减少了商业银行在联储体系内的储备存款。

从以上的例子可以看出，中央银行通过购买或出售债券可以增加或减少流通中现金或银行的准备金，使基础货币或增或减。基础货币增加，货币供给量可随之增加；基础货币减少，货币供给量亦随之减少。不过，是增减通货，还是增减准备金，还是两者在增减过程中的比例不同，会导致不同的乘数效应，从而使货币供给量增减的规模也有所不同。

2．公开市场业务的优缺点

同前两种货币政策工具相比，公开市场业务具有明显的优越性：①运用公开市场业务操作的主动权在中央银行，可以经常性、连续性地操作，并具有较强的弹性；②公开市场业务的操作可灵活安排，可以用较小规模进行微调，不至于对经济产生过于猛烈的冲击；③通过公开市场业务促使货币政策和财政政策有效结合和配合使用。

当然，公开市场业务操作也有其局限性：一是需要以发达的金融市场作背景，如果市场发育程度不够，交易工具太少，则会制约公开市场业务操作的效果；二是必须有其他政策工具的配合，可以设想如果没有存款准备金制度，这一工具是无法发挥作用的。

3．我国公开市场业务操作的完善

我国公开市场操作的准备工作始于 1993 年，中国人民银行行使中央银行职权后，以 1996 年 4 月 9 日中国人民银行回购 2.9 亿元人民币无纸化短期国债为标志，公开市场业务由此启动。目前，我国的公开市场业务，已具有相当规模并显示出积极的作用。

今后我国应进一步推进公开市场业务操作，主要从以下几个方面着手。

（1）构建公开市场业务发挥作用的微观基础　公开市场业务操作的最大特点，是通过市场将中央银行实施的货币政策与商业银行及其他金融机构的资金经营和资产合理配置融合在一起。它有利于提高商业银行资产的流动性及其效益，有利于商业银行和其他金融机构的规范经营，也有利于促进商业银行不断适应市场经济规律的要求。可见，公开市场业务的推出应当具备相对齐全、行为规范的商业银行体系和证券业。但我国银行正处于向真正的商业化企业转换的阶段，中央银行和商业银行（实际上仍以国家垄断的四大国有商业银行为主）之间的行政性和非规范性联系相当密切。我国的证券业目前也还没有成为完全脱离政府政策性控制的纯商业性行业。由此，往往导致公开市场业务吞吐的国债不能及时有效地作用于社会资金存量规模，其运作仅仅是把政府直接掌握的资金“吞来吞去”，反而使基础货币供给量变动区间逐渐缩小。

因此，为积极参与公开市场，国有商业银行必须深化体制改革，加快向商业银行转化的步伐。具体说：一是要稳步推进资产负债管理，完善内部管理机制，以便在公开市场上正确灵敏地接收中央银行的货币政策信号，使中央银行的宏观调控得以顺利进行；二是要认真履行国债一级自营商的职责，尽量增加流动性较强的国债认购数量，积极开展国债交易业务，以此作为调整、优化自身资产结构的主要方式之一；三是要进一步加强对一级交易商队伍的建设，一些交易商应是规模较大、实力较强、行为规范的金融机构，因为中央银行在公开市场操作中所要达到的货币政策意向，在很大程度上是通过这些一级交易商传递下去的。

（2）注重公开市场业务与其他货币政策工具的配合运用　公开市场业务相对于其他货币政策工具而言，虽具有较多明显的优点，但是它也有自己的局限性，最明显的是操作效果易受外部因素的干扰而削弱。例如，一国在经济萧条时期，即使央行想通过买入债券扩张信用，商业银行却因经济萧条容易使借款风险扩大而不一定扩大贷款；相反，经济过度繁荣时期，即使央行想卖出债券收缩信用，商业银行却因经济繁荣时期放款有利可图而不一定减少贷款。可见，在特定情况下，商业银行的信用行为不会因为央行的操作意愿而改变，从而使央行的影响力弱化。再如，从国际因素看，资本外流、国际收支顺差会抵消央行卖出债券的效果，这在经济开放度高的国家表现尤为明显。所以，必须注重公开市场业务与其他货币政策工具的配合运用。具体配合如下。

① 与完善的存款准备金制度相配合。公开市场业务通过增减各金融机构的超额准备金量来影响其信贷创造能力，从而达到调节货币供给量的目的。可见，各商业银行和其他金融机构所持有的超额准备金量是公开市场操作最直接的影响对象，即央行卖出有价证券，减少金融机构超额准备金量，削弱其信用能力；央行买入有价证券，增加金融机构的超额准备金量，扩张其信用能力。而超额准备金是基础货币的组成部分，也是存款准备金的组成部分，由于法定存款准备金率的变动对各金融机构的冲击力大，往往需要适当开展反方向的公开市场操

作或再贴现政策，以缓和其影响。因此，完善的存款准备金制度是公开市场业务操作发挥作用的重要条件之一。

② 与再贴现业务相配合。央行通过公开市场上证券的买卖来调节各金融机构的超额准备金，以影响社会货币供给量。但由于种种不确定因素的影响，央行的宏观预测与实际情况之间不可避免地会存在一定差距，使央行在公开市场上的证券吞吐量与各金融机构超额准备额的变化难以取得一致。当央行买入有价证券所增加的超额储备少于各金融机构的实际需求时，央行就必须通过办理再贴现业务满足其融通资金的需要，反之亦然。

（3）注重与国债发行和交易相配合　中国公开市场业务的操作对象以国库券为主，这是因为：①国库券作为国家债券，信誉高，偿还能力强，风险小，发行广，投资者拥有的国债既可在全国证券交易网点转让，到期还可在全国各家商业银行网点通兑，既方便又灵活；②央行通过操作国库券，可以将一部分非营利的现金准备变成有息债券准备，既不妨碍随时变现，又可以获得稳定收益。

二、选择性货币政策工具

选择性货币政策工具是指中央银行针对某些特殊的经济领域或特殊用途的信贷而采用的信用调节工具，主要有以下几种。

1．消费者信用控制

它是指中央银行对不动产以外的各种耐用消费品的销售融资予以控制。如规定分期购买耐用消费品首期付款的最低限额，规定消费信贷的最长期限，规定可用消费信贷购买的耐用消费品的种类等。

2．证券市场信用控制

它是指中央银行对有关有价证券交易的各种贷款进行限制，目的在于限制用借款购买有价证券的比重。如规定应支付的保证金限额，一方面为了控制证券市场信贷资金的需求，稳定证券市场价格；另一方面是为了调节信贷供给结构，通过限制大量资金流入证券市场，将较多的资金转入生产和流通领域。

3．不动产信用控制

它是指中央银行对商业银行等金融机构在房地产方面放款的限制。其主要目的是抑制房地产投机。

4．优惠利率

它是指中央银行对按国家产业政策要求重点发展的经济部门或产业，规定较低贴现利率或放款利率的一种管理措施。如基础产业、高科技产业、出口创汇企业等，优惠利率大多在不发达国家运用。

三、其他补充性货币政策工具

1．直接信用工具

它是指中央银行从质和量两个方面以行政命令或其他方式对商业银行等金融机构的信用

活动进行直接控制，如规定利率最高限额、信用配额、流动性比率和直接干预等。

2. 间接信用指导

它是指中央银行通过道义劝告、窗口指导和金融检查等办法对商业银行和其他金融机构的信用变动方向和重点实施间接指导。所谓道义劝告，是指中央银行利用其声望和地位，对商业银行和其他金融机构发出通告、指示或与各金融机构的负责人进行面谈、交流信息，解释政策意图，使商业银行和其他金融机构自动采取相应措施来贯彻中央银行的政策。所谓窗口指导是指中央银行根据产业行情物价趋势和金融市场动向，规定商业银行的贷款重点投向和贷款变动数量等。所谓金融检查，是政府赋予中央银行的监督职能，对商业银行等金融机构的业务活动进行合法、合规性的多方面检查，并针对检查情况采取必要的措施。

本章思考题

① 什么是货币政策？它有哪些构成要素？
② 试述货币政策目标内涵及诸目标之间的矛盾与统一。
③ 试述货币政策中介指标的特征和选择。
④ 试述货币政策工具包括的内容。
⑤ 什么是法定存款准备金政策？其效果和局限性如何？
⑥ 什么是再贴现政策？它有哪些优缺点？
⑦ 什么是公开市场业务？它有哪些优缺点？
⑧ 如何完善中国公开市场业务操作？
⑨ 什么是货币政策传导机制？目前影响它的因素有哪些新变化？
⑩ 什么是货币政策时滞？它由哪些部分组成？
⑪ 试述货币政策有效性理论的演进过程。

第十五章 通货膨胀与通货紧缩

第一节　通货膨胀及其度量

一、通货膨胀的含义

什么是通货膨胀？前苏联的政治经济学教科书或货币银行学教科书对通货膨胀的定义有以下一些特点。

① 时常将金属货币流通下的货币必要量作为衡量纸币是否过多的标准。由于纸币和黄金实际早已脱钩，因此这种把黄金作为纸币价值基础并由此派生出通货膨胀定义的观点已不符合实际。

② 单纯与弥补财政赤字挂钩，似乎只有财政赤字才能引起过多的货币发行。这样的定义事实上不符合现代金融体系在创造货币方面的作用和机制。

③ 断言通货膨胀是阶级剥夺的手段，只是资本主义经济中的现象，社会主义社会不可能发生。但是，中国及前苏联等国都程度不同地遭到通货膨胀的困扰。在这种情况下，将通货膨胀视为资本主义制度下特有经济现象的说法事实上不成立。

20 世纪 70 年代以前，我国有关教材中关于通货膨胀的定义大多引自苏联。改革开放以后，逐步摒弃了上述的一些论断。但对于如何理解通货膨胀这个概念的内涵，还有不同的理解。一种见解强调通货膨胀与物价上涨之间的区别。理由是，物价水平的变动是由多种因素促成的。例如，由于价格结构本身的调整和变化就会引起物价总水平的上涨；商品成本构成或劳动生产率变动也会引起物价总水平的上涨；也有偶然的天灾、人祸引起物价总水平一时的上涨，等等。这些物价上涨都不应视为通货膨胀；通货膨胀仅仅应该指流通中货币过多并由此引起的物价上涨。另一种见解是，把这两者区分开往往是非常困难的。事实上，由其他原因引起的物价上涨必须有增加的货币供给予以支撑，而过多的货币供给又往往是其他因素起作用的原因。因而认为物价上涨和通货膨胀这两个概念可以等同使用。

在西方经济学教科书中，通常将通货膨胀定义为：商品和服务的货币价格总水平持续上涨的现象，这个定义包含以下几个关键点。

① 强调把商品和服务的价格作为考察对象，目的在于与股票、债券以及其他金融资产的价格相区别。

② 强调“货币价格”，即每单位商品、服务用货币数量标出的价格。是要说明通货膨胀分析中关注的是商品、服务与货币的关系，而不是商品、服务与商品、服务相互之间的对比

关系。

③ 强调“总水平”，说明这里关注的是普遍的物价水平波动，而不仅仅是地区性的或某类商品及服务的价格波动。

④ “持续上涨”强调通货膨胀并非偶然的价格跳动，而是一个过程，并且这个过程具有上涨的趋向。

在西方经济学文献中，还有以下种种定义。

① 通货膨胀是需求过度的一种表现，在这种状态下，过多的货币追逐过少的商品。

② 通货膨胀是货币存量及货币收入增长过快的表现。

③ 通货膨胀是在一定条件下的物价水平上涨现象，无法准确预期；能引发进一步的上涨过程；没有增加产出和提高就业效应；其上涨速度超过安全水准；由货币供应的不断增加来支撑；具有不可逆性。

④ 通货膨胀是货币客观价值的下跌，其度量标准是：黄金价格，汇率，在官方规定金价或汇率条件下对黄金、外汇的过度需求，等等。

二、通货膨胀的类型

按照不同的标准，通货膨胀可分为以下类型。

1．按发生原因划分

（1）需求拉动型　即指单纯从需求角度来寻求通货膨胀根源的一种理论假说。这种理论产生于 20 世纪 50 年代以前。这种观点认为，通货膨胀是由于总需求过度增长引起的，是由于太多的货币追求太少的货物，从而使包括物资与劳务在内的总需求超过了按现行价格可得到的总供给，因而引起物价上涨。

需求拉动型通货膨胀可能通过两个途径产生：一是当货币需求量不变时，货币供给增加过快（这种途径为多数）；二是当经济体系对货币需求大大减少时，即使在货币供给无增长的条件下，原有的货币存量也会相对过多。

（2）成本推进型　即指通货膨胀的根源在于总供给变化的一种理论假说。具体是指由于商品成本上升，即材料、工资保持一定利润水平，从而使物价水平普遍上涨的一种货币经济现象。

成本推进型通货膨胀可以归纳为两个原因：一是工会对工资提高的要求；二是垄断性企业为追求利润制定的垄断价格。

（3）结构型　即物价的上涨是由于对某些部门的产品需求过多，虽然经济的总需求并不过多。其发展过程是；最初某些经济部门的压力使物价和工资水平上升，随后又使那些需求跟不上的部门的物价和工资额也趋于上升的水平，于是便出现全面的通货膨胀。

（4）混合型　即一般物价水平的持续上涨，既不能说是单纯的需求拉动，也不能归咎于单纯的成本推进，又不能笼统地概括为社会经济结构的原因，而是由于需求、成本和社会经济结构共同作用形成的一种一般物价水平持续上涨的货币经济现象。

（5）财政赤字型　其本质是属于需求拉动型通货膨胀，但它的侧重点是强调因财政出现巨额赤字而滥发货币，从而引起的通货膨胀。

（6）信用扩张型　它是指由于信用扩张，即由于贷款没有相应的经济保证，形成信用过度创造而引起物价上涨的一种信用经济现象。

（7）国际传播型　国际传播型又称输入型，指由于进口商品的物价上升和费用增加而使物价上涨所引起的通货膨胀。

2．按表现状态划分

（1）开放型　开放型也称公开的通货膨胀，即物价可随货币供给量的变化而自由浮动。

（2）抑制型　抑制型也称隐蔽的通货膨胀，即国家控制物价，主要消费品价格基本保持人为平衡，但表现为市场商品供应紧张、凭证限量供应商品、变相涨价、黑市活跃、商品走后门等的一种具有隐蔽性的一般物价水平普遍上涨的经济现象。

3．按通货膨胀程度划分

（1）爬行式通货膨胀　爬行式通货膨胀又称温和的通货膨胀，即允许物价水平每年按一定的比率缓慢而持续上升的一种通货膨胀。

（2）跑马式通货膨胀　跑马式通货膨胀又称小跑式通货膨胀，即通货膨胀率达到两位数字。在这种情况下，人们对通货膨胀有明显感觉，不愿保存货币，抢购商品用以保值。

（3）恶性通货膨胀　恶性通货膨胀又称极度通货膨胀，即货币贬值可达到天文数字，如第一次世界大战后的德国和国民党政府垮台并退出大陆之前的情况。

三、通货膨胀的度量

在目前情况下，人们一般将物价上涨指数看作是通货膨胀率。测量物价指数的主要指标有以下几种。

1．消费物价指数（CPI）

即零售价格指数，它能反映直接影响一般民众生活状况的物价趋势，许多国家通常用它来代表通货膨胀率。但消费物价指数不包括公营部门的消费、生产资料及进出口商品、劳务的价格变化。其优点在于消费品的价格变动能及时反映消费品供给与需求的对比关系，直接与公众的日常生活相联系，在检验通胀效应方面有其他指标难以比拟的优越性。其缺点是消费品毕竟只是社会最终产品的一部分，不能说明问题的全部。

2．批发物价指数（WPI）

它是根据制成品和原料的批发价格编制的指数。这一指数对商业循环较为敏感，但由于它不包括各种劳务，所以其变化对一般公众生活的影响也不如消费物价指数那样直接。

3．国民生产总额平减指数（GNP deflator）

它是指按当年价格计算的国民生产总额对按固定价格计算的国民生产总额的比率。它既包括私营部门和公营部门的消费，也包括生产资料与进出口商品、劳务的价格，因此比较全面。但对一般家庭来说，投资品和出口商品的价格与其并无直接关系。

第二节　通货膨胀的成因和治理

一、西方经济学家对通货膨胀成因的分析

1．需求拉动说

早期的西方经济学家主要从需求方面分析通货膨胀的成因，认为当经济中需求扩张超出总供给增长时所出现的过度需求是拉动价格总水平上升、产生通货膨胀的主要原因。通俗的说法就是“太多的货币追逐太少的商品”，使得对商品和劳务的需求超出了在现行价格条件下可得到的供给，从而导致一般物价水平的上涨。需求拉动说的理论分析可用图 15-1 加以说明。

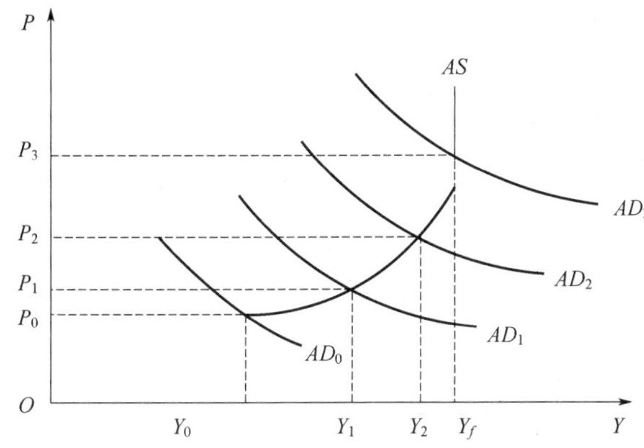

图 15-1　需求拉动的通货膨胀

图 15-1 中 AS 表示总供给曲线，AD_0 表示总需求曲线的初值，二者的交点决定了供求平衡条件下的物价水平 P_0 和收入水平 Y_0。当总需求增加，曲线 AD_0 移动至 AD_1 时，收入水平会提高至 Y_1，同时物价水平被拉动上升至 P_1。由于经济离充分就业差距较大时，总供给曲线 AS 比较平坦，因此收入水平提高较快，而物价水平变动较小。当总需求继续增加，曲线 AD_1 移动至 AD_2 时，收入水平提高至 Y_2，同时拉动物价水平升至 P_2。此时 AS 曲线倾斜度增大，物价水平的提高加快，进入凯恩斯所说的“半通货膨胀”状况。经济越是接近充分就业时的收入水平 Y_f, AS 曲线就越陡峭，表示收入水平难以进一步增长。因此当曲线从 AD_2 移至 AD_3 时，达到充分就业，AS 曲线变为垂直，收入水平不再增长，总需求的增加几乎全部通过物价的上涨（提高至 P_3）反映出来，即进入凯恩斯所说的“真正的通货膨胀”。

根据引起总需求增加的原因，需求拉动的通货膨胀又可分为三种类型：①自发性需求拉动型，其总需求的增加是自发的而不是由于预期的成本增加；②诱发性需求拉动型，主要是由于成本增加而诱发了总需求的增加；③被动性需求拉动型，由于政府增加支出或采用扩张性货币政策增加了总需求，从而导致通货膨胀。此外，还可从实际因素和货币因素两个方面对总需求增加的结构进行深入的分析。从实际因素来看，总需求由消费支出、投资支出和政

府支出构成，因此，总需求增加包括了消费需求增加、投资需求增加和政府需求增加。由于国民收入分配向消费倾斜，使居民可支配收入增长速度快于国民收入增长速度，同时消费品供给不能满足消费需要而引起的物价水平整体上涨，称为消费需求膨胀；由于积累率过高、投资规模扩大引起的需求膨胀，称为投资需求膨胀；由于政府过度支出而引起的需求膨胀，则称为政府需求膨胀。从货币因素来看，需求拉动的通货膨胀主要产生于两个方面：一方面，经济体系对货币的需求大大减少，即使货币供给不增长，货币存量也会相对增加，从而导致总需求相对增大；另一方面，当货币需求量不变时，货币供给增加过快，也会导致总需求相对增大。货币供给过多造成需求膨胀与投资需求膨胀导致物价上涨的效果是相同的，但对利率的影响是不同的。投资需求膨胀会导致利率上升，而货币供给过多会造成利率下降。

在西方经济学中，凯恩斯学派偏重研究实际因素引起的需求膨胀，货币主义学派则强调货币因素对通货膨胀的决定作用，认为通货膨胀纯粹是一种货币现象。货币主义学派的代表弗里德曼指出，只要货币量的增加超过生产量的增加，物价就必然上升。但无论是实际因素还是货币因素，需求拉动说都强调了总需求方面，而忽略了总供给方面的变动，尤其不能正确地解释通货膨胀与失业并存的现象。因此，从 20 世纪 50 年代后期起，经济学家的注意力开始转向总供给方面，提出了通货膨胀成因的成本推进说。

2．成本推进说

成本推进说主要从总供给或成本方面分析通货膨胀的生成机理。该理论认为，通货膨胀的根源并非由于总需求过度，而是由于总供给方面的生产成本上升所引起。因为在通常情况下，商品的价格是以生产成本为基础，加上一定利润而构成的，因此，生产成本的上升必然导致物价水平的上升。成本推进说的理论分析可用图 15-2 加以说明。

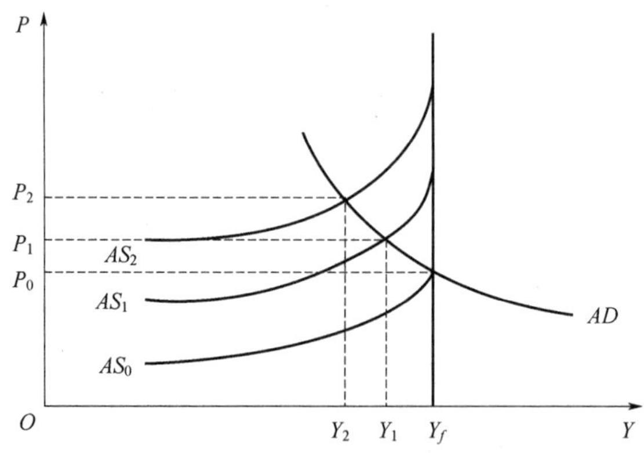

图 15-2　成本推进的通货膨胀

图 15-2 中 AD 表示总需求曲线，AS_0 表示总供给曲线的初值，并假定二者的交点为经济达到充分就业条件下的供求均衡点，由此得到初始时的价格水平 P_0 和收入水平 Y_f。当成本增加时，企业会在同等产出水平上提高价格，或在同等价格水平上提供较少的产出，因而总供给曲线会由 AS_0 向上移动至 AS_1 甚至移动至 AS_2。当总需求不变时，价格水平则由 P_0 上升至 P_1，甚至移动至 P_2，而收入水平则下降至 Y_1，甚至移动至 Y_2。因此，成本推进说认为，正是成本

的上升推动了物价水平的上升，并导致了收入水平的下降。

成本推进说还进一步分析了促使产品成本上升的原因，指出在现代经济中，有组织的工会和垄断性大公司对成本和价格具有操纵能力，是提高生产成本并进而提高价格水平的重要力量。工会要求企业提高工人的工资，迫使工资的增长率超过劳动生产率的增长率，企业则会因人力成本的加大而提高产品价格以转嫁工资成本的上升；而在物价上涨后工人又会要求提高工资，再度引起物价上涨，形成“工资—物价”的螺旋式上升，从而导致工资成本推进型通货膨胀。垄断性企业为了获取垄断利润也可能人为提高产品价格，由此引起利润推进型通货膨胀。此外，汇率变动引起进出口产品和原材料成本上升以及石油危机、资源枯竭、环境保护政策不当等造成的原材料、能源生产成本的提高也会引起成本推进型通货膨胀。

3．供求混合推进说

需求拉动说撇开供给来分析通货膨胀的成因，而成本推进说则以总需求给定为前提条件来解释通货膨胀，二者都具有一定的片面性和局限性。尽管理论上可以区分需求拉动型通货膨胀与成本推进型通货膨胀，但在现实生活中，需求拉动的作用与成本推进的作用常常是混合在一起的。因此人们将这种总供给和总需求共同作用情况下的通货膨胀称为供求混合推进型通货膨胀。实际上，单纯的需求拉动或成本推进不可能引起物价的持续上涨，只有总需求和总供给的共同作用才会导致持续性的通货膨胀。供求混合推进的通货膨胀可用图 15-3 加以说明。

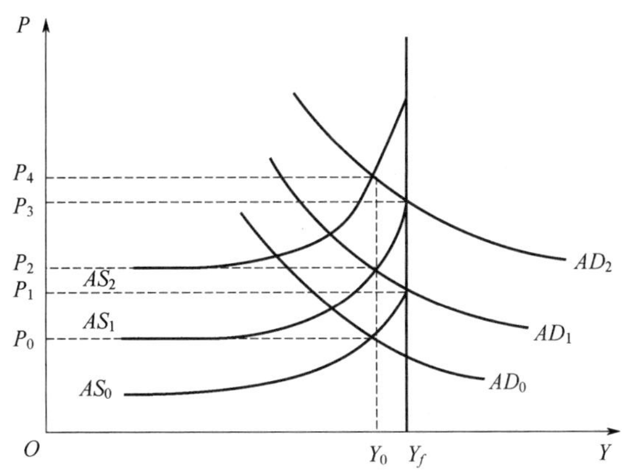

图 15-3 供求混合推进的通货膨胀

图 15-3 中 AS_0 和 AD_0 的交点为初始时经济的供求均衡点。当总需求增加时，其曲线由 AD_0 移至 AD_1，物价水平由初始点 P_0 上升至 P_1。物价的上涨导致生产成本的相应提高，必然会使总供给减少，总供给曲线由 AS_0 移至 AS_1，物价水平则上升至 P_2。为保持经济增长和充分就业，政府不得不增加支出，总需求再次增加，由 AD_1 移至 AD_2，相应地 AS_1 也移至 AS_2，物价水平则上升至 P_3 和 P_4，从而形成由需求冲击开始的物价螺旋式上涨的通货膨胀。类似地也可能发生由供给冲击开始的通货膨胀。当发生一次性成本推进型的物价上涨时，如果需求并不增加，通货膨胀则不会持久。但如果供给的减少导致政府为避免经济下降和失业增加而扩大需求，

则必然发生持续性的通货膨胀。

关于通货膨胀的成因还有其他多种理论剖析。如对输入型通货膨胀的理论剖析。着眼点有二。一是剖析进口商品价格的提高、费用的提高对国内物价水平的影响。对一个主要依靠对外贸易的经济来说，这样的影响往往有决定意义。二是剖析通货膨胀通过汇率机制的国际之间传递。这方面的分析涉及不同的汇率制度——固定汇率制和浮动汇率制，是国际金融学科的专门研究对象。再如结构性通货膨胀理论，是从经济的部门结构（如部门之间劳动生产率存在明显差异）来分析，即使总供求大体均衡，物价总水平也会持续上涨的机理。这涉及纯理论推导，需专门讨论。

二、我国对通货膨胀成因的若干观点

我国对通货膨胀成因的研究主要是以马克思主义货币流通理论为指导，同时也借鉴了西方经济学中的需求拉动说、成本推动说、结构说、预期说等理论，在此基础上结合我国的具体情况从以下几个方面做出了进一步的解释。

（1）财政赤字说　政府在发生财政赤字时通常采取增收节支、直接增发纸币或发行公债等措施弥补。如果增发纸币或发行公债引起的货币供应量增长超过了实际经济增长的需要，就会导致通货膨胀。

（2）信用扩张说　信用的过度扩张主要是由于经济主体对经济形势做出错误的判断，中央银行宏观控制不力、政府实行扩张性的货币政策盲目扩大信用、虚假存款增加、货币流通速度加快、新的融资工具不断涌现等原因。信用的过度扩张必然导致货币供应量的过度增加，从而引发通货膨胀。

（3）国际收支顺差说　出现国际收支顺差尤其是贸易顺差时，国内市场上商品的可供量因为出口超过进口而减少，而外汇市场则供过于求，国家不得不增加投放本币以收购结余外汇，因此会出现过多的货币追逐较少的商品，从而导致通货膨胀。

（4）体制说　在体制转轨过程中，由于产权关系不明晰，国有企业破产和兼并机制不完善，在资金上仍然吃国家银行的大锅饭，停产和半停产时职工工资和经营风险仍由国家承担，必然会导致投资需求和消费需求的过度积累，推动物价水平的上涨。但这种观点难以解释近年来出现的通货紧缩现象。

（5）摩擦说　在我国特定的所有者关系和特定的经济运行机制下，由于计划者追求的经济高速度增长及对应的经济结构与劳动者追求的高水平消费及对应的经济结构之间不相适应，从而产生矛盾和摩擦，必然会引起货币超发、消费需求膨胀和消费品价格上涨。摩擦说实际上是站在另一角度，从体制上说明需求拉动的起因。

（6）混合说　混合说认为我国通货膨胀的形成机理十分复杂，其成因可分成三类，即体制性因素、政策性因素和一般因素。体制性因素是指我国改革中企业制度、价格双轨制、财政金融体制、外贸外汇体制等；政策性因素是指宏观经济政策对社会总供求的调控；一般因素则是指在体制性和政策性因素之外，经济发展本身存在的引起物价水平持续上涨的因素，例如我国人多地少的矛盾等。

三、通货膨胀的治理

由于通货膨胀对一国国民经济乃至社会、政治生活各个方面都产生了严重的影响，因此各国政府和经济学家都将控制和治理通货膨胀作为宏观经济政策研究的重大课题加以探讨，并提出了治理通货膨胀的种种对策措施。

（一）宏观紧缩政策

宏观紧缩政策是各国应对通货膨胀的传统政策调节手段，也是迄今为止在抑制和治理通货膨胀中运用得最多且最为有效的政策措施。其主要内容包括紧缩性货币政策和紧缩性财政政策。

1. 紧缩性货币政策

紧缩性货币政策又称为抽紧银根，即中央银行通过减少流通中货币量的办法，提高货币的购买力，减轻通货膨胀压力。具体政策工具和措施包括：①通过公开市场业务出售政府债券，以相应地减少经济体系中的货币存量；②提高贴现率和再贴现率，以提高商业银行存贷款利率和金融市场利率水平，缩小信贷规模；③提高商业银行的法定准备金，以缩小货币发行的扩张倍数，压缩商业银行放款，减少货币流通量。在政府直接控制市场利率的国家，中央银行也可直接提高利率，或直接减少信贷规模。

2. 紧缩性财政政策

紧缩性财政政策主要是通过削减财政支出和增加税收的办法来治理通货膨胀。削减财政支出的内容主要包括生产性支出和非生产性支出。生产性支出主要是国家基本建设和投资支出，非生产性支出主要是政府各部门的经费支出、国防支出、债息支出和社会福利支出等。在财政收入一定的条件下，削减财政支出可相应地减少财政赤字，从而减少货币发行量，并可减少总需求，对于抑制财政赤字和需求拉动引起的通货膨胀比较奏效。但财政支出的许多项目具有支出刚性，可调节的幅度有限，因此增加税收就成为另一种常用的紧缩性财政政策。提高个人所得税或增开其他税种可使个人可支配收入减少，降低个人消费水平；而提高企业的所得税和其他税率则可降低企业的投资收益率，抑制投资支出。

紧缩性货币政策和财政政策都是从需求方面加强管理，通过控制社会的货币供应总量和总需求，实现抑制通货膨胀的目的。在 20 世纪 60 年代中期以前，一些国家根据英国经济学家菲利普斯揭示的通货膨胀与失业率的相关关系（图 15-4）制定需求管理政策，用以治理需求拉动型通货膨胀，取得了较为显著的成效。

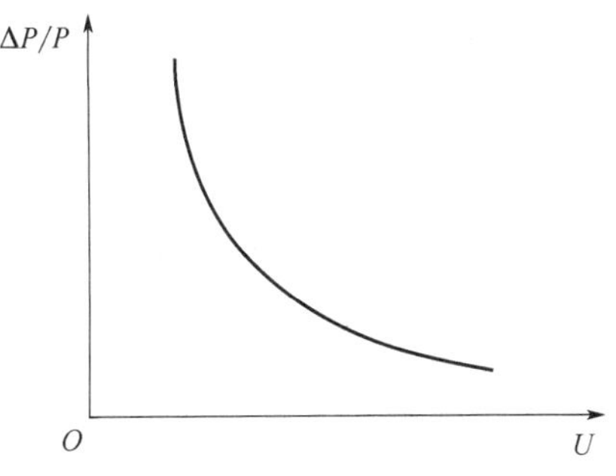

图 15-4　通货膨胀与失业率的相关关系

在图 15-4 中，纵轴表示通货膨胀率（$\Delta P/P$），横轴表示失业率（U），图中的曲线即菲利普斯曲线，表示通货膨胀率与失业率的相关关系。根据该曲线可知，失业率越低时，通货膨胀率越高；反之，失业率越高，通货膨胀率就越低。因此，政府在面临通货膨胀和失业两大经济和社会问题时，会遇到两难的困境，即如果要降低失业率就不得不付出高通货膨胀率的代价，而如果要降低通货膨胀率又不免会导致失业率的上升。要解决这一难题，政府可运用菲利普斯曲线制定一个适当的宏观紧缩或扩张政策。即首先确定社会可接受或容忍的最大失业率和通货膨胀率，并将其作为临界点。例如，确定4%为失业率和通货膨胀率的临界点，如果失业率和通货膨胀率都低于这一临界点，如图15-5中阴影部的任何一点（假定为B点），则政府不必采取措施进行干预；而当经济处于阴影部分之外（如A点或C点）时，政府就应采取措施进行干预。例如，当经济处于A点时，通货膨胀率超出了临界点，但失业率低于临界点，根据菲利普斯曲线，就应该采取紧缩性的货币政策和财政政策，在不使失业率超出临界点的前提下，以提高失业率为代价换取通货膨胀率的降低。相反，如果经济处于C点，失业率超出了临界点，而通货膨胀率低于临界点，则政府可采取扩张性的宏观调控政策，以较高的通货膨胀率为代价，使失业率降低到临界点以下。

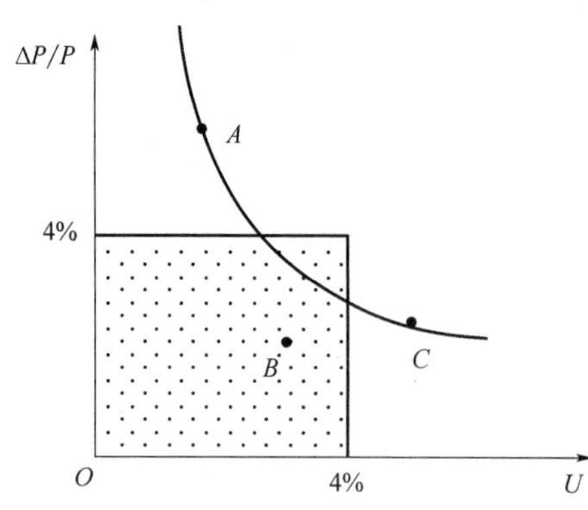

图15-5　根据菲利普斯曲线制定宏观调控政策

但是20世纪60年代中期以后，菲利普斯曲线所反映的物价与失业之间的替代关系发生了变化，较高的通货膨胀与较高的失业率同时发生，即经济中出现了滞胀（经济停滞、通货膨胀）现象。根据菲利普斯曲线制定的宏观经济调控政策不再奏效，于是一些西方国家又将紧缩性的收入政策作为治理通货膨胀的重要手段。

（二）收入紧缩政策

收入紧缩政策主要是根据成本推进论制定的，其理由是依靠财政信用紧缩的政策虽然能够抑制通货膨胀，但由此带来的经济衰退和大量失业的代价往往过高，尤其是当成本推进引起菲利普斯曲线向右上方移动，工会或企业垄断力量导致市场出现无效状况时，传统的需求管理政策对通货膨胀将无能为力，必须采取强制性的收入紧缩政策。收入紧缩政策的主要内容是采取强制性或非强制性的手段，限制工资提高和垄断利润的获取，抑制成本推进的冲击，从而控制一般物价的上升幅度。其具体措施一般包括工资管制和利润管制两个方面。

1．工资管制

工资管制是指政府以法令或政策形式对社会各部门和企业工资的上涨采取强制性的限制措施。工资管制可阻止工人借助工会力量提出过高的工资要求，从而抑制产品成本和价格的提高。工资管制的办法包括以下几种。

（1）道义规劝和指导　即政府根据预计的全社会平均劳动生产率的增长趋势，估算出货币工资增长的最大限度，即“工资—物价”指导线，以此作为一定年份内允许货币工资总额增长的目标数值线来控制各部门的工资增长率。但政府原则上只能规劝、建议和指导，不能直接干预，因此该办法的效果往往不是很理想。

（2）协商解决　即在政府干预下使工会和企业就工资和价格问题达成协议，其效果取决于协议双方是否认可现有工资水平并愿意遵守协议规定。

（3）冻结工资　即政府以法令或政策形式强制性地将全社会职工工资总额或增长率固定

在一定的水平上。这种措施对经济影响较大，通常只用在通货膨胀严重恶化时期。

（4）开征工资税 对增加工资过多的企业按工资增长超额比率征收特别税款。这一办法可使企业有所依靠，拒绝工会过高的工资要求，从而有可能与工会达成工资协议，降低工资增长率。

2．利润管制

利润管制是指政府以强制手段对可获得暴利的企业利润率或利润额实行限制措施。通过对企业利润进行管制可限制大企业或垄断性企业任意抬高产品价格，从而抑制通货膨胀。利润管制的办法包括以下几种。

（1）管制利润率 即政府对以成本加成方法定价的产品规定一个适当的利润率，或对商业企业规定其经营商品的进销差价。采用这种措施应注意使利润率反映出不同产业的风险差异，并使其建立在企业的合理成本基础上。

（2）对超额利润征收较高的所得税 这种措施可将企业不合理的利润纳入国库，对企业追求超额利润起到限制作用。但如果企业超额利润的获得是通过提高效率或降低成本实现的，则可能会打击企业的积极性。此外，一些国家还制定反托拉斯法，限制垄断高价，并对公用事业和国有企业的产品和劳务实行直接价格管制。

（三）收入指数化政策

所谓收入指数化又称指数联动政策，是指对货币性契约订立物价指数条款，使工资、利息、各种债券收益以及其他货币收入按照物价水平的变动进行调整。这种措施主要有四个作用：一是能借此剥夺政府从通货膨胀中获得的收益，杜绝其制造通货膨胀的动机；二是可以消除物价上涨对个人收入水平的影响，保持社会各阶层的原有生活水平，维持原有的国民收入再分配格局，从而有利于社会稳定；三是可以稳定通货膨胀环境下微观主体的消费行为，避免出现抢购囤积商品、贮物保值等加剧通货膨胀的行为，维持正常的社会经济秩序，并可防止盲目的资源分配造成的资源浪费和低效配置；四是可割断通货膨胀与实际工资、收入的互动关系，稳定或降低通货膨胀预期，从而抑制通货膨胀率的持续上升。

收入指数化政策对面临世界性通货膨胀的开放经济小国来说尤其具有积极意义，是这类国家对付输入型通货膨胀的有效手段。比利时、芬兰和巴西等国曾广为采用，就连美国也曾在 20 世纪 60 年代初期实施过这种措施。但由于全面实行收入指数化政策在技术上有很大的难度，会增加一些金融机构经营上的困难，而且有可能造成工资、物价的螺旋上升，反而加剧成本推进型的通货膨胀，因此该政策通常仅被当作一种适应性的反通货膨胀措施，不能从根本上对通货膨胀起到抑制作用。

（四）单一规则——货币主义学派的政策

货币主义学派认为，20 世纪 70 年代资本主义国家经济滞胀的主要原因是政府不断采取扩张性的财政政策和货币政策，所以导致了通货膨胀预期提高，总供给曲线左移，菲利普斯曲线右移。因此，对付滞胀的根本措施在于，政府必须首先停止扩张性的总体经济政策，将货币供给的增长速度控制在一个最适当的增长率上，即采取所谓的单一规则政策，以避免货币供给的波动对经济和预期的干扰。货币主义学派强调，在已发生滞胀的情况下，只有严格控制货币供应量，才能使物价稳定，才能使总体经济和社会恢复正常秩序。尽管货币供应量的降低在短期内会引起失业增加、经济衰退加重，但付出这一代价将换来通货膨胀预期的下降和菲利普斯曲线的回落，并最终根除滞胀。

单一规则政策对付通货膨胀确实比较有效，这是被 80 年代中期以来美国和其他一些发达国家的实践所证明了的。但是对于一些以经济增长作为首要政策目标的国家来说，尤其对那些经济严重衰退、失业率居高不下的国家来说，这一政策有很大的局限性。不顾一切地推行这一政策，甚至会导致社会经济的动乱。

（五）增加供给——凯恩斯学派和供给学派的政策

凯恩斯学派和供给学派都认为，总供给减少是导致经济滞胀的主要原因。凯恩斯学派认为，总供给减少的最主要原因是影响供给的一些重要因素发生了变化，如战争、石油或重要原材料短缺、主要农作物歉收、劳动力市场条件变化、产品市场需求结构变化，以及政府财政支出结构、税收结构、转移支付等方面发生了变化，因而造成了总供给减少并引起通货膨胀。因此，治理经济滞胀必须从增加供给着手。凯恩斯学派提出的对策主要包括：政府减少失业津贴的支付、改善劳动条件、加强职业培训和职业教育、改进就业信息服务、调整财政支出结构和税收结构等，其目的是降低自然失业率，使总体经济恢复到正常状态。供给学派则认为，政府税率偏高是总供给减少、菲利普斯曲线左移的主要原因。过高的税率降低了就业者的税后收入和工作意愿，同时也降低了企业的投资意愿，并助长了逃税行为，造成资源浪费，阻碍了社会生产力的提高和总供给的增长。因此，治理滞胀必须首先降低税率，以此提高劳动者的工作意愿和劳动生产率，增加储蓄和企业投资，提高资金的运用效率，刺激经济增长和降低失业率，从而走出经济滞胀的困境。

总之，治理通货膨胀是一个十分复杂的问题，不仅造成通货膨胀的原因及其影响是多方面的，而且其治理的过程也必然会牵涉到社会生活的方方面面，影响各个产业部门、各个企业、社会各阶层和个人的既得利益，因此不可能有十全十美的治理对策。尤其是中国通货膨胀的治理，必须从中国是一个处于经济转轨时期的发展中的社会主义国家这一特殊的国情出发，认真分析通货膨胀的成因。既要从宏观经济整体出发，保持国民经济的较快增长和总供给的不断增长，解决因产业结构调整和社会劳动生产率提高而出现的失业率提高问题，又要适度控制流通中的货币总量和总需求，防止经济过热导致通货膨胀升温；既要通过推进经济体制改革，整顿经济秩序等综合治理措施，消除通货膨胀的环境因素，又要根据具体原因，采取一些针对性较强的有力措施。在这一正确思想的指导下，20 世纪 90 年代后期，中国政府终于成功地控制了通货膨胀并实现了经济的“软着陆”，为中国在市场经济条件下通过间接调控体系，正确地解决宏观经济调控问题，保持国民经济健康稳定发展取得了有益的经验。

第三节　通货紧缩

一、通货紧缩的含义

通货紧缩是与通货膨胀相对立的一个概念，通常意义上是指一般物价水平的持续下跌。在西方经济学教科书中，通货紧缩被定义为一段时期内价格总水平的下降或价格总水平的持续下降。巴塞尔国际清算银行提出的标准是：一国消费品的价格连续两年下降可被视为通货紧缩。

关于通货紧缩的含义，与通货膨胀的含义一样，学术界也没有统一的定义。从目前讨论的情况来看，主要有三种说法：一是单要素说，认为通货紧缩就是物价总水平持续下降；二是两要素说，认为通货紧缩不仅是指物价总水平持续下降，而且货币供应幅度下降，流通中的货币相对甚至绝对减少；三是三要素说，认为通货紧缩不仅是指物价总水平下降、货币供应下降，而且伴随着经济衰退或增长缓慢，即“两个特征、一个伴随”。持两要素说观点的人强调通货紧缩是一种货币现象，因此应该从货币流通总量判断；持三要素说观点的人则强调通货紧缩是经济衰退的货币表现，与物价持续下降相伴随的必然是有效需求不足、失业率提高和经济不景气。尽管在通货紧缩的定义上尚有争议，但对于物价总水平的持续下降这一点，三种说法的观点是一致的。

在实际生活中，对于某个时期是否发生了通货紧缩的判断以及通货紧缩程度的衡量，多数经济学家认为，主要应看物价总水平是否下降，即通货膨胀率是否转变为负数，以及物价水平下降的幅度和时间长度。部分商品和劳务价格的下降，可能是由于这些商品和劳务的供大于求，或者是由于技术进步、市场开放或生产效率提高从而降低了成本所引起，显然这不是通货紧缩；即使是商品和劳务价格暂时或偶然的普遍下跌，也可能是受到诸如消费心理变化、季节性因素等某些非实质因素影响而致，与货币流通和实质经济没有必然联系，所以也不是通货紧缩。只有物价水平持续下降超过了一定的时限，才可断定是通货紧缩。这一时限有的国家定为一年，有的国家定为半年。我国的通货膨胀潜在压力较大，因此可以以一年为界。

在以物价总水平持续下降作为判断通货紧缩主要标准的同时，也可以用货币供应量和经济增长率作为衡量通货紧缩严重程度的辅助指标。因为按照货币流通量的计算公式，有：

$$\text{通货存量}=\frac{\text{商品价格总额}}{\text{货币流通速度}}=\frac{\text{商品数量}\times\text{商品价格}}{\text{货币流通速度}}$$

$$\text{商品价格}=\frac{\text{通货存量}\times\text{货币流通速度}}{\text{商品数量}}$$

从上述公式来看，物价总水平下降必然表现为上述三个因素的相对变化：一是由于货币供应绝对或相对减少使流通中的货币存量减少（相对于商品数量）；二是其他因素如商品供求关系、居民的消费与储蓄结构及货币供应和流通渠道的变化等使货币流通速度放慢；三是经济增长使商品数量绝对或相对增加（相对于通货存量）。由此可见，在商品数量和货币流通速度不变的条件下，物价水平的下降的确可由货币供应的减少而引起，因此可用通货存量作为参考指标；但在商品数量和货币流通速度发生变化的情况下，物价水平的下跌也有可能与货币供应的适度增长并存。同样，在通货存量和流通速度不变的条件下，物价水平下降与商品数量增加密切相关，因此经济增长率可作为参考，但在通货存量和流通速度发生变化的情况下，物价水平的下跌也可能与商品数量的减少并存。

例如，英国 1814～1849 年、1873～1896 年的通货紧缩，以及美国 1814～1849 年，1866～1896 年的通货紧缩都伴随着经济的较高或适度增长。1873～1896 年，由于世界范围内黄金供给的增长低于商品交易的增长，英国价格水平的下降与经济增长率的减缓才同步发生。美国也只是在第一次世界大战后的1920～1933年期间，通货紧缩才伴随经济的负增长。从短期情况来看，两国也是既有伴随经济衰退的通货紧缩，也有伴随经济增长的通货紧缩。再如，中国1998～1999年物价总水平连续两年持续下降，而同期货币供应量增幅与前几年相比虽然减少，但与同期经济增长率（7.8%和7.1%）相比，增长幅度还是比较大的。狭义货币M_1和广义货币M_2的增长幅度1998年分别为14.84%和11.85%，1999年分别为14.74%和17.67%。

还有一种情况是，通货存量与商品数量变动程度相同或近似，物价水平的下降主要是由货币流通速度的降低所引起。但是货币流通速度通常是用倒推法计算出来的，直接测量难以得出，且影响货币流通速度的因素既多又可变，不便用其作为衡量通货紧缩的指标。

所以，货币供应量和经济增长率可以作为判断和衡量通货紧缩的辅助指标，但不能作为主要标准，主要的判断和衡量标准只有一个，即持续性的商品价格水平下跌，或者说一定时期内通货膨胀率持续为负数。至于度量通货紧缩的具体统计指标，与通货膨胀一样，目前各国主要采用三个指数，即消费物价指数、批发物价指数和国内生产总值平减指数。

二、通货紧缩的分类

对于通货紧缩通常可以按照其持续时间、严重程度和形成的原因等进行如下分类。

1．按持续时间分类

按持续时间长短可分为长期性通货紧缩、中长期通货紧缩与短期性通货紧缩。在历史上，一些国家曾经发生历时几十年的长期性通货紧缩（尽管其中包含个别年份价格水平的上升）。如英美两国1814～1849年长达35年的通货紧缩，美国1866～1896年长达30年的通货紧缩，英国1873～1896年长达23年的通货紧缩等，都属于长期性通货紧缩。一般将10年以上的通货紧缩划分为长期性通货紧缩，5～10年为中长期通货紧缩，5年以下为短期性通货紧缩。

2．按严重程度分类

按通货紧缩严重程度可分为轻度通货紧缩、中度通货紧缩和严重通货紧缩。如果通货膨胀率持续下降并转为物价指数负增长的时间不超过两年即出现转机，可视为轻度通货紧缩；如果通货紧缩超过两年仍未见好转，但物价指数降幅在两位数以内，则可视为中度通货紧缩；如果通货紧缩超过两年并继续发展，且物价降幅超过两位数，或者伴随着比较严重的经济衰退，则应视为严重的通货紧缩。例如美国在第一次世界大战后经济衰退时期的物价下降幅度达15%以上，在20世纪30年代的大萧条时期物价降幅更是达30%以上。

3．按通货紧缩与经济增长状况分类

按通货紧缩与经济增长状况可分为增长型通货紧缩与衰退型通货紧缩。如果与通货紧缩相伴随的是经济的持续增长，如英国1814～1849年、1873～1896年的通货紧缩，以及美国1814～1849年、1866～1896年的通货紧缩，则属于增长型通货紧缩；如果与通货紧缩伴随的是经济的衰退，如美国在1920～1933年的通货紧缩，则属于衰退型通货紧缩。

4．按通货紧缩的成因进行分类

可分为政策紧缩型、产业周期型、需求拉下型、成本压低型、体制转轨型、外部冲击型和混合型。由这些原因形成的通货紧缩将在下一节中展开讨论。

第四节　通货紧缩的成因和治理

一、通货紧缩的成因

尽管不同国家不同时期的通货紧缩有着不同的原因，但从国内外经济学家们关于通货紧缩的理论分析中仍可概括出导致通货紧缩发生的一般原因。

（1）紧缩性的货币财政政策　一国当局采取紧缩性的货币政策或财政政策，大量减少货币发行或削减政府开支以减少赤字，会直接导致货币供应不足，或加剧商品和劳务市场的供求失衡，使“太多的商品追逐太少的货币”，从而引起物价下跌，出现政策紧缩型的通货紧缩。

（2）经济周期的变化　经济周期达到繁荣的高峰阶段，生产能力大量过剩，供大于求，可引起物价下跌，出现经济周期型通货紧缩。

（3）生产力水平的提高和生产成本的降低　技术进步提高了生产力水平，放松管制和改进管理降低了生产成本，因而会导致产品价格下降，出现成本压低型通货紧缩。

（4）投资和消费的有效需求不足　当预期实际利率进一步降低和经济走势不佳时，消费和投资会出现有效需求不足，导致物价下跌，形成需求拉下型通货紧缩。金融体系的效率降低或信贷扩张过快导致出现大量不良资产和坏账时，金融机构“惜贷”或“慎贷”引起信用紧缩，也会减少社会总需求，导致通货紧缩。

（5）本币汇率高估和其他外部因素的冲击　一国实行钉住强币的汇率制度时，本币汇率高估，会减少出口，扩大进口，加剧国内企业经营困难，促使消费需求趋减，导致物价持续下跌，出现外部冲击型的通货紧缩。国际市场的动荡也会引起国际收支逆差或资本外流，形成外部冲击性的通货紧缩压力。

（6）体制和制度因素　体制和制度方面的因素也会加重通货紧缩，如企业制度由国有制向市场机制转轨时，精简下来的大量工人现期和预期收入减少，导致有效需求下降；住房、养老、医疗、保险、教育等方面的制度变迁和转型，都可能会影响个人和家庭的收支和消费行为，引起有效需求不足，导致物价下降，形成体制转轨型的通货紧缩。

（7）供给结构不合理　由于前期经济中的盲目扩张和投资，造成了不合理的供给结构和过多的无效供给，当积累到一定程度时必然会加剧供求之间的矛盾。一方面许多商品无法实现其价值，迫使价格下跌，另一方面大量货币收入不能转变为消费和投资，减少了有效需求，就会导致结构型通货紧缩。

二、通货紧缩的治理

通货紧缩对经济的破坏力与通货膨胀是一样的，甚至有过之而无不及。首先，通货紧缩会加速经济的衰退。物价的持续下跌，必然导致人们对经济前景的悲观预期，持币观望，使消费或投资进一步萎缩。其次，物价的下跌还会提高实际利率，加重债务人的负担，即使名义利率下降，资金成本仍然会比较高，致使企业不敢贷款投资，或难以偿债。银行则出现大量坏账，并难以找到赢利的项目提供贷款，经营效益不断滑坡，甚至因“金融恐慌”和存款人挤兑而被迫破产，使金融系统濒临崩溃。个人因担心银行倒闭更倾向于持有现金，从而导致“流动性陷阱”的产生，并因而造成经济持续衰退，失业率进一步提高，工资收入下降，陷入痛苦的困境。通货紧缩还会由于需求的持续下降使进口萎缩而输出到国外，引起全球性的通货紧缩，反过来又会影响本国的出口，造成国际收支逆差扩大和资本外流，使国家外汇储备减少，偿债能力削弱，甚至发生债务危机。

可见，通货紧缩对经济的危害同样也是很大的。要保证经济的健康运行，不仅要抑制通货膨胀，也要治理通货紧缩。由于通货紧缩形成的原因比较复杂，往往并非由某一方面的原因所引起，而是由多方面的原因共同作用所致，并伴随着经济的衰退，因此治理的难度比通货膨胀甚至更大。必须根据不同国家不同时期的具体情况进行细致的分析，才能采取有针对性的措施加以治理。

从美国的情况看，1929～1933 年出现的经济大萧条，同时也是一次严重的通货紧缩。为此，1933 年 3 月罗斯福就任总统后，采取了一系列“新政”措施。这包括：政府发行巨额国债，大力兴办公共工程，刺激国内需求；由美联储购进银行持有的政府债券，扩大货币发行；控制过剩农产品的生产，增加农民收入；暂停实施反托拉斯法，避免市场萎缩中的恶性竞争；实行最低工资制和社会救济；运用税收手段调节居民收入差距；降低税率，鼓励出口。罗斯福的“新政”取得明显效果，国民收入从 1933 年的 396 亿美元增加到 1937 年的 736 亿美元，物价从 1934 年起止跌回升，失业率大幅度下降。

本章思考题

① 什么是通货膨胀？为什么不能将它与货币发行过多、物价上涨、财政赤字画等号？

② 试述通货膨胀的类型。

③ 试述你对我国治理通货膨胀的认识。

④ 什么是通货紧缩？它是如何进行分类的？

⑤ 试述通货紧缩形成的原因。

⑥ 试述我国目前治理通货紧缩的对策。

第十六章 信用

第一节 信用概述

一、信用的含义

从一般意义上讲，信用包含信任、诚实守信、遵守诺言等内容。但从经济意义上看，它的含义就转化和延伸为以借贷为特征的经济行为，是以还本付息为条件的，体现着特定的经济关系。它既区别于一般商品货币交换的价值运动形式，又区别于财政分配等其他特殊的价值运动形式，是不发生所有权变化的价值单方面的暂时让渡或转移。

信用与债务是同时发生的，是借贷活动这一事物的两个方面。在借贷活动中，当事人一方为债权人，他将商品或货币借出，称为授信；另一方为债务人，他接受债权人的商品或货币，称为受信。债务人遵守承诺，按期偿还商品或货币并支付利息，称为守信。债务人承担的这种在将来偿还商品或货币的义务，就称为债务。任何时期内的债务总额等于信用总量。因此，信用是未来偿还商品赊销或货币借贷的一种承诺，是关于债权与债务关系的约定。

信用以还本付息为条件，不发生所有权变化的价值单方面的暂时让渡或转移。同时信用又是一种契约关系，是以借贷为基础并受法律保护的产权契约关系。有时人们也以信用通指信贷关系，但信用与信贷是有区别的。信贷虽然包含着授受信用两方面内容，但它更强调授信人贷出款项并预期收回的权利；而信用则全面体现授信双方的权利和义务。所以，信用关系的外延远比信贷宽泛得多，信贷只是普遍而典型的信用形式。

二、信用存在的客观依据

经济学中所说的信用是与市场经济紧密相连的，因此，信用的产生与存在同市场经济的产生、发展以及有关特征高度相关。信用存在的客观依据主要有如下三点。

1. 社会再生产过程中资金运动的特征决定了信用关系存在的必然性

依据马克思的论述，在资本主义条件下的社会化大生产过程中，产业资本正常的循环与周转包括购买、生产和销售三个阶段。可用一个通用公式表示如下：

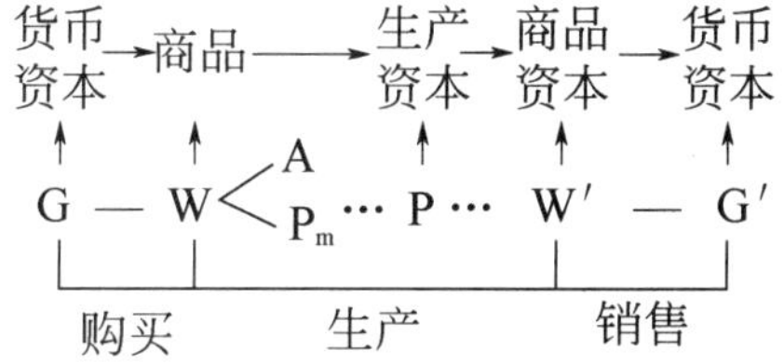

产业资本在循环和周转的三个阶段中，其总量必须按照一定的比例结构并存于货币资本、生产资本和商品资本这三种形态上；而单个的产业资本则必须在时间上顺利地经过购买、生产和销售这三个阶段。这也就是产业资本在空间上的并存（总量）与时间上的继起（分量）。

马克思关于产业资本循环周转的理论，在社会主义条件下同样适用。在我国，产业资金以及社会总资金在其循环周转过程中存在大量的闲置资金，这主要有如下几种情况。

① 固定资产的价值是一次投入、分次转移到生产出来的商品中，并分次收回的。在固定资产更新之前，其分次收回的折旧费就会被暂时闲置起来。

② 在流通资金使用过程中，商品销售与支付工资和为下一轮生产准备原材料都有一定时间间隔，在间隔期内，一部分流通资金也以货币形式暂时闲置起来。

③ 当代的社会化大生产都是以扩大再生产为特征的，除典型的内涵扩大再生产之外，外延型的扩大再生产以及混合型的扩大再生产都需要有货币资金的投入。但由于生产上、技术上的各种原因，并不是任何数量的货币资金都可以投入社会再生产并扩大社会生产规模的。要做到这一点，投入到社会再生产中的货币资金必须在数量上达到一定的规模，这就需要积累。显然，在积累期间，这部分货币资金是闲置的。

④ 农民受农业生产特点的影响，其收入集中在夏收和秋收两季，而支出则是全年经常性的，因而农民手中一般总有部分闲置货币存在。

⑤ 城镇居民的收入也有规则性和集中性的特点，而支出则是分散的，在收支交替变换过程中，也总有部分闲置货币存在。

⑥ 国家财政预算在执行过程中，由于先收后支而有部分资金暂时闲置，当财政在一定时期内收入大于支出时就会形成结余，这也表现为货币的闲置。

⑦ 财政部门将集中的资金拨给机关、团体、部队等事业单位后，这些单位在使用之前也表现为货币的闲置。

大量的货币资金因上述各种原因而被闲置起来，而闲置的货币资金因没有参与社会再生产总资金的运动而不能带来利润，这又与资金的本性（增值）相矛盾。因此，闲置货币资金在客观上具有再使用的本能要求。

在大量货币资金因各种原因被闲置起来的同时，社会再生产过程中又产生了对货币资金临时性的需要，如企业在固定资产折旧完毕之前因突然事故的发生需要更新固定资产，需要进行技术改造；商品生产和商品流通过程中因某些特殊原因（如原材料集中到货、遇到节假日、碰上抢购风潮等）而需要借入资金。在很多情况下，只要有货币资金投入的增加，就会有产出规模的扩大，就会有商品销售额的增长，就会有利润的增加。

可见，信用的产生起因于这样一个基本事实，即在一定时期内并非每一个经济单位都能做到收支平衡，当一个经济单位出现资金盈余，而另一个经济单位出现收支不抵时，便形成了双方借贷关系的基础。在社会再生产运行过程中，就同时出现了上述两种现象：一方面是部分单位、部分个人有闲置的货币资金需要寻找出路；另一方面是部分单位、部分个人因临时性需要而急于借入一笔货币资金。通过信用，将这些资金在社会范围内抽余补缺，以一方面的闲置抵补另一方面的短缺，就会使全社会资金的使用效益大大提高，社会的产出规模增大，人们的福利也会因此而增加。

2．市场经济社会经济利益的不一致性决定了调剂资金余缺必须运用信用手段

上面的分析已经表明，闲置货币资金的客观存在产生了调剂使用的可能性，而部分单位和个人的资金短缺产生了调剂使用的必要性。这就在客观上要求把必要性与可能性结合起来，使社会资金充分发挥其效用。但是，在市场经济条件下，资金剩余者与资金短缺者都有各自不同的经济利益，这就决定了资金余缺的调节不能是无偿的，而必须是有偿的，即资金剩余者暂时让出资金是以在约定时期收回资金并索取代价为前提的，资金短缺者也是以暂时使用并付出报酬为条件的，这就产生了信用关系。

在我国社会主义市场经济条件下，经济生活中存在多种成分的所有制，既有全民经济，也有集体经济，还有股份制经济、合作经济、中外合资经济、个体经济等，它们都有各自的经济利益；即使在全民所有制经济内部，也因资金所有权和使用权的分离，承租人、承包人的差别等原因而有不同的经济利益。因此，在这些单位之间进行资金余缺的调剂，必须运用信用手段有偿进行而不能无偿调拨。

3．国家对宏观经济进行价值管理和间接控制必须依靠信用杠杆

在现代社会，国家都负有管理宏观经济之责。在市场经济条件下，国家对宏观经济的管理不能依靠实物管理和直接控制，而必须利用货币形式搞价值管理，运用经济手段搞间接控制。在各种经济手段中，信用是一个有力的杠杆，它对聚集社会化大生产所需要的资金，对促进资金使用者合理节约地运用资金，对全社会经济效益的提高、产出规模的扩大和人民福利的增加都具有重要作用。

三、信用的特征

信用的标的是一种所有权与使用权相分离的资金。它的所有权掌握在信用提供者手中，信用的接受者只具有使用权，信用关系结束时，其所有权和使用权才统一在原信用提供者手中，如图 16-1 所示。

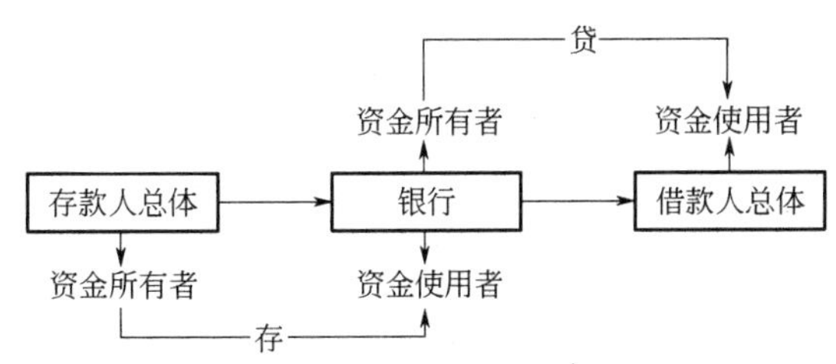

图 16-1　资金信用关系示意图

不论信用的形式如何，它们都具有以下共同特征。

（1）以还本付息为条件　信用资金的借贷不是无偿的，而是以还本付息为条件的。信用关系一旦建立，债务人将承担按期还本付息的义务，债权人将拥有按期收回本息的权利。而且利息的多寡与本金额大小及信用期限的长短紧密相关。一般来讲，本金越大，信用期限越长，需要支付的利息就越多。

（2）以相互信任为基础　信用是以授信人对受信人偿债能力的信心而成立的，借贷双方的相互信任构成信用关系的基础。如果相互不信任或出现信任危机，信用关系是不可能发生的，即使发生了，也不可能长久持续下去。

（3）以收益最大化为目标　信用关系赖以存在的借贷行为是借贷双方追求收益（利润）最大化或成本最小化的结果。不论是实物借贷还是货币借贷，债权人将闲置资金（实物）借出，都是为了获取闲置资金（实物）的最大收益，避免资本闲置所造成的浪费。债务人借入所需资金或实物同样是为了追求最大收益（效用），避免资金不足所带来的生产中断。

（4）具有特殊的运动形式　产业资金的运动形式是：

$$G—W\begin{cases}A\\P_m\end{cases}\cdots P\cdots W'—G'$$

商业资金的运动形式是 G—W—G′，而信贷资金的运动形式则是 G—G′。从表面上看，信贷资金的运动只表现为一种简单的“钱生钱”的过程，但这只是一种表面现象。信贷资金从来没有单独的运动，而总是以产业资金运动和商业资金运动为基础而运动的，它有两重付出和两重回流。用公式表现如下：

$$G—G—W\cdots P\cdots W'—G'—G'$$

四、信用的经济职能

信用既是一个流通范畴，也是一个分配范畴，但从本质上说，信用在再生产过程中属于分配环节，其基本职能主要有以下几种。

1．集中和积累社会资金

在国民经济运行过程中，客观上会同时出现货币资金的暂时闲置和临时需要两种情况，两者之间相互联系，相互衔接。通过信用活动就可以把社会经济运行中暂时闲置的资金聚集起来，投入需要补充资金的单位，从而使国民经济更有效地运行。此外，通过信用方式还可以把分散在城乡居民手中的货币积聚起来并投放到生产经营单位中去，从而变货币为资金，变消费基金为积累基金，促进经济更快发展。在这一过程中，信用首先发挥的就是集中和积累社会资金的职能。

2．分配和再分配社会资金

信用一方面把社会资金积累和集中起来，另一方面又通过特有的资金运动形式把这些资金分配出去。这里，信用的分配职能主要是指生产要素的分配，特别是对社会暂时闲置的生产要素的分配。如果信用的标的是实物，则它是直接地对生产要素进行分配；如果信用的标的是货币，则它是间接地对生产要素进行分配。因为货币的背后是商品，货币是一般等价物，谁取得货币，谁就取得购买商品的权利。所以，调剂货币资金的余缺实际上就是对社会生产要素进行再分配。

除了对生产要素进行分配外，信用还能对生产成果进行分配。这主要是指信用关系中产生的利息。由于信用具有有偿性这一特点，因此，闲置资金和货币收入的让渡者有权索取利息，而其使用者则有义务支付利息。这种利息的支与收就改变了国民收入原有的分配格局，从而也就改变了社会总产品的既定分配结构。

综合而论，信用的分配职能具体表现在：①通过信用方式分配国家的一部分生产资金；②调节生产经营企业之间的临时资金余缺；③通过信用活动将部分消费基金转化为生产建设资金，从而改变国民收入使用中积累与消费的结构；④通过利息的收和支分配社会总产品。

3．将社会资金利润率平均化

信用通过积累、集中和再分配社会资金，调剂社会资金的余缺分配。这种分配不是简单的行政分配或“撒胡椒面”式的平均分配，而是按照经济利益诱导规律，将资金从使用效益差、利润率低的项目、企业、行业、地区调往使用效益好、利润率高的项目、企业、行业、地区。这可以使前者资金减少，后者资金大量增加，其结果是使前者的资金利润率有所上升，后者的资金利润率有所下降，从而使全社会资金利润率趋于平均化。信用的这种职能在传统的计划经济体制下和转轨初期的双轨体制中，尚难以有效地发挥出来（因为资金是计划分配，不能根据利润的高低而自由流动），但在社会主义市场经济体制建立过程之中和建立起来之后，将会有效地发挥出来，全社会资金利润率的平均化趋势也将越来越明显。

4．调节宏观经济运行与微观经济运行

信用作为一个经济杠杆，不仅能够准确、及时地反映国民经济的运行状况，还能够对国民经济的运行进行积极的干预，对宏观经济与微观经济进行适时、适度的调节。如在宏观上，通过信用活动调节货币流通，在银根吃紧时放松信用，在通货膨胀时则收缩信用；通过信用活动调整产业结构，对国民经济发展中的瓶颈部门、短线行业和紧俏产品多供给资金，对长线部门、衰退行业和滞销产品则少供应资金甚至收回原已供应的资金，迫使其压缩生产或转产；通过信用活动还可调整国民经济的重大比例关系。在微观上，通过信用的供与不供、供多供少、供长供短、早供晚供、急供缓供，或者是收与不收、多收少收、先收后收、急收缓收等来促进或限制某些企业或某些产品的生产与销售，扶植或限制某些企业的发展。

5．提供和创造信用流通工具

信用关系发生时，总要出具一定的证明，这些证明经过一定的手续处理即可流通（指规范的信用）。这些在流通中的信用证明就是信用流通工具，如期票、汇票、本票、支票等。在各种信用活动中，银行信用提供的信用流通工具最多，使用也最广泛。从大类上看，银行信用为商品流通提供两种类型的流通工具，一种是现金，另一种是表现为各种银行存款的非现金货币。这些货币都是由银行信用提供的，都是一种信用货币，反映一定的信用关系。现金表现为银行（代表国家）对现金持有者（个人和单位）的负债，银行存款则表现为银行对各存款者的负债。

6．综合反映国民经济运行状况

信用活动，特别是银行信用活动，同国民经济各部门、各单位有着非常密切的联系。无论是一个企业的生产经营活动还是一个部门的经济状况，都在银行得到准确、及时的反映。这一点是通过两个途径来实现的：一是各企事业单位、各部门都在银行开设各种账户，其经营活动、资金变化都在银行有记载。二是各单位、各部门都定期向银行提供全套的会计报表。通过这些报表，银行可以准确地分析一个企业的情况、一个部门的变化，并能推测出整个国民经济的动态。在微观上，它可反映出企业的产供销是否能衔接、资金配置是否合理、工资支出是否符合有关规定、企业盈利状况如何等。在宏观上，它可以反映出基本建设投资与当前生产的比例关系、简单再生产与扩大再生产的关系、生产资料生产与消费资料生产的比例关系、商品生产与商品流通的关系、商品流通与货币流通的关系、货币供给量与货币需要量的关系、国民收入产出额与国民收入使用额之间的关系等。根据银行反映出来的这些情况，国家可以采取相应的措施，调整不尽合理的经济结构。

第二节　信用制度及其主要形式

一、信用制度的一般描述

所谓信用制度，即为约束信用主体行为的一系列规范与准则及其产权结构的合约性安排。自信用产生以来，各个国家都制定了有关信用问题的各种法令法规，且这些法令法规随信用的发展而日趋完善。一般来说，信用制度健全与否对整个社会的信用发展乃至经济秩序的稳定至关重要。因此，建立一个稳定有序、能为经济发展提供有利条件的信用制度环境，是各国共同追求的目标。

信用制度可以是正式的，也可以是非正式的。正式的信用制度是约束信用主体行为及其关系的法律法规和市场规则，而非正式的信用制度是约束信用主体行为及其关系的价值观念、意识形态和风俗习惯等。由于每一个信用关系主体的行为结果不仅仅取决于他自己的行动，而且取决于其他人的行动，所以要使信用关系能够成立，就必须有约束信用关系主体的一套行为规范。信用制度存在的另一个理由是来自规模经济和外部效应内在化的要求。正是因为安全和经济两方面的需求，才使人们需要借贷并使信用制度不可或缺。

二、信用的主要形式

现代信用的形式繁多，按信用主体的不同，可分为商业信用、银行信用、国家信用、消费信用和国际信用等五种主要形式。其中，商业信用和银行信用是现代市场经济中与企业的经营活动直接联系的最主要的两种形式。

（一）商业信用

商业信用是指工商企业之间相互提供的、与商品交易直接相联系的信用形式。它包括企业之间以赊销、分期付款等形式提供的信用，以及在商品交易的基础上以预付定金等形式提供的信用。它可以直接用商品提供，也可以用货币提供，但它必须与商品交易直接联系在一起，这是它与银行信用的主要区别。实际上，典型的商业信用包括两个同时发生的经济行为：买卖行为和借贷行为。即一方面是信用双方的商品交易；另一方面是信用双方债权债务关系的形成。就买卖行为而言，在发生商业信用之际就已完成；而在此之后，他们之间只存在一定货币金额的债权债务关系，这种关系不会因为债权人或债务人的经营状况而发生改变。

商业信用直接与商品生产和流通相联系，有其广泛的运用范围，因而它构成了整个信用制度的基础。在小商品经济条件下，商业信用只是个别、零星的社会经济现象；在现代市场经济条件下，商业信用得到广泛发展，成为普遍的、大量的社会经济现象，几乎所有的工商企业都卷入了商业信用的链条。商业信用链条是以商业票据这个载明了债权债务关系并受法律保护的信用工具为纽带的。商业票据的多样化、规范化和广泛流通以及计算机技术的飞速发展，为商业信用的发展提供了极其便利的条件和基础。

虽然商业信用在调节企业之间的资金余缺、提高资金使用效益、节约交易费用、加速商品流通等方面发挥着巨大作用，但它仍存在着以下三个方面的局限性。

1. 严格的方向性

商业信用是商业企业之间发生的、与商品交易直接相联系的信用形式，它严格受商品流向的限制。比如，织染厂可向服装厂提供商业信用，而服装厂就无法向织染厂提供商业信用，因为织染厂的生产不是以服装为材料的。

2. 产业规模的约束性

商业信用所能提供的债务或资金是以产业资本的规模为基础的。一般来说，产业资本的规模越大，商业信用的规模也就越大；反之，就越小。商业信用的最大作用不外乎产业资本的充分利用，因此它最终无法摆脱产业资本的规模限制。

3. 信用链条的不稳定性

商业信用是由工商企业相互提供的。可以说，一个经济社会有多少工商企业就可能有多少个信用关系环节。如果某一环节因债务人经营不善而中断，就有可能导致整个债务链条中断，引起债务危机，甚至会冲击银行信用。

上述局限使商业信用具有分散性、盲目性的特点，所以它不可能从根本上改变社会资金和资源的配置与布局，从而广泛满足经济资源的市场配置和合理布局的需求。因此它虽然是商品经济社会的信用基础，但它终究不能成为现代市场经济信用的中心和主导。

（二）银行信用

银行信用是指各种金融机构，特别是银行，以存、放款等多种业务形式提供的货币形态的信用。银行信用是在商业信用基础上发展起来的一种更高层次的信用，它和商业信用一起构成经济社会信用体系的主体。

银行信用具有以下三个特点。

① 银行信用的债权人主要是银行，也包括其他金融机构；债务人主要是从事商品生产和流通的工商企业和个人。当然，银行和其他金融机构在筹集资金时又作为债务人承担经济责任。银行和其他金融机构作为投融资中介，可以把分散的社会闲置资金集中起来统一进行借贷，克服了商业信用受制于产业资本规模的局限。

② 银行信用所提供的借贷资金是从产业循环中独立出来的货币，它可以不受个别企业资金数量的限制，聚集小额的可贷资金满足大额资金借贷的需求，同时可把短期的借贷资本转换为长期的借贷资本，满足较长时期的货币需求，而不再受资金流转方向的约束。可见，银行信用在规模、范围、期限和资金使用的方向上都大大优越于商业信用。

③ 银行和其他金融机构可以通过信息的规模投资，降低信息成本和交易费用，从而有效地改善信用过程的信息条件，减少借贷双方的信息不对称以及由此产生的逆向选择和道德风险问题，其结果是降低了信用风险，增加了信用过程的稳定性。

银行信用的上述优点，使它在整个经济社会信用体系中占据核心地位，发挥着主导作用。在市场经济条件下，商业信用的发展越来越依赖银行信用，银行的商业票据贴现将分散的商业信用集中统一为银行信用，为商业信用的进一步发展提供了条件。同时银行在商业票据贴现过程中发行了稳定性强、信誉度高、流通性大的银行券，创造了适应全社会经济发展的流通工具。

（三）国家信用

国家信用是指国家及其附属机构作为债务人或债权人，依据信用原则向社会公众和国外政府举债或向债务国放债的一种形式。

国家信用又称公共信用制度，是一种古老的信用形式，伴随着政府财政赤字的发生而产生。随着经济的发展，各国政府的财政支出不断扩大，财政赤字已成为一种普遍现象。为了弥补财政赤字和暂时性的资金不足，向社会公众发行债券或向外国政府举债成为各国政府的必然选择。目前世界各国几乎都采用发行政府债券的形式来筹措资金，形成国家信用的内债。根据债券期限的长短可将其分为国库券、国债和公债三种。国库券的期限通常在 1 年以内；国债的期限为 1～10 年；公债的期限在 10 年以上。国家信用的外债一般是通过国与国之间的政府借贷来实现的，是国际化了的政府间的债权债务关系。随着全球经济金融的一体化，各国政府间的债权债务关系也日趋普遍。

在国家信用中，债权人多为银行和其他金融机构、企业与居民。由于政府债券具有较高的流动性和安全性，以及比较稳定的收益，因此成为西方经济发达国家各阶层和经济实体普遍喜爱的投资工具。例如，1996 年初美国政府的公共债务总额已超过 5 万亿美元，其中有 2/3 是可买卖并且交易活跃的政府债券，金融中介机构持有的政府债券约占其资产总额的 25%，美国联邦储备系统 85%的资产为政府债券。同时，政府债券也成为经济发达国家中央银行进行公开市场操作、调节货币供给和实施货币政策的主要工具。

（四）消费信用

消费信用是指为消费者提供的、用于满足其消费需求的信用形式。现代市场经济的消费信用是与商品和劳务，特别是住房和耐用消费品的销售紧密联系在一起的。其实质是通过赊销或消费贷款等方式，为消费者提供提前消费的条件，促进商品的销售，刺激人们的消费。这种信用形式在西方国家已非常普遍，如美国的商品销售额中有一半以上都是通过消费信用方式来完成的。

现代市场经济的消费信用方式多种多样，具体可归纳为以下几种主要类型。

（1）赊销方式　即零售商直接以延期付款的销售方式向消费者提供的信用。比如信用卡结算方式就属于此类。一般来说，它是一种短期消费信用形式。

（2）分期付款方式　即消费者先支付一部分货币（首期付款），然后按合同分期摊还本息，或分期摊还本金，利息一次计付。这种付款方式在购买耐用消费品时广泛使用，是一种中期消费信用形式。

（3）消费贷款方式　即银行或其他金融机构直接贷款给消费者用于购买耐用消费品、住房以及支付旅游费用等。按贷款发放对象的不同，它可以分为买方信贷和卖方信贷，前者是对消费者发放贷款，后者是对商品销售企业发放贷款，消费贷款属于中长期信用。

消费信用有效地促进了消费品的销售与生产，推动了技术进步和经济增长。据估计，若不采用分期付款这一消费信用方式，西方国家的汽车销售量将会减少1/3。

（五）国际信用

国际信用是指国与国之间的企业、经济组织、金融机构及国际经济组织相互提供的与国际贸易密切联系的信用形式。国际贸易与国际经济交往的日益频繁，使国际信用成为进行国际结算、扩大进出口贸易的主要手段之一。

国际信用的种类繁多，归纳起来可分为以下几种主要类型。

1．出口信贷

出口信贷是国际贸易中一种中长期贷款形式，是一国政府为了促进本国出口，增强国际竞争能力，而对本国出口企业给予利息补贴和提供信用担保的信用形式。根据补贴和贷款的对象不同，又可分为卖方信贷和买方信贷两种。

（1）卖方信贷　是出口方的银行或金融机构对出口商提供的信贷。从银行和金融机构提供贷款给出口商的角度来看，这种贷款方式属于银行信用的范畴；从出口商赊销商品给进口商的角度来看，它又属于商业信用。综合起来考察，它实际上是一种以银行信用支持的国际商业信用。

（2）买方信贷　是由出口方的银行或金融机构直接向进口商或进口方银行或金融机构提供贷款的方式。从进口方银行向出口方银行取得贷款的角度来看，它是一种国际间银行信用；从进口商通过进口方银行取得贷款用于支付出口商货款的角度看，它是一种国际国内相结合的银行信用。

2．银行信贷

国际间的银行信贷是进口企业或进口方银行直接从外国金融机构借入资金的一种信用形式。这种信用形式一般采用货币贷款方式，并事先指定了贷款货币的用途。它不享受出口信贷优惠，所以贷款利率要比出口信贷高。另外，这种信用形式与发行国际债券的性质不同，它不是债权人与债务人直接发生债权债务关系，而是双重的债权债务关系。在遇到大宗贷款时，国际金融市场往往采取银团贷款方式以分散风险。

3．市场信贷

市场信贷是由国外的一家银行或几家银行组成的银团帮助进口国企业或银行在国际金融市场上通过发行中长期债券或大额定期存单来筹措资金的信用方式。随着国际金融市场的一体化，这种方式越来越普遍。

4．国际租赁

国际租赁是国际间以实物租赁方式提供信用的新型融资形式。根据租赁的目的和投资加收方式，可将其分为金融租赁和经营租赁两种形式。

① 金融租赁是出租人应承租人的要求，出资购买其所需要的设备，并一次性出租给承租人，租约期满后回收全部投资的租赁方式。这里的出租人一般是银行或金融机构，主要为承租人融通资金。

② 经营租赁是出租人将自己的设备和用品向承租人反复多次出租的租赁方式。这里的出租人多为工商企业，出租设备多为自己闲置或利用率不高的设备。这种租赁方式一般要多次

出租才能收回全部设备投资。

5．补偿贸易

补偿贸易是指外国企业向进口企业提供机器设备、专利技术、员工培训等，待项目投产后进口企业以该项目的产品或按合同规定的收入分配比例清偿债务的信用方式。它实质上是一种国际间的商业信用，在发展中国家得到广泛使用。具体可将其分为三种主要类型：①回购方式，即进口企业用引进机器设备生产的产品分期偿付贷款本息或设备价款的方式；②互购方式，即授信方不需要受信人引进设备生产的产品，但可以由受信人分期供应其他产品作为补偿的方式；③劳务补偿，即进口企业以向授信方提供劳务的方法分期偿还进口设备款项的方式，是与加工装配相联系的一种补偿贸易。

6．国际金融机构贷款

这主要是指包括国际货币基金组织、世界银行在内的国际性金融机构向其成员国提供的贷款。国际货币基金组织的贷款主要有：①普通贷款，是国际货币基金组织最基本的一种贷款，用于解决会员国一般国际收支逆差的短期资金需要；②中期贷款，用于解决会员国国际收支困难的中、长期资金需要；③出口波动补偿贷款，主要解决发展中国家的初级产品因市场价格下降而面临国际收支逆差不断扩大的困难；④信托基金贷款，是为支持较贫穷的发展中国家的经济发展而设立的一项贷款。世界银行主要通过提供和组织长期贷款和投资来解决会员国恢复和发展经济的资金需要。

第三节　信用工具

一、信用工具及其类型

信用工具也称融资工具，是资金供应者和需求者之间进行资金融通时所签发的、证明债权或所有权的各种具有法律效用的凭证。

信用工具按不同的标志有不同的分类方式，主要有以下几种。

（1）按融通资金的方式　可分为直接融资信用工具和间接融资信用工具。前者主要有工商企业、政府以及个人所发行或签署的股票、债券、抵押契约、借款合同以及其他各种形式的借款等；后者主要包括金融机构发行的本票、存折、可转计存款单、人寿保险单等。

（2）按可接受性的程度不同　可分为无限可接受性的信用工具和有限可接受性的信用工具。前者是指为社会公众所普遍接受，在任何场合都能充当交易媒介和支付手段的工具，如政府发行的钞票和银行的活期存款；后者是指可接受的范围和数量等都受到一定局限的工具，如可转让存款单、商业票据、债券、股票等。

（3）按照偿还期限的长短　可分为短期信用工具、长期信用工具和不定期信用工具三类。短期信用工具包括各种票据（汇票、期票、支票等）、信用证、信用卡、国库券等；长期信用工具包括股票、公司债券、政府公债券等；不定期信用工具主要指银行券。下面按这种分类对几种典型的信用工具进行释义。

二、几种典型的信用工具

1. 期票

期票也称本票，是指债务人向债权人开出的，以发票人本人为付款人，承诺在一定期限内偿付欠款的支付保证书。票面上注明支付金额、还款期限和地点，其特点是见票即付，无需承兑。

2. 汇票

汇票是指由债权人发给债务人，命令他支付一定款项给第三者或持票人的支付命令书。一张合格的汇票要求包括如下内容：①在票据上注明为汇票；②注明发票人、收款人和付款人的全称并由发票人盖章；③注明一定的货币金额；④注明发票时间；⑤注明到期时间；⑥注明系无条件支付。

汇票包括商业汇票和银行汇票两种。前者是指企业之间在赊购赊销商品时，由赊销方（债权人）向赊购方（债务人）或其委托银行发行的票据，它要求赊购方或其委托银行签章承兑，承认在汇票到期日付款给赊销方或持票人。承兑后的汇票称为承兑汇票，由赊购方自己承兑的汇票称为商业承兑汇票，由赊购方委托银行承兑的汇票称为银行承兑汇票。银行汇票是银行承办汇兑业务时发出的票据。

3. 支票

支票按其支付方式分为现金支票和转账支票两种。前者可用来支取现金，后者只能用来转账。转账支票常在票面划两条红色平行线，故也称划线支票、平行线支票或横线支票。

4. 信用证

信用证是银行根据其存款客户的请求，对第三者发出的、授权第三者签发，以银行或存款人为付款人的汇票。信用证包括商业信用证和旅行信用证两种。商业信用证是指在国际或国内贸易中，银行用来保证买方支付能力的一种凭证；旅行信用证是指银行为便利旅游者在国内外旅行时取款所发行的一种信用凭证。

5. 信用卡

信用卡是银行或专业公司对具有一定信用的顾客（消费者）所发行的一种赋予信用的证书。需要使用信用卡的消费者一般要向银行或经办公司提出申请，经审查合格后取得。信用卡的持有者可在当地或外地指定的商店购货、旅店投宿、饭店就餐、车站乘车等。

6. 股票

股票是股份公司为筹集资金而发给投资者的入股凭证。股票持有人即为公司的投资者，即股东。股票依据不同的标志，有多种不同的分类方法。

（1）按有无票面金额分类　可分为有票面金额股票和无票面金额股票。前者是指在票面上写明一定金额的股票，如在票上说明每股 100 元或 1000 元等。后者也称“份额票”，票面上只写明股额，不注明金额，其份数以股份公司财产价值的一定比例为划分标准，其价值随公司财产的增减而变化。股票原本是有金额的，但由于在股票市场上股票的买卖价格同其票面金额有差异，所以，股东对股份公司的权利和义务也不受票面金额的影响，因而出现无票面金额的股票。

（2）按是否记名分类　可分为记名股票和不记名股票。前者是指在股票上和公司股东名册都记载有股东姓名的股票，需要转让时可以到公司办理过户手续，但除原主外，其他持有人不得行使股东权利。后者是指在股票上不记载股东姓名的股票，无论其持有人是谁，均享有股东权利。

（3）按盈利的不同分配方式分类　可分为优先股票与普通股票。优先股票是指在分配公司的盈余和在公司清算、分配财产两方面享有特别优先权的股票。其股利一般在发行股票时即已固定。优先股票还可细分为积累优先股票和非积累优先股票、参加分红优先股票和不参加分红优先股票。积累优先股票是指股份公司在某个营业年度内的盈余不足以支付规定的股利时，必须在以后盈利较多的年度如数补足过去所欠股利的股票；非积累优先股票只能在当年的利润分配中享有优先权利，若公司利润不足以支付规定的股利，则不能要求在以后的年度补足。参加分红优先股票是指除了优先获得规定的股利外，还同普通股票一样享有参加分红的权利；不参加分红优先股票则不具备这种权利。普通股票是股份公司的通常股份，它没有固定的股息率和红利率，其股息和红利的有无与多少取决于公司的经营状况。其持有者享受的主要权利有：在公司将盈利按固定的股息率分配给持有优先股票的股东后，有权享有剩余利润的分配；在公司解散清理时，有权在公司的财产满足其他债务人的请求权之后参与分配；有公司管理权，有权出席股东大会并选举公司的董事会或监事会，有权控告董事和检查公司账册，有优先承购新股权及股票转移权等。

7．债券

债券是债务人向债权人承诺在指定日期偿还本金并支付利息的有价证券债券。按发行者的不同分为政府债券（国家债券）、公司债券和金融债券等。其中，政府债券又按期限长短不同分为公债券和国库券两种。

国库券是财政部为应付国库收支的急需而发行的一种短期债务凭证。与公债券相比，它有三个显著特点。

（1）发行目的不同　公债券的发行主要是为国家经济建设筹资，而国库券则是为弥补国库的短期亏空而发行。

（2）发行程序不同　公债券的发行要经过立法机关审议通过，而国库券的发行则由政府自己决定。

（3）发行期限不同　公债券一般都在 3 年以上才能还本付息，而国库券则多在 1 年以内，有的只有 1 周。我国 1981 年以来发行的国库券具有公债券的性质。

公司债券是股份公司在经营过程中为筹集长期资金而向社会发行的借款凭证。与股票相比，它有两个明显的特点：一是风险小；二是持有人有权参与公司的经营管理，也不承担公司亏损的责任。

金融债券是银行或其他非银行的金融机构为筹集中长期资金而向社会发行的借款凭证。具体的种类有固定利率债券、浮动利率债券、贴水债券、累进利息债券等。

三、信用工具的基本要求

任何信用工具都应该具有偿还性、收益性、流动性和安全性这四个特性。

1．偿还性

这是指信用工具需满足按照其不同偿还期偿还的要求。大多数信用工具都既要还本，也要付息，股票和永久债券则只付息不还本。信用工具的偿还期还是一个相对的概念，不同的人对偿还期有不同的认识。债务人所关心的是信用工具从发行到期满的全部期限，而债权人关心的则是他在接受信用工具时离偿还期还有多久。例如，某厂商 1990 年在市场上发行一笔为期 5 年（1995 年到期）的债券，他关心的是这 5 年时间；而 1993 年有人买进这种债券时，买者所关心的则是 1993～1995 年这两年时间。

2．收益性

购买或持有信用工具，不仅要求还本，还希望带来利润，这是购买者的本能要求。信用工具的收益性通过收益率来反映。收益率是年净收益与本年价格的比率，通常有三种表示方法（均从购买者的角度考虑）。

（1）名义收益率　即规定的利息与票面金额的比率。如某种债券面值 100 元，10 年还本，年息 8 元，则其名义收益率为 8%。

（2）即期收益率　即规定的利息与信用工具市场价格的比率。如上述债券某日的市价为 95 元，则即期收益率为 8.42%（8/95）；若市价为 105 元，则即期收益率为 7.62%（8/105）。

（3）实际收益率　即实际收益与市场价格（即买者的实际支出）的比率。仍照上例，若某人在第一年年末以 95 元市价买进面值 100 元的 10 年期债券，则对买者而言，偿还期为 9 年。如果他能保存该债券至偿还期为止，则 9 年间除每年获利息 8 元外，还每年获本金盈利 0.56 元，即（100−95）/9，故该买者的实际年收益率为 9.01%，即（8+0.56）/95。反之，如在第一年末以 105 元价格买进，则其实际收益率就只有 7.09%，即（8−0.56）/105。

3．流动性

这是指信用工具在不受或少受经济损失的条件下随时变现的能力。不同信用工具的变现能力各不相同，活期存款具有完全的流动性，它可以在不受任何损失的前提下随时变现。其他信用工具或在短期内不易脱手，或脱手时要承受损失。通常，信用工具的流动性与其偿还期成反比，同债务人的信誉成正比。

4．安全性

这是指信用工具的持有者收回本金及其预期收益的保障程度。信用本身就包含风险因素，买卖信用工具也就不可避免地存在一定风险。这种风险主要有两类：一是违约风险，即债务人不履行合同，不能按约定期限还本付息的风险（这可能有各种主客观原因）；二是市场风险，即市场利率上升而导致信用工具价格下跌的风险，信用工具的购买和持有者都希望将风险降到最低。

四、信用工具的价格

信用工具的价格，即其行市，是信用工具在金融市场上买卖的价格。不同信用工具的价格确定方式各不相同，其中差别最大的是股票和债券。

1．股票的价格

股票的价格由其预期收入和当时的市场利率两个因素决定，其公式为：

$$股票价格=\frac{预期股息收入}{市场利率}$$

某种股票，当其预期年收入每股为 10 元（不论其面值多少），市场利率为 10%时，则其价格为 100 元（10/10%）。如果预期收入为 20 元，市场利率不变，则价格为 200 元（20/10%）。如果预期收入为 20 元，市场利率只有 5%，则其市价可达 400 元（20/5%）。

2．债券的价格

债券的价格分为债券发行价格和流通转让价格两种。债券的发行价格通常根据票面金额决定，特殊情况下采取折价或溢价的方式进行。

债券在二级市场上的流通转让价格依不同的经济环境而定，但有一个基本的“理论价格”决定公式，它由债券的票面金额、票面利率和实际持有期限三个因素决定。其基本公式是：

债券转让的理论价格＝债券票面金额×(1+票面利率×实际持有期限)

如一张债券发行时的票面金额是 100 元，票面利率规定为年息 10%，转让时的实际持有期限为 3 年，则其转让的理论价格即为 130 元，即 100×（1+10%×3）。由于流通性贴水原因，在实际经济运行过程中，债券的实际转让价格都比理论价格低。

五、金融衍生工具

金融衍生工具是在货币、债券、股票等传统金融工具基础上衍化和派生的，以杠杆或信用交易为特征的金融工具。金融衍生工具有两层含义：一方面，它指的是一种特定的交易方式；另一方面，它又指由这种交易方式所形成的一系列合约。经济活动日趋复杂是金融衍生工具发展的最终动力，而金融创新却是金融衍生工具种类增加和复杂程度加深的直接推动力。引发金融创新的原因主要有两个，即转嫁风险和规避监管。

（一）金融衍生工具的主要类型

国际上的金融衍生工具种类繁多，活跃的金融创新活动接连不断地推出新的衍生产品。金融衍生产品主要有以下三种分类方法。

1．根据产品形态分类

根据产品形态，可以分为远期合约、期货合约、期权合约和掉期合约四大类。远期合约和期货合约都是交易双方约定在未来某一特定时间以某一特定价格买卖某一特定数量和质量资产的交易形式。

期货合约是期货交易所制定的标准化合约，对合约到期日及其买卖的资产的种类、数量、质量作出统一规定。远期合约是根据买卖双方的特殊需求由买卖双方自行签订的合约。因此，期货合约流动性较高，远期合约流动性较低。

掉期合约是一种由交易双方签订的在未来某一时期相互交换某种资产的合约。更为准确地说，掉期合约是当事人之间签订的在未来某一期间内相互交换他们认为具有相等经济价值的现金流的合约。较为常见的是利率掉期合约和货币掉期合约。掉期合约中规定的交换货币如果是同种货币，即为利率掉期；若为异种货币，则为货币掉期。

期权交易是买卖权利的交易。期权合约规定了在某一特定时间以某一特定价格买卖某一特定种类、数量、质量原生资产的权利。期权合约有在交易所上市的标准化合同，也有在柜台交易的非标准化合同。

2. 根据原生资产分类

根据原生资产大致可以分为四类，即股票、利率、汇率和商品。如果再加以细分，股票中又包括具体的股票和由股票组合形成的股票指数；利率可分为以短期存款利率为代表的短期利率和以长期债券利率为代表的长期利率；汇率指各种不同币种之间的比值；商品包括各类大宗实物商品。

3. 根据交易方法分类

根据交易方法，可分为场内交易和场外交易。

（1）场内交易　又称交易所交易，指所有的供求方集中在交易所进行竞价交易的交易方式。这种交易方式具有交易所向交易参与者收取保证金，同时负责进行清算和承担履约担保责任的特点。此外，由于每个投资者都有不同的需求，因此交易所事先设计出标准化的金融合同，由投资者选择与自身需求最接近的合同和数量进行交易。所有的交易者集中在一个场所进行交易，这就增加了交易的密度，一般可以形成流动性较高的市场。期货交易和部分标准化期权合同交易都采取这种交易方式。

（2）场外交易　又称柜台交易，指交易双方直接成为交易对手的交易方式。这种交易方式有许多形态，可以根据每个使用者的不同需求设计出不同内容的产品。同时，为了满足客户的具体要求，出售衍生产品的金融机构需要有高超的金融技术和风险管理能力。场外交易不断产生金融创新。由于每个交易的清算都是由交易双方相互负责进行的，因此交易参与者仅限于信用程度高的客户。掉期交易和远期交易是具有代表性的柜台交易的衍生产品。

（二）金融衍生工具的功能

1. 转移价格风险

现货市场的价格常常是多变的，这给生产者和投资者带来了价格波动的风险。以期货交易为首的衍生工具的产生，就为投资者找到了一条比较理想的转移现货市场上价格风险的渠道。衍生工具的一个基本经济功能就是转移价格风险，这是通过套期保值来实现的。即利用现货市场和期货市场的价格差异，在现货市场上买进或卖出基础资产的同时或前后，在期货市场上卖出或买进相同数量的该商品的期货合约，从而在两个市场之间建立起一种互相冲抵的机制，进而达到保值的目的。

2. 形成权威性价格

在市场经济中，价格信号应当真实、准确，如果价格信号失真，则必然影响经营者决策的正确性，打击投资者的积极性。现货市场的价格真实度一般较低，如果仅仅根据现货市场价格进行决策，则很难适应价格变动的方向。期货市场的建立和完善，可形成一种比较优良的价格形成机制，这是因为期货交易是在专门的期货交易所进行的。期货交易所作为一种有组织的、正规化的统一市场，聚集了众多的买方和卖方，所有买方和卖方都能充分表达自己的愿望，所有的期货交易都是通过竞争的方式达成，从而使期货市场成为一个公开的自由竞争的市场，影响价格变化的各种因素都能在该市场上体现，由此形成的价格就能比较准确地反映基础资产的真实价格。

3. 提高资产管理质量

就投资者来讲，为了提高资产管理的质量，降低风险，提高收益，就必须进行资产组合管理。衍生工具的出现，为投资者提供了更多的选择机会和对象。同时，工商企业也可利用衍生工具达到优化资产组合的目的。例如，通过利率互换业务可以使企业降低贷款成本，以实现资产组合的最优化。

4. 提高资信度

在衍生市场的交易中，交易对方的资信状况是交易成败的关键因素之一。资信评级为AA级或A级的公司很难找到愿意与它们交易的机构。但是，并非只有少数大公司才可进入衍生工具市场，因为该市场提供了制造“复合资信”（SC）的机制，即由母公司对子公司的一切借款予以担保，再经过评估机构的参与，子公司的资信级别会得到提高。此外，还有许多中小公司通过与大公司的互换等交易，无形中提高了自己的信誉等级。

5. 金融衍生工具的缺陷

金融衍生工具虽然是为规避投资风险和强化风险管理而设计，并且得到了发展，但由于发展时间较短，各种配套机制尚不完善，导致金融衍生工具的大量运用对社会金融经济发展存在潜在的负面影响，存在成为巨大风险源的可能性。

首先，金融衍生工具的杠杆效应对基础证券价格变动极为敏感，基础证券的轻微价格变动会在金融衍生工具上形成放大效应。其次，许多金融衍生工具设计的实用性较差，不完善特性明显，投资者难以理解和把握，存在操作失误的可能性。第三，金融衍生工具集中度过高，影响面较大，一旦某一环节出现危机，就会形成影响全局的“多米诺骨牌效应”。

本章思考题

① 什么是信用？

② 试述信用的特征。

③ 试述信用的基本职能。

④ 试述信用的主要形式。

⑤ 试述商业信用的作用与局限性。

⑥ 试述银行信用的特点。

⑦ 什么是信用工具？它有哪些类型和基本要求？

⑧ 什么是金融衍生工具？它有哪些基本功能？

第十七章 利息与利率

第一节 利息的本质和利息率

一、利息的本质

利息是指在信用关系中债务人支付给债权人的（或债权人向债务人索取的）报酬。它随着信用行为的产生而产生，只要有信用关系存在，利息就必须存在。在一定意义上，利息还是信用存在和发展的必要条件。

研究利息的本质主要有两个内容：一是利息从何而来；二是利息体现什么样的生产关系。

（一）西方经济学者对利息本质的看法

长期以来，经济学家们对利息的本质进行过深入研究，形成了不同的答案。威廉·配第认为，利息是贷者因暂时放弃货币的使用权而获得的报酬。因为贷者贷出货币后，在约定的时期内，不论自己怎样迫切需要货币，也不能使用他自己的货币，这就会给他带来某种损失，因而需要补偿。约翰·洛克认为，利息是因为贷款人承担了风险而获得的报酬。达德利·诺思则认为，利息只是资本的租金。约瑟夫·马西认为，贷款人所贷出的只是货币资本的使用价值，因此利息就是借者为获得这种使用价值而付出的代价，它来源于货币或资本在适当使用时能够生产的利润。纳骚·西尼尔认为，利息是借贷资本家节欲的报酬。阿弗里德·马歇尔认为，利息从贷者来看是等待的报酬，从借者来看是使用资本的代价。约翰·克拉克认为，利息来源于资本的边际生产力。庞巴维克认为，利息是未来财富对现在财富的时间贴水。欧文·费雪认为，利息是由供给方自愿延迟消费倾向和投资机会或资本的边际生产率两个因素共同决定的。凯恩斯对利息的解释则是人们在一特定时期内放弃货币的周转灵活性的报酬，即利息是放弃货币流动性偏好的报酬。

（二）马克思对利息本质的科学论述

马克思对利息本质问题进行过深入的研究，他的主要观点如下。

1．利息直接来源于利润

借贷资本家把货币作为资本贷放出去后，由职能资本家使用。职能资本家要么将它作为产业资本从事生产，要么将它作为商业资本从事流通。两种方式运动的结果都能生产出利润（平均利润）。生产或流通过程结束后，职能资本家归还所借资本，并把利润的一部分支付给借贷资本家作为使用借贷资本的报酬。

2．利息只是利润的一部分而不是全部

马克思指出，借入者是把货币作为资本，作为会自行增值的价值借来的。但是，和任何处在起点上、处在预付那一瞬间的资本一样，这个货币只是可能的资本，它要通过使用才能自行增值，才能作为资本来实现其价值。但借入者必须把它作为已经实现的资本，即作为价值加上剩余价值（利息）来偿还，而利息只是他所实现的利润的一部分，而不是全部。因为对于借入者来说，借贷资本的使用价值，就在于它会替他生产利润。否则，贷出者就没有必要让渡使用价值。另一方面，利润也不能全部归借入者，否则，他对这种使用价值的让渡就是什么也不支付了，借入者把贷款还给贷出者时就只是把它作为单纯的货币，而不是把它作为已经实现的资本来偿还。因为它只有作为 G+ΔG，才是已经实现的资本。虽然贷出者和借入者双方都是把同一货币额作为资本支付的，但它只有在后者手中才执行资本的职能。同一货币额作为资本对双方来说取得了双重的存在，这并不会使利润增加一倍。它之所以能对双方都作为资本执行职能，只是由于利润的分割。

3．利息是对剩余价值的分割

利润是剩余价值的转化形态，所以作为利润一部分的利息只是对剩余价值的分割。在资本主义商品生产条件下，商品的价值由三部分组成，生产资料的价值（即不变资本 c），工人创造的、用于补偿资本家购买劳动力的价值（即可变资本 v）和工人创造的剩余价值 m。可用公式表示为：$W=c+v+m$。这三部分是商品生产过程中实际消耗的劳动量，但对资本家来说，生产商品所消耗的不是劳动，而只是资本，即生产商品所消耗的不变资本和可变资本之和，也就是生产费用或生产成本。同时，生产商品实际消耗的成本和资本家预付的总资本，在数量上又是不相等的，因为不变资本通常不会在一年内全部转移到产品中去，而是在若干年内分次转移。由此，预付总资本总是大于生产商品实际消耗的成本。但是，资本家总是把他得到的剩余价值同他的预付总资本相比较，以此来衡量其资本的增殖程度。当人们把剩余价值在观念上作为全部预付总资本的产物时，剩余价值便取得了利润的形式。所以，利润和剩余价值实质上是同一物，所不同的是，剩余价值是相对于可变资本而言的，而利润则是相对于全部预付资本而言的。剩余价值是利润的本质，利润则是剩余价值的表现形式。利息对利润的分割也就是对剩余价值的分割。很明显，这里体现出一种剥削关系。

可见，马克思对利息本质的解释与西方其他经济学者有明显的不同。他认为，从形式上看，利息是借贷资本的价格；从本质上看，利息是利润的一部分，是剩余价值的转化形态。

依据马克思的科学理论，在分析利息本质时，应从利息的源泉入手。

社会主义国家的利息不属于剩余价值，而是对社会纯收入的再分配。

二、利息率及其分类

利息率简称“利率”，是指一定时期内利息额同本金额的比率，即利率＝利息/本金。

利率按照不同的标志，可以有多种不同的分类，经济生活中几种常用的分类方法如下。

1．年利率、月利率、日利率

按照计算日期不同，利率分为年利率、月利率和日利率三种。年利率是指按年计算的利率，通常用百分数（%）表示；月利率是指按月计算的利率，通常用千分数（‰）表示；日利率是指按天计算的利率，通常用万分数（‱）表示。三者可相互换算：

$$年利率=12\times月利率=365\times日利率$$

$$日利率=(1/30)\times月利率=(1/365)\times年利率$$

2. 单利和复利

按照计算方法不同，利率分为单利和复利两种。单利是指不论期限长短，只按本金计算利息，利息不再计入本金重新计算。利息的计算公式是：

$$I=PiN$$

式中，I 为按单利计算的利息额；P 为本金；i 为利率；N 为借贷期限。

其本利和 F 的计算公式为：

$$F=P(1+iN)$$

例如，一笔为期 5 年，年利率为 6%的 10 万元贷款，利息总额为：

$$100000\times6\%\times5=30000（元）$$

本利和为：

$$100000\times(1+6\%\times5)=130000（元）$$

与单利相对应，复利是指计算利息时按照一定的期限，将利息加入本金，再计算利息，逐期滚算，通称“利滚利”。复利有终值和现值的概念之分。终值也称本利和或到期值，是指本金在约定的期限内按一定的利率计算出每期的利息，将其加入本金再计利息，逐期滚算到约定期末的本金和利息的总额，其计算公式为：

$$F=P(1+i)^N$$

式中，F 为终值；其他符号含义同上式。

若将上述示例按复利计算本利和与利息，则分别是：

$$100000\times(1+6\%)^5=133822.56(元)$$

$$133822.56-100000=33822.56（元）$$

即按复利计息，可多得利息 3822.56 元。

3. 名义利率和实际利率

按照性质不同，利率又分为名义利率和实际利率两种。名义利率是指货币数量所表示的利率，通常也是银行挂牌的利率。实际利率则是指名义利率扣除通货膨胀率之后的差数。实际利率有两种计算方法，一种是较为简单但比较粗略的计算方法，其公式为：

$$R=r-p$$

式中，R 为实际利率；r 为名义利率；p 为通货膨胀率。

另一种是比较精确的计算方法，其公式为：

$$R=\frac{r-p}{1+p}$$

4. 固定利率和浮动利率

按照管理方式不同，利率可分为固定利率和浮动利率两种。固定利率是指在借贷业务发生时，由借贷双方确定的利率，在整个借贷期间，利率不因资金供求状况或其他因素的变化而变化，保持稳定不变。浮动利率是指借贷业务发生时，由借贷双方共同确定，可以根据市场变化情况进行相应调整的利率。固定利率与浮动利率各有其优缺点。固定利率便于借方计算成本、贷方计算收益，但有一定的风险。在期限较长、市场利率变化较快的情况下，借贷双方中必有一方受损。浮动利率可以减少市场变化的风险，但不便于计算与预测收益和成本。我国现在所说的浮动利率是指各商业银行、其他金融机构可以在中央银行规定的利率基础上按一定幅度上下浮动的利率。

5．官方利率和市场利率

按形成的方式不同，利率可分为官方利率和市场利率两种。官方利率是指一国政府或货币管理当局（通常为中央银行）所确定的利率；市场利率是指借贷双方在金融市场上通过竞争所形成的利率。在一般情况下，官方利率比较稳定，而市场利率的起伏波动则比较大。

三、利率体系

利率体系是指一个国家在一定时期内各种利率按一定规则构成的复杂系统。在一个经济体系中任何时候都存在多种利率，而且这些利率的相互作用对一般利率水平的决定影响极大。为了准确掌握利率的内涵，有必要对利率体系做简要分析。一般来说，利率体系主要包括以下几个方面的内容。

1．中央银行贴现率与商业银行存贷利率

中央银行贴现率是中央银行对商业银行和其他金融机构短期融通资金的基准利率。它是中央银行对商业银行的贴现票据进行再贴现时所使用的利率，其水平由中央银行决定。它在利率体系中占有特殊重要的地位，发挥着核心和主导作用，反映全社会的一般利率水平，体现一个国家在一定时期内的经济政策目标和货币政策方向。

商业银行利率又称市场利率，是商业银行及其他存款机构吸收存款和发放贷款时所使用的利率。它在利率体系中发挥基础性作用，一方面反映货币市场上的资金供求状况；另一方面对资金的融通和流向起导向作用。它一般分为存款利率（或负债利率）与贷款利率。为了避免银行和其他存款机构在吸收存款过程中出现恶件竞争，几乎所有市场经济国家都对银行存款利率做出了明确的规定和限制，而对贷款利率一般限制较少。

2．拆借利率与国债利率

拆借利率是银行及金融机构之间的短期资金借贷利率，主要用于弥补临时头寸不足，期限较短，最短只有半天，有1～5天的，也有几个月的，但最长不超过1年。拆借利率是根据拆借市场的资金供求关系来决定的，它能比较灵敏地反映资金供求的变化情况，是短期金融市场中具有代表性的利率，其他短期借贷利率通常是比照同业拆借利率加一定的幅度来确定的。

国债利率通常是指一年期以上的政府债券利率，它是长期金融市场中具有代表性的利率。国债的安全性和流动性较高，收益性较好，所以国债利率水平通常较低，成为长期金融市场中的基础利率，其他利率则以它为参照来确定。

3．一级市场利率与二级市场利率

利率作为借贷资金的价格或成本，可视为金融投资所获得的回报，所以在经济学中，利率与收益率一般可以通用。

一级市场利率是指债券发行时的收益率或利率，它是衡量债券收益的基础，同时也是计算债券发行价格的依据。

二级市场利率是指债券流通转让时的收益率，它真实反映了市场中金融资产的损益状况。一般来说，二级市场收益率高，会使债券需求增加，从而使发行利率降低；反之，会使发行利率提高。

四、现值、利率与证券价格

1．现值与贴现

众所周知，一年后的一元钱和现在的一元钱是不同的。一年后的一元钱价值较低，而现在的一元钱存入银行，一年后可以获得超过一元钱的偿付。现值概念就是基于这一事实得出的。现值是指未来某一时间的终值在现在的价值，它与终值正好相反，其计算公式为：

$$P=\frac{F}{(1+i)^N}$$

把未来某一时期的资金值按一定的利率水平折算成当期的资金值，就形成了贴现的概念。贴现公式为：

$$PV(\text{现值})=\frac{R_1}{1+i}+\frac{R_2}{(1+i)^2}+\cdots+\frac{R_k}{(1+i)^k}+\cdots+\frac{R_n}{(1+i)^n}=\sum_{k=1}^{n}\frac{R_k}{(1+i)^k}$$

式中，PV 为资产（或资金）的现值；$R_1,R_2,\cdots,R_n$ 为当前预期的第 $1,2,\cdots,n$ 的收益；i 为贴现率。

例如，现在发放 10000 元的贷款进行某项投资，n 年后一次性还本付息，年利率为 10%，那么现在的 10000 元就等于 n 年后的 $10000\times(1+0.10)^n$ 元。

各种金融资产在未来的若干年中都是有收益的（$R_1,R_2,\cdots,R_n$）。对于某些证券利息也许是一次性支付的，可以是 1 年后支付（R_1），也可以是 30 年后支付（R_{30}）。而大多数企业和政府的债券都是多次支付一定金额的回报，包括在 10 年、20 年和 30 年内每年或半年一次的利息支付。因为债券和其他债务工具都有在将来付息的要求，所以要合理估价它们的现值，就必须要贴现。贴现的一般情形是，一项投资利率为 i，分期还本付息，第 1 年的本利和为 R_1 元，第 2 年的本利和为 R_2 元，…，第 n 年的本利和为 R_n 元，而 n 年后还有 J 元的剩余价值，则这项投资的现值为：

$$PV=\sum_{k=1}^{n}\frac{R_k}{(1+i)^k}+\frac{J}{(1+i)^n}$$

2．利率与证券价格

利率与证券的价格成反比关系，这一关系适用于所有的债券工具。利率上升，证券价格就会下降；利率下降，证券价格就会提高。假定某债券支付的年息票或收益为 C，而到期收回本金或面值为 F，则该债券的现期价格是：

$$PV=\frac{C_1}{(1+i)}+\frac{C_2}{(1+i)^2}+\cdots+\frac{C_n+F}{(1+i)^n}$$

式中，$C_1,C_2,\cdots,C_n$ 为第 1,2,…,n 年末获得的息票收益；F 为第 n 年末债券到期时可以赎回的面值；i 为该债券的利率。

如果息票收入和市场收益率已知，就可以利用上式计算出债券的市场价格。假设某债券期限为 4 年，息票收益为 50 元，债券收益率为 5%，债券到期收回本金 1000 元，那么该债券的市场价格为：

$$PV=\frac{50}{1.05}+\frac{50}{1.05^2}+\frac{50}{1.05^3}+\frac{50}{1.05^4}+\frac{1000}{1.05^4}=1000$$

如果该债券的价格低于 1000 元，那么市场参与者将卖出其他债券而购买该债券，使其价格上升。如果该债券的价格高于 1000 元，那么市场参与者将抛售该债券而购买其他收益率为 5%的债券，从而使其价格降至 1000 元。如果该债券收益率提高至 6%，则没有人会对该债券 1000 元的价格感兴趣，因为它的现值小于 1000 元。其计算过程如下：

$$PV=\frac{50}{1.06}+\frac{50}{1.06^2}+\frac{50}{1.06^3}+\frac{50}{1.06^4}+\frac{1000}{1.06^4}=965.35$$

由上可知，市场利率是用于贴现某一债券的固定收益，它代表债券的价值或价格。债券的价格与收益率是负相关的，价格越高，收益率越低；价格越低，收益率越高。降低利率意味着债券价格上升，利率上升则伴随着债券价格的下降。

第二节　决定和影响利率变化的因素

利率的决定受各种因素的影响，但究竟是哪些因素在影响利率，如何影响利率，经济学界的看法并不一致。

一、西方学者的利率决定理论

在利率理论统一于一般均衡的利率理论（即 IS-LM 模型）之前，20 世纪前期西方经济学家提出了三种不同观点的利率理论，即古典学派的储蓄投资理论、凯恩斯的流动性偏好理论和新古典学派的可贷资金理论。随着国际经济的发展，在 IS-LM 模型的基础上，经济学家们又提出了 IS-LM-BP 模型。

1．古典学派的储蓄投资理论

这一理论也称真实利率理论，它建立在萨伊法则和货币数量论的基础之上，认为工资和价格的自由伸缩可以自动地达到充分就业。在充分就业的所得水准下，储蓄与投资的真实数量都是利率的函数。这种理论认定，社会存在着一个单一的利率水平，使经济体系处于充分就业的均衡状态，这种单一利率不受任何货币数量变动的影响。

古典学派认为，利率决定于储蓄与投资的相互作用。储蓄（S）为利率（i）的递增函数，投资（I）为利率的递减函数，如图 17-1 所示。

当 $S>I$ 时，利率会下降；反之当 $S<I$ 时利率会上升；当 $S=I$ 时，利率便达到均衡水平。当投资增加时，投资线从图中的 I 向右平移到 I'，均衡点从 E_0 移向 E_1，均衡利率也从 i_0 上升

到 i_1。

该理论的隐含假定是，当实体经济部门的储蓄等于投资时，整个国民经济达到均衡状态。因此，该理论属于“纯实物分析”的框架。

2．凯恩斯的流动性偏好理论

凯恩斯认为，货币供给（M_0）是外生变量，由中央银行直接控制。因此，货币供给独立于利率的变动。货币需求（L）则是内生变量，取决于公众的流动性偏好。公众的流动性偏好的动机包括交易动机、预防动机和投机动机。其中，交易动机和预防动机形成的交易需求与收入成正比，与利率无关。投机动机形成的投机需求与利率成反比。

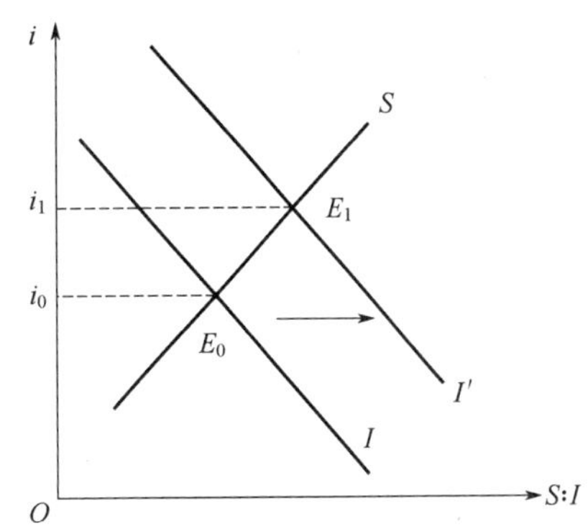

图 17-1　储蓄投资理论下的利率

用 L_1 表示交易需求，用 L_2 表示投机需求，则 $L_1(Y)$ 为收入 Y 的递增函数，$L_2(i)$为利率 i 的递减函数。货币总需求可表述为：

$$L=L_1(Y)+L_2(i)$$

然而，当利率下降到某一水平时，市场就会产生未来利率上升的预期。这样，货币的投机需求就会达到无穷大。这时，无论中央银行供应多少货币，都会被相应的投机需求所吸收，从而使利率不能继续下降而“锁定”在这一水平。这就是所谓的“流动性陷阱”。“流动性陷阱”相当于货币需求线中的水平线部分，它使货币需求线变成一条折线。图 17-2 中，货币供给为一条直线，均衡利率取决于货币需求线与货币供给线的交点。只有当货币供求达到均衡时，利率才达到均衡水平。

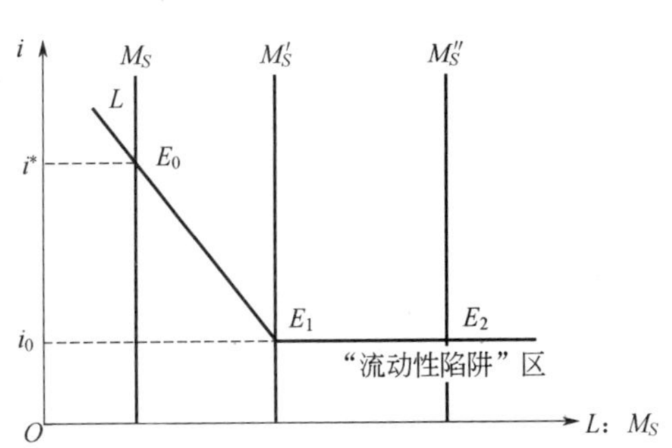

图 17-2　凯恩斯的货币供求均衡与均衡利率的决定

“流动性陷阱”还可用来解释扩张性货币政策的有效性问题。假定初始货币供应量为 M_S，则相应的初始均衡点为 E_0，初始均衡利率为 i^*。当货币供应量从 M_S 增加到 M_S'时，货币供求均衡点从点 E_0 转移到点 E_1，均衡利率相应地从 i^*下降到 i_0，说明市场利率随着银根的扩张而下降，这时，货币政策是有效的。若货币供应量继续从 M_S'增加到 M_S''，货币供求均衡点从点 E_1 移到点 E_2，由于此时的货币需求线处于“流动性陷阱”的平台上，所以利率还是保持在原有水平上。可见，在“流动性陷阱”区间，货币政策是完全无效的，此时只能依靠财政政策。

该理论的隐含假定是，当货币供求达到均衡时，整个国民经济处于均衡状态。凯恩斯认为，决定利率的所有因素均为货币因素，利率水平与实体经济部门没有任何关系，因此，它属于“纯货币分析”的框架。在方法论上，它从古典均衡利率理论“纯实物分析”的一个极端跳到“纯货币分析”的另一个极端。

3．新古典学派的可贷资金理论

新古典学派在古典学派储蓄投资理论的基础上，提出了可贷资金理论。在这个理论中，利率被定义为取得借款权或可贷资金使用权而支付的价格。一方面，市场中的借款人是社会上的负债消费方或债券发行人，为超前消费他们当年的收入或手持资金的那部分支出而融资；在市场的另一方面，是试图购买金融债权而获取收益的可贷资金供给者。表 17-1 列出了可贷资金的供给和需求量。

表 17-1　可贷资金的供给和需求量

供给来源	需求来源
个人储蓄	家庭用款
商业储蓄	企业投资
政府预算盈余	政府预算赤字
货币供给的增加	国外向国内的借款
国外对国内的贷款	—

从表 17-1 可以看出，家庭、企业、政府部门以及国外经济实体构成可贷资金市场的供求双方。家庭通过个人储蓄成为可贷资金的主要来源，但他们也通过消费信用、购买耐用消费品和房屋等成为资金的需求者。企业储蓄构成可贷资金的另一来源，同时对厂房、设备以及存货的投资又产生了对可贷资金的需求，中央政府和地方政府以银行存款购买债券或以其他方式向市场注入盈余资金，提供可贷资金，但政府的预算赤字又产生了对可贷资金的需求。国外贷款是国内的资金来源，而国外借款则意味着对国内资金的需求。

图 17-3 中，S_{LF} 和 D_{LF} 分别表示可贷资金的供给与需求曲线。可贷资金供给曲线（S_{LF}）是一条向上倾斜的利率函数曲线。古典经济学家认为，利率是对放弃节前消费而进行储蓄的一种激励，储蓄意味着个体以未来的消费替代当前的消费。利率越高，通过放弃当前消费而进行储蓄获得的未来消费的数量就越多，同时利率的上升，使银行愿意提供更多的贷款。此外，国内利率上升，可以把国际金融市场中的资金吸引到国内市场，增加可贷资金的供给。因此，S_{LF} 曲线是向上倾斜的。

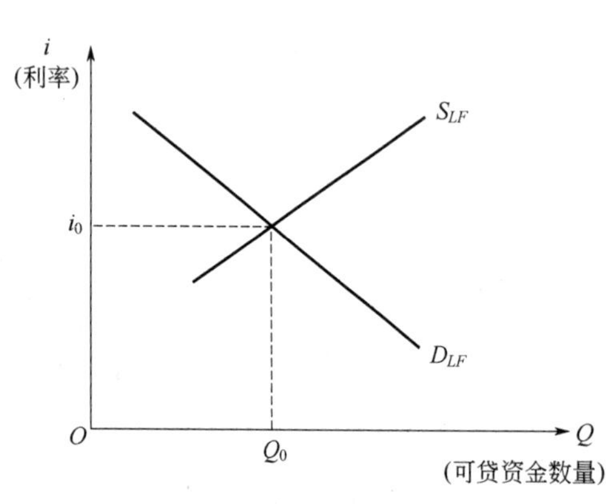

图 17-3　利率与可贷资金的供求关系

由上述模型可知，市场利率是由可贷资金市场中的供求关系决定的，任何使供给曲线或需求曲线产生移动的因素都将改变均衡利率水平。需求增加（D_{LF} 曲线向右移动）或供给减少（S_{LF} 曲线向左移动）将使均衡利率升高；而供给增加（S_{LF} 曲线向右移动）或需求减少（D_{LF} 曲线向左移动）将使均衡利率下降。具体而言，个人的储蓄行为将增加可贷资金的供给，引起利率下降；降低生产成本而使储蓄增加会有同样的结果；中央银行货币供给量的增加同样可以增加可贷资金的供给，使利率降低。从需求方面看，消费者和企业的信心下降，会导致消费者信贷购买和企业投资的减少，从而使可贷资金的需求减少，引起利率的下降；征收收入所得税或为平衡大量的政府预算赤字而减少政府支出，将会降低政府对资金的需求，使 D_{LF} 曲线左移并拉动利率下降。

4. IS-LM 框架下的利率决定理论

无论是古典学派的储蓄投资理论和新古典学派的可贷资金理论，还是凯恩斯的流动性偏好理论，都存在片面和偏颇。为此，希克斯和汉森对以上三种理论加以综合和完善提出了汉森-希克斯一般均衡模型，即著名的 IS-LM 模型，从理论上分析了利率与国民收入的决定问题。希克斯和汉森认为，当投资与储蓄相等时，实体经济部门达到均衡。即：

$$I(i)=S(Y)$$

以 *IS* 曲线代表投资等于储蓄时的收入（Y）与利率（i）点的组合轨迹，则在 *IS* 曲线上的任一点，实体经济部门均处于均衡状态。

货币部门均衡的条件是货币供求均衡，即：

$$L=L_1(Y)+L_2(i)=M_S$$

由于 M_n 由中央银行外生给定，故：

$$M_S=\bar{M}_S$$

以 *LM* 曲线代表货币供求均衡时收入（Y）与利率（i）点的组合轨迹，则在 *LM* 曲线上的任一点，货币部门均处于均衡状态。由于“流动性陷阱”的存在，*LM* 曲线还是一条折线。

只有当实体经济部门和货币部门同时达到均衡时，整个国民经济才能达到均衡状态。在 *IS* 曲线和 *LM* 曲线相交时，均衡的收入水平和均衡的利率水平同时被决定（图 17-4）。

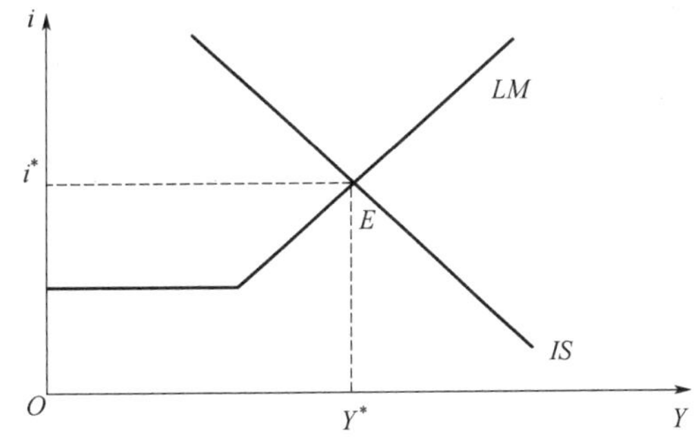

图 17-4 IS-LM 框架下均衡利率的决定

5. 弗莱明-蒙代尔开放经济下的利率决定理论

随着经济全球化的推进，各国经济与外部世界的联系越来越紧密。在开放经济的条件下，一国的国际收支状况也会对国内利率产生影响。IS-LM 模型只说明国内因素对均衡利率的影响，而并未考虑开放经济的影响。为此，美国经济学家弗莱明和蒙代尔在 IS-LM 模型的基础上加入了国际收支的因素，提出 IS-LM-BP 模型，也称为弗莱明-蒙代尔模型。这是一个三部门均衡的框架。弗莱明和蒙代尔认为，只有在国内实体经济部门、国内货币部门和国外部门同时达到均衡时，包括利率、汇率和国民收入的国民经济才能达到均衡状态。

该模型是建立在以下假定基础上的：①总供给曲线平缓的，这意味着物价水平而不是实际收入调节着总需求的波动；②经常项目的平衡不受资本账户的影响，经常项目盈余规模同实际汇率正相关，同实际收入负相关；③在国际收支中，汇率预期是静态的，资本的流动性是不完全的，因此利率在 IS-LM-BP 模型中起中心作用，国际利差引起资本的流入和流出。

需要指出的是，IS-LM-BP 模型作为 IS-LM 模型在开放经济条件下的衍生，是开放条件下分析财政货币政策的非常重要的工具。该模型论证了不同汇率制度下，一国的货币政策和财政政策在长期对该国的利率和国民经济具有不同的效果，分别具有不同的比较优势。对于固定汇率制下国际资本不完全流动的情况（我国属于这种情况），IS-LM-BP 模型论证了扩张型货币政策只是在短期内会引起利率下降、收入上升、国际收支恶化等结果，本国货币有贬值的压力；但在长期，为维护固定汇率，中央银行将出售外汇储备而购买本国货币，直至 *LM* 曲线恢复原来水平，这样，利率、国民收入、国际收支均将恢复期初水平，发生变化的只是中央银行资产的内部结构（增加或减少国内信贷，减少或增加外汇储备），即货币政策在长期是无效的（图 17-5）。但是财政政策在长期是有效的，扩张型的财政政策将使利率和国民收入都提高（图 17-6）。对于其作用机制以及其他情况的分析，由于篇幅关系，本书不做讨论。

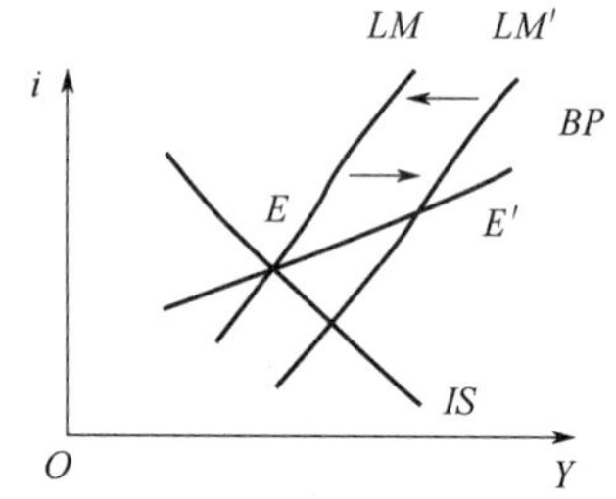

图 17-5　IS-LM-BP 模型下的扩张性货币政策

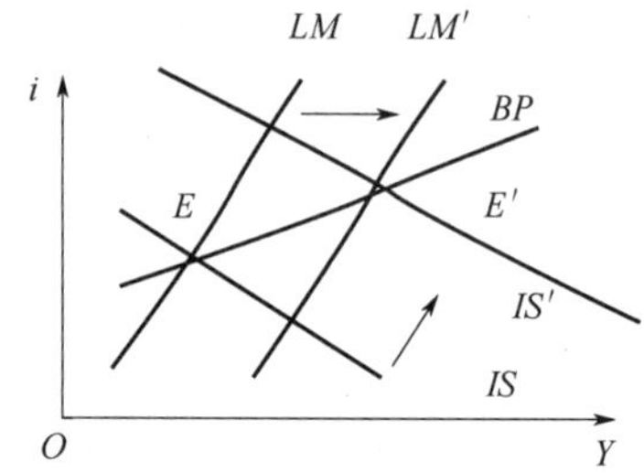

图 17-6　IS-LM-BP 模型下的扩张性财政政策的作用

二、影响利率的主要因素

西方学者的利率决定理论虽不无道理，但不尽全面。他们可以解释利率为什么会变化，但不能解释为什么利率在变化前会处在某一种水平上。从现实角度考虑，有以下几个决定利率水平的因素。

1. 平均利润率

在资本主义制度下，利息是对剩余价值的分割，剩余价值的转化形式是利润，因此，利息只是利润的一部分，利息率要受平均利润率的约束。在社会主义制度下，利息也从利润中来。因此，为保证借款企业能在收支后还有剩余，利息也只能是利润的一部分，利息率也必须受平均利润率的制约。约束利息率的不是单个企业的利润率，而是一定时期内一国的平均利润率。这是因为利息率具有一种统一的特征，即使是市场利率，也存在着趋同的趋势。

2. 银行成本

银行作为经营存、放、汇等金融业务的特殊企业，直接以利润为经营目标。要赚取利润，就必须讲究经济核算，其成本就必须全部通过其收益得到补偿。银行的成本主要有两类：一是借入资金的成本，即银行吸收存款时对存款人支付的利息；二是业务费用，银行要经营业务，就必须拥有房屋设备等固定资产，必须雇佣劳动力，在经营业务过程中，也要花费必要的费用支出等，这一切银行在确定利率水平时都会给予足够的考虑。

3．通货膨胀预期

在预期通货膨胀率上升时，利率水平有很强的上升趋势；在预期通货膨胀率下降时，利率水平也趋于下降。可贷资金模型可以解释这种现象。假定近几年来通货膨胀相对温和，通胀率只有 2%，此时可贷资金的供给和需求曲线用图 17-7 中的 S_{LF}^1 和 D_{LF}^1 表示，均衡点为 A，均衡利率为 i_1。

假设现在的通货膨胀率每年上升 6%，而且公众预期这种通货膨胀仍将持续一段时间。在这种情况下，可贷资金的供给曲线会向左移动，而需求曲线则会向右移动，均衡利率水平将会上升。因为对持续增长 6%的通货膨胀预期，将会使预期本金的实际价值减少而遭受损失，资金供给者为了避免损失，往往会选择股票、黄金和其他贵金属、不动产等比债券更有效抵御通货膨胀的资产，使可贷资金的供给减少（向左移动）。同时，预期通货膨胀的上升会刺激借款的意愿和投资的增加，使可贷资金的需求增加。

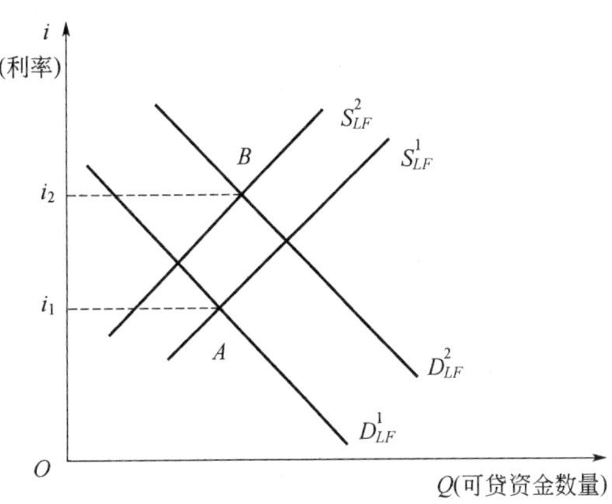

图 17-7　通货膨胀预期与利率关系

由于预期通货膨胀率上升，使可贷资金的供给减少而需求增加，因此均衡点由图中的 A 点移动到了 B 点，可贷资金的均衡价格（利率）上升。如果金融市场是一个不受控制的完全竞争性市场，那么利率将从 i_1 上升到 i_2。这种预期通货膨胀变化引起利率水平发生变动的效应称为费雪效应，它是以最先发现利率与预期通货膨胀关系的美国著名经济学家费雪命名的。

4．中央银行货币政策

中央银行通过运用货币政策工具改变货币供给量，从而影响可贷资金的数量。当中央银行想要刺激经济时，会增加货币投入量，使可贷资金的供给增加。这时可贷资金供给曲线向右移动，利率下降，同时会刺激对利率的敏感项目，如房地产、企业厂房和设备的支出。当中央银行想要限制经济过度膨胀时，会减少货币供给，使可贷资金的供给减少，利率上升，使家庭和企业的支出受抑制。

货币供给增加对利率水平的影响有三种方式：流动性效应、收入效应和通货膨胀预期效应。首先，货币供给量的增加将使经济中的流动性变大，引起利率水平下降（流动性效应）。其次，从刺激经济的效果开始出现到产出和收入的上升，资金需求增加最终拉动利率水平上升（收入效应）。最后，宣布增加货币供给量的政策后，会提高社会公众和投资者的通货膨胀预期，利率水平将由于费雪效应（通货膨胀预期效应）而上升。金融市场对通货膨胀的敏感度较高，并且货币供给量是通货膨胀的主要诱因。实践证明，较快的货币增长率会推动长期利率快速上升，也是就是说，在造成高利率水平的因素中，通货膨胀预期效应有时候比流动性效应的作用更大。通货膨胀预期效应对长期利率的影响效果大于对短期利率的影响，而短期利率受其他因素，如商业周期和银行体系流动性的影响更大些。

总之，中央银行的货币政策对短期利率的影响作用大于对长期利率的影响，而后者主要受预期通货膨胀的影响。当中央银行首先向银行注资以刺激银行贷款增加并降低利率时，大部分效果显示短期利率将发生变化。由于货币供给量增加将提高预期通货膨胀率，费雪效应可能导致长期利率的上升，所以，在金融市场与通货膨胀预期高度相关时，中央银行对利率水平的影响就会非常复杂。

5．商业周期

利率的波动表现出很强的周期性，在商业周期的扩张期上升，而在经济衰退期下降。可贷资金模型同样可以很好地解释利率变动的周期性。

在经济扩张期，随着企业和消费者借款增加，资金的需求会迅速上升；同时费雪效应拉升利率、增加通货膨胀压力，而且中央银行可能会采取某些限制措施以抵消经济增长可能产生的通货膨胀，这三种力量会提高利率水平。在经济衰退期，会发生相反的情况：随着企业和消费者缩减支出、资金的需求下降，通货膨胀压力减轻，中央银行也开始增加可贷资金供给，这三种力量又会降低利率水平。

事实上，利率的周期性波动远比上述描述复杂得多。在经济复苏的初期，使利率升高的动力是比较温合的。因为随着企业存货和运营资本的增加，企业和政府债券的发行数量及信贷需求将会增加，同时税收也相应增加。这些因素使利率在经济复苏的第一年或前两年在低位徘徊甚至继续下降。在可贷资金市场的供给方面，由于失业人数减少和工资收入增加，储蓄将会增长，盈利和利润留成也会同时增加。由于在循环的初期仍存在着相当多的失业和过剩生产能力，银行仍会采取刺激性的货币政策，增加货币供给，而此时的预期通货膨胀率是非常低的，所以，在复苏初期的一两年内，使利率上升的动力比较小。

在循环扩张的中、后期，利率上升的动力明显增强，因为生产能力利用率的提高和产品销售与盈利的增长，会使企业投资和资金需求达到高潮。消费者的信心也随失业率的降低、工资收入的增长而大大加强，从而导致耐用消费品及住房信贷购买的增加，可贷资金的需求迅速增加。同时，预期通货膨胀率也随通货膨胀压力的增强而急剧上升。上述因素将使利率在经济循环扩张的后期强劲上升。

6．借款期限和风险

利息率随借贷期限的长短不同而不同。通常，借贷期限越长，利率越高，反之则越低。从存款方面来看，存款期限越长，资金就越稳定，银行越能有效地加以运用，利润也越多，银行可以也应该付给存款人更高的利息。从贷款方面看，借贷期限越长，所冒风险就越大，银行受到机会成本损失也就越大，银行理应按更高的利率收取更多的利息。同时，在借贷资金的运动过程中，由于各种不测因素的出现，可能存在多种风险，如因借款人破产、逃走，从而使借贷资金收不回或不能完全收回的风险；因物价上涨而使借贷资金贬值的风险；因已贷放出去的资金收不回来，而不能投入更有利的部门，使贷款人承受机会成本损失的风险；等等。

7．借贷资金供求状况

在资本主义制度下，从总体上说，平均利润率等因素对利息率起决定和约束作用，但市场利率的变化在很大程度上是由资金供求状况决定的。市场上借贷资金供应紧张，利率就会上升，反之则会下降。在社会主义市场经济体制下，尽管诸利率并非完全由资金供求状况决定，但也要充分考虑资金供求状况对市场利率的影响。

8．政府预算赤字

如果其他因素不变，政府预算赤字与利率水平将会同方向运动，即政府预算赤字增加，利率将会上升；政府预算赤字减少，利率则会下降。由可贷资金模型可知，政府负债的增加，会使可贷资金需求曲线右移，均衡利率水平上升，而且较大规模的预算赤字将会引起通货膨胀预期，产生费雪效应，拉动利率上升。

9．国际贸易和国际资本流动状况

国际贸易状况的变化通过产品市场与货币市场两方面影响利率的变化。在产品市场上，净出口增加，会促进利率上升；净出口减少，会促进利率下降。其作用机制是：当净出口发生变动时，将以乘数效应正向影响投资、消费和国民收入，进而影响利率的变动。

在货币市场上，净出口增加，会导致利率下降；净出口减少，则导致利率上升。其作用机制是：由于国际收支账户（包括经常账户和资本与金融账户两大类）总是保持平衡，因此当净出口增加时，必然有外国资本以某种形式（如直接投资、证券投资、国际借贷等）流入本国，结果是中央银行要求增加货币供应量，货币供给增加而本国的货币需求在短期内保持相对稳定，导致利率下降；相反，净出口减少，必然引起外国资本的流出，货币供应量减少，利率则上升。

国际资本流动状况对利率的影响与国际贸易状况的变动在货币市场上对利率变动的影响相类似，当外国资本（无论是直接投资还是短期的证券投资）流入本国时，将引起中央银行增加货币供应量，导致利率下降；当外国资本流出本国时，将引起货币供应量的减少，导致利率上升。

10．国际利率水平

在国际市场逐步形成、国际经济联系日益密切的时代，国际利率水平及其变动趋势对一国利率水平具有很强的“示范效应”。国际间的利率具有很强的联动性，或者说，利率在国际间具有严重的“传染性”。这是因为，随着对外开放范围的拓宽和程度的加深，国际市场上“一价定律”的作用、借贷资本自由流动的本性和国际商人套利的天性，使得利率的国际影响越来越强，即使不经过汇率的折算，各国利率也有“趋同倾向”，至少在联系比较紧密的国家之间是如此。

第三节　利率杠杆与运用

一、利率杠杆的功能

利率是重要的经济杠杆，它对宏观经济运行与微观经济运行都有着极其重要的调节作用。利率杠杆的功能可以从宏观与微观两个方面进行考察。

（一）宏观调节功能

从宏观角度来看，利率的功能主要表现在如下四个方面。

1．积累资金

在市场经济条件下，一方面，制约一国经济发展的一个重要因素是资金短缺。虽然有少数国家在个别时期出现过资金过剩，政府害怕资金过多，但对于绝大多数国家来说，资金总是一大短缺要素，这在发展中国家尤为明显。另一方面，市场经济在运行过程中，由于资金本身的活动规律、生产的季节性变化、相对于收入来源的个人消费滞后等原因，虽然个别企业和个人在某些时候会出现资金紧张的局面，有时甚至是严重的资金短缺，但从全社会来看，在任何时候都存在一定数量的闲置资金和个人收入。由于资金的闲置与资金要求增值的本性不符，个人收入的闲置也意味着遭受机会成本损失，因此，两者都有重新投入流通的要求。但是，由于市场经济条件下资金闲置者和资金短缺者经济利益的不一致性，对闲置资金的运用就不能无偿取得而必须有偿进行。这种有偿的手段就是利率。有了利率的存在，就有了收息的可能。受利息收入的引诱，资金闲置者会主动让渡闲置资金，从而使社会能够聚集更多的资金。利率越高，存款人获得的利息收入越多，社会聚积的资金规模就会越大。我国的机关团体部队、学校、企业事业单位的闲散资金，除依靠现金管理督促存入银行外，利息的存在和逐步调高发挥了很大的引力作用。个人储蓄存款的迅速增长也与利率的调高从而使利息收入不断增加息息相关。通过利率杠杆来聚集资金，就可以收到在中央银行不扩大货币供给的条件下，全社会的可用货币资金总量也能增加的效应。

2．调节宏观经济

利息与利率对经济的制约关系相当强烈。利率调高，一方面是拥有闲置货币资金的所有者受利益诱导将其存入银行等金融机构，使全社会的资金来源增加；另一方面，借款人因利率调高而需多付利息，成本也相应增加，而成本对于利润总是一个抵消因素，由此而产生的利益约束将迫使那些经济效益较差的借款人减少借款，使有限的资金流向效益高的行业、企业和产品，从而促使全社会的生产要素产生优化配置效应。国家利用利率杠杆，在资金供求缺口比较大时（资金供给＜资金需求），为促使二者平衡，就采取调高存贷款利率的措施，在增加资金供给的同时抑制资金需求。其传递机制如下。

① 当资金供给小于资金需求时，中央银行就调高再贷款利率（再贴现率），商业银行的借入成本就要增加。在这种情况下，商业银行为保持其既得利润，就必须同时调高存贷款利率。而贷款利率的调高就会使借款人减少，借款规模压缩；存款利率的调高又会使存款人和存款来源增加。这样，在资金供给增加的同时，资金需求又在减少，从而使资金供求趋于均衡。

② 当资金供给大于资金需求时，还可以推出另一个方向相反的传递机制。在通货膨胀率比较高的情况下，也可以动用利率杠杆进行有效抑制。运用银行利率杠杆，还可以调节国民经济结构，促进国民经济更加协调地健康发展。例如，对国家急需发展的农业、能源、交通运输等行业，适当降低利率，支持其大力发展；对需要限制的某些加工行业，则适当提高利率，从资金上限制其发展。

3．媒介货币向资本转化

利率的存在与变动能够把部分现实流通中的货币转化为积蓄性货币，能够把消费货币变成生产建设资金，同时推迟现实购买力的实现。

4．分配收入

利息的存在及其上下浮动会引起国民收入分配比例的改变，从而调节国家与人民、国家财政与企业的利益关系以及中央财政与地方财政的分配关系。我国银行系统的利差收入大部分上缴国家，银行已成为国家财政收入的一大支柱。

（二）微观调节功能

从微观角度考察，利率作为利息的相对指标影响了各市场主体的收益或成本，进而影响了它们的市场行为。利率杠杆的微观功能主要表现在如下两个方面。

1．激励功能

利息对存款人来说，是一种增加收入的渠道，高的存款利率往往可以吸收较多的社会资金。当然，利息对于借款人来说，始终是一个减利因素，是一种经济负担。企业借款的金额越大，借款的时间越长，利率水平越高，企业需要支付的利息就越多，征税或业务经营的成本就越高，利润就越少。因此，为减轻利息负担，增加利润，企业就会尽可能地减少借款，通过加速资金周转、提高资金使用效益等途径，按期或提前归还借款。

2．约束功能

利率调高会使企业成本增加，从而使那些处于盈亏边缘的企业走进亏损行列，这样，企业可能会做出不再借款的选择；其他企业也会压缩资金需求，减少借款规模，而且会更谨慎地使用资金。

二、运用利率杠杆的客观经济条件

市场经济的理论与实践都表明，在宏观经济与微观经济运行中，并不是有了利率的存在，利率杠杆的功能就必然能很好地发挥出来。要使利率杠杆的能量释放出来，必须具备如下条件。

（1）稳定的货币环境　如果货币不稳定，出现了跑马式的甚至是恶性的通货膨胀，利率杠杆就很难起作用，即使有一定作用，也将遭到严重扭曲。只有在货币稳定、金融稳定、市场稳定的前提下，利率杠杆的作用才能有效地发挥出来。

（2）银行企业化　向中央银行借款的金融机构必须是以利润为直接经营目的的企业，这样，再贷款利率（或再贴现率）的变动才会通过成本的增减影响企业利润，从而诱导它多借款或迫使它少借款。

（3）企业是真正意义上的企业　这是指所有企业都必须是独立核算、自主经营、自负盈亏的企业。换言之，企业应该是真正的企业，既不能是盈亏由国家统负，也不能只负盈不负亏。只有这样，在银行变动借贷利率时，企业才会通过对成本、利润的预期做出增加或减少借款的选择。

（4）企业在资金上与银行的联系程度较高　企业投入社会再生产经营的资金总量中，从银行借入的资金应该占一定的比重，即只有当企业在资金上依赖于银行时，利率杠杆才能较成功地调整企业的行为。

（5）合适的利率水平　要发挥利率的杠杆作用，利率水平本身必须合适。就贷款利率而论，既不能高得让所有的借款人都望而却步，也不能低得让所有的借款人都无动于衷，而必须将利率定在有人敢借、有人不敢借的水平上。实际上，贷款利率水平与借款人的资金需求之间存在非常明显的相关关系。

（6）恰当的利率政策　利率杠杆的功能发挥情况，与国家的利率政策高度相关。一国的利率政策除了依据宏观经济背景不同而选择“廉价货币政策”（低利率政策）或“昂贵货币政策”（高利率政策）之外，还包括依据不同情况推行差别利率政策，建立一套有效的、合适的、灵活的、集权与分权相结合的利率管理体制。

（7）发育健全的金融市场　在此条件下，市场上才有足够的买者和卖者，才有充足的交易对象，包括资金和有价证券等。也只有这样，利率杠杆才有发挥作用的广阔天地。

（8）以间接调控为主的宏观经济体制　在这种管理体制下，主要运用货币政策工具作用于货币政策的中介目标，才能保证最终预期目标的实现，利率的作用才能真正得以充分发挥。

三、我国的利率体制改革

（一）改革开放以前的利率管理体制

为与高度集中计划体制的历史背景相适应，长期以来，我国的利率体制属于管制利率类型，即利率由国务院统一制定，由中国人民银行统一管理。

这一时期，我国利率管理体制的特点如下。

1. 利率水平偏低

新中国成立以来，特别是 1956 年以后，我国物价指数与利率水平呈反方向变化趋势。以零售物价总指数来说，1950 年为 100，1965 年为 134.6，1978 年为 135.9，1982 年为 153.3。而银行贷款利率水平 1953 年为年息 8.3%，以后逐步降低，最高未超过年息 7.2%，有时还降为年息 5.04%或 5.76%。这种低利率政策从贷款方面看，造成企业对信用资金的过度需求，不利于信贷引导资金流向和资金供求，不利于扭转企业流动资金占用多、周转慢和缓解资金紧张的被动局面。从存款方面看，负利率直接影响货币储备和实物储存之间的选择，会减少银行的存款。

2. 利率结构不合理

主要表现在：一是利差和利比不协调。所谓利差，是指贷款利息收入与存款利息支出之差。所谓利比，是指反映各种利率间依照利率制定原理和信用资金特点所保持的一定比例关系的相互制约方式。当时曾出现的情况是企业定期存款利率低于个人定期存款利率，企业长期占用和短期使用流动资金贷款无区别，结算贷款利率低于流动资金贷款利率等情况，造成存贷利率、倒挂利率间制约松散，存贷利差与经济发展逆向运动，没有真正体现货币资金的时间价值。二是档次少，利息的种类也随着利率降低而多次减少。当时我国利率不分行业、存贷款、长短期、企业经营状况，均实行同一利率。这忽略了投资者对金融资产的不同需求，也不利于银行信贷贯彻“区别对待、择优扶植”的原则。

3. 利率机制不灵活

利率的管理权限高度集中，且利率标准“几十年一贯制”没有因势而变，表现为大额小额存款一个样、不同经济发展水平一个样、不同投资风险一个样、资金充足和短缺一个样。这样做既不利于国家产业政策的贯彻和产业结构的调整，也不利于提高贷款的经济效益。

（二）经济体制转换时期利率体制改革的指导思想

1．合理安排利率和利润率的关系

依据马克思的利息理论，利息来源于利润，是从企业利润中分割出来的。在资本主义市场经济条件下，利率水平受价值规律支配，利润水平对利率水平有决定性影响。随着我国市场经济体制的建立，在确定利率水平时不仅要考虑利润总水平的情况，还要考虑各部门、各行业间的利润是否合理，以及主观和客观因素，如贷款时间长短、物价水平变化、国际市场货币利率等，以确定不同的利率。

2．考虑资金供求与利率之间的相互作用

在市场经济条件下，一般是银根紧利率就高，银根松利率就低。借贷资本的供需状况决定着市场利息的变化。我国经济高度集中年代的资金分配，主要是通过计划进行的，要受国家经济政策和货币政策的干预，资金供求情况对利率高低影响较小。随着我国市场经济体制的逐步建立，资金供求关系将成为确定我国利率水平的一个重要因素，通过利率的高低来调节资金供求的作用日趋明显。

3．处理好存款利率和贷款利率的关系

如何求得合理的利差，关键要兼顾存款人、贷款人和银行三者的利益。若三者关系处理不好，存款进不来，贷款出不去，银行业务活动就难以开展。在这种情况下，也就谈不上利率杠杆作用的发挥。

4．兼顾物价水平变动的影响

从总体上说，保持一个稳定良好的货币环境，既是经济健康运行的保证，也是利率充分发挥作用的前提条件。但是，由于受多种因素的影响，物价的变动经常出现。一般来说，在通货膨胀情况下，货币的币值下降，物价上涨，就会提高利率；在通货紧缩情况下，货币的币值上升，物价下降，就要降低利率。兼顾利率与物价的关系，一是要考虑一般物价水平；二是要预期物价上涨率；三是要具体考虑不同利率与物价的关系，其实质是兼顾利率总水平与物价总水平的关系。

5．设置一套灵活有效的利率管理体系

利率是一个体系，存贷利率之间、单位存款与贷款利率之间、各项存款利率之间、各项贷款利率之间、长期性存款利率和贷款之间等应协调配合。建立灵活有效的利率管理体系的总要求是：①既能控制又能灵活，即中央银行规定基准利率和利率浮动幅度，在此基础上，商业银行有一定的确定利率的自主权；②既有差别又能协调，即对不同行业、不同经济成分、不同地区、不同贷款的期限种类和数量、不同经济效益的利率应有所差别，但又必须保持一定的比例和制约关系；③既要相对稳定又能因势而变，即能像资本主义国家那样，利率随资本供求和借贷市场的波动而经常波动，但也不能“十几年一贯制”，要依据经济发展状况而有所变化。

6．改革利息率在企业成本中列支的做法

从理论上说，利息应是利润的分割。我国目前将利息摊入成本的做法，人为地割断了利息与企业利润的内在联系，歪曲了利息的实质。从实践看，利息在企业成本中列支，利息支出转嫁给国家和消费者，这不利于企业加强经营管理，也不利于市场稳定物价。对此，必须

适时地进行改革。

（三）我国利率市场化的进程

利率市场化是中央银行货币政策的基础，没有市场化的利率，就没有连接企业、银行和财政的纽带。

改革开放以来，我国利率改革取得了重大进展：适时、多次调整了利率，使中央银行运用货币政策工具进行间接调控的机制更趋完善；停办保值储蓄存款，恢复了存款利率的弹性和利率杠杆的灵活性；实行储蓄实名制和征收利息税，有利于调节收入分配；降低准备金存款利率，有利于增加商业银行信贷资金的流动，促使超额储备趋向正常化；放开同业拆借市场，更多地运用市场手段来引导市场利率的波动；扩大对中小企业贷款利率的浮动幅度；等等。

上述改革措施所取得的成效，加上我国宏观经济稳定，金融市场具有一定规模，为推进利率市场化创造了有利条件。

以利率形成市场化为核心内容的利率改革是许多发达国家曾经面临的重大课题。20 世纪 80 年代以来，西方主要国家境内外自由利率市场的发展，直接冲击了传统的利率管制，并导致了全面利率的全面自由化。比如，美国是在高利率背景下，以资金大规模地向自由利率的金融商品市场流通渠道注入为突破口的；日本是从国内和国外两条线推进利率自由化的，在国内促进国债市场的发展和市场利率的形成，在国外则利用欧洲市场的发展；英国则以国内伦敦市场自由利率的发展为契机推进利率自由化。

从国际经验来看，利率市场化的步骤一般包括：第一，通过提高利率，使市场达到均衡状态，从而保持经济金融运行的稳定；第二，完善利率浮动制，扩大利率浮动范围，下放利率浮动权；第三，实行基准利率引导下的市场利率体系。

从我国利率改革的进展看，目前已经进入第三阶段，即通过推进金融市场的发展、金融资产的多元化来推进利率形成机制的市场化，并根据市场利率的波动状况及时调整贷款利率，增大贷款利率的波动幅度，以最终实现存款利率的市场化。

我国的利率市场化应该采取渐进的方式进行。其总体思路是，首先从发展货币市场着手，形成一个更为可靠的市场利率信号，进而以这一市场利率为导向，及时调整贷款利率，扩大其浮动范围，并促进银行间利率体系的建立和完善，最后逐步放开存款利率。具体来说，主要包括以下几个方面的内容。

1. 促进市场化利率信号的形成

推进货币市场的发展和统一，促进市场化利率信号的形成。市场化的利率信号是在货币市场上形成的。这一信号的质量取决于货币市场的规模、运行的规范程度和效率、对经济运行的影响力和覆盖面等。因此，利率改革应该首先大力推进货币市场的发展和统一，使得货币市场上形成的利率信号能够准确地反映市场资金的供求状况，为整个利率改革的推进形成一个可靠的基准性利率。

鉴于目前我国货币市场发展规模小、水平低，货币市场子市场分割严重，降低了货币市场对于经济金融运行的影响力，货币市场上形成的利率信号失真严重的情况，当前应重点推进拆借市场和票据市场的发展，将拆借市场的发展作为利率形成市场化的突破口，扩大拆借市场的覆盖面和影响力，并将中央银行的基准利率逐步由目前的再贷款利率转变为拆借市场利率。因为拆借市场是短期资金融通的市场，拆借市场的利率代表了金融市场主体取得批发性资金的成本，能够及时体现资金供求状况的变动，因而在整个金融市场的利率结构中具有导向性的作用。

在此基础上逐步放开贴现率，推进区域性票据市场的发展。目前我国的利率管理体制是，一方面，同业拆借利率和国债回购利率已经基本放开；另一方面，作为货币市场重要组成部分的贴现市场依然实行严格管制，客观上形成了货币市场的人为分割，阻滞了统一的市场化利率的形成。

2．进一步扩大贷款利率的浮动范围

跟踪市场利率，及时调整贷款利率，进一步扩大贷款利率的浮动范围。在此基础上，中央银行逐步放开对整个贷款利率的严格管制，转而根据市场利率确定一年期贷款的利率。

随着拆借市场利率形成机制的不断完善，中央银行可以根据货币市场利率频繁调整贷款利率，使贷款利率高于货币市场利率。在具体的政策操作中，要进一步扩大商业银行的贷款利率浮动权，允许商业银行根据不同企业的资信状况和市场状况确定不同的利率水平，保持商业银行对利率变动的敏感性，促使商业银行建立以市场为导向的利率定价机制，将中央银行的利率政策意图及时传递到市场上去，并通过其贷款及时将宏观经济运行状况的变化反映到利率中来。

在此基础上，由中央银行根据货币市场利率确定一年期贷款的基准利率，由商业银行自主定价其他期限的利率水平，同时进一步扩大贷款利率的浮动幅度。在浮动幅度足够大时，贷款利率的管制也就相应放开了。

3．推进银行间利率体系的建立和完善

根据市场利率的波动状况和资金供求状况，动态调整中央银行再贷款利率，使其成为货币市场的主导利率指标，逐步降低并取消准备金的利率，促使商业银行积极参与货币市场交易和国债交易，推动中央银行再贷款利率、货币市场利率、国债二级市场利率，形成一个比较完善的银行间市场利率体系。

4．推进存款利率的市场化

从大额定期存单等品种开始，逐步扩大存款利率的浮动范围。

本章思考题

① 试述马克思对利息本质的论述。

② 什么是利率？它是如何分类的？

③ 试述利率体系的内容。

④ 试述利率与证券价格的关系。

⑤ 试述凯恩斯的流动性偏好理论。

⑥ 试述 IS-LM 框架下的利率决定理论。

⑦ 试述决定和影响利率变化的因素。

⑧ 试述利率杠杆的功能。

⑨ 了解我国金融机构计息的方式，在什么场合用单利，什么场合用复利？

第十八章 金融市场

第一节 金融市场及其要素

一、什么是金融市场

市场，是提供资源流动和资源配置的场所。在市场中，依靠价格的信号，引领资源在不同部门之间流动并实现资源配置。一个好的市场可以帮助社会资源实现最佳配置。

按照交易的产品类别划分，可以将市场分为两大类：一类是提供产品的市场，进行商品和服务的交易；另一类是提供生产要素的市场，进行劳动力和资本的交易。金融市场属于要素类市场，专门提供资本。在这个市场上进行资金融通，实现借贷资金的集中和分配，完成金融资源的配置过程。通过金融市场上对金融资产的交易，最终可以帮助实现社会实物资源的配置。在这个意义上说，金融市场与产品市场之间存在密切的联系。按照以上的理解，金融市场应当包括所有的融资活动，包括银行以及非银行金融机构的借贷；包括企业通过发行债券、股票实现的融资；包括投资人通过购买债券、股票实现的投资；包括通过租赁、信托、保险种种途径所进行的资金集中与分配，等等。在日常活动中，还有一种对于金融市场的理解，即将金融市场限定在有价证券交易的范围，比如股票市场、债券市场等。这种说法可以看作是对金融市场的狭义理解。

金融市场上借贷资金的集中和分配，会帮助形成一定的资金供给与资金需求的对比，并形成该市场的“价格”——利率。

金融交易的方式在人类历史的不同发展阶段是不一样的。在商品经济不发达的阶段，货币资金借贷主要以民间口头协议的方式进行，有范围小、数额少、众多小金融市场并存的特点。随着资本主义经济的发展，银行系统发展起来了，金融交易主要表现为：通过银行集中地进行全社会主要部分的借贷活动。随着商品经济进入高度发达时期，金融交易相当大的部分以证券交易的方式进行，表现为各类证券的发行和买卖活动。目前一些经济发达国家以证券交易方式实现的金融交易，已占有越来越大的份额。人们把这种趋势称为“证券化”。

现代的金融交易既有具体的交易场所，如在某一金融机构的建筑内进行；也有无形的交易场所，即通过现代通信设施建立起来的网络进行。特别是现代电子技术在金融领域里的广泛运用和大量无形市场的出现，使得许多人倾向于将金融市场理解为金融商品供求与交易活动的集合。

金融市场发达与否是一国经济、金融发达程度及制度选择取向的重要标志。

二、金融市场中交易的产品、工具——金融资产

资产是指有交换价值的所有物，如房屋、土地、设备等。它们的价值取决于特定资产的自身，称之为实物资产。有别于实物资产，金融资产的价值取决于能够给所有者带来的未来收益；或者说，持有金融资产，意味着拥有对未来收益的要求权利。例如，金融资产中的债券，它代表持有人对发行人索取固定收益的权利；再如，金融资产中的股票，它代表股东在公司给债权人固定数量的支付以后对收入剩余部分的要求权——剩余索取权（residual claims）。金融资产的种类极多，除股票、债券外，还包括保险单、商业票据、存单和种种存款，以及现金，等等。其中的现金在物价水平保持不变的情况下，收益为“0”，是一个特例。

在金融市场上，人们通过买卖金融资产，实现着资金从盈余部门向赤字部门的转移。例如，企业出售新发行的股票和投资人购买该股票的交易行为，实现了一定数量的资金从有富余资金并寻求投资收益的投资人手中转移到缺少资金的企业手中，实现了资金和资源在不同部门之间的重新配置。因此，金融资产的交易是帮助实现资本融通的工具。在这个意义上，金融资产也称为金融工具。与商品产品类比，作为买卖的对象，金融资产也经常被称为金融产品。

金融资产的价值大小是由其能够给所有者带来未来收入的量和可能程度决定的。例如一种债券，息票利率较高并且按期支付利息和到期归还本金的保证程度较高，会有较高的价值；一种股票，可以给投资人带来稳定的、高额的现金红利，也会有较高的价值；等等。

在金融资产价值决定中，金融资产与实物资产，如厂房、设备、土地等之间，存在着十分密切的联系。例如，能够产生较高现金收益的股票，往往归功于发行股票的企业用这笔资金购置了性能先进、运营成本低、能产生大量现金流的实物资产。但是，也有些金融资产与实物资产之间的价值联系并不那么直接，如期货、股票指数期权等。这些金融资产是依附于股票、债券这样一些金融资产而产生的，其价值变化主要取决于股票、债券的价值变化。在这个意义上，这类金融产品具有“依附”和“衍生”的特征，因而被冠以“衍生金融产品”的称呼。至于赖以衍生的基础性金融资产，相应取得了“原生金融工具”的称呼。但无论如何，衍生金融产品并不能同实物资产全然割断联系；只不过联系是间接的，即通过原生金融产品迂回地实现。认识到这一点非常重要，因为它可以解释：为什么金融资产的价值不可以长期持续地远远偏离实物资产的价值；为什么证券市场的市场价格高到一定程度就会有泡沫。

金融资产具有两个重要的功能，一个是帮助实现资金和资源的重新分配，另一个是在资金重新分配的过程中，帮助分散或转移风险。例如，一个从未借债的企业通过举债，可将企业所有者的一部分风险转移给债权人；再如，一个面临可能出现日元贬值而导致出口产品收入下降的企业，可以通过卖出日元期权的交易，将风险转移出去，等等。由于衍生的金融产品在转移风险方面往往比原生产品更有效率，所以从 20 世纪 70 年代起，在金融风险日趋加大的情况下，它们的品种和市场规模取得了长足的发展。

三、金融资产的特征

尽管金融资产种类繁多，千差万别，但都具有一些共同的特征。这些特征包括：货币性和流动性、偿还期限、风险性、收益性。

金融资产的货币性是指其可以用来作为货币，或很容易转换成货币，行使交易媒介或支付的功能。一些金融资产本身就是货币，如现金和存款。一些可以很容易变成货币的金融资产，如流动性很强的政府债券等，对于其持有者来说与持有货币的差异不大。其他种类的金融资产，如股票、公司债券等，由于都可以按照不同的难易程度变现，因此也可视为多少具有货币的特性。不过，股票、债券，包括政府债券在内，大多并不划入货币的统计口径之中。

但并不划入货币口径之中的那些金融资产，较之非金融资产，也具有明显的流动性，即迅速变为货币“变现”而不致遭受损失的能力。变现的期限短、成本低的金融工具意味着流动性强；反之，则意味着流动性差。发行者资信程度的高低，对金融工具的流动性有重要意义。如国家发行的债券，信誉卓著的公司所签发的商业票据，银行发行的可转让大额定期存单等，流动性就较强。

衡量金融资产流动性的指标主要是交易的买卖差价。对于同一种金融资产来说，买卖差价是指做市商（market maker，一种专门从事金融产品买卖，拥有维护市场活跃程度责任的证券交易商）愿意买入和卖出该种资产的价格之差。差价越大，标志着该金融产品的流动性越低，这是因为在市场价格波动的背景下，流动性低会加大资本损失的可能性。为了补偿风险，做市商就必须提高买卖差价。除买卖差价以外，还有其他一些指标用来反映市场中金融资产的流动性，如换手率等。

金融资产的偿还期限是指在进行最终支付前的时间长度。如 1 年之后到期的公司债券，其偿还期限就是 1 年；一张标明 3 个月后支付的汇票，其偿还期为 3 个月；5 年到期的公债，其偿还期为 5 年；等等。对当事人来说，更有现实意义的是从持有金融工具日起到该金融工具到期日止所经历的时间。设一张 1990 年发行要到 2010 年才到期的长期国家债券，某人如于 1999 年购入，对于他来说，偿还期限是 11 年而非 20 年，他将用这个时间来衡量收益率。

金融资产到期日的特点可以有两个极端：一个是零到期日，如活期存款；一个是无限长的到期日，如股票或永久性债券。一般来说，债券都有具体的到期日，短的可以是 1 天，长的可以是 100 年。比如美国迪斯尼公司 1993 年发行了期限为 100 年的债券。金融资产的到期日标志着它“寿终”的日子；一旦到期，凭金融资产对于收益的要求权就终止了。但是，一些金融资产由于发行人的问题，如破产、重组等，也可能被提前终止。

风险性是指购买金融资产的本金是否有遭受损失的风险。本金受损的风险主要有信用风险和市场风险两种。信用风险也称违约风险，指债务人不履行合约，不按期归还本金的风险。这类风险与债务人的信誉、经营状况有关。风险有大有小，但很难保证绝无风险。比如向大银行存款的存户有时也会受到银行破产清理的损失。信用风险也与金融资产的种类有关。例如，股票中的优先股就比普通股风险低，一旦股份公司破产清理，优先股的股东比普通股的股东有优先要求补偿的权利。信用风险对于任何一个金融投资者都存在，因此，认真审查投资对象，充分掌握信息，至关重要。市场风险是指由于金融资产市场价格下跌所带来的风险。某些金融资产，如股票、债券，它们的市价是经常变化的。市价下跌，就意味着投资者金融资产的贬值。因此，在金融投资中，审时度势，采取必要的保值措施非常重要。如何度量风险，以保证投资人取得与风险相匹配的收益，是金融理论与实践中的一个重要内容。

收益性由收益率表示。收益率是指持有金融资产所取得的收益与本金的比率。收益率有三种计算方法：名义收益率、现时收益率与平均收益率。

（1）名义收益率　是金融资产票面收益与票面额的比率。如某种债券面值 100 元，10 年偿还期，年息 8 元，则该债券的名义收益率就是 8%。

（2）现时收益率　是金融资产的年收益额与其当期市场价格的比率。若上例中债券的市场价格为 95 元，则：

$$\text{现时收益率}=8/95\times100\%=8.42\%$$

（3）平均收益率　是将现时收益与资本损益共同考虑的收益率。在上述例子中，当投资人以 95 元的价格购入面值 100 元的债券时，就形成 5 元的资本盈余。如果他是在债券发行后 1 年买入的，那就是说，经过 9 年才能取得这 5 元资本盈余。考虑到利息，平均每年的收益约为 0.37 元。将年资本损益额与年利息收入共同考虑，便得出：

$$\text{债券的平均收益率}=(0.37+8)/95\times100\%=8.81\%$$

比较前两种收益率，平均收益率可以更准确地反映投资者的收益情况。

在现实生活中，人们还会将通货膨胀对收益的影响考虑进去，以真实评价收益的情况。于是，有名义收益率和真实收益率之分。对于金融资产的特征，通常也以“三性”概括，即流动性、收益性和风险性。上述的货币性与期限性则分别包含在“三性”之内。

四、金融市场的功能

金融市场通过组织金融资产、金融产品的交易，可以发挥五个方面的功能。

第一，帮助实现资金在资金盈余部门和资金短缺部门之间的调剂，实现资源配置。在良好的市场环境和价格信号引导下，可以实现资源的最佳配置。

第二，实现风险分散和风险转移。需要强调的是，金融市场可以发挥转移风险的功能是就这样的意义来说的：通过金融资产的交易，对于某个局部来说，风险由于分散、转移到别处而在此处消失，而不是指从总体上看消除了风险。这个功能发挥的程度取决于市场的效率。在一个效率很低的市场上，由于市场不能很好地发挥分散和转移风险的功能，最终可能导致风险的积聚和集中爆发，这就是金融危机。

第三，确定价格。金融资产均有票面金额。在金融资产中可直接作为货币的金融资产，一般说来，其内在价值就是票面标注的金额。但相当多的金融资产，其票面标注的金额并不能代表其内在价值。以股票为例，发行股票的公司，体现在每股份上的内在价值与股票票面标注的金额往往存在极大的差异。企业资产的内在价值（包括企业债务的价值和股东权益的价值）是多少，只有通过金融市场交易中买卖双方相互作用的过程才能“发现”。即必须以该企业有关的金融资产由市场交易所形成的价格作为依据来估价，而不是简单地以会计报表的账面数字作为依据来计算。例如，没有微软公司股票的公开发行和交易，人们就不会发现微软公司的巨大价值。当然，金融市场的定价功能同样依存于市场的完善程度和市场的效率。如果市场十分不完善，效率很低，定价的功能就是有缺陷的，市场价格相对于内在价值则可能有很大程度的偏离和扭曲。

金融市场的定价功能有助于市场资源配置功能的实现。资金是按照金融资产的价格或者收益率的指引在不同部门之间流动的。价格信号的真实与否，决定了资源配置的有效性。

第四，金融市场的存在可以帮助金融资产的持有者将资产售出、变现，因而发挥提供流动性的功能。如果没有金融市场，人们将不愿意持有金融资产；企业可能因为金融产品发行困难无法筹集到足够的资金，进而影响正常的生产和经营。尽管金融市场中所有产品的交易市场都具有提供流动性的功能，但不同金融产品市场的流动性是不同的。这取决于产品的期限、品质等。

第五，降低交易的搜寻成本和信息成本：搜寻成本是指为寻找合适的交易对方所产生的成本。信息成本是在评价金融资产价值的过程中所发生的成本。评价价值，需要了解能够帮助预期未来现金流的有关信息而有所支出。金融市场帮助降低搜寻与信息成本的功能主要是通过专业金融机构和咨询机构发挥的。可以设想，假如没有专门从事证券承销业务的中介机构，单纯依靠发行证券的企业去寻找社会投资人，搜寻成本会有多大；假如没有专业提供信息的中介机构，单纯依靠需要信息的企业自己去搜集信息，信息成本会有多大！同时，众多金融中介的存在以及它们之间的业务竞争，还可以使搜寻成本和信息成本不断降低。但是，如果没有严格的监管，金融中介机构就有可能与有关方面勾结，刺探内幕信息、制造虚假信息、进行黑幕交易等，以获取暴利。这时，社会的真实搜寻成本和信息成本可能会极大。

有一点需要强调指出，金融市场尽管可能具有五项重要的经济功能，但能否正常发挥还取决于市场本身的效率与质量。

五、金融市场运作流程的简单概括

金融市场的交易是在市场参与者之间进行的。为了概括描述金融市场的运作流程，需要对市场的参与者进行分类。依据参与者的交易特征，他们可以分为最终投资者、最终筹资者和中介机构三类。最终投资者可以是个人、企业、政府和国外部门；最终融资者的构成也如此。至于中介机构，则是专门从事金融活动的金融机构，包括商业银行、保险公司、投资银行，等等。按照较为粗略的概括，如果资金直接在最终投资人和最终筹资人之间转移，这样的融资活动就是直接融资。典型的直接融资是通过发行股票、债券等有价证券实现的融资。如果资金通过中介机构实现在最终投资人和最终筹资人之间的转移，这样的融资活动就叫做间接融资。典型的间接融资是通过银行存款贷款活动实现的融资。与两种融资形式相对应的金融产品分别称为直接融资工具和间接融资工具。

金融市场上的资金在各市场参与者之间的转移过程可用图 18-1 简单描述。

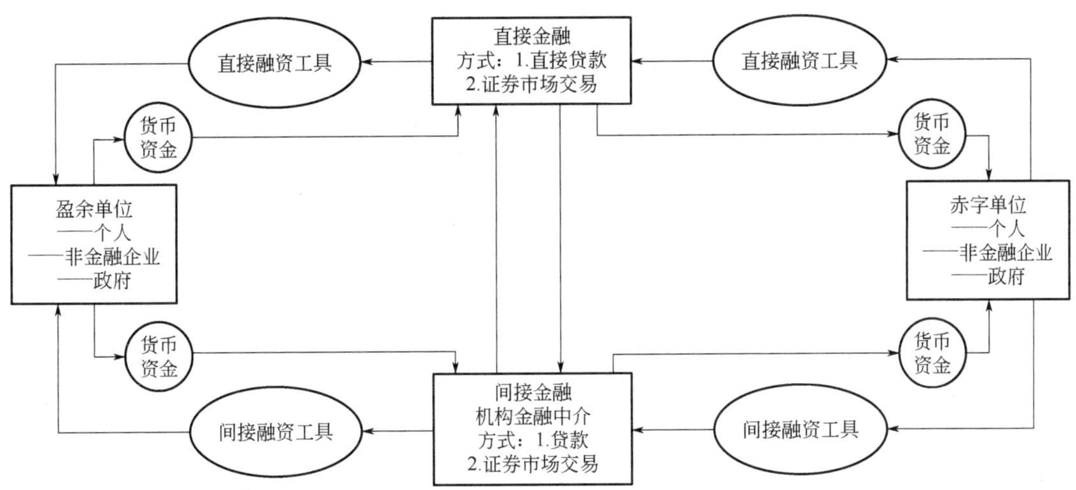

图 18-1　资金融通过程示意图

六、金融市场的类型

金融市场是一个大系统，包括许多具体的、相互独立但又有紧密关联的市场，可以用不同的划分标准进行分类。

最常见的是把金融市场划分为货币市场和资本市场。这是以金融交易的期限作为标准来划分的。货币市场是交易期限在 1 年以内的短期金融交易市场，其功能在于满足交易者的资金流动性需求。资本市场是交易期限在 1 年以上的长期金融交易市场，主要满足工商企业的中长期投资需求和政府弥补财政赤字的资金需要。这包括银行的长期借贷和长期有价证券，如股票、债券等交易。

此外，可按照金融交易的交割期限把金融市场划分为现货市场与期货市场。在现货市场上，一般在成交后的 1～3 日内立即付款交割，有的更限定在当日交割。在期货市场上，交割则是在成交日之后合约所规定的日期，如几周、几个月之后进行。较多采用期货交易形式的，主要是证券、外汇、黄金等市场。20 世纪 70 年代以来，金融期货交易的形式越来越多样，越来越发展，其交易量已大大超过现货交易的数量。

还可以按金融交易的政治地理区域把金融市场划分为国内金融市场与国际金融市场。国内金融市场的活动范围限于本国领土之内，双方当事人为本国的自然人与法人，以及依法享受国民待遇的外国自然人与法人。国际金融市场的活动范围则超越国界，其范围可以是整个世界，也可以是某一个地区，如中东地区、加勒比地区、东南亚地区，等等。双方当事人是不同国家和地区的自然人与法人。

在金融市场这个大系统中，还有外汇、黄金和保险等几个较重要的场所。

七、我国金融市场的历史

如果从广义的角度看，分散的金融市场，其存在非常久远；集中的金融市场，可以从关于汉初长安“子钱家”的记载中窥见端倪。在吴楚七国之乱时，其中一家即可贷给列侯封君出征所需的货币，那么整个子钱家可贷资金的规模无疑是相当可观的。关于唐代长安的西市，历史典籍中丰富的记载描绘出这里不仅有多种形式的金融机构，而且还汇集了大量外国商人，从而使这个金融市场有着相当浓厚的国际色彩。至宋明，金融市场重心东移。南宋在临安，明代则是南北两京。到了清代，钱庄、银号、票号等金融机构已活跃于全国各商业城市。

近代，以新式银行为中心的金融市场形成很晚。虽然 19 世纪末已出现现代的银行，但力量微弱，不足以与旧式银钱业抗衡。第一次世界大战后，新式银行业有了较大发展。历经了十几年的经营，以银行业为主体的新式金融市场才打下了基础。金融中心在上海，全国近半数的资金在这里集散。伴随着资金借贷的发展，债券市场、股票市场、黄金市场也相继形成。上海的利率、汇率等金融行市，成为全国各地存放款利率等金融行市变动的基准。其证券交易所是全国最大的证券投资场所：黄金交易量在远东首屈一指；外汇交易量也有相当规模。

1949 年以后，首先停止了证券交易与黄金外汇的自由买卖。随着社会主义计划经济的迅速建立，高度集中于一家银行的银行信用代替了多种信用形式和多种金融机构的格局，财政拨款代替了企业的股票、债券等资金筹集方式。不过，这一时期依然存在着大规模的银行信用，存在着信用的供给与需求，存在着资金的“价格”——利率，当然是官定的利率。如果就广义的解释，未尝不可以说仍然存在一个金融市场。但这个以资金计划分配为特征的金融市场与人们过去对金融市场的理解距离过大，所以金融市场的概念不再被人提及。

20 世纪 70 年代末，改革开放政策的逐步推行，推动人们重新思考建立金融市场的问题。具体来说，主要包括两个方面：一是金融机构直接的短期融资市场；二是证券市场。应该说，自 20 世纪 90 年代以来，这个问题成为经济发展与体制改革的一个重要组成部分，并有了长足的进展。

第二节　货币市场

前面已经指出，货币市场是短期限融资市场，融资期限一般在 1 年以内。这是典型的以机构投资人为主的融资市场。货币市场一般没有确定的交易场所；现今货币市场的交易通过计算机网络进行。货币市场可以按照金融产品的不同划分为许多子市场，如票据贴现市场、银行间拆借市场、国库券市场、可转让大额存单市场、回购市场，等等。

一、票据与票据市场

货币市场中使用的票据有商业票据和银行承兑票据两类。银行承兑票据是在商业票据的基础上产生的。票据交易的市场称为票据市场。

商业票据是一种最古老的金融工具，源于商业信用。它是工商业者之间由于信用关系形成的短期无担保债务凭证的总称。

典型的商业票据产生于商品交易中的延期支付，有商品交易的背景。但商业票据只反映由此产生的货币债权债务关系，并不反映交易的内容。因为交易行为已经完结，商品已经过户，这叫做商业票据的抽象性或无因性。相应的特征则是不可争辩性，即只要证实票据不是伪造的，付款的人就应该根据票据所载条件付款，无权以任何借口拒绝履行义务。此外，商业票据的签发不需要提供其他保证，只靠签发人的信用。因此，商业票据能否进入金融市场，要看签发人的资信度。

但在商业票据中，除了具有交易背景的票据外，还有大量并无交易背景而只是单纯以融资为目的发出的票据，通常叫融通票据。相对于融通票据，有商品交易背景的票据则称为真实票据。在西方，18 世纪后期到 19 世纪前期，曾环绕银行对这两种票据所应采取的态度展开过长期的争论。与真实票据不同的是，当今的融通票据，金额多为大额整数，以方便交易。它的发行者多为大工商业公司及金融公司。

在发达市场经济国家的商业票据市场上，目前大量流通的是融通票据，非金融机构的公司发行期限在 1 年以内的商业票据。购买者多为商业银行、投资银行等金融机构，也有非金融机构类企业。融通票据的票面金额已经标准化。

在商业票据的基础上，由银行介入，允诺票据到期履行支付义务的是银行承兑票据。票据由银行承兑，信用风险相对较小。银行承兑须由付款人申请，并应于到期前把应付款项交给银行。对于这项业务，银行收取手续费。

需要指出的是，在发达市场经济国家，银行承兑汇票，其发行人大多是银行自身。一些国家，如美国，规定银行出售银行承兑汇票的收入无须缴纳存款准备金，这就鼓励了大量银行及其他金融机构进行银行承兑汇票的买卖。

二、票据贴现与贴现市场

用票据进行短期融资有一个基本的特征——利息先付，即出售票据一方融入的资金低于票据面值，票据到期时按面值还款。差额部分就是支付给票据买方（贷款人）的利息。这种融资的方式叫做贴现，其利息率则称为贴现率。例如，有人欲将 3 个月后到期，面额 50000 元的商业票据出售给银行，银行按照 6%的年利率计算，贴息为 750 元（50000×6%÷4）；银行支付给对方的金额则是 49250 元（50000−750）。

贴现率的高低取决于商业票据的质量。对于不同资质的企业来说，投资人承受的风险是不一样的。一般来说，企业发行商业票据前都要经过信用评级机构评级。评级越高的商业票据，贴现率越低，发行价格越高。

票据贴现是短期融资的一种典型方式。因此，短期融资的市场也称票据贴现市场，或更简称为贴现市场。在票据贴现市场中，充当买方的一般是商业银行、贴现公司、货币市场基金等专门从事短期借贷活动的金融机构；也有手里掌握短期闲置资金的非金融机构。

如果将金融产品是否按照贴现方式发行作为市场类别的划分标准，那么，贴现市场几乎囊括了所有短期融资市场的内容。因为，不仅商业票据、银行承兑汇票多采用贴现方式，国库券的发行也是采用贴现的规则。

目前世界上最著名的贴现市场当属英国的伦敦贴现市场。伦敦贴现市场是世上最古老的贴现市场，迄今为止已经有 150 年的历史。该市场的发展得益于 18 世纪末 19 世纪初英国发达的票据经纪业务。工业的迅速发展和融资需求产生了大量的商业票据，于是形成大量专门从事票据买卖的经纪人，以及专门从事票据贴现业务的贴现行。目前伦敦贴现市场的交易品种已经远远超过传统意义的商业票据，大量的交易品种是融通票据、银行承兑汇票、国库券。在这个市场上，主要的金融机构是贴现行、英格兰银行、清算银行、商人银行、承兑行和证券经纪商。

贴现市场不仅是企业融通短期资金的场所，也是中央银行进行公开市场业务的场所。

我国现在的商业票据，绝大部分是银行承兑票据。票据贴现市场的规模小，办理贴现业务的金融机构只有商业银行。贴现市场不发达的原因主要是用于贴现的票据少，且质量不高。同时也有其他短期金融产品（如国家债券）所起的替代作用。随着我国金融业的发展，贴现市场必将进一步扩大。

三、国库券市场

由政府发行的短期国库券，期限品种有 3 个月、6 个月、9 个月和 12 个月。国库券的期限短，有政府信誉做支持，因而可以当作无风险的投资工具。

国库券也是一种贴现式证券，发行时按照一定的利率贴现发行。例如，投资人以 960 元的价格购买一张还有 90 天到期，面值为 1000 元的国库券。40 元就是政府支付给投资人的利息；贴现率是 16%（40/1000×360/90）。

但是这个贴现率与投资人的实际收益率是不一样的，因为投资人的实际投资额是 960 元而不是 1000 元，因此，实际收益率应该是 16.67%（40/960×360/90）。

国库券的期限短，发行的频率也比较高。在许多国家，国库券是定期发行的，如确定每季度一次或每月一次。美国 3 个月和 6 个月的国库券是每周发行。发行一般采取拍卖的方式，由竞争性报价方式确定发行价格。

国库券市场的流动性在货币市场中是最高的，几乎所有的金融机构都参与这个市场的交易。另外，也包括一些非金融的公司、企业。在众多参与者中，中央银行公开参与市场交易，以实现货币政策的调控目标。许多国家的中央银行之所以愿意选择国库券市场开展公开市场业务，主要是因为这个市场有相对大的规模和很好的流动性。

在我国，典型意义的国库券数量很少。只是在 1994 年、1996 年分别发行过三次记账式短期国债。期限为 3 个月和 6 个月，总金额为 417 亿元人民币，以贴现方式发行。由于国库券的发行没有采用连续方式，因此基本不能形成有规模的交易市场。

四、可转让大额存单市场

大额存单是由商业银行发行的一种金融产品，是存款人在银行的存款证明。可转让大额存单与一般存单不同的是，期限不低于 7 天，金额为整数，并且在到期之前可以转让。

可转让大额存单最早产生于 20 世纪 60 年代的美国。由于美国政府对银行支付的存款利率规定上限，商业银行的存款利率往往低于市场利率，其中短期存款的利率，如 1 个月存款利率尤其低。为了吸引客户，商业银行推出可转让大额存单。存单的期限相对较长，如 3 个月、6 个月、1 年等。购买存单的客户随时可以将存单在市场上售出变现。这样，客户能够以实际上的短期存款取得按长期存款利率计算的利息收入。可转让大额存单的出现帮助商业银行提高了竞争能力，同时，也提高了存款的稳定程度。因为存单可以流通，对于发行存单的银行来说，存单到期之前不会发生提前提取存款的问题。可转让大额存单是半个世纪以来商业银行的一项重要金融创新产品。

存单市场分为发行市场和二级市场。在发行市场上发行的可转让大额存单，在未到期之前，可以在二级市场上交易。存单市场的主要参与者为货币市场基金、商业银行、政府和其他非金融机构。

对可转让大额存单也进行信用评级。高质量银行发行的存单有相对高的信用等级，因而可取得较高的发行价格。

与国库券比较，银行存单的收益率相对高一些，原因是银行存单比国库券有较高的信用风险。

五、回购市场

回购市场是指对回购协议进行交易的短期融资市场。回购协议是证券出售时卖方向买方承诺在未来的某个时间将证券买回的协议。以回购方式进行的证券交易其实是一种有抵押的贷款：证券的购买，实际是买方将资金出借给卖方；约定卖方在规定的时间购回，实际是通过购回证券归还借款；抵押品就是相关的证券。

例如，某证券公司刚刚用手头可以动用的全部资金购买了面值 5000 万元人民币的国债，却面临一家收益前景十分看好的公司将于次日上市，而证券公司也打算以不多于 5000 万元的资金购入这种股票。虽然两天后证券公司将有现款收入足以支付购买这种股票的款项，但次日在手头上却无现钱。这时，证券公司则可到回购市场上，将手中持有的 5000 万元国债以回购协议的方式售出，并承诺在第三天如数购回，利率 4%。如果市场上有愿意做这笔交易的商业银行，那么，这家证券公司即可取得为期 2 天、利率为 4%的借款。在这笔交易中，证券公司以 5000 万元的总额出售国债，2 天后，向该商业银行支付 50010958 元再把国债购回。其中 10958 元（50000000×4%×2/365）为借款利息。

以上描述的是正向回购的例子，即证券公司充当资金的借入方，对它来说，这是一项正回购的交易。如果证券公司不是卖出证券，借入资金，承诺以后购回证券，而是反之，先买入证券，承诺以后按规定价格卖还给对方，那么，证券公司做的就是逆回购的交易。

由于回购交易相当于有抵押品的借贷，充当抵押的一般是信用等级较高的证券，如国债、银行承兑汇票等，因此具有风险低、流动性高的特点。

回购交易的期限很短，一般是 1 天，也称“隔夜”，以及 7 天、14 天等，最长不过 1 年。

与其他货币市场类型比较，我国的回购市场比较活跃。2000 年，我国回购市场的交易总额达到 16652 亿元，接近于同期股票市场交易额的 1/3（表 18-1）。回购交易的抵押品均是政府债券。由于我国国债交易目前主要是以回购交易方式进行的，因此，这个数字也基本代表了同期国债市场的交易规模。

表 18-1 2000 年债券交易方式比较

项目	回购交易	现券交易
金额/亿元	16652.05	1153.64
比重/%	93.52	6.48

数据来源：中国债券信息网。

六、银行间拆借市场

银行同业间拆借市场是指银行之间短期的资金借贷市场。市场的参与者为商业银行以及其他各类金融机构。拆借期限很短，有隔夜、7 天、14 天等，最长不过 1 年。我国银行间拆借市场是 1996 年 1 月联网试运行的，其交易方式主要有信用拆借和回购两种方式，其中主要是回购方式（表 18-2）。参与交易的机构是商业银行、证券公司、财务公司、基金公司、保险公司等。

表 18-2 1997～2000 年银行间拆借市场回购交易情况

年月	资金结算额/亿元	交易笔数
1997 年（6～12 月）	298.51	165
1998 年	1013.1	1106
1999 年	3953.3	3578
2000 年	15768	14545

由于银行间拆借市场是我国规模最大的一种货币市场，因此，该市场也成为中国人民银行进行公开市场操作的场所。

第三节 资本市场

资本市场是政府、企业、个人筹措长期资金的市场，包括长期借贷市场和长期证券市场。长期借贷，一般是银行对个人提供的消费信贷；长期证券市场，主要是股票市场和长期债券市场。本节主要讲述长期证券市场。

一、股票市场

股票市场是专门对股票进行公开交易的市场，包括股票的发行和转让。股票是由股份公司发行的权益凭证，代表持有者对公司资产和收益的剩余要求权。持有人可以按公司的分红政策定期或不定期地取得红利收入。股票没有到期口，持有人在需要现金时可以将其出售。发行股票可以帮助公司筹集资金却并不意味着有债务负担。

与货币市场不同，大部分股票市场有固定的交易场所，称为证券交易所。如我国的上海证券交易所和深圳证券交易所。股票交易最早出现在欧洲国家。早在三百多年前，一些股票经纪人就在伦敦主要进行商品交易的交易所内从事股票交易业务。并在1773年成立了第一家股票交易所。现在，所有经济发达的国家均拥有规模庞大的证券交易所。美国有12 家，其中纽约股票交易所最大；英国有7家，最大的为伦敦股票交易所；日本有8家，东京证券交易所的业务量占全国的85%；等等。

证券交易所只是为交易双方提供一个公开交易的场所，它本身并不参加交易。但证券交易所并不是任何人都能够进入从事交易的；能进入的只是取得交易所会员资格的经纪人和交易商。会员资格的取得历来均有各种严格限制并需缴纳会费。经纪人和交易商的区别在于：前者只能充当证券买者与卖者的中间人，从事代客买卖业务，收入来自佣金；后者则可以直接进行证券买卖，收入来自买卖差价。一般客户如果有买卖上市证券的需要，首先需在经纪人处开设账户，取得委托买卖证券的资格。当他认为需要以怎样的价格买卖哪种证券时，向经纪人发出指令，经纪人将客户的指令传递给它在交易所的场内交易员，交易员则按指令要求进行交易。

交易所内的证券交易是通过竞价成交的。所谓竞价成交，是指在对同一种证券有不止一个买方或卖方时，买方交易员和卖方交易员分别从当时成交价逐步向上或向下报价；当任一买方交易员与任一卖方交易员的报价相等时，则这笔买卖即成交。竞价成交后，还须办理交割和过户的手续。交割，是指买方付款取货与卖方交货收款的手续。过户手续仅对股票购买人而言。如为记名股票，买者须到发行股票的公司或其委托部门办理过户手续，方可以成为该公司股东。

20世纪70年代以来，激烈的竞争使证券交易所在制度上也发生不少变化。如最古老的伦敦证券交易所放宽了对交易所成员的严格资格限制；允许交易所成员可以兼做交易商和经纪人；取消固定佣金制度，每笔佣金由客户同经纪人商定，等等。这样的变革无疑引发了更为激烈的竞争。

除了有确定交易场所的证券交易所以外，对股票的交易也有在没有确定场所内进行的交易市场，称为场外交易市场（over the counter，OTC）。场外交易市场的特点是：①无集中交易场所，交易通过信息网络进行；②交易对象主要是没有在交易所登记上市的证券；③证券交易可以通过交易商或经纪人，也可以由客户直接进行；④证券交易一般由双方协商议定价格，不同于交易所采取的竞价制度。由于场外交易的相当部分是在证券商的柜台上进行的，因此也有“柜台交易”或“店头交易”的称谓。场外交易市场从技术上帮助市场参与者打破地域的限制。只要技术上允许，交易双方就可以在同一个城市，也可以分别身处不同的国度。

由于许多场外交易市场在信息公开程度的要求上以及对上市公司质量的要求上比交易所低，起到拾遗补阙的作用，因此，近十几年中发展速度非常快，逐渐成为交易所强有力的竞争对手。

股票市场可以根据股票发行人的特征划分不同的交易市场。比如，根据发行股票公司的成立时间、规模、绩效等划分市场，对历史较长、规模较大、绩效较好、相对成熟的企业发行的股票，设定专门的交易场所，如我国的上海、深圳证券交易所，美国的纽约股票交易所等；对于新创立、规模不大、当前绩效尚属一般的公司股票，设定另一类交易场所，如美国纳斯达克市场的兴建、香港创业板市场的兴建等。当然，新创立的企业会发生很大变化：可能迅速成功，也可能很快失败。因此，这类市场的投资风险比较大，市场的管理规定也有所不同。随着公司的成功和经营期的延长，第二类股票市场中也会存在能和第一类股票市场比拟的优秀公司股票。如原来在纳斯达克上市的微软公司的股票，已进入道琼斯 30 种工业指数。

二、我国股票交易的发展

我国在 1880 年前后开始有股票交易，这是由于清政府洋务派创办近代工业企业引致的。当时有这样的记载："1876 年，招商局面值为 100 两的股票市价为 40～50 两，到 1882 年涨到 200 两以上。"《申报》则曾这样描述："现在沪上股份风气大开，每一新公司起，千百人争购之，以得股为幸。"同时，出现一些专营股票买卖的股票公司。清末开始，政府发行公债及铁路债券数量增多，证券交易日盛。1913 年秋，上海股票商业公会成立。1918 年以后，上海和北京分别成立证券交易所。从 1918 年到 1949 年，中国的证券交易所历经了兴衰的交替。中华人民共和国建立后，证券交易所停止活动。

改革开放以来，由于企业及政府开始发行股票、债券等有价证券，建立规范的证券交易市场，完善证券发行市场，势在必行。1986 年 8 月至 1989 年间，一些不规范的、属于尝试性的证券交易市场开始运行，这包括 1986 年 8 月成立的沈阳证券交易市场和以后相继成立的上海、武汉、西安等地的证券交易市场。1990 年 11 月 26 日，上海证券交易所成立。它是按照证券交易所的通行规格组建的，办理组织证券上市、交易、清算交割、股票过户等多种业务。1991 年 7 月，深圳证券交易所开业。深、沪证券交易所的成立，标志着中国的证券交易市场开始走上正规化的发展道路。

自 1990 年以来，中国证券市场的发展速度加快。1990 年底，全国只有 13 家上市公司，到 2021 年底，A 股上市公司共有 4685 家，京沪深三市 A 股市值突破 91 万亿元人民币，均为历年末新高。交易所总市值 178.9 万亿元人民币，A 股市值占到纳斯达克的一半以上。投资者开户数达 19500 多万。1992 年成立了中国证券监管机构，证券交易发行的有关规定也陆续出台。《中华人民共和国证券法》于 1998 年 12 月通过立法程序并于 1999 年 7 月 1 日实施。

考虑到鼓励和扶植中小民营企业以及创业企业的发展，尤其是高科技类型创业企业的发展，1999 年以来，我国也在酝酿成立称为"二板市场"的股票市场，对成立时间不长的企业提供权益融资的场所。

三、长期债券与长期债券市场

债券是一种资金借贷的证书，其中包括债务的面额、期限，以及债务证书的发行人、利率、利息支付方式等内容。其面额有 100 元的，也有 1000 元甚至上万元的。对于投资人来说，债券面额意味本来可以收回的确定金额。债券期限有长有短，1 年以上的债券称为长期债券。长期债券包括公司债券、长期政府债券等。

长期政府债券由政府发行，一般附有固定利率或浮动利率的息票，以定期付息、到期还本，或到期一次还本付息的方式支付本息。我国近年来发行的长期政府债券多为 3 年、5 年、7 年、10 年、20 年期的。政府发行的债券也可以分为中央政府债券和地方政府债券。我国目前还没有地方政府债券。但有财政部直接发行的债券与政策性金融机构发行的政策性金融债券之分。前者称为国债，后者称为政策性金融债。

公司债券是由公司发行的债券，包括金融机构类公司以及非金融机构类公司发行的债券。公司债券是企业筹集长期资金的重要工具，一般期限在 10 年以上。我国的公司债多为 3 年和 5 年。公司债券的利率或采用固定利率，或采用浮动利率，定期付息。公司债券可以采取到期一次还本的方式归还本金，也可以采取分期归还本息的方式还本付息，就像分期归还银行贷款一样。有些公司债券还附带可提前赎回的条款，即允许债券发行人在债券尚未到期时，提前以购回的方式使债券终止。期限很长的公司债券往往附有这种条款，以帮助发债的公司根据需要调节债务成本或者资本结构。

四、初级市场与二级市场

初级市场与二级市场是针对金融市场功能划分的两个类型。无论是股票市场还是债券市场，均存在这样的划分。

初级市场是组织证券发行的市场。新公司成立发行股票，老公司增资补充发行股票，政府及工商企业发行债券等，构成初级市场活动的内容。如果筹资单位是工商企业，它们通过初级市场所筹集到的资金将主要用于投资，增加实物产出和扩大流通能力。因此，初级市场也称为实现融资的市场。在初级市场上，需要筹资的企业或政府，自己直接或者借助中介机构的帮助发行证券。由于中介机构有丰富的经验和大量信息，绝大多数发行均通过它们完成。中介机构包括投资银行、证券公司、律师事务所、会计师事务所。其中，投资银行和证券公司的作用尤为重要。它们的作用体现在证券发行的全过程之中：帮助筹资人设计筹资方案，包括确定发行价格、发行数量、发行时间；帮助寻找律师及会计师；帮助编制有关文件；帮助推销证券。

初级市场上新证券发行有公募与私募两种方式。私募方式又称证券直接发行，指发行人直接对特定的投资人销售证券。私募的发行范围小，一般以少数与发行人或经办人有密切关系的投资人为发行对象。通常，股份公司对本公司股东发行股票多采取私募的办法。私募的手续简单，费用低廉，但不能公开上市。公募指发行人公开向投资人推销证券。在公募发行中，发行人必须遵守有关事实全部公开的原则，向有关管理部门和市场公布各种财务报表及资料，以供投资人决策时参考，公募发行须得到投资银行或其他金融机构的协助。这些金融机构作为证券发行的代销商或包销商，从中取得佣金或差价收入。在代销方式中，经销商只是充当代理人的角色，证券销售的风险由发行人承担。在包销方式中，经销商或者承购全部证券，然后推销；或者先代销，对销售不出去的部分再承销。包销方式中的经销商冒较大的风险，当然也可能有更大的盈利机会。经销巨额证券的业务，往往不是由一家投资银行之类的金融机构单独进行，而是由一家牵头，组成推销银团。

初级市场在发挥融资功能的同时，还发挥价值发现与信息传递的功能。好的初级市场能够相对准确地确定金融资产价值。

二级市场也称次级市场，是对已经发行的证券进行交易的市场，当股东想转让股票或债券持有人想将未到期债券提前变现时，均需在二级市场上寻找买主。当希望将资金投资于股票或者债券等长期金融工具的人想进行此类投资时，可以进入二级市场，从希望提前变现的投资者手中购买尚未到期的证券，实现投资。因此，二级市场最重要的功能在于实现金融资产的流动性。如果没有二级市场，许多长期融资将无法完成。二级市场同样具有价值确定的功能。

活跃于二级市场上的经济主体有个人、机构、政府等，其中金融机构是最活跃的主体，如投资银行、证券公司、保险公司、商业银行、投资基金等。它们既可以作为交易的代理人，从事证券经纪业务，收取佣金收入，又可以作为直接交易人，获取买卖差价收入和红利及利息收入。股票二级市场的主要场所是证券交易所，但也扩及交易所之外。债券二级市场则主要以场外市场为主。

初级市场与二级市场有着紧密的相互依存关系。初级市场是二级市场存在的前提，没有证券发行，自然谈不上证券的再买卖；有了发行市场，还必须有二级市场，否则，新发行的证券就会由于缺乏流动性而难以推销，从而导致初级市场萎缩以致无法存在。另外，如果一级市场价值发现功能较弱，也会影响二级市场价值发现的效果。例如，由于种种原因一级市场定价普遍偏低时，会促使二级市场价格波动幅度加大，助长过度投机，不利于市场正常发展。

第四节　衍生工具市场

一、衍生工具的迅速发展

金融衍生工具，是指一类其价值依赖于原生性金融工具的金融产品。原生的金融工具一般指股票、债券、存单、货币等。

金融衍生工具的迅速发展是 20 世纪 70 年代以来的事情。70 年代高通货膨胀率以及普遍实行的浮动汇率制度，使规避通货膨胀风险、利率风险和汇率风险成为金融交易的一项重要需求。同时，各国政府逐渐放松金融管制，金融业的竞争日益加剧。这些多方面的因素，促使金融衍生工具得以迅速繁衍、发展。

在金融衍生工具的迅速拓展中，还有一个极其重要的因素，那就是期权定价公式的问世。对期权如何定价，曾是一个多年研究而难以解决的题目。1997 年诺贝尔经济学奖金获得者斯科尔斯和默顿在 70 年代初，推出了他们据以获奖的期权定价公式，解决了这一难题。许多相关领域的定价问题也连带获得解决。如仅就衍生工具这个领域来估计他们的研究成就，人们有这样的形容：他们的期权定价公式创造了一个巨大的衍生工具市场。

迄今为止，金融衍生工具已经形成一个新的金融产品“家庭”，其种类繁多，结构复杂，并且不断有新的成员进入。即使对金融市场上经验丰富的专家来说，也会为其品种之复杂、交易方式之新颖而困惑不解。对金融衍生工具进行分类是件不容易的事情。以下根据合约的类型、相关的原生资产、金融产品的衍生次序以及交易场所这四个标准进行大致的区分。

二、按合约类型的标准分类

金融衍生工具在形式上均表现为一种合约，在合约上载明买卖双方同意的交易品种、价格、数量、交割时间及地点等。目前较为流行的金融衍生工具合约主要有远期合约、期货合约、期权合约和互换合约这四种类型。其他任何复杂的合约都是以此为基础演化而来的。

1．远期合约

远期合约是相对最简单的一种金融衍生工具。合约双方约定在未来某一日期按约定的价格买卖约定数量的相关资产。远期合约通常是在两个金融机构之间或金融机构与其客户之间签署的。远期合约的交易一般不在规范的交易所内进行。目前，远期合约主要有货币远期和利率远期两类。

在远期合约的有效期以内，合约的价值随相关资产市场价格的波动而变化。若合约到期时以现金结清的话，当市场价格高于合约约定的执行价格时，应由卖方向买方支付价差金额；当市场价格低于执行价格时，则由买方向卖方支付价差金额。按照这样一种交易方式，远期合约的买卖双方可能形成的收益或损失都是“无限大”的。这个关系可以从图 18-2 中看出。

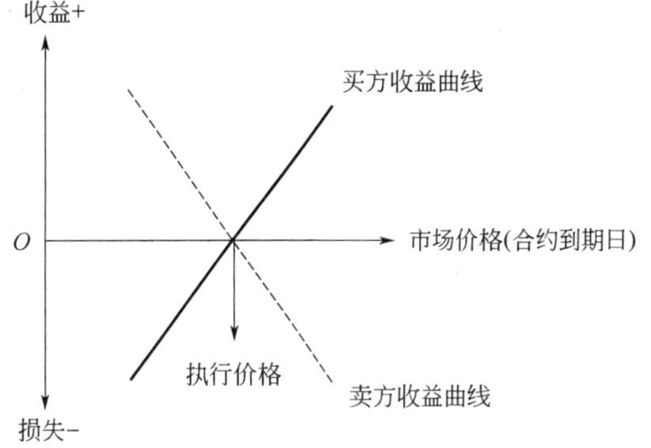

图 18-2　远期合约的收益/损失图示

2．期货合约

期货合约与远期合约十分相似，它也是交易双方按约定价格在未来某一期间完成特定资产交易行为的一种方式，其收益曲线也与远期合约一致。两者的区别在于：远期合约交易一般规模较小，较为灵活，交易双方易于按各自的愿望对合约条件进行磋商；而期货合约的交易是在有组织的交易所内完成的，合约的内容，如相关资产的种类、数量、价格、交割时间、交割地点等，都有标准化的特点。比较起来，期货交易更为规范化，也更便于管理。

无论是远期合约还是期货合约，都为交易人提供了一种避免因一段时期内价格波动带来风险的工具；同时也为投机人利用价格波动取得投机收入提供了手段。最早的远期合约、期货合约中的相关资产是粮食。由于粮食市场的价格存在收获季节下降、非收获季节上升的季节性波动，为了避免由此给粮农带来收益的风险和给粮食买方带来货源不稳定的风险，产生了以粮食产品为内容的远期合约交易。17 世纪以后，标准化的合约开始出现，也逐渐形成了完整的结算系统，期货交易得以发展。进入 20 世纪 70 年代，金融市场的动荡和风险催生出金融期货，如利率期货、外汇期货、股票价格指数期货等。

3．期权合约

期权合约是指期权的买方有权在约定的时间或约定的时期内，按照约定的价格买进或卖出一定数量的相关资产，也可以根据需要放弃行使这一权利。为了取得这样一种权利，期权合约的买方必须向卖方支付一定数额的费用，即期权费。按照相关资产的不同，金融期权分为外汇期权、利率期权、股票期权、股票价格指数期权等。

期权分看涨期权和看跌期权两个基本类型。看涨期权的买方有权在某一确定的时间以确定的价格购买相关资产；看跌期权的买方则有权在某一确定时间以确定的价格出售相关资产。期权又分美式期权和欧式期权。按照美式期权，买方可以在期权有效期内的任何时间行使权利或者放弃行使权利；按照欧式期权，期权买方只可以在合约到期时行使权利。由于美式期权赋予期权买方更大的选择空间，因此较多地被采用。

期权这种金融衍生工具的最大魅力在于，可以使期权买方将风险锁定在一定范围之内。因此，期权是一种有助于规避风险的理想工具。当然，它也是投机者理想的操作手段。如果不考虑买卖相关资产时的佣金等费用支出，对于看涨期权的买方来说，当市场价格高于执行价格时，他会行使买的权利，取得收益；当市场价格低于执行价格时，他会放弃行使权利，所亏损的不过限于期权费。对于看跌期权买方来说，当市场价格低于执行价格时，他会行使卖的权利，取得收益；反之则放弃行使权利，所亏损的也仅限于期权费。因此，期权对于买方来说，可以实现有限的损失和无限的收益，见图 18-3（a）与图 18-3（b）。

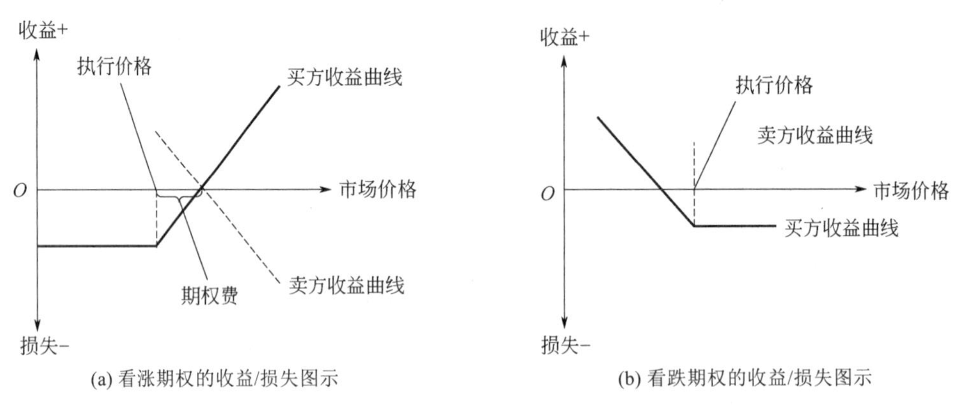

(a) 看涨期权的收益/损失图示

(b) 看跌期权的收益/损失图示

图 18-3　期权的收益/损失图示

如果说，期权对于买方来说，可以实现有限的损失和无限的收益，那么对于卖方来说则恰好相反，即损失无限而收益有限。那么，在这种看似不对称的条件下为什么还会有期权的卖方?

看起来，期权交易赋予了买方太多的好处，又给期权卖方太多的责任与风险，似乎买卖双方的权利与义务不对称。自然会产生一系列疑问：谁愿意充当期权合约的卖方？没有人卖，何以买？何以成交？其实卖方之所以愿意卖出期权合约，肯定认为此举对他有利。譬如，如果认定相关资产的价格将会上涨，那么，卖出几份看涨期权合约，自己不费任何本金即可坐收期权费的收入。当然，这样做要冒很大风险。1987 年 10 月 19 日以前很长一段时间内，美国股市持续上涨，空前繁荣。许多股票经纪人建议投资人卖出股票指数看跌期权以获取期权费收入。没想到，10 月 19 日股市暴跌，看跌期权卖方不得不配合对方行权：以高价买入对方出售的股票，亏损惨重。

但如果将卖出期权与买入期权，以及与买入现货资产结合起来，风险就不会这么集中。比如，购置了一块土地，价格 10 万元；预期未来一年中土地的价格可能下降，价格波动在 9.6 万～10 万元之间。为了规避风险，可以 4000 元的价格出售一份这块土地的看涨期权合约，执行价定为 11 万元。如果未来一年中土地的价格上涨，超过 11 万元，对方就会行权，就会获得 1.4 万元（11-10+0.4）的净收入；如果价格下降，对方不会行权，资产价值就相当于这时的土地价格加上 4000 元的期权费，只要土地价格没有降到 9.6 万元以下，就不会亏本。与不出售这份合约比较，抵御风险的能力提高了 4000 元。因此，卖出期权也具有避险、保值的功能。

4．互换合约

互换，也译作“掉期”“调期”，是指交易双方约定在合约有效期内，以事先确定的名义本金额为依据，按约定的支付率（利率、股票指数收益率等）相互交换支付的约定。以最常见的利率互换为例，设确定的名义本金额为 1 亿元，约定：一方按期根据以本金额和某一固定利率计算的金额向对方支付，另一方按期根据本金额和浮动利率计算的金额向对方支付。当然实际只支付差额。互换合约实质上可以分解为一系列远期合约组合，如这里所举的例子就是两个远期合约的组合。互换合约的收益曲线大致等同于远期合约。

三、按相关资产的标准分类

按照金融衍生工具赖以生存的相关资产（即原生资产）分类，可以分为货币或汇率衍生工具、利率衍生工具、股票衍生工具。

货币或汇率衍生工具包括远期外汇合约、外汇期货、外汇期权、货币互换；利率衍生工具包括短期利率期货、债券期货、债券期权、利率互换、利率互换期权、远期利率协议等；股票衍生工具包括股票期权、股票价格指数期权、股票价格指数期货、认股权证、可转换债券等。

四、按演变次序的标准分类

金融衍生工具的发展经过了一个由简至繁的演变过程。按照这种演变次序，金融衍生工具可以分为三类：一般衍生工具、混合工具、复杂衍生工具。

（1）一般衍生工具　一般衍生工具是指由传统金融工具衍生出来的比较单纯的衍生工具，如远期、期货、简单互换等。一般衍生工具在 20 世纪 80 年代后期已经十分流行。由于激烈的市场竞争，这类金融工具的价格差异日益缩小，金融机构靠出售这种金融衍生工具所获得的利润有不断下降的趋势。

（2）混合工具　混合工具是指传统金融工具与一般衍生金融工具组合而成的，介于现货市场和金融衍生工具市场之间的产品。可转换债券就是其中的一种。可转换债券是指：在约定的期限内，在符合约定的条件下，其持有者有权将其转换（也可以不转换）为该发债公司普通股票的债券。作为债券，它与普通债券一样；而具有是否转换为股票的权利，则是期权交易的性质。由于具有可转换的性质，其利率低于普通债券，这有利于发行者降低筹资成本；也正是由于具有可转换的选择，增加了投资者的兴趣。

（3）复杂衍生工具　复杂衍生工具是指以一般衍生工具为基础，经过改造或组合而形成的新工具，所以又称“衍生工具的衍生物”。主要包括：期货期权，即买进或卖出某种期货合约的期权；互换期权，即行使某种互换合约的期权；复合期权，即以期权方式买卖某项期权合约；特种期权，即期权合约的各种条件，如相关资产、计价方法、有效期等均较为特殊的期权；等等。

五、金融衍生工具的双刃作用

迅速发展的金融衍生工具，使规避形形色色的金融风险有了灵活方便、极具针对性且交易成本日趋降低的手段。这对现代经济的发展起到有力的促进作用。甚至可以说，没有金融衍生工具，今天的经济运作是难以想象的。

但衍生工具的发展也促成了巨大的世界性投机活动。目前世界性的投机资本，其运作的主要手段就是衍生工具。衍生工具的交易实施保证金制度。在这种交易中的保证金是用以承诺履约的资金；相对于交易额，对保证金所要求的比例通常一般不超过 10%。因而投机资本往往可以支配 5～10 倍于自身的资本进行投机操作。对于这样的过程，人们称之为“高杠杆化”。据估计，20 世纪 90 年代，国际性投机资本总额超过 1000 亿美元，放大 5～10 倍，则为 5000 亿～10000 亿美元。无疑，这对金融市场是一个极其巨大的冲击力量。

衍生工具的投机如果成功，可以获得极高收益；如果失败，则会造成严重后果。就一个微观行为主体来看，如 1995 年，英国老牌巴林银行，竟然由于它的一个分支机构的职员进行衍生工具投机失败而宣告破产；1994 年，美国加州奥兰治县由于投资衍生工具出现 15 亿美元的账面亏损而申请破产法保护；等等。

在国际金融投机中，投机资本利用衍生工具冲击一国金融市场并造成该国金融动荡和危机的也有几个例子。如由于受到国际投机资本的冲击，1992 年英镑退出欧洲汇率体系；1997 年 7 月，泰国放弃了泰铢对美元的固定汇率并引发了东南亚的金融大震荡等。

我国目前的金融衍生工具市场仅处于起步阶段，品种少、规模小，但随着资本市场的发展和金融风险的提高，衍生工具市场必然有较快的发展。当然放开这一市场，必须做好充分的准备。

第五节　投资基金

一、投资基金及其发展历史

投资基金是一种利益共享、风险共担的集合投资制度。投资基金集中投资者的资金由基金托管人委托职业经理人员管理，专门从事证券投资活动。

投资基金一般由发起人发起设立，通过发行证券募集资金。基金的投资人不参与基金的管理和操作，只定期取得投资收益。基金管理人根据投资人的委托进行投资运作，收取管理费收入。

投资基金之所以获得如此迅速的发展，与一系列复杂的因素如金融市场发展程度、金融风险程度、社会专业化分工程度等有关。在金融市场不发达、专业化分工程度不高的社会中，因为交易品种少，交易技术简单，证券投资者即便不是专业人士，也可以应付自如，甚至取得不错的业绩。但随着证券市场品种增加，交易的复杂程度提高，专营此道的专业人士与其他人比较，在经营业绩方面的差距越来越大。将个人不多的资金委托给专门的投资管理人集中运作，也可以实现投资分散化和降低风险的效果。此外，各国养老金制度的建立和发展，也为集合式基金运作模式的发展起到了巨大的推进作用。

投资基金作为一种金融制度设计，在国外已有一百多年的历史。最早的投资基金出现在19世纪的英国。1868年，英国创立了世界上第一家基金机构，名为“海外和政府殖民地信托组织”，专门从事对英国本土以外的殖民地投资——主要购买殖民地的公司债券。当时的投资基金并非现代意义的投资基金，在组织形式和管理上比较粗糙，骗取钱财的事件屡有发生。比较完善的现代投资基金组织管理模式，是经过一个多世纪的发展才形成的。

20世纪40年代以后，投资基金的规模与种类迅速增加。进入20世纪80年代，投资基金获得了迅猛发展，已成为当代国际金融市场演进的一个重要特征，受到广泛的重视。目前，全球的基金总资产约为11万亿美元。

美国是目前投资基金业最发达的国家，投资基金已经成为最普遍的投资方式。1995年，美国开放式、封闭式以及货币市场基金资产净值达到近3万亿美元，相当于所有金融机构资产总额的19%。2001年，美国开放式与封闭式基金的数量达到8700多个，净资产达到7万多亿美元。20世纪90年代，其他国家和地区的投资基金也有很快速的发展。目前日本有2000多个基金，英国有近1500个基金，中国香港有近1000个基金。

二、契约型基金和公司型基金

按照基金的法律地位划分，可以分为契约型基金和公司型基金两类。

契约型基金是根据一定的信托契约原理组建的代理投资制度。委托者、受托者和受益者三方订立契约，由经理机构（委托者）经营信托资产；银行或信托公司（受托者）保管信托资产；投资人（受益人）享有投资收益。契约型基金在实际运作中还分为单位式和基金式两种。单位式契约型基金有确定的筹资规模和确定的存续期限，到期后信托契约自动解除，基金终止。基金式契约型基金的筹资规模和存续期均没有严格限定，投资人可以比较灵活地随时向基金买卖受益凭证，与基金建立信托契约或解除信托契约。受益凭证的价格根据基金净资产价值调整。这种运作方式类似于开放式基金。

公司型基金是按照股份公司方式运营的。投资者购买公司股票成为公司股东。股东大会选出董事会成员，后者选出公司总经理。公司选择某一投资管理公司，委托其管理本公司的资产。公司型基金涉及四个当事人：投资公司，是公司型基金的主体；管理公司，为投资公司经营资产；保管公司，为投资公司保管资产，一般由银行或信托公司担任；承销公司，负责推销和回购公司股票。

公司型基金分为封闭式和开放式两种。封闭式基金发行的股票数量固定不变，发行期满基金规模就封闭起来，不再增加或减少股份。已发行出去的股票如果要继续买卖，则需要在股票二级市场上进行，股票的交易价格与基金的每股净资产不一定一致。开放式基金也称为共同基金。与封闭式基金不同的是，开放式基金的股票数量和基金规模不封闭：投资人可以随时根据需要向基金购买股票以实现投资，也可以回售股票以撤出投资。开放式基金的价格与基金的每股净资产一致。也就是说，基金运作的好坏、资产升值或贬值的程度可以随时反映在股票价格上。由于不封闭股票数量和基金规模，并且价格透明程度高，因此开放式基金比封闭式基金对管理人提出了更高的要求。

近年来，在国外，开放式基金的发展速度远远快于封闭式基金。表 18-3 中有关数据显示出美国基金业的这个特征。由于开放式基金对基金管理人的管理水平有更高的要求，所以基金业发展初期基本以封闭式基金为主。

表 18-3　1985～1995 年美国投资基金资产净额

年度	合计/亿美元	封闭式基金①/亿美元	开放式基金/亿美元	货币市场基金/亿美元	金融机构资产总额/亿美元	基金资产占金融机构资产的比例/%
1985	4598.14	6.14	2517	2075	46611	9.86
1986	6575	50	4242	2283	60600	10.85
1987	7175	90	4538	2547	63915	11.23
1988	7646	200	4723	2723	85920	8.90
1989	9216	90	5539	3587	95977	9.60
1990	9892	60	5685	4147	101531	9.74
1991	13167	110	8531	4526	107898	12.20
1992	15694	180	11001	4513	114366	13.72
1993	19910	190	15101	4619	122963	16.19
1994	20579	70	15505	5004	127587	16.13
1995	26974.8	4.8	20673	6297	138152	19.53

① 封闭式基金净资产按照首次发行时募集的资金计算。

注：资料来源于《1996 年共同基金报告书》。

三、公募基金和私募基金

按照基金的资金募集方式和资金的来源划分，可以将基金分为公募基金和私募基金。公募基金是以公开发行证券筹集资金方式设立的基金。目前大多数基金属于公募基金。私募基金是以非公开发行证券方式募集资金所设立的基金。私募基金面向特定的投资群体，满足对投资有特殊期望的客户需求。私募基金的投资者主要是一些大的投资机构和一些富人。美国私募基金的合伙人要取得投资资格需要一定的条件，这些条件决定了只有富人才能参与私募基金。如索罗斯领导的量子基金的投资者都是超级大富翁，或是金融寡头，或是工业巨头。量子基金的投资者不足 100 人，每个投资者的投资额至少 100 万美元，多则 1000 万美元。

私募基金一般是封闭式基金。在封闭期间，合伙投资人如果要抽资必须提前 30 日甚至 3 年告知。基金的封闭期限一般为 5 年或 10 年。确定这一期限的根据是，经济周期一般为 4～5

年，而基金的投资期限一般要大于一个经济周期，因为只有这样才能够保证基金经理有充足的时间来运作。私募基金的组织结构比较简单，属于合伙制，不设董事会，由一般合伙人负责基金的日常管理和投资决策。美国约 1/4 的私募基金总资产不超过 1000 万美元，它们的运作通常是在仅有一两个人的办公室里进行。

私募基金往往有特定的投资方向，如进行特定产业的投资、风险投资、证券投资等。

四、对冲基金

对冲基金是私募基金的一种，是专门为追求高投资收益的投资人设计的基金，风险极高。其最大的特点是广泛运用期权、期货等金融衍生工具，在股票市场、债券市场和外汇市场上进行投机活动。

对冲基金这种投资形式最早出现在 1949 年的美国。一位叫钟斯的基金经理通过一方面买空一些股票同时抛空另一些股票的做法，实现不论市况好坏，都有能力为投资者保本增值的目标。此后，对冲基金在美国富有的投资者中大受欢迎。

从投资策略上看，对冲基金可以分为宏观基金与相对价值基金两大类。宏观基金主要利用各国宏观经济的不稳定性进行环绕宏观经济不均衡波动的套利活动。宏观基金收集世界各国的宏观经济情况并进行研究，当发现一国的宏观经济变量偏离均衡值，便集中资金对目标国的股市、利率、汇率、实物进行大规模的反向操作。如面对宏观经济过热进行预期资产价格下跌的操作。当该国宏观经济形势逆转，资产价格将大幅贬值，宏观基金就会从中获得巨额的收益。宏观基金对全球金融体系的破坏性较大，常常被指责为金融危机的制造者。比较著名的宏观基金是索罗斯领导的量子基金。相对价值基金与宏观基金不同，它一般不冒较大的市场风险，只对密切注视相关证券的相对价格进行投资。由于证券的相对价格差异一般较小，如果不用杠杆效应的话，就无法取得高额的收益。因此，相对价值基金更倾向于使用高杠杆操作。最著名的相对价值基金是美国的长期资本管理公司（LTCM）。

对冲基金的主要运作特点如下。

① 黑箱操作，投资策略高度保密。国外一般的做法是，无须像公募基金那样在监管机构登记、报告、披露信息，因此外界很难获得对冲基金的系统性信息。

② 高度杠杆操作。对冲基金一般都大规模地运用财务杠杆扩大资金运作规模。一般情况下，基金运作的财务杠杆倍数为 2～5 倍，最高可达 20 倍。一旦出现紧急情况，对冲基金的杠杆倍数会更高。如长期资本管理公司在运作期间，几乎向世界上所有的大银行融通过资金；在 1998 年 8 月出现巨额亏损前夕，杠杆比率高达 56.8 倍，并在此基础上建立了 1.25 万亿美元的金融衍生交易仓盘，总杠杆比率高达 568 倍。在高度财务杠杆的作用下，如果基金经理预测准确，则基金能够获取极大的回报；一旦基金经理预测失误，财务杠杆也会成倍地放大损失的数额。

③ 主要投资于金融衍生市场，专门从事各种买空、卖空交易。对冲基金大多采用精确的数量分析模型，实行程序化投资决策管理。

④ 操作手法多样，更多地呈现全球化特征。

我国现阶段尚不存在这样意义的对冲基金。

五、风险投资基金

这也是一种以私下募集资金的方式组建的基金，可以归入私募基金类。但与对冲基金以及证券类私募基金不同的是，风险投资基金以直接权益投资的方式，对尚未上市但有很好成长前景的公司进行投资。由于这类作为投资对象的公司一般还处于创业阶段，因此通常也译作创业投资基金。风险投资基金通过对创业企业，尤其是科技型创业企业提供权益资本，并通过资本经营服务直接参与企业的创业历程，以获取企业创业成功后的高资本增值。风险投资基金一般通过私下转让或公司上市以后公开售卖股票的方式，将投资的资本金收回并获得投资利润。由于这类基金并不是采取在公开市场上购买股票的方式进行权益投资，因此不属于证券类投资基金。

目前世界上风险投资基金规模最大的国家是美国。1959～1963 年，美国的这种基金总资金规模为 4.64 亿美元。进入 80 年代，发展速度加快。1984 年以后，新募集的资金每年保持 30 亿美元的增长速度。1998 年，新募集的总资本达到 240 亿美元。

六、收益基金、增长基金、收益与增长混合基金

按照对投资收益与风险的设定目标划分，投资基金可以分为收益基金、增长基金、收益与增长混合基金三类。

（1）收益基金　收益基金追求投资的定期固定收益，因而主要投资于有固定收益的证券，如债券优先股股票等。收益基金不刻意追求在证券价格波动中可能形成的价差收益，因此投资风险较低，当然投资的收益率也会比较低。

（2）增长基金　增长基金追求证券的增值潜力。通过发现价格被低估的证券，低价买入并等待升值后卖出，以获取投资利润。增长基金还可以进一步分为长期增长基金与高增长基金。长期增长基金重视资金的长期增值，一般选择有长期增长潜力的企业作为投资对象。高增长基金追求投资收益的更高增长，往往选择处于创业期或不很成熟的企业作为投资对象，投资的风险也会随之增大。

（3）收益与增长混合基金　收益与增长混合基金既追求固定收益，又追求收入增长，因而在投资风格上兼具收益基金和增长基金的特点，选择有固定收益的证券和有增长潜力的证券作为投资对象。

七、债券基金、股票基金、混合基金与货币市场基金

如果按照基金的投资品种划分，投资基金可以分为债券基金、股票基金、混合基金与货币市场基金。

债券基金是专门投资于债券类资产的基金，以取得固定收益；投资收益和风险均较低。

股票基金是专门投资于风险较高的股票资产的基金。混合基金则综合债券基金与股票基金的特点，既投资于债券，又投资于股票。

货币市场基金是投资于货币市场金融产品的基金，专门从事商业票据、银行承兑汇票、可转让大额定期存单及其他短期类票据的买卖。货币市场基金的投资风险低，流动性很好，允许投资人随时提取所投资金，类似于在银行的存款，但收益率又比银行存款利率高，因此十分受欢迎。该基金最早产生于 20 世纪 70 年代的美国。在美国，货币市场基金与银行存款唯一不同的是：不对本金保险。

股票基金、债券基金、混合基金与货币市场基金这四类基金的规模对比不是一成不变的。它取决于股票市场、债券市场以及货币市场的相对繁荣程度。当股票市场价格高涨时，股票基金的资金规模会有较快增长，而债券基金及货币市场基金的增势则相对较弱。反之，股票市场低迷时，债券基金和货币市场基金会十分活跃。这种变化关系反映了资金在不同市场之间的流动——由各个市场风险与收益的相对变化所导致的流动。例如，美国 1990～2000 年的 11 年中，随着股票市场的持续走强，股票基金规模发展速度最快：共同基金中的股票基金总资产规模从 2395 亿美元增加到 39623 亿美元，增长了 15.54 倍。2000 年下半年，随着股市指数走低，股票基金的资产规模开始下降。2000 年比上一年减少了 796 亿美元。

八、养老基金

养老基金是一种用于支付退休收入的基金，是社会保障基金的一部分。养老基金通过发行基金股份或受益凭证，募集社会上的养老保险资金，委托专业基金管理机构用于产业投资、证券投资或其他项目的投资，以实现保值增值的目的。

养老基金是社会保障体系的一部分，因此，各国政府对养老基金的管理均有详细的方案设计和规定。从各国的做法看，养老基金有公共基金和私人基金。公共基金是专门为政府雇员设立的基金，由政府主办，通常也是最大的基金。私人基金是为满足公司雇员的养老需求所设立的基金，由雇主和雇员出资建立。在加拿大和美国，排名前 10 家的养老基金中有 8 家是政府雇员养老基金。但是，近年来世界各国养老基金制度改革的趋势是，减少公共养老基金的规模，扩大私人养老基金的规模。

养老基金一般投资于公司股票、公司债券、政府债券。根据国际劳工组织提供的统计资料，在允许社会保险基金投资的国家中，其保险基金的投资比例一般为：公司股票 60%、公司债券 17%、政府债券 6%、短期贷款 3%、抵押贷款 11%、房地产 3%。在美国，各类养老保险基金是美国证券市场的主要投资者，在基金业中所占的比重为 55%；英国的养老基金业占欧洲总数的一半，养老保险基金的 90%投入各类有价证券。随着人口老龄化程度的提高，养老基金汇聚了越来越大的社会财富，其投资活动对于投资基金行业以及金融市场的发展都起着举足轻重的作用。

养老基金的管理者在管理养老基金时，一般采取内部管理、外部管理以及内外部管理结合这三种方式。内部管理模式是自己管理全部的养老金资产；外部管现模式是使用外部资金管理人，把养老金资产分配给一个或多个资金管理公司管理；内外部管理结合的模式则兼具前两种模式的特点。

第六节　外汇市场与黄金市场

一、外汇市场的概念与功能

国际支付中要求进行各种货币的兑换，这类兑换的要求是多方面的。

① 在一国之内，出口商取得外汇收入，需要将其换成本国货币，用于国内购买出口品；另一些进口商则需要将本国货币兑换成外汇，用于进口。这是本币与外汇相互之间的兑换要求。

② 发达的国际贸易通常都不仅限于双边贸易，而是多边贸易和多边支付。例如法国商品出口德国，取得德国马克，但法国出口商人需要将其换成日元，以便从日本购进技术、设备；同样，日本商人又可能将日元换成美元，以从美国购进所需商品，等等。显然，这里更需要进行多种货币兑换才能顺利完成国际间的多边贸易。

③ 还经常出现这样的情况，例如从伦敦市场借得一笔英镑贷款，却需将其兑换成美元，以便从美国进口所需设备。

外汇市场，即进行外汇交易的场所，正是适应这些需要而产生的。从组织形式看，国际上外汇市场的形式大体可分为两类：一类是有固定交易场所的有形外汇市场，如法国的巴黎、德国的法兰克福、比利时的布鲁塞尔等市场。在这种市场上，外汇交易者均按规定时间到交易场所进行交易。但许多交易也可在商业银行之间进行。另一类是没有具体交易场所的无形外汇市场，外汇交易完全由交易者通过电话、电报、电传等通信工具进行。世界上大多数外汇市场，如伦敦、纽约、东京、新加坡、香港等市场，都没有固定交易场所。即使在有固定场所的外汇市场中，许多交易也是通过各种通信工具进行。可以随时向世界各地通报市场行情，并随时承接来自世界各地的交易。因此，现代的国际外汇市场实际上已成为交易人之间进行外汇交易的一个普及全世界的电讯网络。

据国际清算银行统计，1998 年全球外汇每天的成交量达到 1.5 万亿美元。在当今国际金融和国际贸易领域中，外汇市场正发挥着越来越重要的作用。跨国的生产、交易、投资都要通过外汇来进行，外汇市场交易为这种国际经济贸易往来提供了货币兑换和结算的便利。同时，外汇市场也为金融资本的输出、国际垄断资本的对外扩张和外汇投机等提供角逐场所。

二、外汇市场的参与者和交易方式

外汇市场的参与者有外汇银行、外汇经纪人、中央银行，以及众多的进出口商、非贸易外汇供求者和外汇投机者。

外汇银行是指由中央银行授权经营外汇业务的本国银行，在本国的外国银行分行，以及其他从事外汇经营的有关金融机构。外汇银行是外汇市场的交易主体，不仅充当外汇供给者和外汇需求者的主要中介人，出于平衡头寸、保值或谋利的需要，外汇银行也自行买卖外汇，参与外汇市场投机活动。

外汇经纪人是专门从事介绍外汇买卖成交的人。他们自己一般不从事外汇买卖，而是依靠同外汇银行的密切联系和掌握的外汇供求信息，促成双方交易，从中赚取手续费。

为了防止国际短期资金大量流动的冲击，中央银行负有干预外汇市场的职责：外汇短缺时大量抛售，外汇过多时大量收购，以使汇率不致发生剧烈的波动。

外汇市场主要业务与其他金融市场一样，有以下几种。

（1）即期外汇交易　又称现货交易，又分为电汇、信汇和票汇。三种不同汇款业务方式，分别产生电汇汇率、信汇汇率和票汇汇率。其中电汇汇率是外汇市场的基本汇率。

（2）远期外汇交易　产生远期汇率，它与即期汇率之间通常有一定差额。进行远期交易有不同的目的：进出口商为了避免汇率风险，预先买进或卖出远期外汇；资金借贷者为防止国外投资或所欠国外债务到期时汇率变动蒙受损失而进行远期交易；外汇银行为平衡外汇头寸，外汇投机者为赚取利润而从事投机性远期交易；等等。

（3）外汇期货交易　这是在有形交易市场根据成交单位和交割时间标准化的原则，按约定价格进行远期外汇买卖的一种业务。这项业务是第二次世界大战后金融创新的产物。

（4）在外汇领域的衍生工具的交易　如外币期权交易、外汇掉期业务等。由于管制等原因，外汇交易还有许多复杂的形式。

三、我国外汇市场的演变

改革开放前，与计划经济体制以及外汇收支实行统收统支制度相适应，人民币汇率由国家确定和调整，不存在外汇市场。1979 年，随着对出口企业实行外汇留成制度，允许留成的外汇相互调剂，在此基础上逐步产生了外汇调剂市场，形成了调剂汇率。当时的外汇调剂市场是一个初级形式的外汇市场，按照行政区划设置，实际上是企事业单位之间外汇余缺调剂的市场，尚不属于以金融机构为主体的规范化的外汇市场。

在 1994 年外汇管理体制进行的重大改革中，官方汇率和外汇调剂市场汇率并轨，实行以市场供求为基础的、单一的、有管理的浮动汇率制度，建立了全国统一的银行间外汇市场。从市场结构来看，我国外汇市场有两个层次：第一个层次是客户与外汇指定银行之间的零售市场，又称银行结售汇市场；第二个层次是银行之间买卖外汇的同业市场，又称银行间外汇市场，包括银行与银行相互之间进行的外汇交易，以及外汇指定银行与中央银行之间进行的外汇交易。

四、银行间外汇市场

我国银行间外汇市场采取有固定交易场所的有形市场的组织形式。正式名称为中国外汇交易中心系统。上海为中国外汇交易总中心。中国外汇交易中心实行会员制。凡是在中国境内注册、经主管机关批准设立，并允许经营外汇业务的金融机构及其授权代表上述金融机构在外汇交易中心系统进行交易的分支机构，均可以向中国外汇交易中心提出会员资格申请，经审核批准，可成为交易中心的会员。

银行间外汇市场实行分别报价、价格优先、时间优先以及计算机撮合成交的交易原则。同时，实行公开价格制度：在每场开市前报出前场交易的开盘价、收盘价和加权平均价，前场成交的加权平均价为当日交易市场的中心汇率；在每场交易进行中报出当日交易的最高、最低和最新成交价。

银行间市场交易以美元对人民币的交易为主。

五、银行结售汇市场

1994 年的外汇体制改革，取消了外汇留成与上缴，实行银行结售汇制度。

银行结售汇市场是我国的外汇零售市场。在结售汇制度下，办理结售汇业务的银行是外汇指定银行。外汇指定银行根据人民银行公布的基准汇率，在规定的幅度内制定挂牌汇率，办理对企业和个人的结售汇。

银行结售汇包括结汇、售汇和付汇。结汇是指企业和个人通过银行或其他交易中介卖出外汇换取本币；售汇是指企业和个人通过银行或其他交易中介用本币买入外汇；付汇是指企业和个人通过金融机构对外支付外汇。

在结售汇制度下，外汇指定银行使用自有的本币、外币资金办理结售汇。银行有时买多，有时卖多，这就会引起银行外汇持有量的变化。当银行的外汇头寸超出或低于周转所必要的数额时，就需要在银行之间进行外汇头寸的相互调节和平补的交易。

六、黄金市场的历史发展

黄金曾在世界范围内长期充当一般等价物的角色，是现实经济生活中实实在在的购买手段和支付手段。金本位瓦解和金币停止流通之后，黄金依然保持其货币属性直至 20 世纪 70 年代的黄金非货币化。非货币化之后，黄金还是各国国际储备资产的一部分。

多数国家禁止国内的黄金贸易。但在国际上，在若干全球经济中心，则一直存在国际黄金市场。世界上最早的国际黄金市场于 19 世纪初在伦敦产生。

第二次世界大战后，各资本主义国家实行外汇管制，规定黄金要出售给官方外汇管理机构或指定的国家银行。1944 年，布雷顿森林会议决定成立国际货币基金组织，各成员国同意以美元作为储备货币，将本国货币与之挂钩，保持固定汇率制，而美国则向各国承诺按每盎司 35 美元的价格无限制兑换黄金。由于黄金的自由交易受到很大限制，伦敦黄金市场曾关闭了 15 年。

第二次世界大战后，各国对黄金管制有所放松，瑞士的苏黎世率先进入国际黄金市场行列。1954 年 3 月，英格兰银行才宣布重新开放伦敦黄金市场。1968 年 3 月，七国集团的中央银行宣布实行黄金“双价制”，即各国中央银行仍按官方价格兑换黄金，而私人黄金交易则须在自由市场进行，由供求决定价格。布雷顿森林体制瓦解后，1973 年 11 月巴塞尔会议宣布正式取消“双价制”，不再维持美元与黄金官方比价，改为自由浮动。黄金自此便直接受市场供求所支配、世界黄金市场成为自由交易市场。世界上多数国家，也先后解除黄金管制，开放了国内的黄金市场。纽约、芝加哥都先后成为重要的国际黄金市场，连同伦敦、苏黎世一起组成了国际黄金市场的统一整体，世界各国可以在 24 小时内连续进行交易。

七、黄金市场的金融功能

黄金的用途过去有相当大的部分是货币用黄金。货币用黄金，又分为两种：一是货币流通所需，如铸造金币，这方面需求已经是近一百年以前的事情；二是国家集中的黄金储备。到现在为止，这还是一个巨大的数量，作为国际储备资产，各国官方储备中都保有必要数量的黄金储备。1998 年，美国黄金储备量为 8137 吨，德国为 3701 吨，法国为 3184 吨，意大利为 2593 吨，瑞士为 2590 吨，荷兰为 1052 吨，日本为 754 吨，英国为 715 吨，葡萄牙为 625 吨，西班牙为 608 吨。

现在对黄金的需求，可以说都属于非货币需求，主要是投资与消费。

目前黄金的主要消费领域有珠宝首饰、电子仪器、牙医科、工业装饰、奖章、纪念币等。其中，珠宝首饰用金需求量占全部黄金需求的 70%～75%。黄金用途的多样化促进了全球范围内黄金交易活动的活跃，是黄金市场得以发展的基础。

由于黄金的特性与历史习惯，各种以黄金为标的的投资活动依然相当活跃。黄金饰物的相当部分，在民间，也还是重要的投资保值工具。正是活跃的黄金投资，表明黄金市场仍然具有明显的金融功能。当人们对经济前景捉摸不定时，往往便会转向购买黄金保值。如 2001 年美国“9·11”事件后，国际经济局势不稳、银行降低存款利率，全球黄金投资的需求量在当年第四季度较 2000 年同期增长 8%，显示出黄金在不稳定局势下的资金避难所的角色。

第七节　风险投资与创业板市场

一、风险资本

风险资本是一个宽泛的概念。以基金形式从事风险投资的资本属于风险资本范畴，由个人分散从事风险投资，或是由商业银行、投资银行、金融公司与实业公司以自有资金单独从事风险投资的资本也属于风险资本范畴。

根据美国风险投资协会的定义，风险资本是由职业金融家投入到新兴的、迅速发展的、有巨大增长潜力的企业中的一种权益资本。在风险投资中，投资人主动冒风险投入资本，以期取得比谨慎投资更高的回报。

风险投资的资本，即使以基金方式筹集，也是采取私募方式；资本的投向则是非上市公司的权益资本，因此，风险投资体现的金融活动是非公开的资本市场，即私人权益资本市场活动的一部分。所谓私人权益资本市场即不通过公开买卖股票的方式实现权益融资的市场。当然，在这个市场上，还有相当大部分的投资是对成熟企业的投资，即非风险投资。

按照风险投资的传统做法，只是对处于初创期、增长期、成熟期的新项目或新企业进行投资，特别是以高科技企业为对象。投资金额通常不大，如在美国，通常在百万至千万美元之间。但近年来风险投资的风格正在改变，激烈的市场竞争迫使风险投资向私人权益资本市场的其他领域扩张，即开始投资于一些低风险的传统项目和企业。

二、风险投资的发展历史及其作用

最早的风险投资概念起源于 15 世纪，当时西欧一些富商为了到海外创业，投资于远洋探险，从而首次出现“venture capital”这个术语，即风险投资。

美国是目前风险投资最活跃的国家。1997 年，美国风险投资的当年投入额高达 122 亿美元，创历史最高纪录。但是，与西欧国家 15 世纪即出现创业投资萌芽相比，美国风险投资的起点较晚。19 世纪，美国一些富商投资于油田开发、铁路建设等创业项目，此后 venture capital 一词即开始流传。到 20 世纪 40 年代，美国的创业资本发展到风险投资基金这种组织制度化的高级形态。

美国历史上第一个成功的风险投资案例是美国研究与发展公司（ARD）。1957 年，ARD 对数字设备公司（DEC），这个由 4 名麻省理工学院的大学生组建的高科技公司进行投资。初始金额不到 7 万美元，占该公司股份的 77%。14 年后，这些股票的市场价值是 3.55 亿美元，增长 5000 多倍。ARD 的成功极大地鼓舞了风险投资界，推动风险投资在美国及世界各国的迅速发展。

20 世纪 50 年代，美国的风险投资是分散的，没有一定的组织形式，没有形成产业。为了加快高科技企业的发展，在政府的支持下，1957 年成立了小企业投资公司（SBIC），政府的小企业管理局为其提供贷款，专门向规模较小的企业投资。小企业投资基金发展迅速，从 1959 年到 1963 年的 5 年间，就有 692 家成立，资金总规模为 4.64 亿美元。1968～1969 年，公开上市的新兴企业就接近 1000 家。1969 年，有限合伙制的风险投资公司开始出现。1969～1975 年，大约有 29 家有限合伙公司形式的创业投资基金设立，共募集资金 3.76 亿美元。在这样的发展背景下，风险投资开始被视为一个产业。当新股发行市场在经历了 60 年代末的火爆行情并于 1972 年达到顶峰后，由于经济衰退与股市不振，在 1973 年初，公开上市活动几乎突然停止。这就封住了风险投资“退出”之路，风险投资急速萎缩。直到 1978 年以后，养老基金被允许投资于风险投资基金。风险投资业又得到快速发展。70 年代末 80 年代初，一些风险投资基金从投资于苹果电脑、英特尔公司和联邦快递而获得了不菲的业绩，这又激励创业投资产业开始步入快速增长时期。1990 年，美国经济的全面衰退再一次影响到风险投资，但 1992 年美国经济逐步复苏，风险投资业又再次持续增长。1998 年全美风险投资总额达到 160.2 亿美元。

风险投资对于社会发展的积极作用在于推动科技向实际生产能力转化，推动社会的技术进步。据统计，1981～1985 年间，平均每个美国新兴高科技企业在创业之初的 5 年内大约需要 200 万～1000 万美元，其中大约 2/3 的资金是风险投资提供的。以半导体和计算机工业为例，其产量目前在美国工业总产值中占 45%，风险投资为其提供充足的资金是该产业得以迅速发展的重要原因。

美国硅谷既是世界著名计算机公司的摇篮，又是风险投资的大本营。全世界最大的 100

家计算机公司中，有20%就是在硅谷中滋养成长的。

欧洲各国、日本、东南亚国家以及我国的风险投资也取得快速的发展。

面对美国、日本在信息技术方面的挑战，英国制定了1982～1987年发展高技术信息计划，该计划所需直接费用的75%由政府提供，其余部分由企业界自行筹集。1981～1983年，英国风险投资总额已达28亿英镑，这是企业自行筹资的重要来源。

日本政府从20世纪70年代开始采取“科技兴国”的方针。为了保证高技术小企业的生存与发展，政府在东京、大阪和名古屋三个主要工业区各设置了资助性的投资公司——财团法人中小企业投资会社。它的主要任务是购买新创立的风险企业的股票和可兑换债券，并提供咨询服务。1975年，通产省设风险投资公司，为风险企业贷款提供80%担保。

新加坡的风险投资活动始于20世纪80年代。为鼓励企业发展和创新，1985年政府成立经济发展局创业投资基金，直接投资于创业公司，并对提供风险资本的国内外风险投资基金给予税务奖励。

韩国第一个风险投资公司创立于1974年，称为韩国高科技公司，是政府资助的公司，负责推动科技成果商品化。1986年韩国中小型风险企业创新法案生效后，进一步推动了风险投资业的成长。

我国的风险投资在1998年以来得到了快速的发展。2001年，中外风险投资公司在中国大约投资了220家企业，总投资额达到40多亿元。风险投资领域按投资额排序依次为IT、服务、医疗、通信、生物环保。同时，单个风险投资基金的规模也在扩大。1998年国内最大的风险投资公司的资金规模为5亿～6亿元，到2000年，国内最大的风险投资组织——深圳创新科技投资有限公司的资本金已扩充至16亿元。

我国风险投资公司有政府出资、上市公司出资、非银行金融机构（如券商）出资、民间资本投资等四种类型的风险投资公司。2000年7月，国内的风险投资70%来自地方政府，1年之后，这个比重降到了42.9%，反映出非政府资金有了较快的增长速度。

值得注意的是，进入21世纪以后，在世界经济形势不佳的背景之下，风险投资急速转入低迷状态。据美国汤姆森风险投资研究所和全美风险资本协会公布的最新数据，2002年全年，美国108家风险基金只筹集到69亿美元资金。与2001年331家风险基金筹集407亿美元资金相比，不到1/6；与2000年653家基金筹资1069亿美元资金相比，仅相当于6.5%。

三、风险投资的退出途径

风险资本的投资过程大致分为五个步骤。

① 交易发起，即风险资本家获知潜在的投资机会。

② 筛选投资机会，即风险资本家在众多的潜在投资机会中筛选出小部分做进一步分析。

③ 评价，即对选定项目的潜在风险与收益进行评估。如果评价结果是可以接受的，风险资本家与企业家一道进入下一步——交易设计。

④ 交易设计包括确定投资的数量、形式和价格等。一旦交易完成，风险资本家需要与企业家签订最后合同，并进入最后一步——投资后管理。

⑤ 投资后管理的内容包括设立控制机制以保护投资、为企业提供管理咨询、募集追加资本、将企业带入资本市场运作以顺利实现必要的兼并收购和发行上市。

将投入的资本退出所投资的企业，以实现投资价值增值，是风险投资的最终目标。如何退出以及什么时候退出，都是十分关键的问题。一般来说，风险资本要陪伴企业走过最具风险的 5 年时间，然后则是设法寻求有利的退出途径。风险资本退出的途径有多条，包括公司上市、兼并收购、公司股份回购、股份转卖、可损清偿、注销等。根据美国对 442 项风险投资的调查，30%的风险投资是通过企业股票发行上市退出，23%通过兼并收购，6%通过企业股份回购，9%通过股份转卖，6%是可损清偿，26%是因亏损而注销股份。在上述不同的退出途径中，投资的收益差别很大。其中，以股票发行退出的投资收益达到 1.95 倍，兼并收购的投资收益是 0.4 倍，回购股份的收益是 0.37 倍，股份转卖的收益是 0.41 倍，亏损清偿的损失是-0.34 倍，因亏损而注销股份的损失是-0.37 倍。因此，股票发行上市被称为风险资本的黄金收获方式。

在风险资本投资的上市企业中出现过许多超级明星。例如，苹果计算机的投资回报达到 235 倍、莲花公司达到 63 倍、康柏达到 38 倍。当然，能否取得高额回报关键在于企业自身的质量；同时，也受股票市场状况的影响。质量差的企业即便公开上市也卖不出好价钱；市场状况很差时，可能好企业也无人喝彩。这也是风险投资的繁荣与否在很大程度上受股票市场影响的重要原因。

四、创业板市场

风险资本所培育的企业在上市之初一般具有经营历史短、资产规模小的特点。加之它们是在一些新的领域内发展，失败的风险较大。同时，风险投资家都具有力求较早地把企业推向市场以撤出资金的倾向，也使股票市场承受的风险增大。鉴于这些原因，需要建立有别于成熟企业股票发行和交易的市场，专门对小型企业以及创业企业的股票进行交易，以保护投资人的利益。这种市场一般称为创业板市场，或二板市场、小盘股市场，等等。创业板市场是主板市场之外的专业市场，其主要特点是在上市条件方面对企业经营历史和经营规模有较低的要求，但注重企业的经营活跃性和发展潜力。至于投资风险高的特点则是不言而喻的。

企业经过创业板市场的培育后，还可以进入主板市场。目前一些世界知名的高科技大公司就经历了这样一条发展道路。

目前比较成功的创业板市场是美国的纳斯达克市场。它培育了微软、英特尔、戴尔等一大批高科技企业。在美国所有高科技上市公司中，96%的因特网公司、92%的计算机软件公司、82%的计算机制造公司和 81%的电子通信和生物技术公司在纳斯达克上市。在纽约证券交易所的大公司中，也有相当部分是经过纳斯达克市场培育出来的。1990～1997 年的 8 年时间内，纳斯达克市场为美国高科技产业筹集了近 750 亿美元，培育了大批高新技术企业，这些企业反过来又促进了纳斯达克市场的繁荣和发展。在 1975～1995 年的 20 年间，纳斯达克从一个交易量为纽约证券交易所的 30%、交易额为后者 17%的小市场奋起直追，成为交易额接近纽约证交所且交易量超过后者的主要市场。在纳斯达克上市的高新技术企业为投资者带来了丰厚的利润，形成了一种耀眼的高科技投资文化。

风险投资的成功最终是要在创业板市场上体现出来的。在上市公司股票价格的飞速上涨过程中，产生了一个又一个亿万富翁。致富的神化又反过来推动风险投资的进一步扩张，带动大量资本涌入高科技创业企业。但是，一旦股票市场走向低迷，就会促使风险投资进入衰退态势。风险投资业的兴衰与创业板市场的潮起潮落可以说是息息相关。

第八节　金融市场的国际化

一、对金融市场国际化的理解

金融市场国际化是一种极为复杂并不断进展的经济现象。现实生活中，人们感受到的是国际私人资本在各个国家之间的游动，以及由此带来的对实际经济活动和金融活动的正面与负面影响。随着国际资本的流入，实际经济可以获得充裕的资金并实现高速度增长，证券市场也会因此繁荣；国际资本离去，带来的可能是经济萧条和金融危机。这些均是金融市场国际化的经济表象。另外，一些地区组建的经济联盟和金融、货币联盟，一方面加强了区域内国家之间的经济合作关系；另一方面自然也加快了实际经济运行与金融运行在国与国之间的传播速度，并从而使一个国家的经济问题有可能迅速导致区域内国家的经济波动和金融震荡。在现代经济中，人们会很自然地将金融市场国际化与金融风险程度提高联系在一起。

在用词上，金融市场国际化与金融全球化是等义的。这就涉及经济全球化问题。

二、经济的全球一体化与金融市场的国际化

金融活动是以实体经济活动为基础的，本质上是为实体经济的活动提供货币资金，以及提供货币清算和汇兑的便利等诸方面的服务。

实体经济活动全球化已成为当前时代的基本特征，它的主要表现是生产、服务和贸易的全球化，以及对外直接投资大规模增长、科学技术发展与跨国公司迅速发展。

贸易全球化的一个重要表现是全球贸易增长远远超过生产增长。1950～1997 年间，全世界各国的生产增长了 5 倍多，但全球贸易增长了 15 倍多。贸易全球化说明越来越多国家的经济活动面向全球市场，并依赖国际市场。推动贸易全球化的动力来自生产的全球化。如果以最有代表性的制造业为例，第二次世界大战之前，全世界制造业的 90%集中于 9 个国家，第二次世界大战以后到 1995 年，制造业的集中程度下降，86%的工业制成品来自 15 个国家，工业化国家所占的比重由过去的 95%下降到 80%，发展中国家则由 5%提高到 20%。这个变化说明，制造业的分散化和分工化的程度正在提高，这必然促进国际贸易的发展。

1950～1997 年，全球对外直接投资增长了 20 多倍。对外直接投资的迅速增长是生产与贸易全球化的必然结果。1995 年，外国直接投资占国内投资的比重，在发达国家是 8.6%，在发展中国家是 12.5%。这说明外国直接投资对本国经济发展的影响程度越来越大。

毫无疑问，科学技术发展极大地推动了经济全球化的进程。交通、通信、信息技术的发

展使地域空间变小，信息传播速度加快，人们几乎可以毫无障碍地在全球的各个角落实现商务沟通。

跨国公司的发展是推动经济全球化的另一个重要因素。1996 年，全世界跨国公司母公司的数量是 4.4 万家，境外分支机构达到 28 万家。目前，全世界 1/3 的生产量、2/3 的全球贸易、90%的对外直接投资是由跨国公司直接或间接进行的。跨国公司的存在开发了各国经济在产业、企业、产品、技术、工艺、管理、文化方面的全方位联系，淡化了产品商标上的国家含义，突出了国际产品的性质。

以上所述经济全球化的内容无一不推动着金融市场国际化的发展趋势，因为所有的实体经济活动都需要金融业为其提供服务。典型的例子是由从事实体经济活动的跨国公司业务引起的融资、结算、汇率风险管理等服务的国际化，带动金融机构进入国际金融市场。

三、金融创新、金融自由化与金融市场全球化

金融创新、金融自由化是近半个世纪以来金融发展中所展现的两个重大趋势；无论在金融理论还是在金融实践中都是重中之重的课题。

对于推进金融市场全球化，金融创新与金融自由化均有关键的意义。这里简单举两个例子进行说明。

从金融创新来说，上面所提到的大量衍生金融工具的不断创造是一项重要内容。也正是林林总总的衍生金融工具为活跃于各国金融市场上的国际私人资本提供了极为方便的规避投资风险和获取投机利润的方法；否则，国际私人资本就不可能不舍昼夜地热衷于全球范围的投资。

从金融自由化来说，不论是发达国家还是发展中国家，都意味着对严格管制金融活动的挑战和突破。比如，在 20 世纪 70 年代初之前，即使是发达国家，也都对资本的流出和流入实行不同程度的限制。在金融自由化的浪潮下，1974 年美国取消了对资本外流的限制；1979 年前后，英国和日本撤销了对资本外流的限制；1981 年，联邦德国取消了对非居民购买国内债券的限制；1984 年以后，日本陆续采取了国际资本流动自由化的措施，等等。显然，如果没有资本充分自由地流出入，金融市场的全球化就难以形成。

四、欧洲货币市场

欧洲货币市场的兴起和壮大，对于金融市场的全球化有着突出的意义。

欧洲货币市场发端于 20 世纪 50 年代的伦敦欧洲美元市场。产生的背景是第二次世界大战后布雷顿森林体系的建立，使美元成为主要的国际支付手段，从而使其他国家（主要是西欧各国）大量持有美元。同时，资本主义世界经济发展较快，生产增长、国际贸易扩大，美元资金需求增加。许多美国跨国公司渗入欧洲市场，也增加了对美元的需求。在这种情况下，西欧主要资本主义国家先后解除外汇管制，放松对外币存款的限制，资本基本可以自由流动。这就使欧洲银行经营的美元存贷业务获得迅速发展，并形成了欧洲美元市场。而伦敦则独占鳌头，集中占有 50%～60%的业务量。20 世纪 60 年代，美元危机频繁爆发，一些可以自由兑

换的西方国家主要货币，如西德马克、瑞士法郎、日元等分别成为交易对象。于是出现了欧洲英镑、欧洲西德马克，欧洲瑞士法郎等“欧洲货币”。于是，欧洲美元市场便逐渐扩大为国际性的欧洲货币市场。欧洲货币市场是一个很有吸引力的市场。与传统的国际金融市场不同，它是一个完全自由的国际金融市场。其特点有：①经营自由，一般不受所在国管制；②资金来自世界各地，各种主要可兑换货币都有交易，而且规模庞大，能满足各种筹资需要；③利率结构独特，存款利率相对高，贷款利率相对低，利差经常在0.5%左右，对存款方和贷款方都有吸引力；④借款条件灵活，不限贷款用途，手续简便。

欧洲货币市场的主要业务，具体划分为两类：①欧洲短期信贷，主要是银行间同业拆借；②欧洲中长期信贷，主要为国际银团贷款。欧洲债券市场、欧洲货币市场交易规模巨大，对世界经济具有重大作用和影响。

这种模式一经产生，立即刺激种种无国籍和无民族疆域的金融市场产生，推动了真正覆盖全球的国际金融市场网络的形成。

五、金融市场国际化的演进和格局

随着生产和资本国际化的发展，西方发达国家的国内金融市场很自然地外延，从纯粹办理国内居民间的金融业务，发展到经营所在国居民与非居民之间的国际金融业务。这就形成了具有国际性的金融市场，或者说传统意义的国际金融市场。第一次世界大战前后，英国作为老牌资本主义国家，资本力量雄厚，国内金融市场和信用制度最为发达，英镑又是当时世界上主要的国际结算和储备货币，这一切使得伦敦率先发展为国际金融市场。第二次世界大战后，世界经济重心由英国移至美国，美元成为世界上主要的国际结算和储备货币。于是纽约与伦敦相匹敌，成为世界上又一个重要的国际金融市场。与此同时，在欧洲瑞士苏黎世、联邦德国法兰克福，以及卢森堡等地的国际金融市场也相继发展起来。不过，这些传统的国际金融市场在相当长的期间内，主要还是办理居民与非居民间的传统金融业务，并且要受所在国法律的限制。

促进金融市场进一步国际化的重要因素是离岸金融市场的形成和发展。上面提到的20世纪50年代开始形成的欧洲美元市场可以说是一个开端。此后，仅在亚洲，就有1968年新加坡建立亚洲货币市场；中国香港于1978年放松外国银行进入本地的限制，提供税收优惠，吸引大量国际资金，形成亚洲的另一个国际金融中心；日本则于1986年在东京建立了境外金融市场等。这些超越国界的国际金融市场使资本真正实现了全球化的跨国流动。

所谓离岸金融市场，是指发生在某国，却独立于该国的货币与金融制度，不受该国金融法规管制的金融活动场所。一些经济上并不重要的国家和地区，只要提供良好的经营环境，就可能成为国际性的金融中心。离岸市场可以说是金融资本逃离管制，追求金融自由化的结果。大量资本离开本土，对国内金融市场无疑是个冲击。但同时迫使各国政府加快金融自由化进程，这又反过来保护和发展了国内金融市场。于是，在这个相互促进的循环中，金融自由化的程度加深了，金融市场的国际化程度提高了。这也就是离岸金融市场的生命力之所在。

在伦敦、纽约以及后来的东京等几个传统的巨大国际金融中心迅速发展的同时，离岸金融市场又在全球广泛分布，这就意味着国际金融市场成为覆盖全球的网络。目前，伦敦、纽约、东京构成三足鼎立的国际金融中心，从时区角度看，恰好形成相对均匀的“等距离”的三个支点。通过这三个中心，再配合以一些次一级的金融市场，就形成了可以 24 小时不停顿地调度资金、开展全球性国际业务的格局。

在这个全球性的国际金融市场网络中，资金流量极大，流动性极强，为最充分地发挥金融效率和活力提供了条件。不过，当发生国际外汇汇率波动和股市风暴时，也常常推波助澜，成为难以控制的破坏力量。

六、国际游资

国际游资，也叫热币、热钱，是指在国际之间流动性极强的短期资本，一般是特指专门在国际金融市场上进行投机活动的资金。在现代通信设备发展起来的条件下，在 20 世纪 20～30 年代，已经能够在世界范围内灵活地调动大量资本。今天的科学技术和互联网的迅速发展，更使千百亿美元的资本可以在瞬息之间调往世界各地。根据美国联邦储备委员会的统计，1997 年，仅在纽约、东京、伦敦金融市场上，每天即有 6500 亿美元的外汇交易。其中 18%用于支付国际贸易和投资，其余 82%均用于投机。

驱使热币在国际之间迅速流动的力量，当然基本上还是高收益。比如此时此刻，A 国的利率高于它的所在国以及其他国家，它就会立即被调到 A 国；第二天，A 国的利率低了，又会立即被调到另一个高利率国家，等等。但是它的流动也并不单纯是追逐高收益，有时是为了逃避风险，如战争和政治动荡，如经济管制和税赋加重，等等。

国际游资一般具有交易杠杆化、快速流动、集团作战的特点。交易杠杆化使游资可以少量的本金驾驭几倍、几十倍的资金；集团作战使游资成为名副其实的强大军团，加上资金调动，千百亿元资金可及时到达全球的任意金融中心。游资可以轻而易举地在某个市场上呼风唤雨，或者迅速吹起泡沫，或者让泡沫瞬间消失。并且，有能力支配大量热币的人，还会处心积虑地抓住缝隙，人为地攻击一国的金融体系，并从中获取暴利。

国际游资进行的金钱游戏和资金转移速度已经形成一种独立的力量，它超越了国际金融组织的权利范围，将东道国的经济和金融形势的不稳定，迅速传递给所有其他国家。游资的特性使它能够随时对任何瞬间出现的暴利机会发动闪电式袭击，当管理当局发现时，它们早已留下一堆烂摊子逃之夭夭了。

国际游资对于东道国并非全无好处。在一定程度上可以活跃证券市场，也能够解决短期资金不足的问题。有利有弊，有其存在的土壤。但是如何有效地管理国际游资，趋利避害，是一个需要进一步研究的问题。

七、对金融市场全球化的思考

金融市场国际化，或者说金融市场全球化，与经济全球一体化一样是一个不可逆的过程。在这个过程中，世界各国可以从中享受巨大的经济利益，同时也会为由此带来的不安定因素付出代价。这个不安定因素就是金融风险程度提高，并会引起经济的震荡。一般来说，经济发达国家由于市场的成熟程度较高，对于风险的防范与控制有相对丰富的经验和较强的吸收消化能力，可能付出的代价比较低。反之，发展中国家尚不成熟的金融体系使其在金融市场国际化的进程中可能付出更大的代价。

20 世纪 90 年代以来，世界经济与金融发展的实践也证实了以上的判断。亚洲金融危机爆发以后，反对金融全球化、要求重新加强金融管制的呼声越来越高，一些人提出了关于金融市场国际化的趋势将被遏制的预言。但现实的结果是，在金融危机中遭受重大损失的亚洲国家不仅没有因此对外关闭金融市场，相反，却进一步实施了开放的方针。

20 年的经济体制改革与开放，已经使中国经济逐步深入地融入全球经济之中。中国经济与国际社会的密切联系必然带动金融层面上的接轨。中国金融市场对外开放不是行与否的问题，而是早与晚的问题。加入 WTO，使我国金融市场对外开放具有了一个精确的时间表。加快我国金融市场的建设，使其提高对风险的控制和消化能力，是一个需要尽快解决的问题。当然，在纳入国际化轨道过程中，防范金融风险的最关键因素还在于拥有健康的实体经济。这是金融市场运行的基础。

本章思考题

① 金融市场是一个包括许多子系统的大系统；子系统之间也并不是简单的并列关系。试画一张图表形象地说明这个体系。

② 货币市场为短期融资市场，资本市场为长期融资市场，你如何理解这两个市场之间的相互关系？

③ 把我国的货币市场和资本市场同发达国家的货币市场和资本市场加以比较，有何差别？

④ 在资本市场上，企业是直接在一级市场上筹集资金，那为什么还必须同时有二级市场的存在和充分发展？

⑤ 金融衍生工具是在怎样的经济背景之下产生并迅速发展起来的？衍生金融工具一经出现，认为它的出现使得金融市场投机之风盛行的议论就极为强烈。但衍生工具的发展势头并未因此而减弱。你能给予解释吗？

⑥ 我国曾经有过金融衍生产品的交易吗？对于改革开放之后在发展金融衍生工具交易中的波折和现状你有什么了解？

⑦ 截至 2022 年 6 月底，中国首次超过欧洲成为全球第二大货基市场，成功的经验有哪些？

⑧ 各种社会保障基金，特别是养老基金，发展迅速。它们对于金融市场可能给予的影响应如何估价？对于中国社会保障基金的发展状况你有何了解？

⑨ 什么是风险投资，对于风险投资你能归纳出几个要点吗？

⑩ 金融市场的国际化会对一国国内金融市场产生什么样的影响？

⑪ 我国改革开放的不断深入，无疑会加快金融市场国际化的步伐。你认为哪些因素会对我国金融市场国际化的进程产生实质性影响？宏观管理当局应当对哪些问题给予特别的关注？

第十九章 金融机构及其类型

第一节 金融机构的形成

一、金融机构及其功能

金融市场的参与者可以简单地划分为政府机构、金融机构、非金融机构（企业或事业单位）和家庭。其中，金融机构是金融市场最主要的参与者。狭义的金融机构仅指那些通过参与或服务金融市场交易而获取收益的金融企业；广义的金融机构则不仅包括所有从事金融活动的组织，还包括金融市场的监管者，如中央银行等以及国际金融机构。本章采用广义的金融机构概念。

金融机构通常提供以下一种或多种金融服务。

① 在市场上筹资从而获得货币资金，将其改变并构建成不同种类的更易接受的金融资产。这类业务形成金融机构的负债和资产。这是金融中介机构的基本功能，行使这一功能的金融机构是最重要的金融机构类型。

② 代表客户交易金融资产，提供金融交易的结算服务。

③ 自营交易金融资产，满足客户对不同金融资产的需求。

④ 帮助客户创造金融资产，并把这些金融资产出售给其他市场参与者。

⑤ 为客户提供投资建议，保管金融资产，管理客户的投资组合。

上述第一种服务涉及金融机构接受存款的功能；第二种和第三种服务是金融机构的经纪和交易功能；第四种服务被称为承销功能，提供承销的金融机构一般也提供经纪或交易服务；第五种服务则属于咨询和信托功能。

二、金融机构的基本类型

按照不同的标准，金融机构可划分为不同的类型。

1．金融监管机构与接受监管的金融企业

按照金融机构的管理地位不同，可划分为金融监管机构与接受监管的金融企业。例如，中央银行、证券管理委员会等就是代表国家行使金融监管权力的机构，其他的所有银行、证券公司和保险公司等金融企业都必须接受其监督和管理。

2．存款性金融机构与非存款性金融机构

按照是否能够接受公众存款，可划分为存款性金融机构与非存款性金融机构。存款性金融机构主要通过存款形式向公众举债而获得其资金来源，如商业银行、储蓄贷款协会、合作储蓄银行和信用合作社等；非存款性金融机构则不得吸收公众的储蓄存款。

非存款性金融机构按照其资金是否来源于契约性储蓄又可划分为契约性储蓄机构与投资性中介机构。契约性储蓄机构主要通过长期协议获得资金，并把它们主要投向资本市场，即投向长期的股票和债务工具，例如人寿保险公司、财产和意外灾害保险公司、个人养老保险基金和政府退休基金等。投资性中介机构则包括共同（投资）基金、金融公司、货币市场共同基金等金融机构。其主要特点是通过发行基金股份、商业票据或从银行借款获得资金，然后把这些资金主要投资于资本市场或货币市场的各种股票和债务工具，或对个人和小企业进行小额贷款。

3．政策性金融机构和非政策性金融机构

按照是否担负国家政策性融资任务，可划分为政策性金融机构和非政策性金融机构。政策性金融机构是指由政府投资创办，按照政府意图与计划从事金融活动的机构；非政策性金融机构则不承担国家的政策性融资任务。

4．其他类型

按照是否属于银行系统，可划分为银行和非银行金融机构；按照出资的国别属性，又可划分为内资金融机构、外资金融机构和合资金融机构；按照所属的国家不同，还可划分为本国金融机构、外国金融机构和国际金融机构。

三、西方国家的金融机构体系

西方国家的金融机构体系主要由中央银行、商业银行、各种专业银行和非银行金融机构组成。

（一）中央银行

中央银行是银行业发展到一定阶段的产物，并随着国家对经济生活干预的日益加强而不断发展和强化。中央银行最初一般由商业银行演变而成，如 1656 年成立的瑞典银行和 1694 年成立的英格兰银行，后来分别被政府改组为中央银行。但多数国家的中央银行是由政府直接设立的，如美国的联邦储备体系和二战后许多发展中国家建立的中央银行。中央银行是各国金融机构体系的中心和主导环节，对内它代表国家对整个金融体系实行领导和管理，维护金融体系的安全运行，实施宏观金融调控，是统制全国货币金融的最高机构；对外它是一国货币主权的象征。一个世纪以前，全世界只有 18 个中央银行，而目前几乎所有国家或地区都设立了中央银行或类似中央银行的金融机构。

由于世界各国的社会制度、经济发展水平以及金融业发展程度不同，各国的中央银行制度也有较大的差异。西方国家的中央银行制度主要有以下四种形式：

（1）单一的中央银行制度　即在一国范围内单独设立一家统一的中央银行，通过总分行制，集中行使金融管理权，多数西方国家采取这种制度。

（2）二元的中央银行制度　即在一国范围内建立中央和地方两级相对独立的中央银行机构，分别行使金融管理权，如美国、德国采用这一制度。

（3）跨国中央银行制度　几个国家共同组成一个货币联盟，各成员国不设本国的中央银行，而由货币联盟设立中央银行。如 1962 年 3 月成立的西非货币联盟，该联盟中央银行设在达喀尔，在各成员国设有代理机构，总行负责制定货币政策、管理外汇储备，各代理机构负责经办地区性业务。又如 1998 年 6 月欧盟在法兰克福成立的欧洲中央银行，要求成员国的中央银行接受其领导，并逐步摆脱本国政府的干预。

（4）准中央银行制度　即一个国家或地区只设类似中央银行的机构，或由政府授权某个或某几个商业银行行使部分中央银行职能。

（二）商业银行

商业银行是最早出现的现代金融机构，其主要业务是经营个人储蓄和工商企业存、贷款，并为顾客办理汇兑结算和提供多种服务。通过办理转账结算，商业银行实现了国民经济中的绝大部分货币周转，同时起着创造存款货币的作用。

在西方国家，商业银行以机构数量多、业务渗透面广和资产总额比重大而成为金融机构体系中的骨干和中坚，具有其他金融机构所不能代替的重要地位。

（三）各类专业银行

专业银行是指专门经营指定范围的金融业务和提供专门性金融服务的银行。其特点如下。

（1）专门性　专业银行体现了社会分工的发展，其业务具有专门性，服务对象通常是某一特定的地区、部门或专业领域，并具有一定的垄断性。

（2）政策性　专业银行的设置往往体现了政府支持和鼓励某一地区、部门或领域发展的政策导向，尤其是开发银行和进出口银行等专业银行的贷款，具有明显的优惠性，如含有政府贴息和保险，借款期限和还款限期较长等。

（3）行政性　专业银行的建立往往有官方背景，有的本身就是国家银行或代理国家银行。

西方国家专业银行种类很多、名称各异，这里介绍主要的几种。

1．开发银行

即专门为社会经济发展中的开发性投资提供中长期贷款的银行。开发性投资具有投资量大、见效慢、周期长、风险大等特点，一般商业银行不愿意承担。如新产业的开发、新经济区的基础建设，以及全国性公共设施的建设等都属于这类投资。由于开发银行多为政府主办，不以营利为目的，因此往往由开发银行承担这类项目。如 1951 年 4 月成立的日本开发银行，其资本金全部是政府的，总行设在东京，在全国各大城市有 7 家分行、2 个国内办事处，4 个驻海外办事处。其主要业务有：提供开发性项目资金贷款；为开发所需的资金提供信用担保；向产业开发及尖端技术的研发和大规模工业基地的建设事业投资等。

西方第一家开发银行于 1822 年在比利时建立。第二次世界大战后设立的德国复兴信贷银行、澳大利亚资源开发银行、韩国开发银行、墨西哥国家金融开发银行、巴西东北开发银行等都属于这类银行。开发银行的资金来源主要依靠政府提供，以及通过发行债券、借入资金和吸收存款等方式筹资；资金运用主要是对开发项目提供贷款，参与直接投资或提供债务担保。

2．投资银行

投资银行为投资性金融中介，是专门为工商企业提供证券投融资服务和办理长期信贷业务的银行。投资银行与商业银行的划分，与直接融资和间接融资这两种融资体系的区别是紧密相关的。如果说商业银行是间接融资的“中介”，投资银行则是直接融资的“红娘”，它通过设计和买卖证券而成为资金供求双方的中介机构。

与商业银行不同，投资银行的资金来源主要依靠发行自己的股票和债券，而不是吸收存款，尽管有的国家也允许投资银行接受大额定期存款。投资银行的主要业务包括：①对工商企业的股票和债券进行直接投资；②提供中长期贷款；③为工商企业代办发行或包销股票与债券；④参与企业的创建、重组和并购活动；⑤包销本国和外国的政府债券；⑥提供投资和财务咨询服务等。总之，除了传统的证券承销和融资业务外，现代投资银行业务还涵盖了证券经纪、证券交易投资管理、收购兼并、财务顾问、金融创新、衍生工具、项目融资、杠杆租赁等广泛的领域。

投资银行是美国和欧洲大陆的通用名称，在英国称之为商人银行，在法国称之为实业银行，在日本则称之为证券公司。此外，投资银行还有其他的形式和名称，如长期信贷银行、证券银行、承兑银行、金融公司、持股公司、投资公司、财务公司等。实际上，在许多对直接投资和间接投资分业经营管理的国家，金融当局往往不是将投资银行纳入银行系统，而是将其作为非银行金融机构进行管理。

3．进出口银行

即专门为对外贸易提供结算和信贷等国际金融服务的银行。最早出现的专门从事进出口融资的金融机构是 1919 年成立的英国出口信贷担保局；美国的进出口银行成立于 1934 年。目前大多数国家都建立了进出口银行，但名称各异，如法国称之为对外贸易银行，瑞典称之为出口信贷公司。这类银行一般都是官方或半官方的金融机构。创建它们的宗旨是为了推动本国的进出口贸易，特别是大型机电设备的出口，加强国际间金融合作，广泛吸引国际资本和搜集国际市场信息。

4．储蓄银行

即专门吸收居民储蓄存款并为居民提供金融服务的银行，这类银行的服务对象主要是居民消费者，资金来源主要是居民储蓄存款，资金运用主要是为居民提供消费信贷和其他贷款等，如对居民发放住房抵押贷款、对市政机构发放贷款等。此外，也在可靠的债券市场或房地产市场投资。储蓄银行既有私营的，也有公营的。为了保护众多小额储蓄者的利益，许多国家对储蓄银行的业务活动制定了专门的法规加以约束，限定其所聚集的大量资金的投向，如不得经营支票存款，不得经营一般工商信贷等。但近些年来这些规定已有所突破，储蓄银行业务正在向商业银行靠近。

储蓄银行的名称在各国有所不同，美国称之为互助储蓄银行、信贷协会、储蓄贷款协会等，英国称之为信托储蓄银行，日本称之为储蓄银行。许多国家的邮政储蓄系统也属于储蓄银行的性质。由于储蓄银行直接服务于广大居民，因而其数量在各国都比较多。

5．农业银行

即在政府的指导和资助下，专门为农业、畜牧业、林业和渔业的发展提供金融服务的银行。由于农业部门担保和收益能力低，资本需求期限长且具有季节性，一般金融机构很难满足其融资需求，需要有政府提供指导和资助，设立专门的金融机构为之服务。如美国有联邦土地银行、联邦中期信贷银行、合作社银行，法国有土地信贷银行、农业信贷银行，德国有农业中央银行、土地信用银行、地租银行，日本有农林中央金库、农（渔）业协同组合及信用农（渔）业协同组合联合会、农林渔业金融公库等。它们一般都是官方或半官方的金融机构。农业银行的资金来源主要是政府用于农业发展的资金、发行债券、组合成员存款、出资团体根据有关法规的缴纳款等；资金运用主要是提供低息贷款支持农牧渔民创业和发展生产。

6．住房信贷银行

即专门为居民购买住房提供融资服务的金融机构。美国的住房信贷体系，与农业信贷体系和进出口银行一样，同属于联邦代理机构，具体包括联邦住房贷款银行委员会及其所属银行、联邦住宅抵押贷款公司、联邦住宅管理局、联邦全国抵押贷款协会等机构。日本的住房信贷机构称为住宅金融公库，亦属政府的金融机构。英国称之为住房信贷协会。

住房信贷银行的资金来源主要是会员交纳的股金、易收存款发行债券和接受政府资金。住房信贷银行对股金和存款一律付息，利率通常高于银行，利息按日计算，且有减免税优惠，因而对小额储蓄者具有很大的吸引力。但有许多利息并不支付现金，而是把应付利息加到原来的投资上，这等于自动增加资金流入。其资产的 90%用作住房抵押贷款，10%用作土地担保贷款和无担保贷款。

住房贷款的偿还期可长达 15～25 年，由借款人偿还。还本付息方式有两种：一种是借款人按月偿付利息，本金则分期偿付，一般是最初几年只付利息，剩余期限偿付本息，但利息按本金递减计算。另一种形式是抵押贷款和借款人的定期人寿保险相结合，借款人在借款期间按月支付利息，同时缴纳人寿保险费；人寿保险到期时，借款人就用其到期的保险收入偿还抵押贷款本金。

此外，还有专门为中小企业服务的银行，如合作银行、抵押银行、信托银行、清算银行、外汇银行等各种类型的专业银行。

（四）非银行金融机构

非银行金融机构通常指中央银行、商业银行、专业银行以外的金融机构，如保险公司、退休或养老基金、投资基金、邮政储蓄机构等。

1．保险公司

保险公司是世界各国最重要的非银行金融机构。西方国家的保险业十分发达，保险业务渗透到社会生活的方方面面，保险公司也因所设立的保险种类而形式多样，如人寿保险公司、财产保险公司、灾害和事故保险公司、老年和伤残保险公司、信贷保险公司、存款保险公司、再保险公司等。以美国为例，保险公司分为两大类：人寿保险公司和财产意外险公司。截至 1993 年底，约有人寿保险公司 1840 家，总资产 1.8 万亿美元；财产意外险公司 3900 家，总资产 6710 亿美元。人寿保险公司又分为普通险、团体险、工厂员工险、信用险四种。其中，前两种保险占人寿保险单的 90%以上。

保险是一种信用补偿方式，保险公司主要依靠投保人缴纳保险费和发行人寿保险单的方式筹集资金，对那些发生意外灾害和事故的投保人予以经济赔偿。由于保险公司的资金来源稳定，其所聚集的大量货币资本成为西方国家金融体系长期资本的重要来源。保险公司筹集的资金，除保留一部分以应付赔偿所需外，其余部分主要投向稳定收入的政府债券、企业债券和股票，以及发放不动产抵押贷款、保单贷款等。

2．退休或养老基金

即以定期收取退休或养老储蓄金的方式，向退休者提供退休收入或年金的金融机构。这类机构与保险公司一样，同属契约性储蓄机构，通常由雇主或雇员按期缴付工资的一定比例，收益人退休后可一次性取得或按月支取退休养老金。

退休或养老基金是在第二次世界大战后迅速发展起来的。20 世纪 70 年代后期以前，这类基金大多数是由保险公司管理的，其资金运作也比较简单，主要用于购买国债和存放银行生息。70 年代后期，由于西方国家的人口老龄化问题越来越突出，完全依靠增加企业和个人负担来筹集足够的退休养老金越来越困难，养老基金运营开始转向股市化，即越来越多的养老基金投向企业股票和债券，并依靠独立的投资经理人来管理和监督资金的运营。90 年代初以来，养老基金运营开始走向国际化，即养老基金投向海外证券市场的比例不断上升，这是因为海外投资回报率比国内市场要高。

3．投资基金

投资基金是指通过发行基金股票或基金受益凭证将众多投资者的资金集中起来，根据既定的最佳投资收益目标和最小风险原则，将其分散投资于各类有价证券或其他金融商品，并将投资收益按基金投资者的基金股份或基金受益凭证份额进行分配的一种投资性金融机构。投资基金的投资属于信托投资，资金运营和管理由基金组织聘请专业的投资经理人或投资管理公司进行。投资基金的主要优点在于投资组合、分散风险、专家理财和规模经济。

投资基金在不同的国家具有不同的名称，在美国称之为共同基金，在英国称之为单位信托基金，在日本称之为证券投资信托。世界上最早的投资基金是英国于 1886 年成立的海外殖民信托基金，到 1990 年底，英国的投资基金已有 1400 多家。美国于 1924 年在波士顿成立第一家投资基金，到 1993 年底，各类基金总数超过 4500 家，总资产 2.1 万亿美元。1997 年底，全美共同基金资产总额已达 4.49 万亿美元。

投资基金的组织形式分为契约型与公司型两种。契约型是指基金的设定人（基金经理或基金管理公司）设计特定类型的基金，以信托契约的形式发行受益凭证，募集投资者的定期资金进行运营和投资。基金的募集、保管、利润分配、收益及本金的偿还支付等业务则委托银行具体办理。契约型基金成立的重要依据是信托契约，它包括委托人（基金经理公司）、受托人（基金保管银行或公司）和投资人（受益人）三个当事人。日本、韩国、新加坡等国家的投资基金多属于这种类型。公司型投资基金是指通过组建基金股份公司来发行基金股票，募集投资者的资金，由公司投资经理部门或委托其他投资管理公司操作投资，并以基金股息、红利形式将收益分配给投资者，基金资产的保管与业务处理可以由公司本身负责，也可以委托银行办理。公司型投资基金的最大特点是基金与投资者之间的关系是股份公司与股东的关系。美国绝大部分投资基金属于此类型。

根据交易方式不同，投资基金还可以分为开放型投资基金和封闭型投资基金两种。开放型投资基金的股权是开放的，基金可以无限制地向投资者追加发行股份，投资者（持股人）

也可随时退股，因此其基金股份总数是不固定的。而封闭型投资基金通常一次发行一定数量的基金股份，以后不再追加，在规定的封闭期限内一般不允许退股，投资者只能寻求在二级市场上转让。

4. 邮政储蓄机构

即利用邮政机构网点设立的非银行金融机构，主要经营小额存款，其吸收的存款一般不用提缴准备金，其资金运用一般是存入中央银行或购买政府债券。邮政储蓄机构于 1861 年首创于英国，其设立的初衷是为了利用邮政部门广泛的分支机构，提供廉价有效的邮政汇款服务，提高结算速度，加速资金周转，因此在各国发展比较普遍。据万国邮政联盟统计，全世界有 80 多个国家的邮政部门经办了邮政储蓄业务。近年来，邮政储蓄机构正在朝两个方向发展，一类是逐步回归到商业银行性质；另一类是在政府支持下，变成一种公用事业，为社会提供各种服务，便利人们的生活。

英国在 1861 年创立的在邮政储蓄银行基础上发展起来的国民储蓄银行是典型的邮政储蓄机构。目前，该银行提供两种储蓄账户，一种是普通账户，存款数额不得超过 1 万英镑，利率随货币借贷利率的总水平而变动；另一种是 1966 年后增设的投资账户，该账户的利率主要根据在国债市场进行投资后所获得的收益来确定，但通常比普通账户的利率高，如果要提取投资账户的存款，须提前一个月通知银行。瑞典邮政总局的划拨银行也是专门的邮政银行，独立核算，可办理所有的银行业务；法国国家邮政总局的国家储蓄银行是邮政金融业务局，可办理部分银行业务。这两类邮政金融机构都办理种类繁多的邮政储蓄业务。

5. 信用合作社

信用合作社简称信用社，是在西方国家普遍存在的一种由个人集资联合组成，以互助合作为宗旨的金融机构。其基本的经营目标是：以简便的手续和较低的利率向社员提供信贷服务，帮助经济力量薄弱的个人和中小企业解决资金困难，以免受高利贷的盘剥。

信用合作社通常可按地域划分为农村信用社和城市信用社，或按专业领域划分为农业生产信用社，渔业生产信用社、林牧业生产信用社及土地信用社等。信用社的资金主要来源于其成员交纳的股金和吸收存款，贷款则用于解决其成员的资金需要。信用社主要的传统业务是发放短期生产贷款和消费贷款，但现在一些资金充裕的信用社也提供中长期贷款，以解决企业在生产设备更新和技术改造中的资金需求。

除此之外，非银行金融机构还有信托投资公司、租赁公司、企业集团财务公司等。

6. 外资、合资金融机构

外资金融机构是指国境内由外国投资者开设的银行、保险公司和证券公司等金融机构。合资金融机构是指外国资本与本国资本联合投资开设的银行和非银行金融机构。各国一般都将这类金融机构纳入本国金融机构体系内，并受本国金融当局的管理和监督。除特别限制之外，外资金融机构一般与国内同类金融机构从事同样的业务。随着 WTO 服务贸易总协定的实施，金融业市场准入扩大，外资金融机构设立的障碍在减少，业务经营的限制也在缩小，但要享受真正的国民待遇，由于各国都还有一些或明或暗的壁垒，因而还不是一件很容易办到的事。

总之，西方国家的金融机构体系庞大而复杂，图 19-1～图 19-3 分别归纳了美国、日本和英国金融机构体系的基本构成。

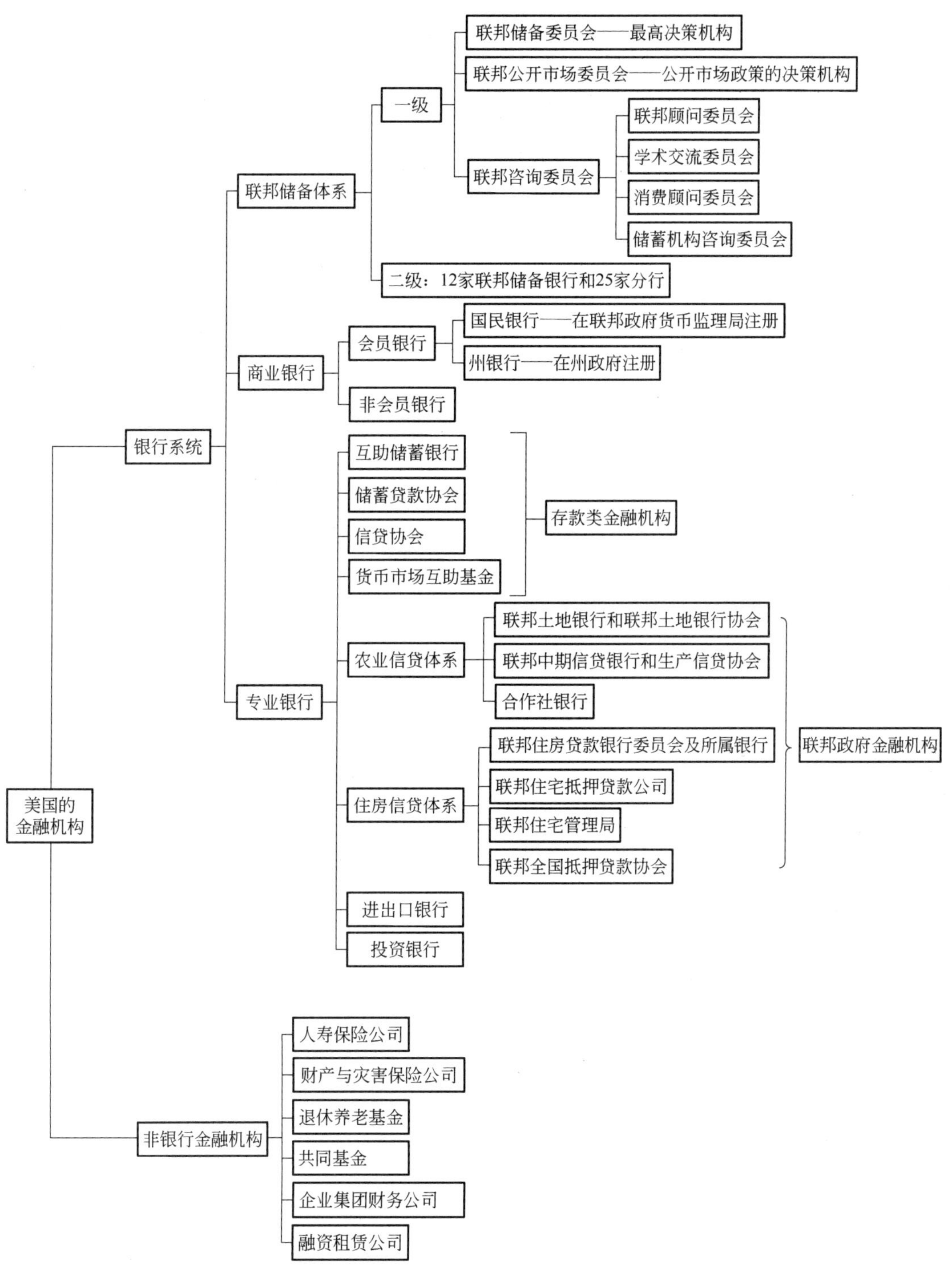

图 19-1　美国的金融机构体系

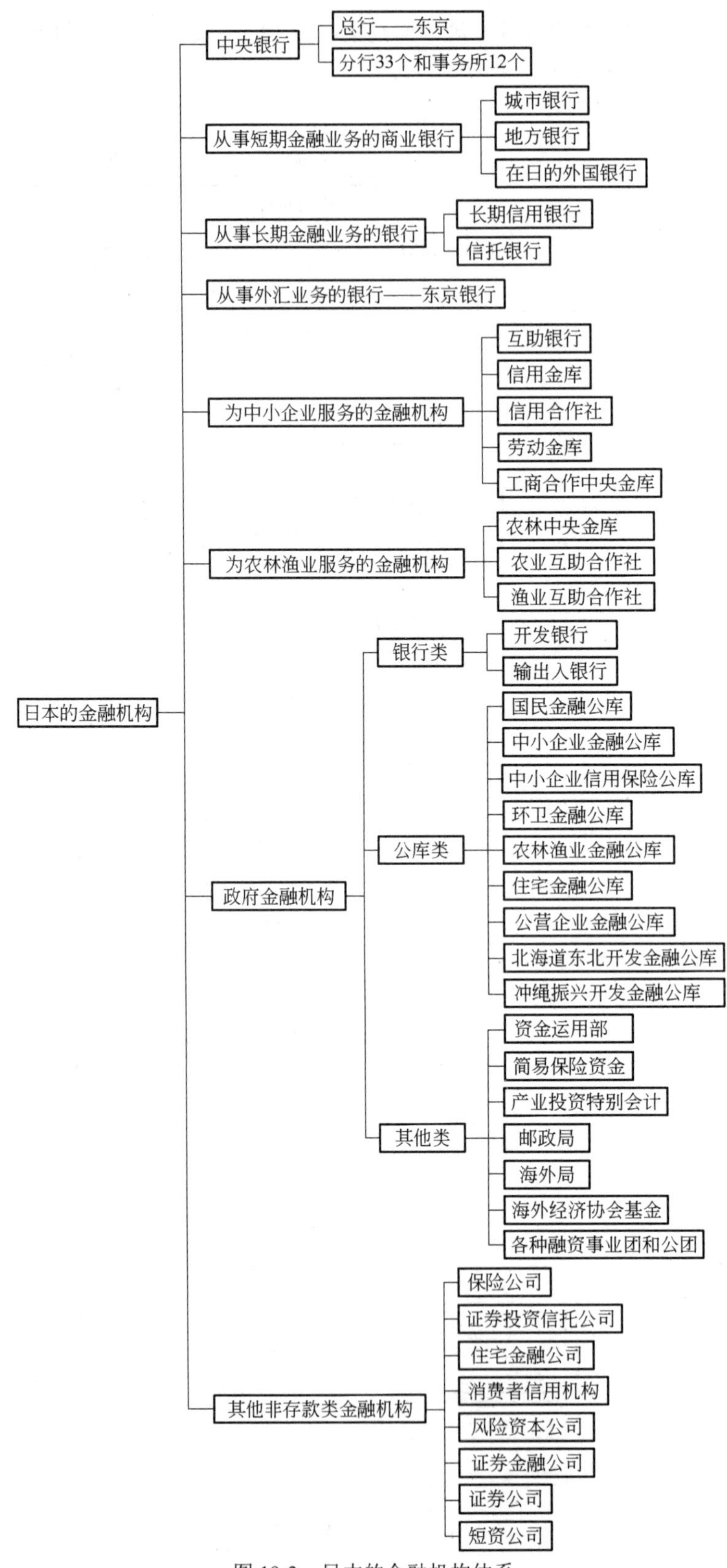

图 19-2　日本的金融机构体系

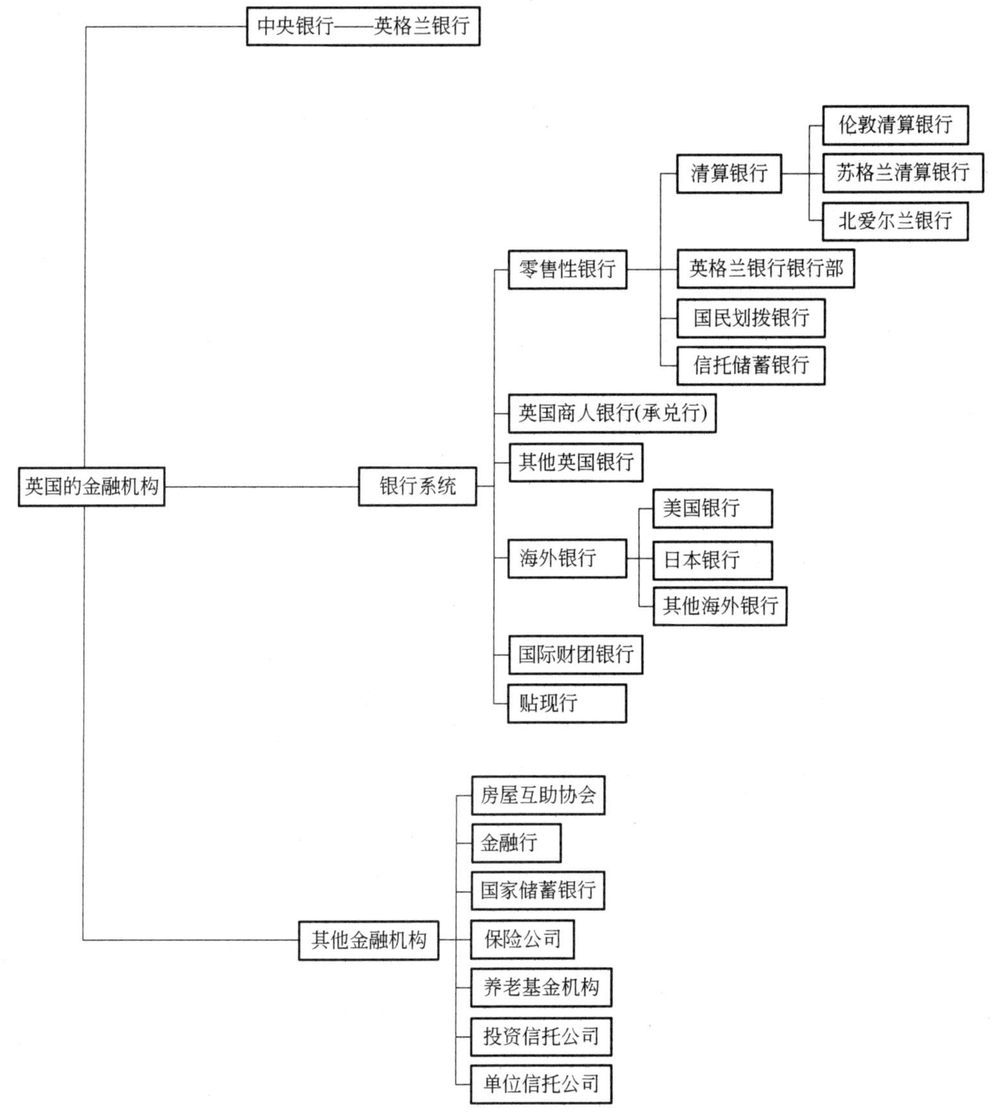

图 19-3　英国的金融机构体系

第二节　中国的金融机构

一、中国金融机构体系的构成

目前，中国的金融机构体系是以中央银行为核心，以商业银行和政策性银行为主体，多种金融机构并存、分业经营、相互协作的格局。

（一）中央银行

1983 年 9 月，中国人民银行剥离商业银行业务，专门行使中央银行职能，1995 年通过的《中国人民银行法》，就中国人民银行的设立、职能等以立法形式作出了界定。

中国人民银行总行设在北京，并在全国设有众多的分支机构。1997 年以前按照中央、省（市）、地（市）、县（市）四级分别设置总分支行，省市及以下分支行的管理实行条块结合，地方政府干预较多。1997 年下半年，中央银行体制进行改革，撤销省级分行，设置大区分行，实行总行、大区分行、中心支行和县市支行四级管理体制。

2023 年 3 月，十四届全国人大宣布中央银行体制进行重大改革，撤销中国人民银行大区分行及分行营业管理部、总行直属营业管理部和省会城市中心支行，在 31 个省（自治区、直辖市）设立省级分行，在深圳、大连、宁波、青岛、厦门设立计划单列市分行。中国人民银行北京分行保留中国人民银行营业管理部牌子，中国人民银行上海分行与中国人民银行上海总部合署办公。不再保留中国人民银行县（市）支行，相关职能上收至中国人民银行地（市）中心支行。对边境或外贸结售汇业务量大的地区，可根据工作需要，采取中国人民银行地（市）中心支行派出机构方式履行相关管理服务职能。

2003 年银行监管职能从中国人民银行中分离出来，单独成立中国银行业监督管理委员会（简称“银监会”），对银行、金融资产管理公司、信托公司以及其他存款类机构实施监督管理。2018 年组建中国银行保险监督管理委员会，不再保留银监会和保监会。2023 年 3 月，十四届全国人大宣布取消中国银行保险监督管理委员会，组建国家金融监督管理总局。统一负责除证券业之外的金融业监管，强化机构监管、行为监管、功能监管、穿透式监管、持续监管，统筹负责金融消费者权益保护，加强风险管理和防范处置，依法查处违法违规行为，作为国务院直属机构。将中国人民银行对金融控股公司等金融集团的日常监管职责、有关金融消费者保护职责、中国证券监督管理委员会的投资者保护职责划入国家金融监督管理总局。中国证券监督管理委员会由国务院直属事业单位调整为国务院直属机构。强化资本市场监管职责，划入国家发展和改革委员会的企业债券发行审核职责，由中国证券监督管理委员会统一负责公司（企业）债券发行审核工作。中国人民银行在剥离了监管职能后，作为中央银行在宏观调控体系中的作用将更加突出，将加强制定和执行货币政策的职能，不断完善有关金融机构运行规则和改进对金融业宏观调控政策，更好地发挥中央银行在宏观调控和防范与化解金融风险中的作用。人民银行和银监会将在以后的实践中加强合作，建立密切的联系机制。

（二）商业银行

中国的商业银行体系包括正在向商业银行转变的原有六大专业银行——中国工商银行、中国农业银行、中国建设银行、中国银行、交通银行、中国邮政储蓄银行，以及 1987 年以后建立的中信实业银行、招商银行、华夏银行、光大银行、民生银行、广东发展银行、福建兴业银行、平安银行、浦东发展银行、浙商银行、徽商银行、烟台住房储蓄银行、蚌埠住房储蓄银行等。此外，还包括 1998 年以来由城市合作银行改建的一大批城市商业银行。众多的外资银行也是我国商业银行体系的组成部分。

在中国的商业银行中，中、农、工、建、交、邮储六大国有（控股）商业银行是主体，截至 2021 年末，这六家国有银行总资产合计达 145.47 万亿元。其中，中国工商银行以 35.17 万亿元依旧位列第一。六家国有银行占全国存款类金融机构总资产的 70%以上。它们吸收存款和发放贷款的余额，也分别占全国银行吸收存款和发放贷款余额的 70%以上。

1995 年颁布的《中华人民共和国商业银行法》规定，商业银行在中国境内不得从事信托投资和股票业务，不得投资于非自用不动产，不得向非银行金融机构和企业投资。这说明中国商业银行业务与信托、证券等投资银行业务必须实行分业经营，不能交叉。

（三）政策性银行

1994 年我国先后组建了国家开发银行、中国进出口银行和中国农业发展银行三家政策性银行。建立政策性银行是国家专业银行向国有商业银行转变的战略性决策。其目的是实现政策性金融与商业性金融分离，以解决专业银行身兼二任的问题，同时也是为了割断政策性贷款与基础货币的直接联系，确保中国人民银行调控基础货币的主动权。这三家政策性银行将原来四大专业银行的政策性业务承包过来，一方面便于原四大专业银行尽快向商业银行转化；另一方面，可以在市场经济条件下，保证对投资期限长、收益低甚至无收益的国家基础项目和重点项目在资金上予以倾斜。

三家政策性银行均实行自主经营，企业化管理，保本微利。其资金来源主要有三个渠道：一是财政拨付，二是由原来的各专业银行划一块，三是各政策性银行发行金融债券筹资。目前，国家开发银行和进出口银行的 90%资金是在金融市场上发行债券筹措的，而且正在由过去的派购转向市场化发行。

三家政策性银行的分工是：中国农业发展银行主要办理粮食、棉花等主要农副产品的国家专项储备和收购贷款、扶贫贷款和农业综合开发贷款，以及国家确定的小型农、林、牧、水基本建设和技术改造贷款。中国进出口银行主要为扩大我国机电产品和成套设备出口提供出口信贷和有关的各种贷款，以及办理出口信贷保险和担保业务。国家开发银行主要为国家重点项目、重点产品和基础产业提供金融支持。1998 年 12 月，经中国人民银行批准，建立于 1981 年并已拥有 29 个分支机构的中国投资银行并入国家开发银行，其全部债权债务由国家开发银行承担，但仍保留“中国投资银行”这个名称，并向中国证监会申领资本市场业务许可证，开展投资银行业务，重组和优化存量资产，逐步实现国家重点行业和重大项目建设资金来源市场化。

（四）非银行金融机构

1．保险公司

1980 年以后，中国人民保险公司逐步恢复了停办多年的国内保险业务，1995 年，中国人民保险公司改建为中国人民保险集团公司，简称中保集团。中保集团直接对国务院负责，中国人民银行负责对中保集团的业务领导、监督和管理。中保集团下设中保财产保险有限公司、中保人寿保险有限公司、中保再保险有限公司。中保集团及三个专业公司均为企业法人。1998 年 10 月，中国人民保险集团公司宣告撤销，其下属的三个子公司成为一家独立的国有保险公司——中国财产保险有限公司、中国人寿保险有限公司、中国再保险有限公司。此外，全国性保险公司还有中国太平洋保险公司、中国平安保险公司。1998 年 11 月，中国保险监督管理委员会成立，与中国人民银行、中国证监会并列，分别对保险业、银行业和证券业进行监管。

目前我国信托投资公司的业务主要有以下四类。

（1）信托投资业务　这类业务按资金来源可分为自筹资金投资和委托资金投资。自筹资金投资是指信托投资公司运用自有资金和组织的信托存款，以及发行公司股票、债券筹集的资金，直接向企业或项目进行投资。委托资金投资则是信托投资公司接受委托单位的资金，对投资项目的资金使用负责监督管理，以及办理投资项目的收益处理等。

（2）代理业务　即代理保管、代理收托、代理有价证券的发行和买卖、信用担保等。

（3）租赁业务　主要经营融资性租赁。

（4）咨询业务　包括资信咨询、项目可行性咨询、投资咨询和金融咨询等。

2．证券机构

证券机构是指从事证券业务的金融机构，包括证券公司、证券交易所、证券登记结算公司、证券投资咨询公司、证券评估公司等。其中，证券公司和证券交易所是最主要的证券机构。证券公司是专门从事有价证券发行和买卖等业务的金融机构。它不仅受托办理证券买卖业务，同时自己也从事有价证券的买卖经营。

我国将证券公司分为综合类证券公司和经纪类证券公司，进行分类管理。综合类证券公司注册资本最低限额为5亿元人民币，经纪类证券公司为5000万元人民币。按规定，综合类证券公司可以经营证券经纪业务、证券自营业务、证券承销和经证监会核定的其他证券业务，经纪类证券公司只能经营证券经纪业务。

我国证券法规定，证券业和银行业、信托业、保险业实行分业经营和分业管理，证券公司与银行信托、保险业机构分别设立。目前证券业与银行业已基本实现分离，但信托投资公司和保险公司仍设有大量证券经营机构，而这些兼营机构的证券业务占全国证券业务的60%。因此，如何按照证券法的要求实现证券业、信托业、保险业的分业经营，是一个有待解决的问题。

在我国，证券公司还可以从事投资银行的各项业务。但从事投资银行业务的不仅有证券公司，还有下述机构：①现已并入国家开发银行的中国投资银行；②中外合资金融公司，如1995年中国建设银行与国外证券公司联合组建的由建行控股的中国国际金融有限公司，1998年中国工商银行与香港东亚银行组建的工商东亚金融控股有限公司，都可以全面开展投资银行业务；③1999年3～10月，我国先后组建的四家注册资本均为100亿元人民币的国有资产管理公司（信达、华融，长城、东方资产管理公司）分别负责处置建设银行、工商银行、农业银行、中国银行剥离的1996年以前的不良资产，通过综合运用出售、置换、资产重组、债转股、证券化等方法，对贷款及抵押品进行处置，对债务人提供管理咨询、收购兼并、分立重组、包装上市等方面的服务，对确属资不抵债、需要关闭破产的企业申请破产清算。这实际上也是从事投资银行的业务。

证券交易所是不以营利为目的，为证券的集中和有组织的交易提供场所、设施，并履行相关职责，实行自律性管理的会员制金融机构。中国目前有三家证券交易所，即上海证券交易所、深圳证券交易所和北京证券交易所。其职能是：提供证券交易的场所和设施；制定证券交易所的业务规则；接受上市申请，安排证券上市；组织、监督证券交易；对会员和上市公司进行监管；设立证券登记结算公司；管理和公布市场信息及国家证监会许可的其他职能。

3．金融租赁公司

即主要办理租赁业务的专业金融机构。中国第一家金融租赁公司——中国对外贸易租赁公司成立于1986年11月。到2000年底，全国有金融租赁公司13家，账面资产总计478亿元人民币，存款余额68亿元人民币，贷款余额88亿元人民币。我国金融租赁公司的业务范围如下。

① 融资租赁业务，包括承办国内外各种机电设备、交通运输工具、仪器仪表等动产及其附带的先进技术的融资租赁业务、转租业务以及对出租资产残值的销售处理业务；不动产租赁业务；国内服务性租赁业务；与租赁有关产品的进出口业务；担任租赁业务的资信调查，

咨询服务；对所属联营公司、营业部、代理部进行经济担保等。

② 吸收人民币资金，包括财政部门委托投资，企业主管部门委托投资或贷款的信托资金；保险机构的劳保基金；科研单位的科研基金；各种学会、基金会的基金等。

③ 办理经中国人民银行批准的人民币债券发行业务。

④ 办理外汇业务，包括境内外外币信托存款；境内外外币借款；在国内外发行或代理发行有价证券、外汇担保业务等。

⑤ 办理经中国人民银行、国家外汇管理局、外经贸部批准的其他业务。

4．企业集团财务公司

这是由金融业与工商企业相互结合建立的金融股份有限公司。最早于1716年在法国产生，其后英、美各国相继效仿成立。当代西方的财务公司一般以消费信贷、企业融资和财务、投资咨询等业务为主。我国第一家企业集团财务公司于1984年在深圳经济特区建立。财务公司主要由企业集团内部各成员单位入股成立，并向社会募集中长期资金，其宗旨和任务是：为本企业集团内部各成员单位提供融资服务，以支持企业的技术进步与发展。财务公司一般不得在企业集团外部吸收存款，业务上受中国人民银行领导和管理，行政上则隶属于各企业集团。主要业务有：人民币存贷款投资业务、信托和融资性租赁业务、发行和代理发行有价证券等。

5．农村信用合作社

这是我国历史最长、规模最大、覆盖面最广的合作金融机构。根据2003年国务院下发的《深化农村信用社改革试点方案》，农村信用合作社的改革模式有三种：①将农村信用合作社发展成为股份制商业银行；②在农村信用社现有基础上，建立县级联社一级法人结构和县乡镇两级法人结构；③转化为农村商业银行或村镇银行。

6．投资基金

我国于1991年开始设立投资基金，截至2022年7月底，我国共有140家基金管理公司，其中，外资基金管理公司45家，内资基金管理公司95家，获得公募基金管理资格的证券公司或证券公司资产管理子公司12家，保险资产管理公司2家。上述机构管理的公募基金共管理产品为10123只，资产净值合计27.06万亿元。我国的投资基金规模日益扩大，对金融投资市场的影响日益重要，并逐渐成为证券市场中不可忽视的重要机构投资者。

7．邮政储蓄机构

早在1908年清政府推行新政时就试图开办邮政储蓄业务，当时曾派人到奥地利考察，并做了一些筹备工作。1918年，中华民国政府颁布了《邮政储金条例》，开始在大城市试办邮政储金业务。1930年3月在上海成立邮政储金汇业总局。新中国成立后，1949年11月，政务院财经委员会决定，由邮政系统接管邮政储金业务，在中国人民银行统一指导下进行工作；1950年6月撤销邮政储金汇业局，1953年停办邮政储蓄业务。1986年重新恢复邮政储蓄业务，同年3月18日成立邮政储汇局，负责全国邮政储蓄和汇兑等业务，下设储蓄汇兑、保险等6个工作部门。其主要职责是：组织实施邮电部与中国人民银行签订的储蓄与汇兑业务的有关协议；制定邮政储蓄等业务的经营方针和规章制度；开展调查、分析、稽核工作，研究货币流向，保证储汇资金安全。具体办理以下业务：城乡居民个人人民币储蓄存款、汇兑、结算代办保险和代理发售国库券等。我国邮政储蓄机构已改为邮政储蓄银行，成为六大国有银行之一。

（五）外资金融机构

1979年，我国拉开了银行业对外开放的序幕，允许外资银行在华设立代表处。1981年，允许外资银行在深圳等5个经济特区设立营业性机构，从事外汇金融业务，并逐步扩大到沿海开放城市和所有中心城市。经过几十年的发展，在华外资金融机构的数量和业务规模不断扩大，已成为我国金融体系的重要组成部分，外资金融机构在促进我国金融业改革与发展，支持我国经济建设方面发挥了重要作用。

我国对外资金融机构的引进主要采取三种形式：一是允许其在我国设立代表机构，二是允许其设立业务分支机构，三是允许其与我国金融机构设立中外合资金融机构。

截至2001年底，外资银行在我国设代表处214家、营业机构190家，其中，外国银行分行158家，外资银行总资产452亿美元，外汇贷款总额约140亿美元。自1996年以来，已批准上海、深圳等地的31家外资银行从事人民币业务的试点，并且从1999年2月起，外资银行可在全国所有中心城市设立营业性机构。

1980年10月，美国国际集团AIG在上海设立代表处，拉开了外资保险公司进军中国的序幕。此后，外国保险企业在中国的开放区域和业务范围不断扩大。

（六）台湾和香港地区的金融机构

台湾是中国领土的一部分，由于历史的原因，目前它拥有自己独立的金融机构体系，包括“中央银行”、商业银行、专业银行、基层合作金融机构、中央信托局、邮政储金汇业局、信托投资机构及保险公司等。

香港按照“一国两制”的原则，保留了与内地不同的金融机构体系。其特点是没有专门的中央银行、中央银行的职能由金管局、银行同业公会和商业银行分别承担。实行银行三级制或金融三级制，即将接受存款机构划分为持牌银行、有限持牌银行和接受存款公司三类，统称认可机构。2000年底，香港共有持牌银行154家，其分行为1568家；有限持牌银行48家，接受存款公司61家。二类金融机构对客户的存款负债总额为34830亿港元。

我国现阶段金融机构体系的大致构成，如图19-4所示。

二、现阶段中国与西方国家金融机构体系的比较

现阶段的中国金融机构体系与西方国家比较，既有相同点，又有不少差别。其相同点主要表现在：①都设立有中央银行及中央金融监管机构；②金融机构的主体都是商业银行和专业银行；③非银行金融机构都比较庞杂：④金融机构的设置不是固定不变的，而是随着金融体制的变革不断进行调整的。

其不同点主要表现在：①中国人民银行隶属于政府，独立性较小，制定和执行货币政策都要服从于政府的经济发展目标；②中国的金融机构以国有制为主体，即使是股份制的金融机构，实际上也是以国有产权为主体；③随着城市商业银行的建立，中国商业银行数量正在增加，但总数不多，规范的专业银行也较少，即作为金融机构体系主体的商业银行和专业银行数量相对不足；④中国政策性银行的地位突出，但政策性金融业务（包括四大国有商业银行承担的）的运作机制仍然设有完全摆脱资金“大锅饭”体制的弊端；⑤中国商业银行与投资银行仍然实行严格的分业经营，而西方国家商业银行都在向全能银行方向发展；⑥中国的

专业银行发展缓慢；⑦中国的保险业比较落后，保险机构不多，特别是地方性保险机构有待发展，保险品种少，保险业总资产和保费收入与中国经济总体规模、人口规模相比较显得太小；⑧西方国家金融机构的设置及其运作，都有相应的法律作为依据，我国的金融法律主要

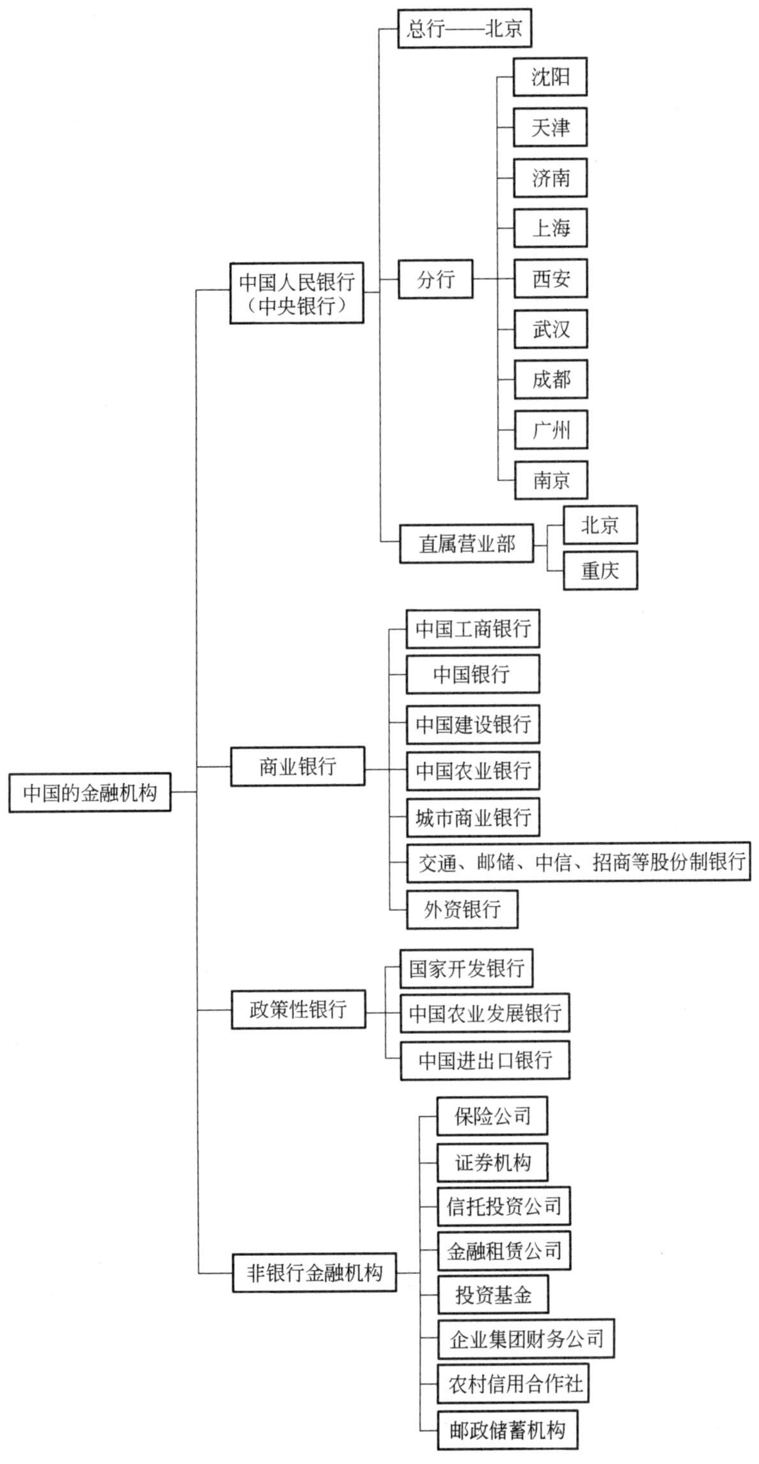

图 19-4 我国现阶段金融机构体系

包括《中国人民银行法》《银行业监督管理法》《商业银行法》《证券法》《保险法》《票据法》《反洗钱法》《人民币管理条例》等。

本章思考题

① 西方国家的中央银行有哪几种制度形式?
② 西方国家专业银行的特点是什么?
③ 商业银行的主要业务有哪些?
④ 投资银行与储蓄银行的业务有哪些区别?
⑤ 什么是投资基金，其组织形式如何?
⑥ 中国的金融机构与西方国家的金融机构相比较有什么异同?
⑦ 试述现阶段我国金融机构体系的构成。
⑧ 试述金融机构的功能。

第二十章
商业银行

第一节　商业银行的产生和发展

一、商业银行的产生

商业银行是市场经济发展的产物，它是为适应市场经济发展和社会化大生产而形成的一种金融组织。几个世纪以来，商业银行作为金融体系的主体组成部分，在资本主义市场经济的成长和发展过程中发挥了重大作用。随着我国市场经济的深入发展，商业银行也必将在我国社会主义市场经济的发展中发挥重大作用。

如果从历史发展顺序来看，银行业最早的发源地应该是意大利。早在 1272 年，意大利的佛罗伦萨就已出现一个巴尔迪银行，随后 1310 年，佩鲁齐银行成立。1397 年，意大利又设立了麦迪西银行，10 年后又出现了热那亚乔治银行。当年的这些银行都是为方便经商而设立的私人银行，比较具有近代意义的银行则是 1587 年设立的威尼斯银行。

14～15 世纪的欧洲，由于优越的地理环境和社会生产力的较大发展，各国与各地之间的商业往来也逐渐频繁。然而，由于当时的封建割据，不同国家和地区之间所使用的货币在名称、成色等方面存在着很大差异。要实现商品的顺利交接，就必须把各自携带的各种货币进行兑换，于是就出现了专门的货币兑换商从事货币兑换业务。

随着商品经济的迅速发展，货币兑换和收付的规模也不断扩大，为了避免长途携带大量金属货币带来的不便和风险，货币兑换商在经营兑换业务的同时开始兼营货币保管业务，后来又发展到办理支付和汇兑。随着货币兑换和货币保管业务的不断发展，货币兑换商集中了大量货币资金，当这些长期大量积存的货币余额相当稳定，可以用来发放贷款，获取高额利息收入时，货币兑换商便开始了授信业务。货币兑换商由原来被动接受客户的委托保管货币转而变为积极主动揽取货币保管业务，并且从降低保管费或不收保管费发展到给委托保管货币的客户一定好处时，保管货币业务便逐步演变成了存款业务。由此，货币兑换商逐渐开始从事信用活动，商业银行的萌芽开始出现。

17 世纪以后，随着资本主义经济的发展和国际贸易规模的进一步扩大，近代商业银行的雏形开始形成。随着资产阶级工业革命的兴起，工业发展对资金的巨大需求客观上要求有商业银行发挥中介作用。在这种形势下，西方现代商业银行开始建立。1694 年，英国政府为了同高利贷作斗争，以维护新生的资产阶级发展工商业的需要，决定成立一家股份制银行——英格兰银行，并规定英格兰银行向工商企业发放低利贷款，大约在 5%～6%。英格兰银行的成立，标志着现代商业银行的诞生。

二、商业银行的发展

1．商业银行形成的途径

西方国家商业银行产生的社会条件和发展环境虽各不相同，但归纳起来主要有以下两条途径。

（1）从旧的高利贷银行转变而来　早期的银行是在资本主义生产关系还未建立时成立的，当时贷款的利率非常高，属于高利贷性质。随着资本主义生产关系的建立，高利贷因利息过高而影响资本家的利润，制约资本主义的发展。此时的高利贷银行面临着贷款需求锐减的困境和关闭的威胁。不少高利贷银行顺应时代的变化，减低贷款利率，转变为商业银行。这种转变是早期商业银行形成的主要途径。

（2）按资本主义组织原则，以股份公司形式组建而成的现代商业银行　大多数商业银行是按这一方式建立的。最早建立资本主义制度的英国，也最早建立了资本主义的股份制银行——英格兰银行。当时的英格兰银行宣布，以较低的利率向工商企业提供贷款。由于新成立的英格兰银行实力雄厚，很快就动摇了高利贷银行在信用领域的地位，英格兰银行也因此而成为现代商业银行的典范。英格兰银行的组建模式被推广到欧洲其他国家，商业银行开始在世界范围内得到普及。

现代商业银行在商品经济发展较快的国家和地区迅速发展。但是在不同的国家，商业银行的名称各不相同，如英国称之为存款银行、清算银行；美国称之为国民银行、州银行；日本称之为城市银行、地方银行；等等。

2．商业银行发展的模式

经过几个世纪的发展，商业银行的经营业务和服务领域发生了巨大变化。综观世界商业银行的发展过程，大致可以分为以下两种模式。

（1）以英国为代表的传统模式的商业银行　这一模式深受“实质票据论”的影响和支配，资金融通有明显的商业性质，因此主要业务集中于短期的自偿性贷款。银行通过贴现票据发放短期贷款，一旦票据到期或承销完成，贷款就可以自动收回。这种贷款由于与商业活动企业产销相结合，所以期限短、流动性高，商业银行的安全性就能得到一定保证，并获得稳定的利润。但是这种传统模式也有不足，使商业银行的业务发展受到一定的限制。

（2）以德国为代表的综合式的商业银行　与传统模式的商业银行相比，综合式的商业银行除了提供短期商业性贷款以外，还提供长期贷款，甚至可以直接投资股票和债券，帮助公司包销证券，参与企业的决策与发展，并为企业提供必要的财务支持和咨询服务。至今，不仅德国、瑞士、奥地利等少数国家采用这种模式，而且美国、日本等国的商业银行也在向综合式商业银行转化。这种综合式的商业银行有“金融百货公司”之称。它有利于银行展开全方位的业务经营活动，充分发挥商业银行的经济核心作用，但也有增加商业银行经营风险等不足。

三、现代商业银行的发展趋势

20 世纪 90 年代以来，随着国际经济环境的不断变化，经济全球化浪潮的到来，以及以信息技术为核心的现代高科技的迅猛发展，现代商业银行的业务经营和管理发生了根本的变革，并且这种变革还将持续下去。这些变革可归纳为以下几个方面。

1．银行业务的全能化

从20世纪70年代开始，由于金融竞争十分激烈，金融工具不断创新，金融管理制度逐渐放松，商业银行逐渐突破了与其他金融机构分工的界限，走上了业务经营全能化的道路。

商业银行业务经营全能化的主要原因有：①由于近年来商业银行存款结构发生了变化，定期存款和储蓄存款的比重有所上升，这一变化为商业银行发放中长期贷款和从事证券投资业务提供了稳定的资金来源；②商业银行竞争的加剧和金融管制的放松，不仅使商业银行开拓新业务成为必要，而且也使商业银行开拓新业务成为可能；③西方商业银行的经营管理理论经历了从资产管理理论到负债管理理论，再到资产负债综合管理理论的演变过程，这些理论的产生和发展，为商业银行的业务发展开辟了广阔的天地，也为商业银行业务的全能化提供了理论依据。

商业银行业务的全能化主要体现在以下方面。

① 业务经营出现了证券化趋势。在国际金融市场上，各种传统的银行信贷越来越多地被各种各样的证券融资所取代。特别是进入20世纪90年代以来，债券融资方式所占比重平均都超过60%，国际债券的发行总额已经超过了国际银行的信贷总额。与此同时，商业银行的资产业务也转换为证券的方式。商业银行将某笔贷款或一组贷款汇集起来，以此作为抵押发行证券，使其在市场上流通转让，因此可以大大提高商业银行资产的流动性。

② 商业银行通过金融创新开发出许多新的中间业务和表外业务，以获取手续费收入，非利差收入在银行业占比的大幅增加就是有力佐证。根据美国联邦储备委员会的统计，1990年，美国商业银行的收入总额中来自贷款利息的收入占61%，各种证券收益占17%，各种服务手续费收入占12%。其中，九大商业银行平均贷款利息收入占60%，证券收益占9%，而各种手续费收入高达21%。而到了1999年，非利差的佣金收入高达1445亿美元，所占比例高达42.92%。

③ 自20世纪80年代以来，随着金融自由化的发展，商业银行已经通过各种途径渗透到证券、保险等各个行业，金融业之间的界限日益模糊。以英美为代表的部分国家自30年代起盛行的分业经营体制开始土崩瓦解，转向全能银行制度。英联邦国家中的发达国家是在80年代中期到1992年期间完成这一过程的，日本是在1998年12月彻底放弃分业经营的。发展中国家如拉美的许多国家也早就取消了分业制度。韩国已基本完成向全能银行制度的过渡。东欧转型国家中的绝大部分在转轨伊始即实行全能银行制度。美国在1999年通过《金融服务现代化法》，其核心内容就是废止《格拉斯-斯蒂格尔法》（1933年）——维系美国半个世纪的分业经营体制的法律，允许银行、证券公司和保险公司混业经营。这一法案的通过，标志着金融分业经营在所有发达国家的结束（表20-1）。

表20-1　20世纪90年代国际资本市场融资额及各种融资方式所占比重

时间	国际债券		国际贷款		总额/百万美元
	金额/百万美元	比重/%	金额/百万美元	比重/%	
1990年	229915.1	63.61	131515.8	36.39	361430.9

续表

时间	国际债券		国际贷款		总额/百万美元
	金额/百万美元	比重/%	金额/百万美元	比重/%	
1991 年	308730	71.38	123770.4	28.62	432500.4
1992 年	333693.3	72.82	124561.8	27.18	458255.1
1993 年	480997.8	76.86	144838.1	23.14	625835.9
1994 年	428628.1	64	241074.0	36	669702.1
1995 年	467289.6	55.55	373973.0	44.45	841262.6
1996 年①	522360.5	66.24	266261.4	33.76	788621.9

① 1996 年仅包括前三个季度。

注：资料来源于国际经合组织（国际资本市场统计）。

2. 银行资本的集中化

由于银行业竞争的加剧以及金融业风险的提高，加之产业资本不断集中的要求，商业银行出现了购并的浪潮。特别是亚洲金融危机以来，国际银行业购并的个案层出不穷。从美国、瑞士、日本到亚洲金融危机的受灾国，都出现了大量的银行购并案（表 20-2）。

表 20-2　20 世纪 90 年代全球 100 亿美元以上的银行业购并案

排名	买方	卖方	购并交易规模/亿美元
1	旅行者集团	花旗集团	800
2	国民议会	美洲银行	600
3	三菱银行	东京银行	338
4	瑞士联合银行	瑞士银行	330
5	第一银行	芝加哥第一公司	300
6	三井银行	太阳神户银行	230
7	第一联合银行	科斯泰茨金融公司	166
8	国民银行公司	巴尼特银行	155
9	韦尔斯法戈银行	第一洲际银行	123
10	化学银行	大通曼哈顿银行	100

注：资料来源于《参考消息》1998 年 4 月 19 日，经整理。

目前，银行业购并浪潮方兴未艾。最近总部设在伦敦的香港汇丰银行正在着手购并韩国的汉城银行；日本三家大银行，即富士银行、日本兴业银行、第一劝业银行宣布已经合并。大银行或大金融集团的相互购并，形成金融业的“巨无霸”，使银行资本大量集中，银行资产规模迅速扩大。

银行购并的主要原因有以下几个方面。

（1）银行业竞争的日益加剧　通过银行业之间的合并，提高银行的竞争能力。

（2）金融创新的大量出现　导致金融风险剧增，通过银行业之间的合并，提高银行抵御金融风险的能力。

（3）拓宽业务经营范围 有些银行业务范围受到限制，通过兼并业务范围较宽的银行，扩大自身的业务范围。

（4）提高金融服务质量 由于受自身业务网点的局限，有些银行损失了一些客户。通过银行业之间的合并，扩大银行的服务空间，以满足客户的要求，提供更加方便的服务。

3．银行服务流程的电子化

随着国际贸易的发展、银行业竞争的加剧以及高科技的快速发展，银行业的业务经营发生了一场科技革命。科学技术的广泛运用再造了银行的业务流程，商业银行业务处理趋于自动化、综合管理信息化以及客户服务全面化。具体体现在以下方面。

① 目前广泛使用的银行自动化服务系统，包括现款支付机、自动柜员机以及售货终端机等，这些自动化服务系统对存款人有很大的吸引力。

② 信用卡的普及和广泛流通为银行和信用卡公司带来了众多的客户和丰厚的收益。

③ 银行内部业务处理和银行资金转账系统的自动化使大量的银行业务，如记账、运算、审核、传递、清算交割等都通过计算机进行，不仅大大提高了效率，而且减少了许多人为的失误。通过一个或多个计算机处理中心与众多的电脑终端联结而成的电子资金转账系统，使银行与客户之间、银行与银行之间及银行与其他金融机构之间的资金划拨瞬间完成。

目前世界上最重要的电子资金转账系统有美国的联邦储备支付系统（Fed Wire），美国纽约的银行同业收付系统（CHIPS），英国的票据交换所自动收付系统（CHAPS），以及由全球50 多个国家和地区的 1000 多家银行组成的国际性银行资金清算系统——全球银行间金融电信协会（SWIFT）。

4．网络银行的发展

IT 业的发展和互联网的推广在银行领域的直接影响是催生了网络银行，即以互联网技术为基础所展开的银行业务。这种网络银行又有两种形式，一是传统的商业银行开办网络银行业务，二是新出现了一批纯粹的网络银行。

传统的商业银行开办网络业务，基本上是按如下步骤展开的：①建立一个门户网站；②把传统的银行业务逐步搬到网上，银行通过网络销售产品，提供服务；③利用互联网技术，创造出新产品、新业务，从而吸引新客户；④利用银行独有的客户优势、网络优势、资金清算系统优势，与其他网络公司和商家合作，开展电子商务。

按美国最著名的网络银行评价网站的标准，在线银行至少提供以下五类业务才可以称为网络银行：网上支票账户、网上支票异地结算，网上货币数据传输、网上互动服务和网上个人信贷。目前，不少银行还不能提供这几类业务，而只是在网站上提供银行的历史资料、业务信息等。据美国《在线银行报告》，全美国最大的 100 家银行均拥有自己的网址和网页，但是其中只有 24 家被列为“真正的网络银行”。而纯网络银行的战略则在于适应客户瞬息变化的交易偏好，并以其低经营成本为竞争策略，不仅提供诸如申请新账户、签发支票查询账户金额、转账、付款等一般银行业务，还提供账簿管理、税收查询和财务预算方面的服务。

现在，几乎所有的银行都已建立起自己的网站，其中有相当多的银行已开始在网上提供银行业务服务。搬统计，早在 1996 年底，美国就有 2000 家银行、储蓄和信贷机构设置网站并开始做网上银行业务。1995 年，美国还诞生了全世界第一家纯网上银行，到 2000 年 10 月，美国已有 800 万网民利用互联网办理银行业务。美国的前十大银行中，有 9 家早已打开了网上银行大门，接纳了众多的网上客户。在欧洲，至 1999 年底，已有 1200 家金融机构提供网上银行业务。德意志银行从 2000 年开始每年投资 10 亿欧元，用于网络银行的建设；西班牙 BBVA 银行，西班牙电信公司和爱尔兰 First-E 银行集团及网络公司于 2000 年 3 月达成联合协议，要组建首家全球性的网络银行集团。在亚洲，网上银行的建设步伐也很快；新加坡的银行早有动作；日本银行积极与跨国银行合作，推出网上银行业务。

5．商业银行的全球化趋势

商业银行的全球化和国际化趋势既是世界经济一体化的直接结果，也是世界经济一体化的直接推动力。据统计，目前全球共有 4 万多家跨国公司，其海外子公司多达 17 万家，这些跨国公司的生产占全球国民生产总值的 1/3，其贸易量占全球贸易量的 2/3，全球 70%的投资都掌握在它们的手中。经济的全球化必然导致国际资本流动的全球化，银行的全球化和国际化也就成为必然趋势。以美国为例，我们可以看到商业银行的全球化和国际化是伴随着其活动地域的扩张而逐步实现的。据统计，1950 年，美国只有 7 家商业银行在海外设有 95 个分支机构，而到 1999 年，到海外设立分支机构的商业银行达到 200 多家，其分支机构总数超过 4000 家；与此同时，美国国内银行的数量则急剧减少。而早在 1980 年，美国大商业银行的海外业务总量就占其业务总量的 30%以上。表 20-3 是 1980 年美国最大的 9 家商业银行的贷款结构。

表 20-3　1980 年美国大商业银行的国内外贷款结构

银行	国内贷款占比/%	国外贷款占比/%
花旗银行	58.3	41.7
美洲银行	36.8	63.2
大通曼哈顿银行	56.5	43.5
制造商汉诺威银行	51.0	49.0
摩根银行	42.2	57.8
信孚银行	48.1	51.9
大陆伊利诺斯银行	31.1	68.9
芝加哥第一国民银行	38.6	61.4
平均数	48.2	51.8

注：资料来源于美洲银行经济研究部研究报告。

第二节　商业银行的性质、职能和组织制度

一、商业银行的性质

商业银行是以追求最大利润为经营目标，以多种金融资产和金融负债为经营对象，为客

户提供多功能、综合性服务的金融企业。

商业银行是发展历史悠久、服务功能全面、对社会经济生活有着重大影响的金融企业。人们之所以称这一特殊的金融机构为商业银行，是由于这一金融机构最初是专门从事短期商业融资的。而现代商业银行的业务已经全能化了，是一种提供综合性服务的“全能”特殊金融企业。

商业银行的性质具体体现在以下几个方面。

1．商业银行具有一般企业的特征

商业银行与一般企业一样，拥有业务经营所需要的自有资本，依法经营，照章纳税，自负盈亏，具有独立的法人资格，拥有独立的财产、名称、组织机构和场所。商业银行也是由两个以上股东共同出资经营，并必须按公司法中的规定程序设立的经济组织。商业银行的经营目标是追求利润最大化，获取最大利润既是其经营与发展的基本前提，也是其发展的内在动力。

2．商业银行是一种特殊的企业

商业银行具有一般企业的特征，但又不同于一般企业，而是一种特殊的金融企业。因为一般企业经营的对象是具有一定使用价值的商品，而商业银行经营的对象是特殊商品——货币。商业银行是经营货币资金的金融企业，是一种特殊的企业。这种特殊性表现在以下四个方面。

（1）商业银行经营的内容特殊　一般企业从事的是一般商品的生产和流通，而商业银行是以金融资产和金融负债为经营对象，从事包括货币收付、借贷以及各种与货币有关的或与之相联系的金融服务。

（2）商业银行与一般工商企业的关系特殊　一方面，一般工商企业要依靠银行办理存贷款和日常结算，而商业银行也要依靠一般工商企业经营过程中暂时闲置的资金，增加资金来源，并以一般工商企业为主要贷款对象，取得利润；另一方面，一般工商企业是商业银行业务经营的基础，企业的发展和企业的素质影响商业银行的生存。

（3）商业银行对社会的影响特殊　一般工商企业的经营好坏只影响一个企业的股东和与这一企业相关的当事人，而商业银行的经营好坏可能影响整个社会的稳定。

（4）国家对商业银行的管理特殊　由于商业银行对社会的特殊影响，国家对商业银行的管理要比对一般工商企业的管理严格得多，管理范围也要广泛得多。

3．商业银行是一种特殊的金融企业

商业银行不仅不同于一般工商企业，而且与其他金融机构相比，也存在很大差异。

① 与中央银行比较，商业银行面向工商企业、公众、政府以及其他金融机构，商业银行从事金融业务的首要目的是营利，而中央银行是只向政府和金融机构提供服务的具有银行特征的政府机关，中央银行具有创造基础货币的功能，不从事金融零售业务，从事金融业务的目的也不是营利。

② 与其他金融机构相比，商业银行提供的金融服务更全面，范围更广。其他金融机构，如政策性银行、保险公司、证券公司、信托公司等都属于特种金融机构，只能提供一个或几个方面的金融服务，而商业银行则是“万能银行”或者“金融百货公司”，业务范围比其他金

融机构要广泛得多。

二、商业银行的职能

商业银行的性质决定了其职能。作为现代经济的核心，商业银行具有以下特定的职能。

1. 信用中介

信用中介职能是指商业银行通过负债业务，将社会上的各种闲散资金集中起来，通过资产业务，将所集中的资金运用到国民经济各部门中去。商业银行充当资金供应者和资金需求者的中介，实现了资金的顺利融通。信用中介职能是商业银行最基本、最能反映其经营活动特征的职能。由于信用中介职能，商业银行一方面通过支付利息吸收存款，增加资金来源；另一方面又通过贷款或有价证券投资收取利息及投资收益，形成商业银行利润。

商业银行的这种中介职能虽然没有改变资本的所有权，但改变了货币资本的使用权，使货币资本既处于流通过程，同时又处于一个分配过程。商业银行在执行信用中介职能的过程中，形成对经济过程多层次的调节关系。在不改变社会资本总量的条件下，改变资本的实际使用量，从而扩大生产规模，实现资本增值。商业银行通过执行信用中介职能，将社会闲置的小额货币资金汇集成巨额资本，将大部分用于消费的货币资本转化为生产建设资本，加速社会生产的增长；通过执行信用中介职能，把短期货币资本转化为长期资本，在盈利性原则的支配下，还可以使资本从效益低的部门向效益高的部门转移，从而优化经济结构。

2. 支付中介

支付中介职能是指商业银行利用活期存款账户，为客户办理各种货币结算、货币收付、货币兑换和转移存款等业务活动。在执行支付中介职能时，商业银行是以企业、团体或个人的货币保管者、出纳或支付代理人的身份出现的。商业银行支付中介职能形成了以它为中心，经济过程中无始无终的支付链条和债权债务关系。

从历史来看，商业银行的支付中介职能先于信用中介职能。最初产生的货币经营企业主要从事货币保管和办理支付，当货币积存量不断增加，货币经营企业为求盈利而放款时，信用中介职能才产生。但从发展过程来看，支付中介职能也有赖于信用中介职能的发展。因为只有在客户有存款的基础上，商业银行才能办理支付，所以二者相互推进，共同构成了商业银行信贷资金的整体运动。

商业银行所具有的支付中介职能，一方面有利于自身获得稳定而又廉价的资金来源；另一方面又为客户提供良好的支付服务，节约流通费用，增加生产资本的投入。

3. 信用创造

信用创造职能是商业银行的特殊职能，它是在信用中介和支付中介职能的基础上产生的。信用创造是指商业银行利用其吸收活期存款的有利条件，通过发放贷款、从事投资业务而衍生出更多的存款，从而扩大货币供应量。商业银行的信用创造包括两层意思：一是指信用工具的创造，如银行券或存款货币；二是指信用量的创造。信用工具的创造是信用量创造的前提，信用量的创造是信用工具创造的基础。

商业银行通过吸收各种存款并通过资金运用，把款项贷给工商企业，在支票流通和转账的基础上，贷款转化为新的存款；在这种新的存款不提现或不完全提现的条件下，又可用于发放贷欺，贷款又会形成新的存款。在整个银行体系中，除了开始吸收的存款为原始存款外，其余都是商业银行贷款创造出来的派生存款。

必须指出的是，整个信用创造过程是中央银行和商业银行共同创造完成的。中央银行运用创造货币的权力调控货币供应量，而具体经济过程中的货币派生又是在各商业银行体系内形成的。商业银行通过创造流通工具和支付手段，可节约现金使用，节约流通费用，同时又满足社会经济发展对流通和支付手段的需要。

4．金融服务

随着经济的发展，工商企业的业务经营环境日益复杂化，银行间的业务竞争也日益激烈，银行联系面广，信息比较灵通，特别是电子计算机在银行业务中的广泛应用，使其具备了为客户提供信息服务的条件。咨询服务、对企业“决策支援”等服务应运而生，工商企业生产和流通专业化的发展，又要求把许多原来的属于企业自身的货币业务转交给银行代为办理，如发放工资、代理支付其他费用等。个人消费也由原来的单纯钱物交易发展为转账结算。现代化的社会生活，从多方面给商业银行提出了金融服务的要求。在强烈的业务竞争权力下，各商业银行也不断开拓服务领域，通过金融服务业务的发展，进一步促进资产负债业务的扩大，并把资产负债业务与金融服务结合起来，开拓新的业务领域。在现代经济生活中，金融服务已成为商业银行的重要职能。

三、商业银行的组织制度

所谓商业银行组织制度，是指一个国家用法律形式所确定的银行体系结构以及组成这一体系的各类银行、金融机构的职责分工和相互关系。简而言之，就是一个国家用法律形式所确定的该国商业银行体系、结构，以及组成这一体系的原则的总和。

现代市场经济体系中的商业银行制度，一般实行的是以中央银行为监督机构，商业银行为骨干，各类金融机构并存，宏观上加强调控，微观上鼓励竞争的制度。这类银行制度有利于提高效率，促进经济与金融的稳定发展。

现代商业银行是中央银行执行货币政策的主要调控对象，是中央银行货币政策的重要传导渠道，也是向社会各界提供资金融通的非常重要的金融机构。所以，在银行制度中，商业银行是各国银行体系的骨干，商业银行组织制度是各国银行制度的核心。

1．商业银行组织制度建立的原则

商业银行组织制度是社会经济发展到一定阶段的产物。尽管各国银行制度存在差异，但各国商业银行组织制度的建立均遵循以下几个原则。

（1）竞争原则　竞争是市场经济活动的一个基本原则。商业银行制度要有利于商业银行之间的合理竞争。商业银行是一个特殊的金融企业，开展合理而又适度的竞争，有利于促进商业银行改善金融服务和提高服务效率，有利于经济和金融业的快速健康发展。所以国家在建立商业银行组织制度时，应当提倡和保护银行业的竞争，允许新银行进入金融领域，鼓励各家银行按照优胜劣汰的市场规律进行竞争。否则，若金融业走向集中垄断，将导致金融服务质次价高，给社会和经济发展带来负面影响。

（2）稳健原则　由于商业银行业务经营的风险性特点，商业银行制度要有利于保护商业银行的安全。稳健经营是现代商业银行所必须遵循的重要原则之一。稳健与竞争看起来是一对相互矛盾的原则，其实不然。因为商业银行之间合理与适度的竞争可以提高银行的经营效率，增加银行的收入，有利于增强商业银行抵抗风险的能力。而过度和无序的竞争可能导致商业银行经营成本上升、坏账增多，甚至会导致银行倒闭。由于商业银行特殊的社会影响，一家银行破产会引起连锁反应，甚至有可能触发金融危机，最终影响整个国家的经济发展，所以，几乎所有的国家都把保护银行体系的安全作为建立银行制度所必须坚持的一个重要原则。

（3）适度原则　适度原则是指商业银行的业务经营要遵循“合理规模”的原则。所谓“合理规模”就是说在这样一个规模下，每单位的产品成本最低，而获得的利润又最大，因而是最为理想的规模。商业银行作为一个特殊的企业，当然也要受到规模经济的制约。当银行的规模合理时，其管理费用和其他成本最低，其服务质量达到最优，有利于提高银行资金使用效率，有利于经济发展。达不到合理规模的银行，往往成本上升，服务质量下降，导致银行经营效率下降和资金浪费，最终削弱银行的竞争能力并失去市场。因此，在经济动荡中，小银行往往最容易受到打击而倒闭。也因此，许多国家政府鼓励小银行合并，形成规模合理的银行。“合理规模”还表示银行规模并不是越大越好，太大的商业银行规模会导致管理混乱，管理等各项费用和成本上升。同时，由于银行规模巨大会形成垄断，不利于银行之间的自由竞争，有违商业银行的竞争原则。

2．商业银行组织制度形式

一个国家的商业银行组织形式或银行制度是否健全，是否有效率，对一个国家的经济和金融发展具有十分重要的意义。商业银行的组织结构是指商业银行在社会经济活动中存在的形式，它是银行制度的重要组成部分。由于西方各国商业银行产生和发展的经济条件不同，因而组织形式也存在着一定的差异。目前西方国家商业银行已逐渐形成了具有代表性的银行组织结构。这些具有代表性的组织结构包括以下几种。

（1）单元制　单元制银行是指那些不设立或不能设立分支机构的商业银行。单元制银行由各个独立的银行本部经营，该银行既不受其他商业银行控制，本身也不得控制其他商业银行。目前只有美国还部分地存在这种模式。美国曾长时期地实行完全的单元银行制，不许银行跨州经营和分设机构，甚至在州内也不许设分支机构。随着经济的发展和地区经济联系的加强，以及金融业竞争的加剧，这类限制已大大松动，并显示单元制向分支行制发展的趋势已经确立。

（2）分行制　分行制是指法律上允许在除总行以外的本地或外地设有若干分支机构的一种银行制度。这种银行的总部一般都设在大都市，下属分支机构由总行领导。在这种体制下，分支行的业务和内部事务统一遵照总行的规章和指示办理。目前世界各国一般都采用这种银行组织制度，其中尤以英国、德国、日本等为典型。比如，英国四家最大的清算银行都各拥有3000家以上的分支机构。

尽管目前大多数国家都采用这种银行组织形式，并且未采取这种形式的也有向这个方向发展的趋势，但就其优劣而论，却依然有不同见解。这是专门课程研究的内容。

（3）持股公司制 持股公司制又称集团银行制，是指由某一银行集团成立股权公司，再由该公司控制或收购两家以上的若干银行而建立的一种银行制度。这些独立银行的业务和经营决策权均由股权公司控制。持股公司对银行的有效控制权是指能控制一家银行 25%以上的投票权。这种持股公司在集团内部可以实行单元银行制，也可以实行分行制，因而可以成为回避限制、开设分行的一种策略。这种银行制度既不损害单元银行制的总格局，又能行分行制之实。

持股公司制有两种类型，即非银行性持股公司和银行性持股公司。前者指由非银行的其他企业通过控制银行的大部分股权而组织起来的公司，后者是指大银行通过控制小银行的大部分股权而组织起来的公司。例如花旗银行就是银行性持股公司，它已控制着 300 多家银行。一般把控制一家银行的持股公司称为单元银行持股公司，把控制两家以上银行的持股公司称为多银行持股公司。

（4）代理行制度 代理行制度也有往来银行制度之称，指银行相互间签有代理协议，委托对方银行代办指定业务的制度。被委托的银行为委托行的代理行，相互间的关系则为代理关系。一般地说，银行代理关系是相互的，因此互为对方代理行。在国际之间，代理关系非常普遍。至于在各国国内，代理制最为发达的是实行单元银行制的美国。可以说，正是这种代理制度解决了不准设分支机构的矛盾。不过，就是在实行总分行制的国家中，银行之间也存在着代理关系。

（5）连锁制 连锁制又称连锁经营制或联合制，是指由同一个人或集团控制两家或两家以上的银行。这种控制可以通过持有股份、共同指导或其他法律允许的形式完成。连锁制的成员银行保持自己的独立地位，掌握各自的业务和经营政策，具有自己的董事会。

这种银行制度往往以大银行为中心，确定银行业务模式，形成集团内部联合，其垄断性强，有利于统一指挥，投资大型行业、事业单位，以获取高额利润。但事实上，由于受个人或某个集团的控制，往往不易获取银行所需的大量资本，不利于银行的发展。因此，许多连锁制银行转化为分行制银行，或组成持股公司。当前国际金融领域的连锁制银行，主要是由不同国家的大商业银行合资建立的，其主要目的是经营欧洲货币业务以及国际资金存放业务。这种国际间的连锁制也称为跨国联合制。

第三节 商业银行的经营业务

尽管各国商业银行的组织形式、名称、经营内容和重点各异，但就其经营的主要业务来说，一般均分为负债业务、资产业务以及中间业务。随着银行业的全球化趋势，这些国内业务还可以延伸为国际业务。

一、商业银行的负债业务

负债业务是形成商业银行资金来源的主要业务，是商业银行资产业务的前提和条件。商业银行广义的负债业务主要包括自有资本和吸收外来资金（各类存款）两大部分。

（一）自有资本

商业银行的自有资本是其开展各项业务活动的初始资金，简单地说，就是其开展业务活动的本钱，主要包括成立时发行股票所筹集的股份资本、公积金以及未分配的利润。自有资本一般只占商业银行全部负债的很小一部分。银行自有资本的大小，体现银行的实力和信誉，也是一个银行吸收外来资金的基础，因为自有资本的多少还体现银行资本实力对债权人的保障程度。具体来说，银行资本主要包括股本、盈余、债务资本和其他资金来源。

1．股本

股本是银行资本中最基本、最稳定的，包括普通股和优先股，是银行股东持有的股权证书。银行普通股是银行的一种股权证书，它构成银行资本的核心部分，它代表对银行的所有权，而且具有永久的性质。银行普通股股东享有三个方面的主要权利：①对银行的经营控制权，即股东通过股东大会对各项决策有投票权，并选出董事会；②对银行的资产和利润有分享权，股东有权分配或处置银行的税后利润，在银行破产时，还可以分享银行的剩余财产；③对银行发行新股有优先认购权，这个权利是为了保障老股东的控制权不被稀释。优先股兼有普通股与债券的特点。一般而言，银行优先股的持有人按固定利率取得股息，对银行清算剩余资产的分配权优于普通股股东，对银行的业务经营没有控制权。

2．盈余

这是银行资本的重要组成部分。资本盈余主要由投资者超缴资本和资本增值构成。留存盈余是银行尚未动用的税后利润部分，是银行所有者的权益之一。留存盈余的大小取决于银行的盈利情况，同时，股息政策和税率的高低也是影响留存盈余的重要因素。

3．债务资本

债务资本是20世纪70年代西方国家银行广泛采用的一种外源资本，在80年代《巴塞尔协议》以后，债务资本只能作为补充资本。债务资本的求偿权仅次于存款者。债务资本主要有两类，即资本债券和资本票据。

4．其他资金来源

这主要是指储备金。储备金是为了防止意外损失而从收益中提留的资金，包括资本准备金和放款与证券损失准备金。储备金作为资本的比重不会太大，银行收益、股息政策以及金融管理部门的管制对银行储备金作为资本都有约束，因此银行不能大量筹集这类资本。

（二）各类存款

按照传统的划分方法，存款主要可分为三种，即活期存款、定期存款和储蓄存款。

1．活期存款

活期存款主要是指可由存款户随时存取和转让的存款，它没有确切的期限规定，银行也无权要求客户取款时做事先的书面通知。持有活期存款账户的存款者可以用各种方式提取存款，如开出支票本票、汇票、电话转账、使用自动柜员机或其他各种方式。由于各种经济交易包括信用卡商业零售等都是通过活期存款账户进行的，所以在国外又把活期存款称为交易账户。在各种取款方式中，最传统的是支票取款，因此活期存款也叫支票存款。

作为商业银行主要资金来源的活期存款有以下几个特点。

① 具有很强的派生能力。由于活期存款存取频繁，流动性大，在非现金结算的情况下，银行将吸收的原始存款中的超额准备金用于发放贷款，客户在取得贷款后，若不立即提现就转入活期存款账户，这样银行一方面增加了贷款，另一方面又增加了活期存款，创造出派生存款。

② 流动性大，存取频繁，手续复杂，风险较大。由于活期存款存取频繁，而且还要提供多种服务，因此活期存款成本较高，所以活期存款利息较少或不支付利息。

③ 活期存款中相对稳定的部分可以用于发放贷款。尽管活期存款流动性大，但在银行的诸多储户中，总有一些余额可用于对外放款。

④ 活期存款是银行与客户关系的桥梁。商业银行通过与客户频繁的活期存款的存取业务建立比较密切的业务往来，从而争取更多的客户，扩大业务规模。

2．定期存款

定期存款主要是指客户与银行预先约定存款期限的存款。存款期限通常为 3 个月、6 个月或 1 年不等，期限最长的可达 5 年或 10 年。利率根据期限的长短不同而存在差异，但都要高于活期存款。定期存款的存单可以作为抵押品取得银行贷款。定期存款具有以下特点。

① 定期存款带有投资性。由于定期存款利率高、风险小，因而是一种风险最小的投资方式。对于银行来说，由于定期存款期限较长，按规定一般不能提前支取，因而是银行稳定的资金来源。

② 定期存款所要求的存款准备金率低于活期存款。因为定期存款有期限的约束，有较高的稳定性，所以定期存款准备金率就可以要求低一些。

③ 手续简单，费用较低，风险性小。由于定期存款的存取是一次性办理，在存款期间不必有其他服务，因此除了利息以外没有其他的费用，因而费用低。同时，定期存款较高的稳定性使其风险性较小。

3．储蓄存款

储蓄存款主要是指个人为了积蓄货币和取得一定的利息收入而开立的存款。储蓄存款也可分为活期存款和定期存款。活期储蓄存款具有两个特点。①储蓄存款多数是个人为了积蓄购买力而进行的存款。②金融监管当局对经营储蓄业务的商业银行有严格的规定。由于储蓄存款多数属于个人，分散于社会上的各家各户，为了保障储户的利益，各国对经营储蓄存款业务的商业银行都有严格的管理规定，并要求银行对储蓄存款负有无限清偿责任。

除上述各种传统的存款业务以外，为了吸收更多存款，西方国家商业银行打破有关法规限制，在存款工具上有许多创新，如可转让支付命令账户、自动转账账户、货币市场存款账户、大额定期存单等。

（三）商业银行的长、短期借款

根据商业银行对外借款时间，借款可分为短期借款和长期借款。

1．短期借款

这是指期限在一年以内的债务，包括同业借款、向中央银行借款和其他渠道短期借款。

同业借款是指金融机构之间的短期资金融通，主要用于支持日常性的资金周转，它是商业银行为解决短期余缺，调剂法定准备金头寸而融通资金的重要渠道。由于同业拆借一般是通过中央银行的存款账户进行的，实际上是超额准备金的调剂，因此又称为中央银行基金，在美国则称为联邦基金。

中央银行借款是中央银行向商业银行提供的信用，主要有两种形式，一是再贴现，二是再贷款。再贴现是经营票据贴现业务的商业银行将其买入的未到期的票据向中央银行再次申请贴现，也叫间接借款。再贷款是中央银行向商业银行提供的信用放款，也叫直接借款。再贴现和再贷款不仅是商业银行筹措短期资金的重要渠道，同时也是中央银行重要的货币政策工具。

其他短期借款渠道还有转贴现回购协议、大额定期存单和欧洲货币市场借款等。

商业银行的短期借款主要有以下特征：①对时间上和金额上的流动性需要十分明确。短期借款在时间和金额上都有明确的契约规定，借款的偿还期约定明确，因此商业银行对于短期借款的流动性需要在时间和金额上既可事先精确掌握，又可有计划地加以控制，为负债管理提供了方便。②对流动性的需要相对集中。短期借款不像存款对象那样分散，无论是在时间上还是在金额上都相对集中。③存在较高的利率风险。在正常情况下，短期借款的利率一般要高于同期存款利率，尤其是短期借款的利率与市场的资金供求状况密切相关，导致短期借款的利率容易变化，因而风险较高。④短期借款主要用于短期头寸不足的需要。

2．长期借款

这是指偿还期限在一年以上的借款。商业银行的长期借款主要采取发行金融债券的形式。金融债券可分为资本性债券、一般性金融债券和国际金融债券。发行金融债券与存款相比有以下特点。

① 筹资的目的不同。吸收存款是为了扩大银行资金来源总量，而发行金融债券是为了增加长期资金来源和满足特定用途的资金需要。

② 筹资的机制不同。吸收存款是经常性的、无限额的，而金融债券的发行是集中、有限额的；吸收存款是被动型负债，而发行金融债券是银行的主动型负债。

③ 筹资的效率不同。由于金融债券的利率一般要高于同期存款的利率，对客户有较强的吸引力，因此其筹资效率要高于存款。

④ 所吸收资金的稳定性不同。金融债券有明确的偿还期，一般不用提前还本付息，有很高的稳定性；而存款的期限有一定弹性，稳定性要差些。

⑤ 资金的流动性不同。一般情况下，存款关系基本固定在银行与存户之间，不能转让；而金融债券一般不记名，有较好的流通市场，具有比存款更高的转让性。

二、商业银行的资产业务

商业银行的资产业务是其资金运用业务，主要分为放款业务和投资业务两大类。资产业务也是商业银行收入的主要来源。商业银行吸收的存款除了留存部分准备金以外，其余全部可以用来贷款和投资。商业银行的其他资产业务还包括租赁业务等。

1．商业银行的贷款业务

贷款是商业银行作为贷款人，按照一定的贷款原则和政策，以还本付息为条件，将一定数量的货币资金提供给借款人使用的一种借贷行为。贷款是商业银行最大的资产业务，大致要占其全部资产业务的60%。

按照不同的分类标准，商业银行贷款有以下几种分类方法。①按贷款期限划分，可分为活期贷款、定期贷款和透支三类；②按照贷款的保障条件分类，可分为信用放款、担保放款和票据贴现；③按贷款用途划分则比较复杂，若按行业划分有工业贷款、商业贷款、农业贷款、科技贷款和消费贷款，若按具体用途划分又有流动资金贷款和固定资金贷款；④按贷款的偿还方式划分，可分为一次性偿还贷款和分期偿还贷欺；⑤按贷款风险度划分，可分为正常贷款、关注贷款、次级贷款、可疑贷款和损失贷款。

按贷款风险度的分类方法是我国对风险不同的五级贷款所作的规定。①正常贷款。借款人能够履行合同，有充分把握按时足额偿还本息。②关注贷款。尽管借款人目前有能力偿还贷款本息，但是存在一些可能对偿还产生不利影响的因素。③次级贷款。借款人的还款能力出现了明显的问题，依靠其正常经营收入已无法保证足额偿还本息。④可疑贷款。借款人无法足额偿还本息，即使执行抵押或担保，也肯定要造成一部分损失；⑤损失贷款。在采取所有可能的措施和一切必要的法律程序之后，本息仍然无法收回，或只能收回极少部分。这种贷款风险分类的意义在于，根据所能获得的全部信息，包括贷款风险的信息，判断扣除风险损失后的贷款当前价值。该价值和原账面价值的差额，就是对该贷款所面对的信用风险的度量。为了弥补和抵御已经识别的信用风险，银行应该计提专项呆账准备金。

对于任何一笔贷款，商业银行都必须遵循以下基本程序，即贷款的申请、贷款的调查、对借款人的信用评估、贷款的审批、借款合同的签订和担保、贷款发放、贷款检查、贷款收回。

在商业银行贷款过程中，对于借贷双方来说最关心的就是贷款的定价，作为商业银行在贷款定价时要遵循利润最大化原则，扩大市场份额原则、保证贷款安全原则、维护银行形象原则。贷款的价格构成包括贷款利率、贷款承诺费补偿余额和隐含价格。商业银行在贷款定价时，一般要考虑六大因素，即资金成本、贷款风险程度、贷款费用、借款人的信用以及其与银行的关系、贷款的目标收益和贷款的供求状况。

2．商业银行的证券投资业务

商业银行的证券投资业务是指商业银行将资金用于购买有价证券的活动，是通过证券市场买卖股票、债券进行投资的一种方式。商业银行的证券投资业务有分散风险、保持流动性和合理避税提高收益等作用。

商业银行投资业务的主要对象是各种证券，包括国库券、中长期国债、政府机构债券、市政债券或地方政府债券以及公司债券。在这些证券中，由于国库券风险小、流动性强而成为商业银行重要的投资工具；由于公司债券的差别较大，自20世纪80年代以来，商业银行投资于公司债券的比重越来越小。

商业银行的其他资产业务还包括租赁业务等。

3．租赁业务

租赁是人类古老的经济行为，如土地出租、房屋出租，由来已久。作为银行资产业务一部分的租赁业务则是20世纪50年代兴起于美国，60年代在西欧和日本得到广泛普及，现已成为国际性业务。租赁范围小到耐用消费品、办公室设备，大到机器设备、飞机、油轮甚至整座工厂、核电站。

租赁业务通常是由独立的或银行下辖的租赁公司经营。也有大的生产厂商自己经营。之所以把这种经营归入金融领域，是由于出租人总是要通过某种形式的资金融通才能使自己取得对一定对象的出租权利。

租赁业务的开展有益于承租人，同时也使经办的银行得到好处。目前，西方不少银行都附设有专事租赁业务的公司或子公司。在西方各国设备投资中，通过租赁方式的比重迅速增长；可供租赁的财产、设备以及租赁方式日趋多样。从地域上看租赁业务也越来越国际化。

三、商业银行的中间业务

中间业务是指商业银行从事的按会计准则不列入资产负债表内，不影响其资产负债总额，但能影响银行当期损益，改变银行资产报酬率的经营活动。

1. 中间业务的含义

中间业务有狭义和广义之分。狭义的中间业务是指那些没有列入资产负债表，但同表内资产业务和负债业务关系密切，并在一定条件下会转为表内资产业务和负债业务的经营活动。广义的中间业务则除了狭义的中间业务外，还包括结算、代理、咨询等无风险的经营活动，所以广义的中间业务是指商业银行从事的所有不在资产负债表内反映的业务。按照《巴塞尔协议》提出的要求，广义的中间业务可分为两大类：一类是或有债权/债务，即狭义的中间业务，包括贷款承诺、担保、金融衍生工具和投资银行业务；另一类是金融服务类业务，包括信托与咨询服务、支付与结算服务、代理人服务、与贷款有关的服务以及进出口服务等。

20 世纪 80 年代以来，在金融自由化的推动下，国际商业银行在生存压力与发展需求的推动下，纷纷利用自己的优势大量经营中间业务，以获取更多的非利息收入。随着中间业务的大量增加，商业银行的非利息收入迅速增加。1984～1990 年，美国所有商业银行的非利息收入年均增长率为 12.97%。其中资产在 50 亿美元以上的银行非利息收入年均增长率达到 21.93%。中间业务已成为两方商业银行最主要的盈利来源。

综观商业银行中间业务的发展过程，其发展如此迅速的主要原因如下。

① 规避资本管制，增加盈利来源。商业银行为了维持其盈利水平，纷纷设法规避资本管制给银行经营带来的限制，注重发展对资本没有要求或对资本要求较低的中间业务，使银行在不增加资本金甚至减少资本金的情况下，仍可以扩大业务规模，增加业务收入，提高盈利水平。

② 适应金融环境的变化。20 世纪 70 年代以后，融资出现了证券化和利率自由化趋势，银行资产来源减少，存贷利差缩小，银行资金运用又受到许多限制，商业银行经营面临更大的困难。为了适应经营环境的变化，一些实力雄厚的大银行依靠自己客户多、人才多的优势，选择了大力发展中间业务的经营策略，从而使中间业务迅速扩张。

③ 转移和分散风险。由于资产业务的风险提高，商业银行注重寻求发展资产业务以外的中间业务，以分散和转移风险。

④ 适应顾客对银行服务多样化的要求。金融衍生工具层出不穷，各种非银行金融机构的金融服务多样化给商业银行带来了挑战。商业银行为了巩固与客户的关系，便大力发展代理客户进行衍生工具服务。

⑤ 商业银行自身的有利条件促使其发展中间业务。

⑥ 科技进步推动商业银行中间业务的发展。电脑技术和信息产业的迅速发展，对商业银行中间业务的开展起到了极大的推动作用。

2．商业银行中间业务的主要类别

根据《巴塞尔协议》的有关规定，商业银行所经营的中间业务主要有三种类型，即担保和类似的或有负债、承诺以及与利率或汇率有关的或有项目。

① 担保和类似的或有负债包括担保、备用信用证、跟单信用证、承兑票据等。这类中间业务有一个共同的特征，就是由某银行向交易活动中第三者的现行债务提供担保，并且承担现行的风险。

② 承诺可以分为两类：一是不可撤销的承诺，即在任何情况下，即使潜在借款者的信用质量下降或完全恶化的条件下，银行也必须履行事先允诺的义务；二是可撤销的承诺，即在某种情况下，特别是在潜在借款者的信用质量下降或完全恶化的条件下，银行可以收回原先允诺的义务，而不会受到任何金融方面的制裁或惩罚。

③ 与利率或汇率有关的或有项目，是指20世纪80年代以来与利率或汇率有关的创新金融工具，主要有金融期货、期权、互换和远期利率协议等工具。

四、商业银行的国际业务

广义上的商业银行国际业务是指所有涉及外币或外国客户的活动，包括银行在国外的业务活动以及在国内所从事的有关国际业务。商业银行的国际业务实际上是其国内业务的对外延伸，商业银行的国际业务经营范围相当广泛，概括为三个主要方面，即国际负债业务、国际资产业务和国际中间业务。

国际负债业务是指商业银行外汇资金来源的业务，主要有两项内容：外汇存款和境外借款。国际资产业务是指商业银行外汇资金的运用业务，主要包括三项内容：外汇贷款、国际投资和外汇投机。国际中间业务主要是指商业银行的国际结算业务，此外，还包括外汇信托存放款和投资业务、国际融资租赁业务、代理客户外汇买卖业务、外汇咨询业务、担保和信用卡业务等。

商业银行所经营的各种业务可以用表20-4概括。

表20-4　商业银行经营业务一览表

负债业务	资产业务	中间业务	国际业务
自有资本	贷款	担保和类似的或有负债	国际负债业务
各种存款	证券投资	承诺	国际资产业务
长、短期借款	租赁等	与利率或汇率有关的或有项目	国际中间业务

第四节　商业银行的经营管理

一、商业银行的经营原则

商业银行作为一个特殊的金融企业，具有一般企业的基本特征，即追求利润的最大化。商业银行合理的盈利水平，不仅是商业银行自身发展的内在动力，也是商业银行在竞争中立于不败之地的激励机制。尽管各国商业银行在制度上存在一定的差异，但是在业务经营上，各国商业银行经营都遵循三条原则：盈利性、流动性和安全性。

追求盈利是商业银行经营目标的要求，是改进服务、开拓业务和改善经营管理的内在动力。这一原则占有核心地位是无须解释的。

流动性问题，或者说清偿力问题，是指银行能够随时满足客户提取存款等方面要求的能力。实际生活中，一般说来有两种情况。

① 提取或兑付的要求是有规律或较有规律的。对此，银行能够较精确地预计并做好安排。

② 突发的提存和要求兑付。突发的要求往往由一些突发的事件所引发，而且客户集中涌来，同时要求提存和兑付，这就是通常所谓的“挤兑”。对此银行很难预料。但如不能妥善应付，就会立即陷入破产清理的境地。为了保持流动性，银行在安排资金运用时，一方面要力求使资产具有较高的流动性；另一方面则必须力求负债业务结构合理并保持自己有较多的融资渠道和较强的融资能力。

安全性原则，是指管理经营风险，保证资金安全的要求。银行经营与一般工商企业经营不同。其自有资本所占比重很小。最典型的业务是依靠吸收客户存款或对外借款用于贷款和投资。在资金送用过程中，由于可确定的和不可确定的种种原因，存在着诸多风险。以贷款为例，就是拖欠风险、利率风险。如果本息不能按时足量收回，就必然会削弱乃至丧失银行的清偿力，危及银行本身的安全。所以，坚持安全性原则，力求避免或减少各种风险造成的损害，历来都是银行家们高度重视的事情。

三原则既有统一的一面，又有矛盾的一面。一般说来，安全性与流动性是正相关的：流动性较强的资产，风险较小，安全有保障。但它们与盈利性往往有矛盾：流动性强，安全性好，盈利率一般较低；盈利性较高的资产，往往流动性较低，风险较大。因此，银行在其经营过程中，经常面临两难选择：为增强经营的安全性和流动性，就要把资金尽量投放在短期周转的资金运用上。这就不能不影响到银行的盈利水平。为了增加盈利，就要把资金投放于周转期较长但收益较高的贷款和投资上。这就不可避免地给银行经营的流动性和安全性带来威胁。对此，只能从现实出发，统一协调，寻求最佳的均衡点。

二、商业银行的资产负债管理理论及其变迁

究竟如何实现盈利性、流动性和安全性三原则要求，是个经营管理的问题。随着各个历史时期经营条件的变化，西方商业银行经营管理理论经历了资产管理、负债管理、资产负债

综合管理的演变过程。

资产管理理论是商业银行最传统的管理思路。在20世纪60年代以前，银行资金来源大多是吸收活期存款。在银行看来，存不存、存多少及存期长短，主动权都掌握在客户手中，银行自身的管理起不了决定性影响。而资金运用的主动权却操之于自己手中，所以银行必然会看重资产管理。

在资产管理中，资产流动性的管理占有特别重要的地位。随着经济环境的变化和银行经营业务的发展，其理论历经了如下三个不同发展阶段。

第一阶段是商业贷款理论，即真实票据论。概括而言，即认为为了保持资金的高度流动性，贷款应是短期和商业性的，用于商品生产和流通过程的贷款如果具有自偿性，则最为理想。前面已经指出，即使是以真实票据为依据的贷款，有时（如危机时）也不能百分之百地保证归还。

第二阶段是可转换性理论。这是20世纪初提出的。该理论认为，为了应付存款提取所需保持的流动性，商业银行可以将其资金的一部分投资于具备转让条件的证券上。由于这些盈利资产能够随时出售，转换为现金，所以贷款不一定非要局限于短期的和具有自偿性的投放范围。显然，这种理论是以金融工具和金融市场的发展为背景的。

可转换性理论的产生，使商业银行资产的范围扩大，业务经营更加灵活多样。但是在人们竞相抛售证券的时候，银行也很难不受损失地将所持证券顺利转让。

第三阶段是预期收入理论。这种理论产生于20世纪40年代末。第二次世界大战后，经济的发展带来了对贷款需求的猛增，并且资金需求多样化。在这样的背景下，预期收入理论应运而生。这种理论认为：一笔好的贷款，应当以根据借款人未来收入或现金流量而制定的还款计划为基础，这样，无论放款期限长短，只要借款人具有可靠的预期收入，就不至于影响流动性。换言之，这种理论强调的不是贷款能否自偿，也不是担保品能否迅速变现，而是借款人的确有可用于还款付息的任何预期收入。

这种理论的提出，推动商业银行业务向经营中长期设备贷款、分期付款的消费贷款和房屋抵押贷款等方面扩展，但它显然也有缺陷。银行将资产经营建立在对借款人未来收入的预测上，而这种预测不可能完全准确，尤其是在长期放款和投资中，借款人的经营情况可能发生变化，因而届时并不一定具备偿还能力。这就会损害银行的流动性。

负债管理理论是在金融创新中发展起来的理论。关于20世纪60年代开始的金融创新，前面已经指出，其背景是，一方面银行面临资金来源不足的窘境；另一方面为了维持与客户的良好关系，又必须满足客户对融通资金的要求。因此，银行不得不以创新方式去获取新的资金来源。负债管理理论的核心思想就是主张以借入资金的办法来保持银行流动性，从而增加资产业务，增加银行收益。负债管理理论认为，银行的流动性不仅可以通过加强资产管理获得，向外借款也可提供流动性；只要借款领域宽广，流动性就有保证。而且，如果负债业务管理有效，则无须经常保有大量高流动性资产，并可将资金投入到更有利可图的资产上，银行收益则将提高。

负债管理开创了保持银行流动性的新途径：由单靠吸收存款的被动型负债方式，发展成向外借款的主动型负债方式；根据资产业务的需要组织负债，让负债去适应、支持资产。这就为银行扩大业务规模和范围创造了条件。

负债管理存在的明显缺陷是：①提高了银行的融资成本，因为，通常经由借款融进资金必须支付高于一般存款的利息；②增加了经营风险，因为借款主要借助金融市场，而市场是变幻莫测的；③往往会使银行忽视自身资本的补充，从而不利于银行稳健经营。

资产负债综合管理理论则产生于20世纪70年代末至80年代初。无论是资产管理还是负债管理，都只是侧重一个方面来对待银行的盈利性、流动性、安全性。因此很难避免重此轻彼或重彼轻此现象的发生。比如资产管理过于偏重安全性和流动性，往往以牺牲盈利为代价，这不足以鼓励银行经营的积极进取；而负债管理过分强调依赖外部借款，则增大了银行经营风险。因此，人们日益认识到，能将盈利性、流动性和安全性三者的组合推进到更为协调合理、更为有效率的管理，应该是对资产和负债并重的、综合性的管理。

这种理论的基本思想是将资产和负债两个方面加以对照并进行对应分析，通过调整资产和负债双方达到合理搭配。比如针对解决流动性这一核心问题，既从资产和负债两方面去预测流动性的需要，同时又从这两方面去寻找满足流动性需要的途径；既重视对流动性资产同易变性负债之间的缺口分析以及对贷款增长额同存款增长额之间的差距分析，同时又密切监控银行日常的流动性头寸状况，保持随时调节头寸、安排头寸的能力。为实现收益最大化、风险最小化的目标，资产负债综合管理发展有种种具体手段。

三、《巴塞尔协议》与商业银行的风险管理

20世纪70年代以来，西方银行业经历了巨大的变革。在新技术革命、资本市场和金融政策自由化等因素推动下形成的放松金融管制浪潮，使金融市场日趋全球化。银行业的风险增大，不稳定性增强。其主要表现如下。

① 70年代通货膨胀率的上升及融资证券化的趋势，使客户避开银行这一中介，或转向其他机构，或直接发行证券融资；而银行为争取客户降低了贷款利率与借款条件，使贷款收益和质量受到影响，资产负债表中不良资产的比率越来越高，增大了风险。

② 近年来，一些新金融品种不断涌现，金融创新方兴未艾，各种资产负债表外业务迅速增长，很多表外业务的名义价值取决于汇率和利率的波动，银行承受的风险日益增加，加之很多银行未能提供足够的资本来抵御表外业务的风险，对这类业务涉及的风险缺乏统一的衡量标准，从而使银行的经营风险增大。

③ 国际债务危机影响银行经营的稳定性。1982年发展中国家爆发债务危机后，西方债权银行将大量利润移作贷款损失准备金以应付坏账，许多大银行资本比率因而降低。

④ 随着银行与金融市场的全球一体化，银行经营的风险也跨出国界。因此，在过去几十年里，世界各国发生的银行危机有着共同的特性：系统性和异常高昂的成本。这在金融史上是史无前例的。无论是以隐含的形式出现的金融困境（表现为银行体系的资产净值为负数），还是公开表现为银行体系遭受挤兑的冲击（本国货币通常也无法幸免）均是如此。几乎没有哪个国家未遭遇过这样或那样的金融危机。

在这种形势下，西方主要国家认为，对国际银行业的监管不能只靠各国各自为政、孤军

作战，必须要在金融监管上进行国际协调。1987 年 12 月 10 日，国际清算银行在瑞士巴塞尔召开了包括美国、英国、法国、联邦德国、意大利、日本、荷兰、比利时、加拿大和瑞典（“十国集团”）以及卢森堡和瑞士在内的 12 个国家中央银行行长会议。1988 年 7 月，“十国集团”在会上正式通过了《关于统一国际银行的资本计算和资本标准的建议》，简称《巴塞尔协议》。该协议主要针对信用风险，对银行的资本比率、资本结构、各类资产的风险权数等方面进行了统一规定。

制定该协议的基本目的有两个：一是鼓励银行实行谨慎的流动性管理，加强国际银行体系的健全性和稳定性；二是逐步消除当时国际银行业不公平竞争的基础，统一各国银行监管的标准，建立公正的国际性银行管理体制。该协议的主要内容如下。

（1）资本的组成　协议将银行资本分为核心资本和附属资本两部分。规定核心资本应占整个资本的 50%，附属资本不应超过资本总额的 50%。

（2）风险加权制　协议对不同资产分别给予 0，10%，20%，50%，100%的风险权数。

（3）设计目标标准比率　协议确立了到 1992 年底，从事国际业务的银行资本与加权风险资产的比例必须达到 8%（其中核心资本不低于 4%）的目标。

（4）过渡期及实施安排　委员会做出一些过渡安排，以保证个别银行在过渡期内提高资本充足率，并按期达到最终目标标准。

可见，1988 年的《巴塞尔协议》主要建立在两大支柱之上：银行资本规定及其与资产风险的联系。该协议认为，银行资本的主要作用在于吸收与消化银行损失，从而使银行免于倒闭危机。因此，银行资本的构成部分取决于资本吸收银行损失的能力。资产风险不仅在历史上是商业银行所面临的主要金融风险，并且在相当程度上是银行面对的主要未来风险。《巴塞尔协议》特别强调对于资产风险的防范，而银行资本与资产风险之间的联系在于：银行资本能够吸收与消化因银行客户违约而产生的损失。

《巴塞尔协议》推出后，随着国际银行业务尤其是金融衍生产品的发展，一些银行因此发生了重大损失，从而促使人们关注新形势下的市场风险。1996 年初，“十国集团”签署了《资本协议关于市场风险的补充规定》。其核心内容是：银行必须量化市场风险并计算相应的资本要求。补充协议对银行风险设定最低资本要求的基本思路是首先将银行业务按其性质分为两类。①银行账户——存款、贷款等传统银行业务，包括与这些业务相关联的衍生产品。这些业务不以交易为目的，性质上较被动，较少考虑短期市场因素波动的影响。②交易账户——债券、股票、外汇交易以及与这些交易相关联的衍生产品。根据市场波动情况开展这类业务，目的是获得短期收益。

这两类业务的风险类型不同，第一类业务的风险主要是信用风险；第二类业务的风险主要是以利率、汇率等变化为特点的市场风险。然后规定每家银行应当按上述分类对两类风险分别设立资本要求。银行应付全部风险所需的最低资本为：《巴塞尔协议》确定的银行账户的信用风险和补充协议确定的银行交易账户的市场风险所需资本之和。应付市场风险的资本要求的计算方法有两种：一种是标准化方法，补充协议给银行提供了一种计算市场风险资本要求的标准方法；另一种是内部模型法，各认可机构可运用成熟的内部风险模型进行计算，这种方法鼓励银行采用较先进的风险管理技术。

本章思考题

① 当代商业银行是怎样发展而来的?

② 现代商业银行的发展趋势如何?

③ 如何理解商业银行的性质?

④ 商业银行有哪些主要职能?

⑤ 资产负债综合管理理论有哪些基本原则?

⑥ 简述商业银行的经营原则。

⑦ 衡量商业银行流动性大小的指标有哪些?

⑧ 商业银行环境变革中应该注意哪些问题?

⑨ 商业银行的业务经营环境包括哪些内容?

⑩ 试述商业银行经营业务的组成。

⑪ 商业银行表外业务快速发展的原因有哪些?

⑫ 简述《巴塞尔协议》签订的原因及其内容。

第二十一章 中央银行

第一节　中央银行的产生及类型

一、中央银行的初创阶段和迅速发展阶段

现代银行出现后的一个相当长的时期内，并没有专门发行银行券的银行，更没有中央银行。中央银行建立的必要性主要有以下几个方面。

（1）统一货币发行的需要　在银行业发展的初期，并无商业银行和发行银行之分，众多的银行均从事银行券的发行。分散的银行券发行逐步暴露出其严重的缺点：①不利于保证货币流通稳定，因为为数众多的小银行信用实力薄弱，它们所发行的银行券往往不能兑现，尤其在危机时期，不能兑现的情况非常普遍，从而容易使货币流通陷于混乱的状态；②许多分散的小银行，其信用活动领域有着地区的限制，因此它们所发行的银行券只能在有限的地区内流通。随着资本主义经济的发展，要求有更加稳定的通货，也要求国行券成为能在全国市场广泛流通的一般信用流通工具，而这样的银行券显然只能由信誉卓著、信用活动有全国意义的大银行集中发行。事实上，在资本主义的发展过程中，已经出现了一些大银行，它们拥有大量资本并在全国范围内具有威信。这些银行所发行的银行券在流通中已经排挤了小银行的银行券。在这样的基础上，国家就以法令形式限制或取消一般银行的发行权，而把发行权集中于专司发行银行券的中央银行。

（2）票据清算需要　随着银行业务不断扩大，债权债务关系错综复杂，票据交换及清算若不能得到及时、合理处置，就会阻碍经济顺畅运行。于是客观上需要建立一个全国统一而有权威的、公正的清算机构为之服务。

（3）集中信用的需要　在经济周期的发展过程中，商业银行往往陷于资金调度不灵的窘境，有时则因支付能力不足而破产，银行缺乏稳固性，不利于经济的发展，也不利于社会的稳定。因而客观需要一个统一的金融机构作为其他众多银行的后盾，在必要时为它们提供货币资金，即流动性的支持。

（4）统一金融管理　同其他行业一样，银行业经营竞争也很激烈，而且它们在竞争中的破产、倒闭给经济造成的动荡，较之非银行行业要大得多。因此，客观上需要有一个代表政府意志的专门机构专司金融业管理、监督、协调的工作。

上述建立中央银行的几方而客观要求并非同时提出的，中央银行的形成也有一个发展过程。

通常在谈及中央银行起源时，往往首先提到瑞典银行和英格兰银行。前者成立于1656年，

后者成立于 1694 年。但它们成立之初并不就是中央银行。瑞典银行初建时是一般私营银行，后于 1668 年改组为国家银行。实际上，直到 1897 年它才独占货币发行权。真正最早全国发行中央银行功能的是英格兰银行。英格兰银行作为世界上最早的私人股份银行，成立之初就已具有与其他银行不同的特权。比如，接受政府存款并向政府提供贷款，以及在发行银行券上有优势等。但使其成为中央银行的决定性的第一步，即基本垄断货币发行权，却是它成立 150 年以后的 1844 年通过的银行法，结束了在英国有 279 家银行发行银行券的局面。同时，因为其他商业银行需要银行券时只能从英格兰银行提取，所以必须在英格兰银行存款，这就使英格兰银行又成了集中其他商业银行存款准备金的银行。于是，这就奠定了英格兰银行作为中央银行的基础。1854 年，英格兰银行成为英国银行业的票据交换中心；1872 年它开始对其他银行负起在困难时提供资金支持（即“最后贷款者”）的责任。并且由于它在发生金融危机时的特殊作用，又使之具有了相当程度的全国金融管理机构的色彩。

在整个 19 世纪到第一次世界大战爆发前这 100 多年里，出现了成立中央银行的第一次高潮。如成立于 1800 年的法兰西银行到 1848 年垄断了全法国的货币发行权，并于 19 世纪 70 年代完成了向中央银行的过渡；德国于 1875 年把原来的普鲁士银行改为国家银行，于 20 世纪初基本独享货币发行权，等等。1913 年美国联邦储备系统的建立，是这个阶段最后形成的中央银行制度。这期间，世界上约有 29 家中央银行相继设立，其中绝大部分是在欧洲国家。它们的产生主要是本国经济、金融客观发展的产物。并且除个别例外，都是由普通银行通过逐步集中货币发行和对一般银行提供清算服务及资金支持而演进为中央银行的。

第一次世界大战结束后，面对世界性的金融恐慌和严重的通货膨胀，1920 年在布鲁塞尔召开的国际经济会议，要求尚未设立中央银行的国家应尽快建立中央银行，以共同维持国际货币体制和经济的稳定。由此，推动了又一次中央银行成立的高潮。20 世纪 20 年代以后新成立或新改组的中央银行，由于有老的中央银行创设和发展的经验可以借鉴，所以许多都是运用政府力量直接设计成为在法律上有明确权责的特定机构。在 30 年代经济大危机后，新老中央银行大多建立起存款准备金制度并以重点管理其他金融机构为己任。中央银行的三大职能（发行银行、银行的银行、国家的银行）在这段迅速扩展时期逐渐完善。

第二次世界大战以后，一批经济较落后的国家摆脱了宗主国或殖民者的统治而获得独立，它们皆视中央银行的建立为巩固民族独立和国家主权的一大标志。

二、国家对中央银行控制的加强

中央银行一经产生就与政府有着密切的联系，经常体现着政府的某些意图，包括在金融管理中承担一定的责任。从这个意义上说，国家从来都在一定程度上控制着中央银行，尽管这种控制程度在不同的国家以及在同一国家的不同时期强弱不一。

国家对中央银行的控制，总体说来，是加强的趋势，尤其是 20 世纪 30 年代经济、金融大危机以来更为明显。

20 世纪 30 年代的经济大危机把西方世界推入混乱动荡的深渊，动摇了传统认为经济自身能够达到均衡和稳定的观念。应运而生的凯恩斯经济理论论证资本主义经济不能自发达到充分就业的均衡，并进一步强调指出了国家干预经济的必要性。在这一理论的指导下，中央银行就成为政府对宏观经济施以调节的重要机构之一。中央银行的货币政策已不仅着眼于稳定金融业自身，而是着眼于稳定整个国民经济。

既然国家要利用中央银行干预宏观经济生活，那么加强对中央银行的控制就是顺理成章的事情，而且必然会引起中央银行制度发生新的变化。第二次世界大战后，国家对中央银行控制的加强直接表现为以下方面。

（1）中央银行的国有化　在此之前，中央银行虽然作为政府的银行存在，但它们的股本大多是私人持有。如英格兰银行、法兰西银行基本上是私人股份银行。战后，各国中央银行的私人股份，先后转化为国有；有些新建的中央银行，一开始就由政府出资；即使继续维持私有或公私合营的中央银行，也都加强了国家的控制。总之，各国中央银行实质上成为国家机构的一部分。

（2）制定新的银行法　战后各国纷纷制定新的银行法。明确中央银行的主要职责就是贯彻执行货币金融政策和维持货币金融的稳定。如战后日本的银行法规定，日本银行必须以谋求发挥一国的经济力量，适应国家政策的需要，调节货币，调整金融及保持并扶植信用制度为目的。

三、中央银行制度的类型

就各国的中央银行制度来看，大致可归纳为四种类型：单一型、复合型、跨国型及准中央银行型。

1．单一型

单一型中央银行制度是指国家单独建立中央银行机构，使之全面、纯粹行使中央银行的制度。单一型中央银行制度中又有如下两种具体情形。

（1）一元式中央银行制度　这种制度是在一个国家内只建立一家统一的中央银行，机构设置一般采取总分行制。目前世界上绝大部分国家的中央银行都实行这种制度，我国也是如此。

（2）二元式中央银行制度　这种制度是在一国国内建立中央和地方两级中央银行机构，中央级机构是最高权力或管理机构，但地方级机构也有一定的独立权利。这是一种带有联邦式特点的中央银行制度。属于这种类型的国家有美国、德国等。如美国的联邦储备体系就是将全国划分为12个联邦储备区，每个区设立一家联邦储备银行为该地区的中央银行。它们在各自辖区内的一些重要城市设立分行。这些联邦储备银行不受州政府和地方政府的管辖，各有自己的理事会，有权发行联邦储备券和根据本地区实际情况执行中央银行的特殊信用业务。在各联邦储备银行之上设联邦储备委员会，进行领导和管理，制定全国的货币政策。同时，在联邦储备体系内还设有联邦公开市场委员会和联邦顾问委员会等平行管理机构。联邦储备委员会是整个体系的最高决策机构。是实际上的美国中央银行总行，直接对国会负责。

2．复合型

复合型中央银行制度是指一个国家没有设专司中央银行职能的银行，而是由一家大银行集中中央银行职能和一般存款货币银行经营职能于一身的银行体制。这种复合制度主要存在于前苏联和前东欧国家。我国在 1983 年以前也一直实行这种银行制度。

3．跨国型

跨国型中央银行制度是由参加某货币联盟的所有成员国联合组成的中央银行制度。第二次世界大战后，许多地域相邻的一些欠发达国家建立了货币联盟，并在联盟内成立参加国共同拥有的统一的中央银行。这些跨国的中央银行发行共同的货币，为成员国制定金融政策，成立的宗旨则在于推进联盟各国经济的发展及避免通货膨胀。比如西非货币联盟所设的中央银行，中非货币联盟所设的中非国家银行，以及东加勒比海货币管理局等，都是完全的或不完全的跨国中央银行体制。

此外，一直令全球密切关注的是，1998 年 7 月，一个典型的跨国中央银行——欧洲中央银行正式成立。如果说上面所说的跨国银行基本是过去流通宗主国货币的地区在第二次世界大战后适应新的政治经济形势成立起来的，那么，欧洲中央银行则有着完全不同的政治经济背景——它是欧洲一体化进程逐步深入的产物。欧共体（现为欧盟）成员国为适应其内部经济金融一体化进程的要求，于 1969 年 12 月正式提出建立欧洲经济与货币联盟，以最终实现统一的欧洲货币、统一的欧洲中央银行、统一的货币与金融政策。1979 年 3 月，正式开始实施欧洲货币体系建立的计划以后，其进程虽然缓慢且困难重重，但还是在一步一步地向前推进。尤其是 1989 年以后进展明显：1991 年底，对实现欧洲单一货币的措施和步骤进行了具体安排；1994 年 1 月 1 日，欧洲中央银行的前身欧洲货币局建立，它在规定的时间内完成了未来欧洲中央银行货币政策运作框架的设计工作；1995 年底正式命名欧洲货币为“欧元”；1998 年 3 月宣布德、法等 11 国达到实施统一欧元所要求的标准。并规定 1999～2002 年为欧元实行的过渡期，到 2002 年 7 月 1 日，欧元成为唯一的法定货币。

欧洲中央银行总部设在德国的法兰克福，其基本职责是制定和实施欧洲货币联盟内统一的货币政策，以维持欧元地区内的币值稳定为首要目标。从制度构架上讲，欧洲中央银行由两个层次组成：一是欧洲中央银行本身；二是欧洲中央银行体系，由欧洲中央银行和所有参加欧元区的成员国中央银行组成。前者具备法人身份，后者则没有。欧洲中央银行和各成员银行之间的关系为：前者是决策机构，后者是执行机构。即欧洲中央银行将为欧元区内所有国家制定统一的货币政策，然后交由各成员国中央银行去实施。各国中央银行将失去其独立性，从而事实上成为欧洲中央银行的分行。

4．准中央银行型

准中央银行型是指有些国家或地区只设置类似中央银行的机构，或由政府授权某个或几个商业银行，行使部分中央银行职能的制度。如新加坡设有金融管理局和货币委员会（常设机构为货币局）两个机构来行使中央银行的职能。前者负责制定货币政策和金融业的发展政策，执行除货币发行以外的中央银行的一切职能；后者主要负责发行货币、保管发行准备金和维护新加坡货币的完整性。

此外，斐济、马尔代夫、利比里亚、莱索托、伯利兹等国也都实行各具特点的准中央银行体制。

四、中央银行的资本组成类型

（1）全部资本为国家所有的中央银行　这种类型的中央银行或是在成立时国家就拨付了全部资本金，或是国家通过购买中央银行资本中原来属于私人的股份而对中央银行拥有了全部股权。目前大多数国家的中央银行属于这种类型，如英国、法国、德国等，中国人民银行也属于这种类型。

（2）国家资本与民间资本共同组建的中央银行　日本、墨西哥的中央银行属于这种类型。民间资本包括企业法人和自然人的股份。这种资本组成类型，国家资本大多占 50%以上，并且法律一般都对非国家股份持有者的权利进行限定，如只允许有分取红利的权利而无经营决策权，其股权转让也必须经中央银行同意后方可进行等。由于私股持有者不能参与经营决策，所以对中央银行的政策基本上没有影响。

（3）全部股份非国家所有的中央银行　美国、意大利和瑞士等少数国家是这种情况。美国联邦储备银行的股本全部由参加联邦储备体系的会员银行所拥有；会员银行按自己的实收资本和公积金的 6%认购所参加的联邦储备银行的股份。并享受年息 6%的股息。

（4）无资本金的中央银行　这种中央银行在建立之初根本没有资本，而是由国家授权执行中央银行的职能。中央银行运用的资金主要是各金融机构的存款和流通中的货币，占有资金只占很少部分。韩国的中央银行是目前唯一没有资本金的中央银行。

（5）资本为多国共有的中央银行　货币联盟中成员国共同组建中央银行的资本金是由各成员国按商定比例认缴的，各国按认缴比例拥有对中央银行的所有权。

五、中央银行的组织结构

中央银行的组织结构包括权力分配结构、内部职能机构和分支机构设置等方面。

1．中央银行的权力分配结构

权力分配结构是指最高权力的分配状况。最高权力大致可概括为决策权、执行权和监督权三个方面。决策权、执行权和监督权在有些国家的中央银行是合一的。如英国、美国、菲律宾等国中央银行的理事会，既是各项政策和方针的制定者，又负责这些政策方针的贯彻实施和监督。有些国家则分别设立不同的机构来行使这三种权力，如日本银行、瑞士银行等。日本银行的最高决策权力机构是政策委员会，负责货币政策的制定；最高执行权力机构是理事会，负责执行政策委员会的决定和研究处理日常经营中的重大事项；监事会负责监督检查日本银行的业务和政策执行情况。

中国人民银行，按 1995 年 3 月通过的《中国人民银行法》规定，实行行长负责制，即行长行使最高决策权。为有助于货币政策的正确制定，《中国人民银行法》规定设立货币政策委员会，其职责是在综合分析宏观经济形势的基础上，依据国家的宏观经济调控目标，讨论货币政策事项并提出建议。由于货币政策委员会的性质是咨询议事机构，因此中国人民银行属于决策权、执行权、监督权合并且权力高度集中的中央银行。

2．中央银行的内部职能机构

各国中央银行内部的职能部门都是根据其担负的任务设置的。尽管各国中央银行的内部机构设置数量不等，名称亦有差别，但总体来看，大都包括如下部门。

① 与行使中央银行职能直接相关的部门。这是中央银行内设机构的主体部分，包括了办理金融机构业务往来的部门、货币政策操作部门、负责货币发行的部门、组织清算的部门、金融监管部门等。

② 为行使中央银行职能提供咨询、调研和分析的部门，包括统计分析部门、研究部门等。

③ 为中央银行有效行使职能提供保障和行政管理服务的部门。

3．中央银行的分支机构

（1）按经济区域设置分支机构　这种设置方法是根据各地的经济金融发展状况，视实际需要按经济区域设立分支机构，主要考虑地域关系、经济金融联系的密切程度、历史传统、业务量等因素。分支机构一般都设立在该区域内的经济和金融中心。目前世界上大多数国家中央银行的分支机构都是按照经济区域设置的，如美联储、英格兰银行。

（2）按行政区划设置分支机构　这种设置方式一般与计划经济体制相适应。前苏联以及其他实行计划经济体制的国家基本上都是采取这种方式。中国人民银行在1998年以前也是按行政区划设置分支机构的。

（3）以经济区域为主，兼顾行政区划设置分支机构　一般是按经济区域设置分行，而分行之下的机构设置则考虑行政区划并尽量与行政区划相一致。日本、德国、意大利等国中央银行分支机构的设立基本上是按这种模式。中国人民银行于1998年底按这样的原则调整了分支机构的设置。

第二节　中央银行的性质、职能

一、中央银行的性质

虽然各国的社会历史状况不同，经济和政治制度不同，商品经济和货币信用制度的发展水平以及金融环境各有差异，但就中央银行的发展历史及其在国民经济活动中的特殊地位分析各国中央银行的一般性质都具有共性。

中央银行的性质可以科学地表述为：中央银行是国家赋予其制定和执行货币政策，对国民经济进行宏观调控和管理监督的特殊金融机构。

① 不以营利为目的：中央银行以金融调控（如稳定货币、促进经济发展）为己任。一般地，在其业务经营过程中也会取得利润，但营利不是目的。否则，势必导致忽略甚至背弃其职责。

② 不经营普通银行业务：这是指不对社会上的企业、单位和个人办理存贷、结算业务，而只与政府或商业银行等金融机构发生资金往来关系。有些国家的中央银行目前还有一部分对私人部门的业务，但均不占主要地位。

③ 在制定和执行国家货币方针政策时，中央银行具有相对独立性。

二、中央银行的职能

中央银行的性质具体体现在其职能上。中央银行的职能从不同的角度分析，可以有多种分类。由于各国的社会历史状况、经济和政治制度、金融环境等不同，所以中央银行行使其职能的程度也有所差异。从中央银行业务活动的特征分析。一般的、传统的归纳是表述为发行的银行、银行的银行和国家的银行三大职能。此外，有归纳为政策功能、银行功能、监督功能、开发功能和研究功能五类的；有归纳为服务职能、调控与管理职能两类的；有分为独占货币发行、为政府服务、保存准备金、最后融通者、管制作用、集中保管黄金和外汇、主持全国银行清算、检查与监督各金融机构的业务活动等八类的；等等。这里，我们按一般的划分进行介绍。

（一）中央银行是发行的银行

所谓发行的银行，是指中央银行是国家货币的发行机构。它集中货币发行权，统一全国的货币发行。目前世界上除了少数国家（如美国、日本等）的铸币由财政部发行外，大都是由中央银行负责货币的发行。

1．中央银行成为发行的银行是在历史发展过程中逐步形成的

在资本主义初期，即 17 世纪到 19 世纪中期，国家并没有专门的发行银行。银行券这种由银行发行的，持有者可以随时向银行兑换金属货币的不定期债务证券，是由一般银行分散发行的。它主要代替商业票据投入流通。当时发行的银行券没有固定的支付日期，持券人可以随时向发券银行兑取铸币，因而被人们普遍接受。19 世纪中叶以后，为了满足资本主义发展对信用的需要，银行券的发行逐渐集中于少数信誉较高的大银行，最后发展到由国家法律认可，由一家或几家大银行独占货币发行权，统一货币发行。由此，发行银行就转变为中央银行。

2．货币发行的规定及其保证制度

大多数国家的中央银行一般都制定货币发行的规定及其保证制度，主要包括：货币金属、货币单位、本位币与辅币的铸造与偿付、货币发行的程序、金属保证制度等，但各国不尽相同。

在英国，英格兰银行垄断了在英格兰和威尔士的货币发行权，发行的纸币具有无限法偿能力。即国家规定，凡以本位币对款项和商品交易进行支付时，不论支付数额多大，任何单位和个人均不能拒绝接受。

在美国，货币发行权集中在联邦储备银行手里，由设在全国 12 个联邦储备区的代理机构负责。各区联邦储备银行向当地联邦储备区的代理机构申请发行时，必须提供票据和政府债券等作为等额抵押。

在日本，日本银行为唯一的货币发行银行。根据日本《银行法》规定，其发行的银行券在一切公私交易中无限制地通用，在发行制度上规定银行券不能兑现；规定最高发行额，如果超限额发行，15 天后按天缴纳 3%（年率）的发行税；银行券发行必须有未到期票据、外汇以及贵金属等的同额保证。

3．中央银行发行的银行券是筹集资金的主要来源

在金币流通条件下，既要使发行的银行券有黄金和信用的双重保证，又要使发行的银行

券能兑换黄金以实现银行券的发行与商品流通对货币的需求相适应。在此情况下，中央银行靠发行银行券来筹集资金是有限制的。在资本主义垄断时期，由于经济危机频繁爆发，金本位制度彻底崩溃，银行券的发行保证从过去的黄金和信用票据演变为国家有价证券，促使了银行券纸币化。由此，银行券的发行就往往成了弥补财政赤字的手段，破坏了银行券发行的保证制度。流通中的货币过多，引起单位纸币贬值、通货膨胀和物价上涨。可见，虽然中央银行发行银行券是筹集资金的主要来源，但靠过度发行货币来筹资，往往带有虚假成分，最终会导致通货膨胀，影响经济的稳定发展。

（二）中央银行是银行的银行

作为银行固有的业务特征——办理“存、放、汇”，同样是中央银行的主要业务内容，只不过业务对象不是一般企业和个人而是商业银行与其他金融机构。作为金融管理的机构，中央银行对商业银行和其他金融机构的活动施以有效的影响，如前所述，也主要是通过以商业银行和其他金融机构为对象的银行业务活动来实现。作为银行的银行，其职能具体表现在以下三个方面。

1. 集中存款准备

通常法律规定，商业银行及有关金融机构必须向中央银行存入一部分存款准备金。目的在于，一方面保证存款机构的清偿能力；另一方面有利于中央银行调节信用规模和控制货币供应量。存入准备金的多少，通常是对商业银行及有关金融机构所吸收的存款确定一个法定比例；有时还对不同种类的存款分别确定几个比例。同时，中央银行有权根据宏观调节的需要来变更、调整存款准备金的存入比率。集中统一保管商业银行存款准备金的制度，是现代中央银行制度的一项重要内容。但有些国家一直不太重视这一制度；重视的国家近些年来情况也有较大变化。

2. 最终贷款人

19 世纪中叶前后，连续不断的经济动荡和金融危机使人们认识到，金融恐慌或支付链条的中断往往是触发经济危机的导火线，因此提出应由中央银行承担“最终贷款人”的责任。最终贷款人可以发挥以下作用：一是支持陷入资金周转困难的商业银行及其他金融机构，以免银行挤提（或叫挤兑）风潮的扩大而最终导致整个银行业的崩溃；二是通过为商业银行办理短期资金融通，调节信用规模和货币供给来传递和实施宏观调控的意图。实施货币局制度与“美元化”的国家，则失去了这一功能。

商业银行从中央银行融进资金的主要方式有：①将自己持有的票据，包括国库券，向中央银行办理再贴现、再抵押；②回购协议；③直接取得贷款。为了配合政府经济政策，中央银行往往主动采取降低或提高再贴现率和贷款利率的措施，以调节商业银行的信贷规模。“最终贷款人”原则的提出确立了中央银行在整个金融体系中的核心和主导地位。

3. 组织全国的清算

这一职能也始自于英国。19 世纪中期，随着银行业务的扩大。银行每天收受票据的数量日趋增加，各银行之间的债权债务关系日趋紧密。1854 年英格兰银行采取了对各种银行之间每日清算的差额进行结算的做法，后来其他国家也相继效仿。

（三）中央银行是国家的银行

所谓国家的银行，是指中央银行代表国家贯彻执行财政金融政策，代理国库收支并为国家提供各种金融服务。作为国家银行的职能，主要是通过以下几方面得到体现。

1．代理国库（我国多年习惯称之为“经理”国库）

国家财政收支一般不另设机构，而交由中央银行代理。政府的收入与支出均通过财政部门在中央银行内开立的各种账户进行。具体包括按国家预算要求协助财政、税收部门收缴库款；根据财政支付命令向经费单位划拨资金；随时反映经办预算收支上缴下拨过程中掌握的预算执行情况；经办其他有关国库的事宜。

2．代理国家债券的发行

当今世界各国政府均广泛利用发行国家债券的有偿形式以弥补开支不足。不少国家的中央银行通常代理国家发行债券以及债券到期时的还本付息事宜。

3．对国家财政给予信贷支持

中央银行作为国家的银行，在国家财政出现收不抵支的情况时，事实上负有提供信贷支持的义务。这种信贷支持主要是采取以下两种方式。

（1）直接给国家财政以贷款　这大多是用以解决财政先支后收等暂时性的矛盾。除特殊情况外，各国中央银行一般不承担向财政提供长期贷款的责任。因为人们普遍认为那样做容易导致中央银行沦为弥补财政赤字的简单货币供给者，从而可能有损于货币的正常供给及金融规定。所以，在正常情况下国家的长期性资金大多需要通过其他途径解决。

（2）购买国家公债　中央银行在一级市场上购进政府债券，资金直接形成财政收入，流入国库；若中央银行在二级市场上购进政府债券，则意味着资金是间接地流向财政。无论是直接还是间接，从中央银行某一时点的资产负债表来看，只要持有国家债券，就表明是对国家的一种收资。

4．保管外汇和黄金储备，进行外汇、黄金的买卖和管理

一个独立自主的国家，通常均拥有一定数量的外汇和黄金储备。中央银行通过为国家保管和管理黄金外汇储备，以及根据国内国际情况，适时、适量购进或抛售某种外汇或黄金，可以起到稳定币值和汇率、调节国际收支、保证国际收支平衡的作用。

5．制定和实施货币政策

货币政策是政府对经济实行宏观调控的基本经济政策之一，各国一般都是通过法律赋予中央银行制定和实施货币政策的职责。货币政策必须与国家经济社会发展的根本利益与长远利益保持一致，并通过货币政策的具体实施达到稳定币值和物价、促进经济增长等目的。

6．制定并监督执行有关金融管理法规

在法律赋予的权限内，中央银行自身，或与其他金融管理机构一道，对各商业银行及其他金融机构进行监督管理。通常，把对这方面的任务称之为金融行政管理。有些国家的中央银行不承担金融行政管理的任务。

此外，中央银行作为国家的银行，还代表政府参加国际金融组织，出席各种国际性会议，从事国际金融活动以及代表政府签订国际金融协定；在国内外经济金融活动中，充当政府的顾问，提供经济、金融情报和决策建议。

三、中央银行的作用和地位

从促使中央银行产生与发展的基本经济原因和中央银行具有的职能可以看出，它在经济和金融体系中处于非常重要的地位。尤其是随着经济货币化程度的加深、金融在经济中作用的增强以及经济金融全球化的推进，中央银行在经济生活中的地位和作用较之早期的中央银行更加突出。然而如何概括才算较为全面，并无定论。下面所列，是较为突出的几条。

从经济体系运转看，中央银行为经济发展提供最为关键的工具——货币。随着商品经济的发展和生产以及流通的扩大，经济体系对货币的需求也在不断增长。在金属货币制度下，由于金属货币可自由铸造，当流通中的货币不足时，便会有相应的金属块被铸造成货币进入流通，这个过程是自发完成的。而在不兑现信用货币流通的条件下，中央银行垄断了现钞的发行，经济体系对现钞的需求就必须由中央银行来满足。当然，在现代信用货币制度下，存款货币的创造是由商业银行等存款金融机构实现的。但其源头仍在中央银行。在传统经济中，资本和劳动的投入虽然也依赖货币，但其依赖的程度远没有现代经济这么强。随着经济的货币化和信用化程度的加深，资本和劳动初始和持续的投入与结合均需借助于货币来实现。因此，现代经济中中央银行的货币供应在为经济体系提供必要条件的同时，也提供了新的货币推动力，从而使中央银行成为推动经济发展的重要力量。

中央银行不仅提供货币，而且还承担着为经济运行提供货币稳定环境的职责。完全的信用货币制度，虽然为最大限度地供给货币以推动经济增长提供了必要条件，但同时也使货币供给与货币需求的脱节成为技术上并无困难的事情。如果货币供给持续地超过经济体系的客观需要量，就会造成通货膨胀，使货币贬值，物价上涨；反之，则可能造成通货紧缩，物价持续下跌。物价和币值的持续波动会导致经济运行紊乱。中央银行作为最重要的宏观调控部门之一，通过垄断货币发行和制定并执行货币政策以尽可能保持币值的稳定，从而为经济的正常运行和稳定增长提供了保障。

作为“最后贷款人”和全国的资金清算中心，中央银行为经济体系的正常运行提供有效保障的另一重要方面是：保障支付体系的顺畅运作，保障支付链条不因偶发事件的冲击而突然断裂以致引发系统性的金融危机。在19世纪接近中叶之际，包括马克思在内的不少人，在剖析那时的支付危机、银行危机、经济危机时认为，英格兰银行面对可以避免的危机本来可以通过及时提供信用起到化解作用，但错误的《比尔条例》却使之成为推动危机爆发的因素；货币主义者对1933年美国的金融危机也做出过联邦储备系统对中小银行大量倒闭的漠视，使得危机加剧爆发。对于历史上的这些论战也许到今天还有不同见解。但无论如何，今天世界的中央银行，已经十分明确地树立起保障支付链条的指导方针。有些人甚至认为，在中央银行的任务中，这一条应该摆在首位。

从对外经济金融关系看，中央银行是国家对外联系的重要纽带。①在国际交往中，货币是不可缺少的必要手段，中央银行作为一国货币的供给者和管理者，以及国际间货币支付体系的参与者和维护者，起着十分关键的作用。②在国际经济合作、融合和一体化过程中，金融起着先导的作用，中央银行作为一国金融业的领导者和管理者，代表国家参与国际金融组织，是国际间金融谈判、磋商和签约的主管机关，承担着维护国际经济、金融秩序，以及在国与国之间的金融关系中发挥协调和决策作用的责任。

四、中央银行的资产负债表

中央银行在履行职能时，其业务活动可以通过资产负债表上的记载得到概括反映。由于各个国家的金融制度、信用方式等方面存在着差异，各国中央银行的资产负债表，其中的项目多寡以及包括的内容都不一致。这里仅就中央银行最主要的资产负债项目概括成表 21-1，旨在概略表明其业务基本关系。

表 21-1　中央银行资产负债表

资产	负债
国外资产	流通中的通货
贴现和放款	商业银行等金融机构存款
政府债券和财政借款	国库及公共机构存款
外汇、黄金储备	对外负债
其他资产	其他负债和资本项目
合计	合计

中央银行一般是一国通货的唯一发行银行，因此，流通中的通货是中央银行负债的一个主要项目。作为银行的银行，它与商业银行等金融机构间的业务关系，主要是列于负债方的商业银行等金融机构在中央银行的存款（包括准备金存款）和列于资产方的贴现及放款；作为国家的银行，它在业务上与政府的关系主要是列于负债方的接受国库等机构的存款和列于资产方的通过持有政府债券融资给政府，以及为国家储备外汇、黄金等项目。

五、中国的中央银行

为加快中国社会主义市场经济的发展，进一步改进银行工作，加强银行对经济生活的调节和控制作用，保卫人民币和稳定币值，并有效地实行外汇管理，中国已形成了以中央银行为领导、商业银行为主体、多种金融机构并存和分工协作的金融体系。

1. 中国中央银行的性质

1995 年 3 月 18 日中华人民共和国第八届全国人民代表大会第三次会议通过的《中华人民共和国中国人民银行法》明确规定：中国人民银行在国务院领导下，制定和实施货币政策，对金融业实施监督管理。

可见，中国中央银行的工作对象不是企业单位和个人，而是各商业银行和其他金融机构。它的主要工作是集中力量，研究和做好全国的宏观决策，加强金融监管以保持货币稳定，更好地为国家宏观经济决策服务。

必须指出，中国中央银行除具备世界各国中央银行的一般特征外，还有两个不同点：

①中国社会主义的中央银行是建立在生产资料公有制基础上的，这种具有公有制性质的中央银行占有制，同马克思关于“银行制度造成了社会范围的公共簿记和生产资料的公共分配形式”的论述是一致的；②中国法律明确规定，中国中央银行在国务院领导下管理全国金融事业，基于中国目前的商业银行主要是国有企业，故中央银行与政府的关系更为密切。

中国人民银行在各地的分支机构，按经济区划设置。在银行业务和干部管理上实行垂直领导统一管理。在中国人民银行总行的领导下，各人民银行分支机构根据国家规定的金融方针政策和国家信贷计划，在本辖区内调节信贷资金和货币流通，协调、指导、监督、检查商业银行和其他金融机构的业务活动。

国家外汇管理局作为国务院直属局和人民银行总行的一个职能部门，统一管理全国的外汇工作。

2. 中国中央银行的职能

① 审批商业银行和其他金融机构的设置或撤并。对金融机构的设置和撤并统一进行审查和批准，并在设立后进行必要的管理和监督。这对金融政策的贯彻执行、货币流通的稳定和金融秩序正常化有重要意义。

② 领导、管理、协调、监督、稽核商业银行和其他金融机构的业务工作。中国人民银行负有协调商业银行和其他金融机构之间业务活动的任务，达到加强金融事业的统一领导和国民经济综合平衡的目标。

③ 经理国库，代理发行政府债券。中国人民银行代理财政金库（也称国库），以保证及时集中预算资金、财政部门按计划拨款、支持生产的发展和商品流通的扩大。中国人民银行代理发行政府债券，对稳定货币流通和解决财政困境也具有重要作用。

④ 管理企业股票、债券等有价证券，管理金融市场。经营有价证券的发行、交易等活动，均要经中国人民银行审批。中国人民银行还承担管理金融市场的责任，通过发行国库券、增减贷款和调整存款比例等经济手段，把握金融市场的变化趋势，控制和调节货币流通。

⑤ 代表政府从事有关国际金融活动。中国人民银行是我国参加国际金融活动的代表和我国在国际货币基金组织的代理人。中国人民银行代表国家出席有关国际金融会议，参与有关国际金融业务活动，商议国际货币金融制度，进行国际金融合作。

中国人民银行的性质决定了它的职能，按现行《中华人民共和国中国人民银行法》规定，中国人民银行履行下列职责：①依法制定和执行货币政策；②发行人民币，管理人民币流通；③按照规定审批、监督管理金融机构；④按照规定监督管理金融市场；⑤发布有关金融监督管理和业务的命令和规章；⑥持有、管理、经营国家外汇储备和黄金储备；⑦经理国库；⑧维护支付、清算系统的正常进行；⑨负责金融业的统计、调查、分析和预测；⑩作为国家的中央银行，从事有关的国际金融活动；⑪国务院规定的其他职责。

上述这些职能都围绕一个中心，即作为国家最重要的调节机构之一，主要是通过一系列直接或间接的手段的运用，实现对货币供求和社会经济生活的调节，求得社会总需求和社会总供给的宏观平衡，保证国民经济稳定、协调、高效和健康地向前发展。

第三节　中央银行体制下的支付清算系统

一、支付清算系统和中央银行组织支付清算的职责

支付清算系统，也称为支付系统，是一个国家或地区对伴随着经济活动而产生的交易者之间、金融机构之间的债权债务关系进行清偿的系统。具体地讲，它是由提供支付服务的中介机构、管理货币转移的规则、实现支付指令传送及资金清算的专业技术手段共同组成的，用以实现债权债务清偿及资金转移的一系列组织和安排。

支付清算系统有其久远的发展历程。在买卖和借贷中的货币支付，是经济生活中随时随地都在发生的经济行为。伴随着商品货币经济的发展，支付的过程从最简单的当事人当面支付，到通过中间人支付，到超出本地市场领域的支付，再到超出国界的支付；支付的工具从铸币、现钞的支付，到利用票据的支付，再到通过中介的账面金额划转的支付，等等。这就会自然而然地形成满足当时经济发展所需要的支付清算系统。当然，早期的支付清算系统尚无有关的成文法规，而是靠习惯和行规规范。

现代的支付清算系统则是伴随着中央银行制度的发展而发展的。各国中央银行大多有法令明文规定，负有组织交付清算的职责。《中国人民银行法》明确规定，作为中央银行的人民银行有履行"维护支付、清算系统正常运行"的职责；应当组织或协助组织金融机构相互之间的清算系统，协调金融机构相互之间的清算事项，提供清算服务。

随着经济全球化步伐的加快和信息技术的飞速发展，支付清算系统作为一国或一个地区金融体系中不可分割的组成部分，起着越来越重要的作用。目前，现代化的大额实时清算系统已在大多数发达国家和少数发展中国家稳定运行，成为一国中央银行行使其职能的不可缺少的基础性设施。

二、支付清算系统的作用

由一国中央银行主持下的支付清算系统是现代经济活动运行的"基础设施"。它可以形容为资金的高速公路，当道路宽阔、畅通、覆盖面大时，资金在债权债务人之间的流动就顺畅，经济体运行就健康。如果不通畅，例如用于支付的资金在支付系统中被金融机构无偿占用的时间过长，就会付出过高的清算成本，资金运用的效率就会降低。一旦发生局部的堵塞和服务中断，债权债务不能及时清偿，就会给经济运行带来巨大的影响。因此市场经济较发达的国家都十分重视建立一个高效、稳定的支付清算系统。

安全、高效的支付清算系统有利于规避金融风险。任何一个国家或经济体的支付系统都是通过缜密设计、合理建设和规范运行来规避、控制各种金融风险的。支付清算系统在运转过程中可以发现金融机构经营过程中的一部分潜在的信用风险和流动性风险，并能主动预警。比如支付系统可以监测各家商业银行清算账户的日间透支额和日终透支额，一旦这些指标出现异常，支付系统就会要求商业银行采取必要的措施，以保证支付效率。

高效的支付清算系统还可以为一国中央银行的货币政策服务。任何国家的中央银行在制定货币政策时都需要以完整、可靠、及时的金融信息为基础。支付系统提供的信息来源于真实发生的每一笔支付业务，因此可以为中央银行分析金融形势、制定货币政策提供服务。从另一个角度讲，支付清算系统又是中央银行货币政策实施的工具和渠道。比如通过支付清算系统可以改变货币供给量，扩大或缩小现钞和硬币的发行量；通过提供便利或设置障碍，支付清算系统还可加快或放缓货币流通的速度。近年来流行于欧美支付系统的 DVP（delivery versus payment）服务，是将支付系统与一国中央银行的公开市场业务交易系统相连接，使中央银行的债券买卖与金融机构的账户处理同步完成，这就有效地缩短了中央银行公开市场交易这一货币政策工具的时滞。

如果是通用货币的支付系统(如美元、欧元、日元的支付系统)，它们还会对全球经济或区域经济发挥作用。

中国人民银行为适应我国经济市场化改革的需要，正在构建一个现代化的、高效的支付清算系统。这个系统目前组织银行间同城或同地区和异地两大类资金清算。同城或同地区银行间的资金清算，主要是通过票据交换所来进行。票据交换所通常是由当地人民银行直接主办。异地银行间远距离的资金划拨也是由人民银行统一办理。异地资金划拨的具体做法主要有两种类型：①先由各商业银行等金融机构通过内部联行系统划转，最后由它们的总行通过中央银行办理转账清算；②直接把异地票据统一集中送到中央银行办理轧差转账，再送至各商业银行总行或分支行记账。

三、“结算”和“清算”

在讨论支付清算问题时，最常用的两个概念是“结算”和“清算”。

支付清算的全过程是由两个相互连接的过程组成的。

1．算账过程

经济生活中，由于商品买卖、服务供应、资金调拨等经济关系，人们相互之间存在着广泛的应收债权与应付债务。在一定的时点上，总有到期应该结清的应收和应付。一个人可能只有应收或应付，但在频繁的经济交往中往往是既有应收又有应付，这就需要把应收债权与应付债务进行抵销并计算出应收与应付的差额。它属于下一过程的准备阶段。

2．结清差额

随后的过程则是以货币收付行为结清应收与应付的差额。这标志支付清算全过程的完成，意味着相关债权债务关系的终结。

商品交易、劳务供应、金融活动和消费行为都会引起债权债务关系。债权债务关系的清偿通常通过货币所有权的转移进行。货币资金的收入和支付的行为一般称作结算。按照结算手段，可以分为现金结算和转账结算。现金结算具有强制性和结算随现金转移同时完成两个特点，因此是可在任何情况下用作结算的最基本结算手段。

但是，现金的运输保管既花费时间和费用，还面临遭受遗失、偷盗等损失的风险。因此，现金结算往往作为小额结算手段被广泛使用。由于现金结算的上述缺点，出现了支票票据、汇票、转账信用卡等结算工具，用于办理企业之间的结算、异城清算、公用事业费的支付、工资发放以及商品购买等。这种通过转账进行的结算也称非现金结算。

由于债权债务关系的当事人往往并不在同一个银行开设账户，所以转账结算需要通过银行间的账户设置和一定的结算方式实现各种经济行为引发的债权债务清偿和资金划转。不仅是为客户提供转账支付服务，还需要建立银行间的结算关系。银行在其自身的经营行为中也需要与其他金融机构发生业务往来，由此产生的大量债权债务关系需要进行清偿。这个清偿活动被称为“清算”。尽管清算可以通过金融机构之间建立双边清算协议实现，但随金融机构相互间关系的复杂化，依靠双边清算关系已经难以完成日益复杂的清算职能，出现了专门提供清算服务的组织和支付系统。支付清算系统顺利运转、债权债务关系得到及时清算是商品交易、劳务供应、金融活动和消费行为顺利进行的保障。而由私人机构提供支付清算服务并不能保证系统总是顺利运转。

中央银行作为金融机构在其资产负债业务进行中，也必然发生与其业务对象之间债权债务关系的清算。同时，由于中央银行具有非营利性质和垄断货币发行的特殊地位，因此，中央银行不存在信用风险和流动风险，并接受商业银行的法定存款准备金。金融机构都愿意在中央银行开设账户，从而为金融机构间的清算创造便利。

中央银行作为一国支付清算体系的参与者和管理者，通过一定的方式和途径使金融机构之间的债权债务清偿及资金转移顺利完成并维护支付系统的平稳运行，从而保证经济活动和社会生活的正常进行。

四、常用的清算方式

常用的清算方式有四种。

1．全额实时结算

指对每一笔支付业务的发生额立即单独全部进行交割，表现为每笔转账的支付指令发出时，无须参与轧差而是逐笔直接进行结算。在 RTGS 系统下，各家商业银行或参与结算的客户要保证自己在支付系统的清算账户上有足够的支付金额。此方式的优点是支付效率高，支付指令发出到最终结算之间的时间短，责任明确，有利于支付风险的控制。缺点是商业银行或客户在支付系统账户中占用的用于结算的资金较多。

2．净额批量清算

指累计多笔支付业务的发生额之后，在一个清算周期结束前，用净额清算系统的参与者从系统中其他所有参与者那里应收到的全部转账金额与他对其他参与者的应付出的转账金额轧出差额，形成据以结算的净借记余额或净贷记余额。这些净余额的计算可以是双边的或多边的。该方式的优点是占用商业银行或客户的清算资金少，缺点是净额结算过程中应付方容易发生透支现象，给收款方造成结算风险。

3．大额资金转账系统

指单笔交易金额巨大，但交易笔数较少，对安全性要求高，付款时间要求紧迫的支付方式。其优点是资金在途时间短，入账速度快；缺点是处理资金的成本高，收费高。

4．小额定时结算系统

又称为零售支付系统。该系统主要处理大量的每笔金额相对较小的支付指令。如私人支票、ATM 机业务以及商场收款台上的电子资金转账销售点业务，即 POS 机业务。它们属于对时间要求不紧迫的支付，常采用批量、定时的方式处理。这样处理成本低廉，收取的费用较低。

在现实生活中，以上四种清算方式是组合使用的。通常全额实时清算采用的是大额支付系统，而净额批量清算采用小额定时支付系统。

五、票据交换所

票据交换所是最早形成的支付清算组织。上述有关支付清算体系的原理在这一组织中均可找出脉络。

在现代银行发展的早期阶段，随着支票等银行票据的流通，必然引起银行要为客户收进的票据办理向出票人开户行索款的业务。由于支票签发是以客户在银行有存款为前提的，因此，支票授受客户双方的债权债务关系就反映为双方开户银行间的债权债务关系。由此，也就产生了银行间结清这种债权债务关系的问题。

早期银行间这种债权债务关系的结清方法是由银行每天派专人持客户交送来的收款票据，前往各应付款银行收取款项；付款行支付现金并从而结清债权债务。显然，这种方式耗费人力，既不方便，又不安全。随着银行收进客户交存的别家银行的票据越来越多，银行的收款人员就渐渐约定地点，自行相互交换所持对方银行的票据，轧清应该收进和应该付出的款项，以节省时间和精力。在这样的基础上，经各银行协商，制定相应的票据交换规章制度，票据交换所就产生了。

世界上第一家票据交换所 1773 年在英国伦敦成立。此后，纽约于 1853 年，巴黎于 1872 年，大阪于 1878 年，柏林于 1887 年先后成立了各自国家的第一家票据交换所。

中国银行业间最早的票据交换所是于 1933 年在上海成立的，与此同时，还存在钱庄业间的“汇划总会”和英商汇丰银行设立的“划头清算中心”，分别为钱庄和外商银行办理数据交换。1945 年成立了上海票据交换所，各银行、钱庄及外商银行均在该所参加票据交换，并由中央银行领导和集中办理清算。

中华人民共和国成立初期，上海票据交换所曾继续营业。1952 年由中国人民银行接办。随着后来的高度集中计划经济体制及“大一统”银行体制的建立，不再需要独立的票据交换所。1986 年以后，全国开始试行扩大同城票据交换，大中城市普遍建立起票据交换所，大大提高了票据清算效率，加速了资金周转。

六、票据交换所的工作程序

最初，票据交换所只是把参与票据清算的各家银行集中起来，由它们自行分别办理票据交换和结清应收应付款项。这时，每家银行都要与其他银行逐一办理票据交换，比如 A 银行要与前来参加清算的 B、C、D 等几家银行分别交换票据，其他银行也如此。但人们很快认识到，任一银行的应收款项，一定是其他银行的应付款项；任一银行的应付款项，又一定是其他银行的应收款项；各银行应收差额的总和，一定等于各银行应付差额的总和。因此，两家银行彼此结清差额的办法就可以由这样的办法代替：所有参加交换的银行分别轧出自己对所有其他银行的应收金额或应付金额，汇总轧出本行是应收还是应付的差额，并据以结清债权债务。表 21-2 可以说明这样的工作原理。

表 21-2　票据交换所清算过程

	A 银行	B 银行	C 银行	D 银行	应收总额	应付差额
A 银行	—	20	10	40	70	—
B 银行	30	—	50	20	100	20
C 银行	20	80	—	10	110	—
D 银行	10	20	40	—	70	—
应付总额	60	120	100	70	30	×
应售差额	10	—	10	—	×	20

表中 A 银行对 B 银行应收 20，应付 30；对 C 银行应收 10，应付 20；对 D 银行应收 40，应付 10；应收应付轧差，该行应收 10。其余类推：B 银行应付 20，C 银行应收 18，D 银行应收应付平衡。所以，只要把 A 和 C 应收 20 与 B 应付 20 结清后，应收应付各 350 的金额即可全部结清。

过去，曾直接以现金当场清结应付差额。如某银行若有应收的差额，则从票据交换所出纳处领取现金；反之，则将应付现金交与出纳处。随着各商业银行以及票据交换所均在中央银行开设活期存款账户，收付差额通过在中央银行的存款账户间的转账即可完成。

七、美国的支付清算体系

美国的支付清算体系以高科技、高水准、高效能著称于世。美联储在政策制定、提供服务、监督管理、风险控制等多个层面全方位地参与了美国的支付清算安排，并居于极为关键的核心与主导地位。其支付清算体系主要有以下几种。

1．票据交换资金清算系统

由于信用制度的高度发达，美国的支票支付非常普及和方便，支票在全国通用。美联储在全国 12 个储备区设有 48 个清算点，各行的差额通过美联储账户清算资金，支票在美联储系统最多停留 48 小时，支票的平均入账时间为 1.6 天。为防止商业银行有意占用客户资金，从 1998 年 10 月 1 日起，要求银行必须保证客户在 7 天内用款。该支票清算的流程如图 21-1 所示。

2．面向大额资金转账的全国电子支付系统（fedwire）

图 21-2 表示美国 fedwire 的清算流程。该系统每天处理的业务笔数虽然只占非现金支付总交易的 1%左右，但其金额却占总金额的 85%。

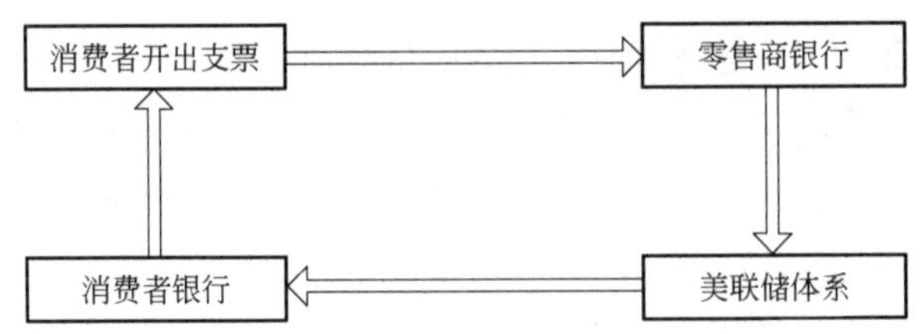

图 21-1　美国支票清算的流程

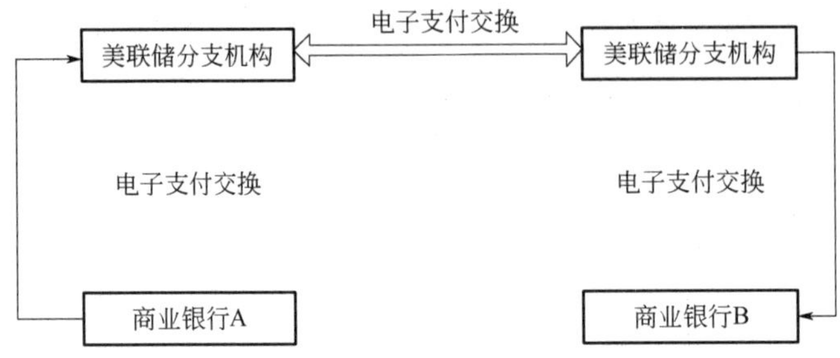

图 21-2　美国 fedwire 的清算流程

3．国际资金清算系统（CHIPS）

CHIPS 已于 1991 年替代票据清算，它与 SWIFT 网络连接，主要处理国际资金清算业务，并建立了与国外银行的结算清算系统。SWIFT（society for worldwide interbank financial telecommunication）是全球银行间金融通信组织，它实行会员制；总部设在比利时，有两个分行，分别在荷兰和美国；股权按各会员行的使用量来分配，主要为国际银行服务，也为非银行机构使用。SWIFT 最早是于 1970 年由 7 家国际银行筹建的国际金融通信系统。1973 年，12 国的 230 家银行正式参加该组织，1974 年开始建立计算机网络系统。1991 年新的 SWIFT 运行，提供即时信息服务，提高了安全性，减少了信息传送的成本。

4．票据自动清算系统（ACH）

票据自动清算系统又称小额资金清算系统，它是一个磁带交换系统，后来又开发了信息传输系统，主要处理工资、红利、房租、水电费、电话费等小额支付。ACH 为两天信用，即转账时间为 2 天。

5．信用卡业务及电子货币

信用卡负债自 20 世纪 90 年代以来呈上升趋势。由于信用卡的贷款利率高、成本低，因此，尽管信用卡贷款和信用卡消费产生了一些不良贷款和恶意透支，有的持卡人甚至透支超过一年的自身收入，形成了过度消费，但美国银行仍希望持卡人欠费。

八、中国现代化支付系统

中国现代化支付系统主要提供商业银行之间跨行的支付清算服务，是为商业银行之间和商业银行与中国人民银行之间的支付业务提供最终资金清算的系统，是各商业银行电子汇兑系统资金清算的枢纽系统，是连接国内外银行重要的桥梁，也是金融市场的核心支持系统，并利用现代计算机技术和通信网络自主开发建设的，能够高效、安全处理各银行办理的异地、同城各种支付业务及其资金清算和货币市场交易的资金清算的应用系统。

根据大额支付系统建设的目的、设计的功能特点，以及与小额批量支付系统应用范围的划分原则，大额支付系统处理下列支付业务：①规定金额起点以上的跨行贷记支付业务；②规定金额起点以下的紧急跨行贷记支付业务；③各银行行内需要通过大额支付系统处理的贷记支付业务；④特许参与者发起的即时转账业务；⑤城市商业银行汇票资金的移存和兑付资金的汇划业务；⑥中国人民银行会计营业部门和国库部门发起的贷记业务及内部转账业务；⑦中国人民银行规定的其他支付清算业务。

中国现代化支付系统已建成了包括第一代人民币跨行大额实时支付系统、小额批量支付系统、支票影像交换系统和境内外币支付系统、电子商业汇票系统以及中央银行会计集中核算系统，形成了比较完整的跨行支付清算服务体系，为各银行业金融机构及金融市场提供了安全高效的支付清算平台，对经济金融和社会发展的促进作用日益显现。

目前运行的主要支付系统有以下几种。

1．同城清算所

同城清算是指同一城市（区域）内交易者间的经济往来，通过开户金融机构的同城票据交换实现债权债务清偿及资金转移。同城票据交换是同城不同金融机构之间进行的行间票据传递。“同城”是按行政区划分，目前中国的同城支付清算通过分布在中心城市和县城/镇的 2000 多家清算所进行。全部同城跨行支付交易和大部分同城行内支付业务经由同城清算所在商业银行之间进行跨行清算后，再交行内系统进行异地处理。同城清算由中国人民银行负责安排，并对参与清算成员提供票据交换和资金结算服务与监管。参与成员每日将票据按照接受行进行清分后，提交至清算所，在成员之间进行交换；各成员按照发出和收到的票据金额进行贷记项目和借记项目汇总，并计算出净结算余额，通过在人民银行开立的存款账户进行清算；只有当所有参加者的净额轧差等于零时，中国人民银行才接受清算，不允许透支。

20 世纪 80 年代，中国同城票据清算主要采取在既定的时间、地点取送票据的手工处理方式，其缺陷是效率低、劳动强度大、错误率高。自 80 年代中期起，中国启动了同城清算的电子化和自动化改革，在大城市引进票据自动清分系统，在中小城市开发同城支付清算网络处理系统。这些系统与中国人民银行的清分清算系统和商业银行的柜台处理系统相连，极大地提高了同城清算效率。目前，全国大多数城市建立了基于磁盘交换和网络传输方式的同城清算处理系统；北京、上海、广州、天津等多个大城市建立了同城票据清分系统。

2．全国电子联行系统

全国电子联行系统是中国人民银行处理异地清算业务的行间处理系统。不在同一票据交换区域内的收、付款人之间的经济往来所产生的债权债务和应收应付款项，需通过银行办理异地结算。银行办理异地结算业务，必须通过联行往来，即不同银行之间进行的资金划拨和结算业务。20 世纪 80 年代前，中国异地联行业务以手工操作为主，存在着各行间汇路不畅、相互占压资金、效率低下等问题。经国务院批准，中国人民银行于 1989 年开始着手开发全国电子联行系统，采用 VSAT 卫星通信技术，建立了中国人民银行专用卫星通信网，通过卫星通信链路连接各卫星通信小站，并基于 PC 机的处理系统，以代替手工操作。自 1991 年开始，该系统投入运行。1995 年，中国人民银行开始推行电子联行"天地对接"工程，旨在各城市实现电子联行与中央会计核算系统、商业银行业务系统对接。1999 年，中国人民银行又制定了电子联行"天地对接"业务到县的方针，并统一开发了电子联行小站与中央银行会计核算系统的接口程序、与商业银行业务处理程序系统的接口程序。1999 年，全国有 35 个城市按照中国人民银行的统一接口进行了规范，全国电子联行系统拥有 2 个卫星主站、600 多个卫星小站、1000 多个电子联行收发报行、10000 多个通汇网点。

全国电子联行系统通过中国人民银行联合各商业银行设立的国家金融清算总中心和在各地设立的资金清算分中心运行。各商业银行受理异地汇划业务后，汇出、汇入资金由中国人民银行当即清算。其运行流程为：受理异地业务的商业银行中，发出汇划业务的为汇出行，收到汇划业务的为汇入行，汇出行向人民银行当地分行（发报行）提交支付指令（电子报文）；发报行借记汇出行账户后，将支付信息经卫星小站传送至全国清算中心，如汇出行账户余额不足，则支付指令必须排队等待。清算总中心按人民银行收报行将支付指令清分后，经卫星链路发送到相应的人民银行收报行，由其贷记汇入行账户，并以生成的电子报文通知汇入行。

3．电子资金汇兑系统

电子资金汇兑系统是商业银行系统内的电子支付系统。目前中国国有商业银行和其他商业银行均以电子资金汇兑系统取代原有的手工操作系统，即以电子支付指令的集中交换代替了原有的实物票据交换。各商业银行的电子资金汇兑系统框架基本相同，多为多级结构，形成全国处理中心、省级处理中心、城市处理中心和县级处理中心的布局层次。一家银行的所有分支机构均有资格参与系统内的电子资金汇兑系统。有些银行的电子资金汇兑系统还为其他金融提供支付服务。如中国工商银行于 1999 年 5 月投入运行的"中国工商银行资金汇划清算系统"在全行 80000 多个通汇点一次运行成功；中国银行开发的新一代收付清算系统，是国内首创的国内外资金实时支付清算系统，其外与 SWIFT 系统相连，内与全国电子联行系统对接，采用了支付凭证集中处理和以贷记划拨为主的资金划拨方式，实现了付款指令、头寸信息和账户清算的一体化处理和管理。

4．银行卡支付系统

1994 年，国务院提出了"三金"（金桥、金卡、金关）工程规划。其中"金卡"即指银行卡（信用卡），旨在通过金融科技的广泛应用，全面推动我国银行卡事业朝着高科技、高效率、国际化的方向发展。中国人民银行在组织各商业银行联合共建银行卡支付系统、制定相关标准等方面发挥了积极作用。发卡金融机构、科研部门相关企业也积极投入"金卡工程"。1997 年 7 月，首批 12 个"金卡"工程试点省市的信息交换中心全部投入运行。1998 年底，投入运行的银行卡总中心连接了各商业银行及 12 个试点城市银行卡中心，最终形成了覆盖全国的银行卡信息交换系统。目前中国银行卡已步入高层次、高质量、高效率的发展阶段，各发卡金融机构均创立了自己的银行卡品牌，多家发卡机构加入了维萨国际组织和万事达卡国际组织这两大国际信用卡集团。

本章思考题

① 试述中央银行产生的经济背景。

② 试述中央银行产生的客观要求。

③ 试述二战后中央银行发生了哪些变化。

④ 试述我国中央银行的演变过程。

⑤ 试述中央银行的性质、职能和结构。

⑥ 试述中国人民银行的性质、职能和作用。

⑦ 试述中央银行在支付体系中的作用。

⑧ 中央银行提供哪些支付清算服务?

⑨ 试述我国中央银行的支付清算体系。

第二十二章 互联网金融

第一节　互联网金融概述

一、互联网金融的概念

互联网金融（internet of finance，IOF）是传统金融机构与互联网企业利用互联网技术和信息通信技术实现资金融通、支付、投资和信息中介服务的新型金融业务模式，是互联网技术和金融功能的有机结合。

互联网金融依托大数据和云计算在开放的互联网平台上，形成了功能化的金融业态及其服务体系，包括基于网络平台的金融市场体系、金融服务体系、金融组织体系、金融产品体系以及互联网金融监管体系，并具有普惠金融、平台金融、信息金融和碎片化金融等相异于传统金融的金融模式。

二、互联网金融的特征

① 互联网金融是知识经济、信息时代的新金融产物。

② 传统金融机构的经营活动是建立在信息不对称基础上的，而互联网金融消除了这种不对称。

③ 互联网金融企业能够用很低的成本、快捷的方式直接接触客户。

④ 在大数据时代，互联网金融提升与扩宽了金融机构与客户发生关联的频度和宽度，从而能够挖掘更多有用信息，为用户提供差异化的定制服务。

⑤ 互联网金融跨时空性地打通了物质世界和虚拟世界，能够提供 24 小时点对点的实时服务。

⑥ 互联网金融重塑了公司形态和社群关系。

三、互联网金融的经济学理论基础

1. 网络经济三大定律

（1）摩尔定律　摩尔定律指的是当价格不变时，集成电路上可容纳的元器件的数目，约每隔 18～24 个月便会增加 1 倍，性能也将提升 1 倍。随着信息技术的持续投入，应使金融服务边界不断扩充，满足市场需求。

（2）梅特卡夫定律　梅特卡夫定律是指一个网络的整体价值与其节点数量平方的增长速

度正相关。应通过发展社交、场景和优化平台，提升金融产品和服务价值。

（3）达维多定律　达维多定律体现出网络经济中的马太效应，即正反馈效应。互联网金融产品应保持技术领先，使其成为新的市场和产品标准。

2．平台经济和双（多）边市场理论

平台是连接两个或多个特定群体，为其提供互动机制，促使其在交互中满足需求，并从中获得收益的一种现实或虚拟的交易空间。平台经济学是以“平台”为研究对象，对“平台”的模式、发展、布局等进行研究的一门学科。双（多）边市场是和平台经济学紧密联系在一起的概念。

平台具有双边市场或多边市场的基本特征，即两组（或多组）参与者之间存在跨市场的网络外部性。跨市场的网络外部性可以理解为在某一特定市场上，所生产的产品效用随着对另一市场所生产的产品需求数量变化而变化，也可表达为平台一侧用户加入平台意愿的大小与另一侧用户规模正相关。互联网金融平台的价值在于塑造了全新的金融产业模式，使传统金融产业的单点单向信息传输变为互联网金融模式的多点双向传输，极大提高了资金运行效率。

3．长尾理论

长尾理论认为只要产品的存储和流量的渠道足够大，需求不旺或销量不佳的产品所共同占据的市场份额可以和那些少数热销产品所占据的市场份额相匹敌甚至更大，即众多小市场汇聚成可产生与主流相匹敌的市场能量。与长尾理论相对应的是传统的“二八定律”，即20%的人口享有80%的财富。

由于互联网等高科技信息技术的发展，互联网金融企业实际运营成本得以明显下降，并能有效控制金融风险，为客户提供个性化金融产品，实现薄利多销，抢占传统金融业务80%的市场。

4．信息经济学理论

随着互联网技术飞速发展和深入应用，互联网的价值已转变为大数据的合并处理、战略性的信息经营管理、双向互动及全方位的信息获取。因此，互联网金融能使用户在某一时间节点，从信息集成化的平台上获取有关金融产品与服务的全面信息，提高决策能力和风险控制力度。另外，大数据等金融科技的高速发展，使面向民众的金融信息对称，提升信息的透明度和开放度，进一步优化金融信息平台的用户满意度。

5．金融脱媒理论

所谓“金融脱媒”是指在金融管制条件下，资金供给脱离商业银行体系，直接输送给需求方和融资方，完成资金的体外循环。互联网金融企业对大数据、云计算等高科技信息技术应用的加深，加速了金融脱媒进度。

但金融脱媒现象在互联网金融监管措施不全面的情况下，由于金融信息的暴增，导致投资人的金融信息辨识难度加大，从而出现互联网金融风险。

6．金融深化理论

金融深化的核心在于让资本的价值由市场决定，即实现利率市场化、资本的自由流动。金融深化的指标有：一是经济货币化程度，即采用货币化指标作为金融的深度指标；二是经

济金融化程度，通常用金融资产总额占国内生产总值的比例；三是价格的市场化程度，通常用利率和汇率的市场化水平表示；四是金融的多样化程度，从金融工具的多样化和金融机构的多元化角度考察；五是金融的健全化程度，即表现为信用体系的发展程度、金融机构体系的发展程度等。

从理论上讲，互联网金融只是金融深化的一个环节，且参与金融深化过程的顺序是相反的，从金融健全化程度提高入手，逐渐渗透到金融本质，从而带来经济货币化的质变。

第二节　互联网金融模式

互联网金融发展模式大概分为七类：第三方电子支付、P2P 网贷、大数据金融、互联网众筹、互联网金融机构、互联网金融第三方中介平台、互联网金融门户等。本节主要讲以下几种模式。

一、P2P 网贷

（一）P2P 网贷的概念

网络信贷起源于英国，随后发展到美国、德国和其他国家。网络信贷包括个体网络借贷（即 P2P 网络借贷）和网络小额贷款。个体网络借贷是指个体和个体之间通过互联网平台实现的直接借贷。在个体网络借贷平台上发生的直接借贷行为属于民间借贷范畴，受合同法、民法通则等法律法规以及最高人民法院相关司法解释规范。网络小额贷款是指互联网企业通过其控制的小额贷款公司，利用互联网向客户提供的小额贷款。网络小额贷款应遵守现有小额贷款公司的监管规定，发挥网络贷款优势，努力降低客户融资成本。网络信贷业务由银保监会负责监管。

（二）我国 P2P 网贷监管政策

① 2015 年 7 月 18 日，人民银行等十部门发布《关于促进互联网金融健康发展的指导意见》，确立了互联网支付、网络借贷、股权众筹融资、互联网基金销售、互联网保险、互联网信托和互联网消费金融等互联网金融主要业态的监管职责分工，落实了监管责任，明确了业务边界。

② 2015 年 12 月 28 日，由银监会等部门联合起草《网络借贷信息中介机构业务活动管理暂行办法（征求意见稿）》（以下简称“意见稿”），规定网络借贷信息中介机构按照依法、诚信、自愿、公平的原则为借款人和出借人提供信息服务，维护出借人与借款人合法权益，不得提供增信服务，不得设立资金池，不得非法集资，不得损害国家利益和社会公共利益。

③ 2016 年 8 月，银监会官网正式对外公布《网络借贷信息中介机构业务活动管理暂行办法》全文，共包含八章、四十七条。正式对意见稿相关规定进行落实。

④ 2016 年 10 月，国务院办公厅印发《互联网金融风险专项整治工作实施方案》，重点整治 P2P 网贷和股权制众筹问题。

⑤ 2016 年 11 月，中国银监会办公厅、工业和信息化部办公厅、工商总局办公厅发布《网络借贷信息中介机构备案管理登记指引》，规定新设立的网络借贷信息中介机构在依法完成工商登记注册、领取企业法人营业执照后，应当于 10 个工作日内向工商登记注册地的地方金融

监管部门申请备案登记。

⑥ 2017 年 2 月，银监会发布《网络借贷资金存管业务指引》，充分吸收和采纳了国家有关部委、地方金融监管部门、银行业金融机构、网贷机构和有关自律组织的意见。明确了网贷资金存管业务应遵循的基本规则和实施标准，鼓励网贷机构与商业银行按照平等自愿、互利互惠的市场化原则开展业务。

⑦ 2017 年 8 月，银监会印发《网络借贷信息中介机构业务活动信息披露指引》，网贷行业信息披露将有据可依。网络借贷信息中介机构及其分支机构通过其官方网站及其他互联网渠道向社会公众公示网络借贷信息中介机构基本信息、运营信息、项目信息、重大风险信息、消费者咨询投诉渠道信息等相关信息。

⑧ 2017 年 12 月 13 日，P2P 网络借贷风险专项整治工作领导小组办公室下发《关于做好 P2P 网络借贷风险专项整治整改验收工作的通知》。通知要求，各地应在 2018 年 4 月底前完成辖内主要 P2P 机构的备案登记工作，6 月底之前全部完成；并对债权转让、风险备付金、资金存管等关键性问题做出进一步的解释说明。

⑨ 2019 年 1 月 21 日，互联网金融风险专项整治工作领导小组办公室、P2P 网贷风险专项整治工作领导小组办公室联合发布了《关于做好网贷机构分类处置和风险防范工作的意见》。

⑩ 2019 年 1 月，互联网金融风险专项整治工作领导小组办公室、P2P 网贷风险专项整治工作领导小组办公室向各省市互联网金融整治小组办公室等联合下发了《关于进一步做实 P2P 网络借贷合规检查及后续工作的通知》。

⑪ 2019 年 4 月，《网络借贷信息中介机构有条件备案试点工作方案》，从基本政策大纲、四个目标节点、稳中求进疏堵并举的工作原则，以及经营范围、注册资本金、股东高管等 11 项备案条件等方面对试点网贷机构的备案做了详细的要求和说明。

⑫ 2019 年 9 月，互联网金融风险专项整治工作领导小组、网络借贷风险专项整治工作领导小组联合下发的《关于加强 P2P 网贷领域征信体系建设的通知》涉及支持在营 P2P 网贷机构接入征信系统、持续开展对已退出经营的 P2P 网贷机构相关恶意逃废债行为的打击和加大对网贷领域失信人的惩戒力度等内容。

案例：合规 P2P 网货平台的转型之路

以宜人贷、微贷网、拍拍贷为代表的 P2P 平台，在行业竞争愈发激烈以及监管加大管控力度的背景下转型迫在眉睫。从已上市的网贷平台年报可看出，不少企业正积极转型，网络小贷、助贷、消费金融等为转型主要方向。2020 年年初，杭州市人民政府旗下金投行，成为全国首家 P2P 平台转型网络小贷的案例。经营范围变更为：发放网络小额贷款；与贷款业务有关的融资咨询、财务顾问等中介服务。

二、互联网众筹

（一）互联网众筹的概念

互联网众筹，即互联网+大众筹资，是指项目发起者利用互联网的社交网络传播特性，集中大家的资金、能力和渠道的一种新兴融资方式。互联网众筹项目种类繁多，不仅包括新产品研发、新公司成立等商业项目，还包括科学研究项目、民生工程项目、赈灾项目、艺术设计、政治运动等。互联网众筹平台开展的模式也有不同的划分。

（二）互联网众筹发展模式

1．奖励制众筹

这种模式可看作一种预消费模式，类似于“团购+预定”，先让用户掏腰包，再制造产品。创业者可以把项目放在众筹平台上展示，一边众筹，一边众包，让参与者参与产品的研发、设计、传播、销售。这种 C2B 方式正成为当下的流行趋势。例如，在京东众筹平台上，有很多已经获得风投的企业采用这种方式预售产品，他们已将众筹平台变成了广告投放平台和推广渠道，旨在树立产品的品牌形象。

奖励制众筹的价值是：一方面能够使消费者的消费资金前移，提高生产资金筹备和销售等环节的效率，产生出原来可能无法实现的新产品；另一方面可以获得潜在消费者对预期产品的市场反馈，从而满足用户更加细化和个性化的需求，有效规避盲目生产所带来的风险和资源浪费。奖励式众筹的核心并不是直接的融资，而是“筹人、筹智、筹资”的过程。

奖励制众筹最大的风险来源于平台消费群体的“羊群效应”，指由于信息不充分，投资者很难对市场做出准确的预期。在这种情况下，投资者往往是通过观察周围人群的行为而提取信息，在这种信息的不断传递中，许多人的信息将趋于相同并且彼此强化，从而产生从众行为。羊群效应的产生除了对项目描述的直接感官影响外，还与平台原始消费群体的偏好有关。不同平台消费群体的喜好不同，对项目跟投的影响也不同，因此应理性对待。

2．公益式众筹

公益式众筹是指不以营利为目的，通过互联网或其他媒介向不特定大众募集资金，用于救助灾害、救济贫困、扶助残疾人等困难人群，或用于兴办教育、科学、文化、卫生、体育事业，或进行环境保护、社会公共设施建设等事项的活动。公益式众筹以捐赠为基础，以互联网平台为载体，在本质上属于慈善行业，应遵守国家有关慈善和众筹的法律法规。公益式众筹的发起人必须是具有公募资格的慈善组织，这些主体应受到民政主管部门等机关在财产使用和管理、信息披露等方面的监管。

3．债权众筹

债权众筹是指投资者对项目或公司进行投资，获得其一定比例的债权，未来获取利息收益并收回本金。债权众筹的债权人在项目清算时，有权先获得清偿，而且由于一般存在抵押物，事先约定收益率，风险不确定性相对较低，收益也较低。债权众筹容易触碰法律红线表现在众筹平台设立资金池、借款人不合法等方面。

4．股权众筹

股权众筹是指投资者对项目或公司进行投资，获得其一定比例的股权。从大的范围讲，股权众筹也属于股权融资的范围。股权融资又分为公募和私募，即是公开向大众募集，还是只向特定人群募集，如上市公司的 IPO 是公募，VCP 基金是私募。从国外的经验来看，股权众筹是向特定的人群，以私募的形式进行的，由于是通过网络私募股权投资，因此也称为“私募股权互联网化”。现存的股权众筹属于私募范畴，各平台也按照私募原则自律，例如股东人数不得超过 200 人，对合格投资人有限制等。传统的私募股权主要投资一些规模比较大的企业，甚至是并购型的交易。而股权众筹主要用于大众创业、万众创新的背景下支持科技创新型、服务创新型等小微企业。股权众筹平台一般不以股权、债券、分红、利息等资金形式作为回报，而是从融资成功的项目中收取一定的佣金，比例一般控制在 5%～10%。股权制众筹可以按照担保模式、运营模式进行不同分类。

① 按照担保模式分为有担保模式和无担保模式。

② 按照运营模式分为凭证式、会籍式、天使式。

（三）互联网众筹特点

① 提供新的融资渠道模式。互联网众筹这个模式真正把社会底层的资金撬动起来，这具有战略性的意义。

② 更加体现了目标金融的特征。互联网众筹即有技术导向又有目标导向。导向清楚，投资就精准，会大大提高投资效益。互联网众筹解决了投资的效率和精准性问题，解决了金融资源浪费问题。

③ 颠覆了中介模式，具备去中间化特征。

（四）股权众筹法律风险与监管

1．股权众筹的法律特征分析

（1）现行《证券法》对股票公开发行的规则　现行《证券法》规定核准制度是希望通过核准程序实现两个目的规范信息披露的范围；通过对发行条件的规定，对发行人起到一定的筛选。

（2）私募众筹为股权众筹的合法途径　在中国现行《证券法》并未规定小额豁免的情况下，中小企业或者创业企业在避免昂贵的核准程序方面只有一条路可走，就是选择非公开发行证券的道路，即向特定对象发行累积不超过 200 人。

（3）合格投资者审核标准　《中华人民共和国证券投资基金法》对合格投资者限定了收入要求、风险识别和风险承担能力的要求、认购金额三个方面的要求。

（4）“领投人”准入机制　“领投人”准入机制的优劣，决定股权众筹项目选择与监管的成败，甚至决定整个股权众筹行业的发展成败。但是目前我国证券监管法对“领投人”准入机制要求并不明确。

2．股权众筹法律风险分析

① 触及公开发行证券或“非法集资”红线的风险。

② 存在投资合同欺诈的风险。

③ 股权众筹平台权利义务模糊。

④ 项目信息虚假或不完整。

⑤ 欠缺对投资者风险承受能力的评估。

⑥ 欠缺对冲动决策的保护。

⑦ 欠缺对股东权利的保护。

⑧ 缺乏投后管理措施。

3．股权众筹监管

2014 年 12 月，中国证券业协会起草并下发《私募股权众筹融资管理办法（试行）（征求意见稿)》，把股权众筹分为公募股权众筹和私募股权众筹，定义合格投资人的门槛、股权众筹平台的准入标准等。

2015 年 7 月 18 日，央行等十部委发布《关于促进互联网金融健康发展的指导意见》。意见指出，股权众筹融资必须在中介机构平台进行，股权众筹融资方应为小微企业，应披露必要信息，投资者应具备风险承受能力，进行小额投资。

2015 年 7 月，中国证券业协会发布《场外证券业务备案管理办法》，明确私募股权众筹是场外证券业务，开展私募股权众筹只有证券公司、证券投资基金公司、期货公司、证券投资咨询机构、私募基金管理人等五类。

2015 年 8 月 7 日，证监会下发《关于对通过互联网开展股权融资活动的机构进行专项检查的通知》，把市场上通过互联网形式开展的非公开股权融资和私募股权融资行为排除在股权众筹的概念之外，明确定义股权众筹是通过互联网形式进行公开小额股权融资的活动。

2015 年 8 月，证券业协会发布关于调整《场外证券业务备案管理办法》个别条款的通知，将《场外证券业务备案管理办法》第二条第（十）项“私募股权众筹”修改为“互联网非公开股权融资”。这一修订，标志着监管思路上整体衔接正式完成。在监管思路上，具有“公开、小额、大众”特征的股权众筹业务将采取对机构和业务的双重核准制，采取了严格的准入制；对互联网非公开股权融资业务，采取了相对宽松的事后备案制，对于机构和业务，均要求事后备案。

2018 年 12 月 1 日的第三届中国新金融高峰论坛上，证监会打击非法证券期货活动局透露，目前证监会正在制定完善的股权众筹试点管理办法，准备先行开展股权众筹试点，建立小额投融资制度，缓解小微初创企业的融资难题，推动创新创业高质量发展。

（五）股权制众筹发展现状及趋势

（1）股权制众筹发展现状　具体如下。

① 目前处于行业洗牌阶段。

② 行业发展不均衡。

（2）股权制众筹发展趋势　具体如下。

① 建立完善的股权众筹管理机制和退出机制。

② 构建股权众筹平台与投资资金隔离制度。

案例：“3W”咖啡

“3W”咖啡的众筹参与者基本上是围绕着强链接、熟人或名人交际圈进行扩散的。这就无形中建立了一种信任场。这个恰恰是其他普通的众筹模式最为缺乏的。缺乏信任场，单凭兴趣场，会导致信任危机造成的投资失败。最后是股东的价值。“3W”咖啡在创立之初就承诺给股东的价值回报，但这里面淡化了金钱回报。众所周知，开咖啡馆，赚钱也是微利。想要靠 6 万元股本分红，几乎是希望渺茫。“3W”咖啡的聪明之处在于提供了一个基于圈子的价值。换言之，为众筹的对象提供了金钱不能够提供的人脉价值、投资机会、交流价值、社交价值、聚会场所等，这都是这些众筹参与者看重的。

三、大数据金融

（一）大数据金融的概念

大数据金融是指对海量、非结构化的数据通过云计算、数据挖掘等信息化方式进行挖掘和分析，为互联网金融机构提供全面的客户信息和有针对性的风险防控措施等，并与传统金融服务相结合，创新性开展相关资金融通工作。大数据金融模式具有以下优势。

① 扩大了合格被融资方的范围，将更多的小微企业纳入其中，使得更多小微企业能够得到融资。

② 扩大了信用贷款在资金融通方式中的使用范围。从本质上说，在大数据金融中，大数据是手段，并没有改变金融的内涵，整体上调整了金融中融资方、被融资方的格局；金融是核心，大数据的价值通过资金融通的实现而实现。

③ 更加快捷、灵活，通过大数据分析、整理和归纳等，能快速进行贷款审查及批贷，甚至可以做到当天申请即可放款，借贷周期也非常灵活，可做到按天计息。

（二）大数据金融的模式

1．平台金融模式

平台金融模式通过对基于 B2B、B2C 或 C2C 平台所发生的资金流、信息流和物流而形成的大数据分析和挖掘，针对平台用户推出个性化金融产品或服务，制定针对性的征信与风险防控体系。优势在于，它建立在庞大的数据流量系统的基础之上，对申请金融服务的企业或个人情况十分熟悉，相当于拥有了一个详尽的征信系统数据库。

2．在线供应链金融模式

在线供应链金融模式是行业龙头企业依托自身的产业优势地位，通过对上下游企业现金流、进销存、合同订单等信息的掌控，依托自身资金平台或者合作金融机构对上下游企业提供金融服务的模式。在线供应链金融是供应链管理的组织者，对供应链金融资源进行整合，为其他参与方的资金提供渠道的一种融资方式。

它的价值体现在两个方面，一方面可以满足企业的短期资金需求，促进整条产业链的协调发展；另一方面，通过引入核心企业对资金需求企业以及产业链进行风险评估，可以扩大市场服务范围。

（三）大数据金融的价值

1．风险识别与防控

① 信贷风险评估。

② 交易欺诈识别。

③ 黑产防范。

2．精准营销

① 客户细分。

② 市场行情预测。

③ 智能投顾。

3．运营优化

① 增值业务开发。

② 经营管理能力。

③ 舆情分析。

4．大数据金融发展挑战与建议

（1）大数据金融的发展挑战　具体内容如下。

① 数据资产管理水平仍待提高。

② 应用技术和业务探索仍需突破。

③ 行业标准和安全规范仍待完善。

④ 顶层设计和扶持政策还需强化。

（2）大数据金融的发展建议　具体内容如下。

① 出台相应的产业规划和扶持政策。

② 推动统一、共享的大数据平台建设。

③ 强化行业标准和安全规范建设。

④ 推进大数据金融应用成果分享与合作。

四、互联网金融机构

（一）什么是互联网金融机构

互联网金融机构是指拿到国家金融资质牌照，独立从事纯线上相关金融业务的互联网金融企业，特指互联网银行、互联网保险公司、互联网券商。

1．互联网银行

借助现代数字通信、互联网、移动通信及物联网技术等，在线实现为客户提供存款、贷款、支付、结算、汇款、电子票证、电子信用、账户管理、货币互换、投资理财等服务的互联网金融服务机构。互联网银行在国内多选择以纯互联网形式运营。

（1）特点

① 互联网银行无需物理办事处，业务完全在网上开展，实现随时随地以任何方式服务于全球。

② 互联网银行拥有一个非常强大安全的平台，保证所有操作在线完成，足不出户，流程简单。

③ 互联网银行与传统银行相比，降低了物理网点和人力资源成本，有较强的竞争优势。

④ 互联网银行以客户体验为中心，用互联网精神做金融服务，共享、透明、开放、全球互联是未来银行的必然发展方向。

（2）发展现状　自 2014 年首批 5 家民营银行获批筹建后，截至 2020 年上半年，已有 19 家民营银行开业运营。在持牌经营导向下，互联网巨头谋求金融牌照已成主流，银行牌照已成为主要竞争资质。作为民营银行主要服务对象的“长尾客户”，存在共性又有不同之处，这也决定了民营银行无法走与商业银行同样的道路，错位竞争才能夺得自己的阵地。

（3）发展挑战 具体如下。

① 过度依赖算法的挑战。

② 信息安全与数据隐私保护挑战。

③ 系统性风险的挑战。

（4）发展方向 具体如下。

① 敏捷银行。

② 开放银行。

案例 互联网银行代表：微众银行

微众银行以大数据为核心构建风控规则，引入逻辑回归、机器学习等方法，建立社交、征信和欺诈等系列风控模型。将人行征信和公安等传统数据与社交和行为等新型数据相结合，将大数据与人脸识别、声纹识别等生物技术相结合，引入第三方电子存证管理、机器人客服和催收系统、数据访问安全体系，全面控制线上操作风险。

2．互联网保险公司

指实现保险信息咨询、保险计划书设计、投保、交费、核保、承保、保单信息查询、保全变更、续期交费、理赔和给付等保险全过程的网络化。互联网保险公司是指线下没有营业网点，保险业务完全通过互联网（线上）完成。

（1）特征 具体如下。

① 产品场景化。

② 降低销售成本。

③ 信息透明，便于互动。

（2）发展现状 从理论上讲，互联网保险公司能够独立在互联网上从事保险业务，无需设立线下分支机构，从而降低获客成本和运营成本，以解决综合成本率高的问题。但从市场表现看，盈利问题仍然困扰着互联网保险公司，原因是发展初期规模化经济尚未体现，另外掌握客群的第三方渠道往往拥有较高的议价权。

（3）发展问题 具体如下。

① 保险产品同质化严重，场景开发深度不足。

② 获客成本居高不下，渠道议价能力低。

③ 技术风险突出，客户信任度较低。

④ 相关法律法规不健全，纠纷解决机制匮乏。

（4）发展趋势 具体如下。

① 优化产品设计，完善经营模式。

② 加快相关法制建设，加强联合监管。

③ 建立互联网保险数据共享平台，防范安全性风险。

④ 完善保险信用体系，细化信息披露规则。

⑤ 加强金融科技投入，实现互联网保险价值链。

3．互联网券商

通过互联网（线上）提供证券及其他衍生品交易活动相关的金融服务平台，业务范围涉及股票、期货、外汇、债券、期权等上千个品种。互联网券商是指纯线上经纪商，即拿到国家券商牌照的互联网公司，提供在线交易服务的新兴创业公司。

（1）特征　具体如下。

① 真实交易。通过互联网券商发生的所有订单，都会真实递交到交易所进行撮合制交易。

② 品种全面。可以通过一个账户、一笔资金、一款交易软件交易股票、期货、外汇等全球主流投资品种，资金利用率高。

③ 互联网化营销模式。凭借自己的营销渠道优势，通过其网站和软件，为更多的投资者提供全面、准确的市场资讯及综合性金融服务。

（2）发展现状　纯互联网券商依靠低廉的佣金、极佳的交易体验、以用户为中心的开户流程，吸引一大批投资者开户。随着金融科技的投入，必将有新的竞争特色。

（3）发展趋势　具体如下。

① 着重开发年轻一代客户需求。

② 着力布局跨境证券市场。

③ 加强多元化业务发展。

④ 加大对金融科技的投入。

五、互联网金融第三方中介平台

1．概念

互联网金融第三方中介平台是指在支付、借贷、理财等金融领域，互联网企业与传统金融机构进行深入合作，建立第三方中介平台；互联网企业为传统金融机构提供庞大的客户流量、专业的金融数据处理和技术分析；传统金融机构为互联网企业提供金融交易功能，例如第三方支付平台、第三方互联网理财平台、第三方互联网保险平台、第三方互联网证券平台、第三方互联网金融搜索平台等。

2．类型

（1）第三方互联网理财平台　以横向发展的战略，平台聚集各类传统金融机构推出的定期理财产品、基金、保险、股票、黄金及大额产品投资等业务。平台只提供信息撮合交易，不参与产品设计及风险分担。

（2）第三方互联网保险平台　第三方互联网保险平台，由于集合了多家保险公司的不同产品，并有专业的保险销售人员提供相关服务，便于保险消费者对同类产品进行比较和选择，与传统保险营销渠道具有互补的关系。

（3）第三方互联网证券平台　第三方互联网证券平台，也是集合了多家证券机构的不同产品，并有专业证券服务人员提供咨询服务，便于证券消费者对产品进行选择与投资。第三方互联网证券平台形式多样化。

（4）第三方互联网金融搜索平台　为个人提供金融产品的搜索和比价服务，以帮助消费者便捷获取费率更低的贷款、理财和保险服务。

第三节　互联网金融生态圈

一、互联网金融生态圈的概念与特征

（一）互联网金融生态圈的概念

要理解互联网金融生态圈，首先要理解什么是生态型企业、什么是金融生态圈，以及互联网对生态型企业及金融生态圈的影响。

1．生态型企业

生态型企业是指依靠平台支撑和产业链的不断延伸，企业连接起价值链的各个点，构建起自身的“生态圈”。生态系统中可分为不同企业种群：领导种群（生态系统中的核心企业）、关键种群（生态系统中的交易主体）、支持种群（生态系统中交易必须依赖的组织）、寄生种群（生态系统中交易提供增值服务的提供商）。种群之间相互关联，共同为生态圈提供产业价值。

2．金融生态圈

金融生态圈是在互联网金融基础上编织的一个网络，每一部分都是相互影响和延伸的。

互联网和金融有着天然的契合性，金融产品从本质上说是一连串数据，无需借助物理实体的依托，而“开放、平等、分享、协作”的互联网精神已深刻融入金融运作，金融市场已达成开放、普惠、科技引领的新阶段。

（1）影响　随着金融科技的不断发展，互联网金融企业与传统金融机构的业务边界逐渐模糊，互联网金融的混业模式不断发展，竞争与合作趋势不断加剧，经过不同业态不同个体之间的相互融合与淘汰，具有协同效应及相乘效果的个体有效地组织在一起，形成能动态地自我更新与进化的集群。这在形态上更像是不同业态的互联网金融组合在一起形成的“网络”，也称为网络金融生态圈。

（2）概念　互联网金融生态圈是指将“开放、平等、分享、协作”的互联网精神与金融结合，利用大数据、云计算、物联网等金融科技，将从事互联网金融业务的不同业态及个体（包括静态和动态）紧密关联在一起，形成不同职能的企业种群，通过挖掘职能关联节点，不断赋能，扩充生态业务边界，提升生态系统价值。

（二）互联网金融生态圈的特征

1．多样性

生物的多样性对于整个生态系统的良性发展是极为重要的。互联网金融生态圈的多样性，表现为参与主体种类多样以及业务模式呈现出极为丰富的差异。

2．进化性

生态系统中物种的进化是一种特有的自然现象，同样互联网金融生态圈商业生态系统中企业的共同进化是系统环境快速变化的必然结果。一方面表现为互联网金融产品和服务的进化；另一方面表现为不同金融业态之间竞争与合作关系的演化。

3．健壮性

即互联网金融生态系统面对外部环境变化的稳定性和在结构发生变化后恢复到原有功能水平的能力。这种能力依赖于生态系统中主导企业的综合实力，包括资金、技术、人才、品牌影响力等。

二、互联网金融生态圈构成的关键要素

作为一个生态系统，非生物成分和生物成分都是缺一不可，极其重要的。如果没有非生物环境，生物就没有生存的场所和空间，也就缺少物质和能量，难以生存。同样，仅有非生物成分的环境而无生物也不能被认为是生态圈。因此互联网金融生态圈也可构建为生物部分和非生物部分（图 22-1）。

生物部分指多样化的种群。非生物部分包括外部环境和内部环境。

① 外部环境主要是指社会经济环境、产业政策和科技水平等外部条件。

② 内部环境主要是指支持开展互联网金融业务的软硬件环境和条件等。

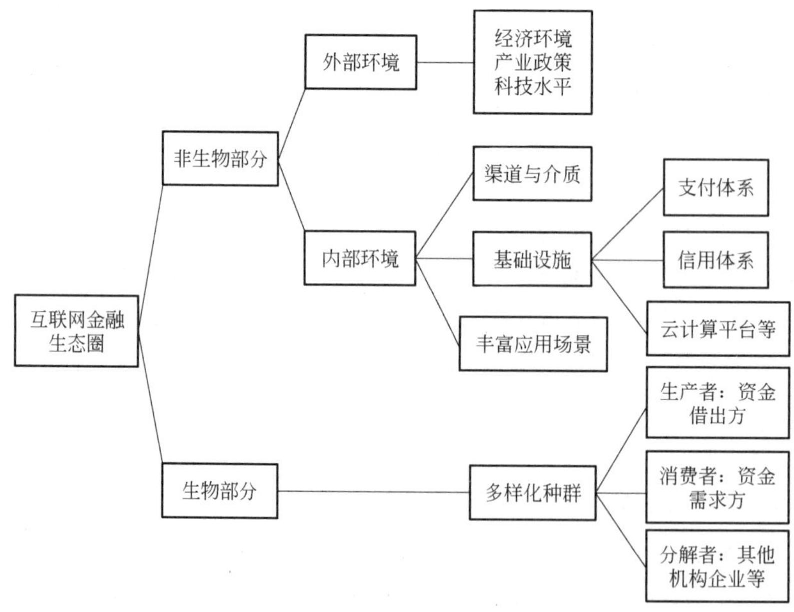

图 22-1　互联网金融生态圈成分构成图

在互联网金融生态圈的构成要素中，以下几点是至关重要的，包括基础设施、丰富的应用场景和产品、丰富的种群和海量的数据信息流。

1．基础设施

互联网金融生态圈基础设施是指企业在构建互联网金融生态圈时支撑其发展和繁荣所具

备的基础性功能设施和条件，主要包括云计算平台、支付体系以及信用体系等。

2．丰富的应用场景和产品

在自然生态系统内部，由于地貌、气候等因素的不同，往往存在不同的生存环境，满足了不同物种的基本生存需要。同样在互联网金融生态圈中，也存在多种多样的应用场景，以此满足不同用户的需求。在蚂蚁金服的金融生态圈中，互联网金融服务围绕投资理财、融资贷款、第三方支付、保险、众筹五个场景维度展开。在生态圈中，需要将金融服务和产品紧密与场景结合起来，通过不同的场景、不同形式和不同阶段的产品满足用户的需求，从而实现客户在生态圈享受一条龙、一站式的金融服务。

3．丰富的种群

移动应用产品的不断丰富渗透用户的工作、生活、娱乐、购房、购车等各个需求领域，而这些场景几乎都与支付紧密相连。规模巨大的互联网用户形成了广大的互联网金融长尾客户市场，用户成为互联网金融生态圈里的第一大种群。

4．海量的数据信息流

互联网时代海量的网民上网浏览电商网站，评论交流等形成了信息流；通过支付工具在电商平台上网络购物消费形成巨大的资金流；无论是信息流，还是资金流，都表现为数据流，并可以被存储起来，以便进行更深层次地挖掘和分析。

三、互联网金融生态圈构建

互联网金融生态圈是由主体、内外部环境和关系构成。

（1）主体　参与互联网金融业务的机构、用户及智能终端，涉及互联网金融相关业务中整个产业链的参与主体，如移动支付业务中的上下游智能终端制造商、移动通信提供商、银行、第三方（第四方）支付中介服务商、个人用户、企业用户、场景电商平台等，移动支付业务中的主体通过支付节点关联起来。

（2）内外部环境　指宏观经济环境、法律法规环境、产业发展环境、金融科技发展环境等外部环境，及用户需求心理、移动平台建设、信息安全等关乎互联金融业务发展的微观环境。

（3）关系　指互联网金融生态圈中各参与主体之间的关系、主体与环境之间的关系以及各自系统中大数据之间的关系。

构建可持续性发展的互联网金融生态圈，应注意以下几点。

首先，注重云计算、大数据、支付与征信体系等基础设施的搭建；其次，在底层平台基础上，要创建众多的生活消费应用场景，提供多样化的金融产品服务，开展支付、理财、借贷等多元化互联网金融业态，使互联网生态圈中各种企业种群能够紧密关联；另外，基于存储海量与消费信息相关的云平台，对大数据进行处理、挖掘和分析，获取互联网生态圈中企业种群新的业务关联点，不断推动互联网生态圈进化和发展。

以云计算、大数据、物联网等金融科技为底层基础，信用系统为支柱，实现资源整合和共享，由此形成“平台+金融+数据”的互联网金融生态圈。

第四节　第三方支付

一、第三方支付含义

第三方支付是指具备一定实力和信誉保障的独立机构，通过与银联或网联对接而促成交易双方进行交易的网络支付模式。

第三方支付模式中的买方选购商品后，使用第三方平台提供的账户进行货款支付（支付给第三方），并由第三方通知卖家货款到账，要求发货；买方收到货物，检验货物，并且进行确认后，再通知第三方付款；第三方再将款项转至卖家账户。

2017 年 1 月，中国人民银行发布了一项支付领域的新规定《中国人民银行办公厅关于实施支付机构客户备付金集中存管有关事项的通知》，明确了第三方支付机构在交易过程中产生的客户备付金需要统一交存至指定账户，由央行监管，支付机构不得挪用、占用客户备付金。

2018 年 3 月，网联下发 42 号文督促第三方支付机构接入网联渠道，明确 2018 年 6 月 30 日之前所有第三方支付机构与银行的直连都将被切断，之后银行不会再单独直接为第三方支付机构提供代扣通道。

二、产生的原因

第三方支付采用支付结算方式。按支付程序分类，结算方式可分为一步支付方式和分步支付方式，前者包括现金结算，票据结算（如支票、本票、银行汇票、承兑汇票），汇转结算（如电汇、网上支付），后者包括信用证结算、保函结算、第三方支付结算。

在社会经济活动中，结算归属于贸易范畴。贸易的核心是交换。交换是交付标的与支付货币两大对立流程的统一。在自由平等的正常主体之间，交换遵循的原则是等价和同步。同步交换，就是交货与付款互为条件，是等价交换的保证。

在实际操作中，对于现货标的的面对面交易，同步交换容易实现。但许多情况下，由于交易标的的流转验收（如商品货物的流动、服务劳务的转化）需要过程，货物流和资金流的异步和分离的矛盾不可避免，同步交换往往难以实现。而异步交换，先收受对价的一方容易违背道德和协议，破坏等价交换原则，故先支付对价的一方往往会受制于人，自陷被动、弱势的境地，承担风险。异步交换必须附加信用保障或法律支持才能顺利完成。

同步交换可以规避不等价交换的风险，因此为确保等价交换，就要遵循同步交换的原则。这就要求支付方式应与交货方式相适配，对当面现货交易，适配即时性一步支付方式；对隔面或期货交易，适配过程化分步支付方式。过程化分步支付方式迎合了交易标的流转验收的过程性特点，款项从启动支付到所有权转移至对方不是一步完成，而是在中间增加中介托管环节，由原来的直接付转改进到间接汇转，业务由一步完成变为分步操作，从而形成一个可监可控的过程，按步骤有条件进行支付。这样就可货走货路，款走款路，两相呼应，同步起落，使资金流适配货物流进程达到同步相应的效果，使支付结算方式更科学化、合理化的迎合市场需求。

传统的支付方式往往是简单的即时性直接付转，一步支付。其中钞票结算和票据结算适配当面现货交易，可实现同步交换；汇转结算中的电汇及网上直转也是一步支付，适配隔面现货交易，但若无信用保障或法律支持，则会导致异步交换，容易引发非等价交换风险。现实中买方先付款后不能按时按质按量收获标的，卖方先交货后不能按时如数收到价款，被拖延、折扣或拒付等引发经济纠纷的事件时有发生。

在现实的有形市场，异步交换权可以附加信用保障或法律支持来进行，而在虚拟的无形市场，交易双方互不认识，不知根底，因此，支付问题曾经成为电子商务发展的瓶颈之一，卖家不愿先发货，怕货发出后不能收回货款；买家不愿先支付，担心支付后拿不到商品或商品质量得不到保证。博弈的结果是双方都不愿意先冒险，网上购物无法进行。

为迎合同步交换的市场需求，第三方支付应运而生。第三方是买卖双方在缺乏信用保障或法律支持情况下的资金支付“中间平台”。买方将货款付给买卖双方之外的第三方，第三方提供安全交易服务，其运作实质是在收付款人之间设立中间过渡账户，使汇转款项实现可控性停顿，只有双方意见达成一致才能决定资金去向。第三方担当中介保管及监督的职能，并不承担什么风险，所以确切来说，这是一种支付托管行为，通过支付托管实现支付保证。

三、实现原理

除了网上银行、电子信用卡等支付方式以外还有一种方式也可以相对降低网络支付的风险，那就是正在迅猛发展起来的利用第三方机构的支付模式及其支付流程，而这个第三方机构必须具有一定的诚信度。在实际的操作过程中，这个第三方机构可以是发行信用卡的银行本身。在进行网络支付时，信用卡号以及密码的披露只在持卡人和银行之间转移，降低了应通过商家转移而导致的风险。

同样，当第三方是除了银行以外的具有良好信誉和技术支持能力的某个机构时，支付也通过第三方在持卡人或者客户和银行之间进行。持卡人首先和第三方以替代银行账号的某种电子数据的形式（例如邮件）传递账户信息，避免了持卡人将银行信息直接透露给商家，另外也可以不必登录不同的网上银行界面，而取而代之的是每次登录时，都能看到相对熟悉和简单的第三方机构的界面。

第三方机构与各个主要银行之间签订有关协议，使得第三方机构与银行可以进行某种形式的数据交换和相关信息确认。这样第三方机构就能实现持卡人或消费者与各个银行以及最终的收款人或者商家之间建立一个支付的流程。

四、支付特点

第一，第三方支付平台提供一系列的应用接口程序，将多种银行卡支付方式整合到一个界面上，负责交易结算中与银行的对接，使网上购物更加快捷、便利。消费者和商家不需要在不同的银行开设不同的账户，可以帮助消费者降低网上购物的成本，帮助商家降低运营成本；同时，还可以帮助银行节省网关开发费用，并为银行带来一定的潜在利润。

第二，较之 SSL、SET 等支付协议，利用第三方支付平台进行支付操作更加简单而易于接受。SSL 是应用比较广泛的安全协议，在 SSL 中只需要验证商家的身份。SET 协议是发展的基于信用卡支付系统的比较成熟的技术。但在 SET 中，各方的身份都需要通过 CA 进行认证，程序复杂，手续繁多，速度慢且实现成本高。有了第三方支付平台，商家和客户之间的交涉由第三方来完成，使网上交易变得更加简单。

第三，第三方支付平台本身依附于大型的门户网站，且以与其合作的银行的信用作为信用依托，因此第三方支付平台能够较好地突破网上交易中的信用问题，有利于推动电子商务的快速发展。

在通过第三方平台的交易中，买方选购商品后，使用第三方平台提供的账户进行货款支付，由对方通知卖家货款到达、进行发货；买方检验物品后，就可以通知付款给卖家。第三方支付平台的出现，从理论上讲，杜绝了电子交易中的欺诈行为，这也是由它的以下特点决定的。

五、支付流程

在第三方支付交易流程中，支付模式使商家看不到客户的信用卡信息，同时又避免了信用卡信息在网络上多次公开传输而导致信用卡信息被窃。

以 B2C 交易为例（图 22-2）：

① 第一步，客户在电子商务网站上选购商品，最后决定购买，买卖双方在网上达成交易意向；

② 第二步，客户选择利用第三方作为交易中介，客户用信用卡将货款划到第三方账户；

③ 第三步，第三方支付平台将客户已经付款的消息通知商家，并要求商家在规定时间内发货；

④ 第四步，商家收到通知后按照订单发货；

⑤ 第五步，客户收到货物并验证后通知第三方；

⑥ 第六步，第三方将其账户上的货款划入商家账户中，交易完成。

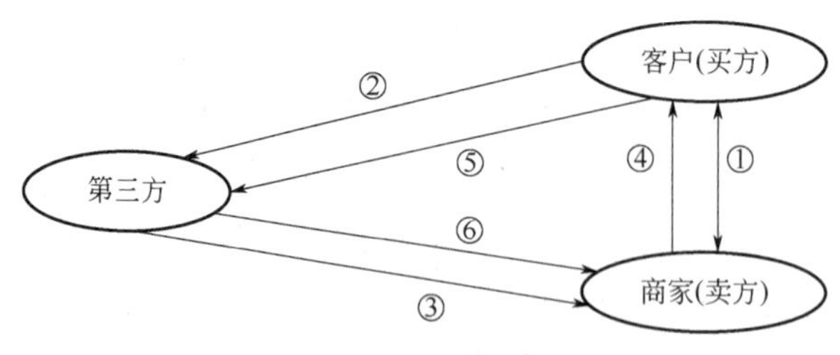

图 22-2　第三方支付交易流程

六、优缺点

1．优点

（1）成本优势　支付平台降低了政府及企业、事业单位直连银行的成本，满足了企业专注发展在线业务的收付要求。

（2）竞争优势　第三方支付平台的利益中立，避免了与被服务企业在业务上的竞争。

（3）创新优势　第三方支付平台的个性化服务，使得其可以根据被服务企业的市场竞争与业务发展所创新的商业模式，同步定制个性化的支付结算服务。

在缺乏有效信用体系的网络交易环境中，第三方支付模式的推出，在一定程度上解决了网上银行支付方式不能对交易双方进行约束和监督，支付方式比较单一；以及在整个交易过程中，货物质量、交易诚信、退换要求等方面无法得到可靠的保证；交易欺诈广泛存在等问题。其优势体现以下几方面。

（1）对商家而言　通过第三方支付平台可以规避无法收到客户货款的风险，同时能够为客户提供多样化的支付工具。尤其为无法与银行网关建立接口的中小企业提供了便捷的支付平台。

（2）对客户而言　不但可以规避无法收到货物的风险，而且货物质量在一定程度上也有了保障，增强客户网上交易的信心。

（3）对银行而言　通过第三方平台银行可以扩展业务范畴，同时也节省了为大量中小企业提供网关接口的开发和维护费用。

可见，第三方支付模式有效保障了交易各方的利益，为整个交易的顺利进行提供支持。

① 比较安全，信用卡信息或账户信息仅需要告知支付中介，而无需告诉每一个收款人，大大减少了信用卡信息和账户信息失密的风险。

② 支付成本较低，支付中介集中了大量的电子小额交易，形成规模效应，因而支付成本较低。

③ 使用方便，对支付者而言，他所面对的是友好的界面，不必考虑背后复杂的技术操作过程。

④ 支付担保业务可以在很大程度上保障付款人的利益。

2．缺点

（1）风险问题　在电子支付流程中，资金都会在第三方支付服务商处滞留，即出现所谓的资金沉淀，如缺乏有效的流动性管理，则可能存在资金安全和支付的风险。同时，第三方支付机构开立支付结算账户，先代收买家的款项，然后付款给卖家，这实际已突破了现有的诸多特许经营的限制。它们可能为非法转移资金和套现提供便利，因此形成潜在的金融风险。

（2）电子支付经营资格的认知、保护和发展问题　第三方支付结算属于支付清算组织提供的非银行类金融业务，银行将以牌照的形式提高门槛。因此，对于那些从事金融业务的第三方支付公司来说，面临的挑战不仅仅是如何赢利，更重要的是能否拿到将要发出的第三方支付业务牌照。

（3）业务革新问题　因为支付服务客观上提供了金融业务扩展和金融增值服务，其业务范围必须要明确并且要大胆推行革新。到目前为止，全球拥有手机的人多于拥有电脑的人，相对于单纯的网上支付，移动支付领域将有更大的作为。所以第三方支付能否趁此机遇改进自己的业务模式，将决定第三方支付最终能否走出困境，获得发展。

（4）恶性竞争问题　电子支付行业存在损害支付服务甚至给电子商务行业发展带来负面

冲击的恶意竞争问题。国内的专业电子支付公司已经超过40家，而且多数支付公司与银行之间采用纯技术网关接入服务。这种支付网关模式容易造成市场严重同质化，也挑起了支付公司之间激烈的价格战。由此直接导致了这一行业的利润削减快过市场增长。在中国，惯用的价格营销策略让电子支付行业吞下了利润被摊薄的苦果。

（5）法律、法规支持问题　《保护电子支付指引（第二号）》法规的颁布，将一定程度解决这个问题。

七、风险与安全

2014年，央行进一步加大了对于互联网金融的监管力度。在当前支付革命性创新的时代大潮下，央行对于互联网金融的监管有利于市场纠偏，平衡权益，降低风险累积。同时也是进一步强化第三方支付企业完备自身风控和安全体系的有效措施。

本章思考题

① 互联网金融产生的动因是什么?

② 举例说明互联网企业与传统金融机构在互联网金融业务上的竞合关系。

③ 互联网金融发展模式都有哪些?各自有什么特点?

④ 举例说明互联网金融如何针对应用场景开发产品，并如何拓展金融产品与服务。

⑤ 举例说明平台大数据金融和在线供应链金融是如何应用的。

⑥ 用实例说明由消费类金融组成的互联网金融生态圈的构建模式。

⑦ 什么是第三方支付?

⑧ 简述第三方支付的实现原理。

⑨ 简述第三方支付的支付流程和支付特点。

⑩ 现阶段第三方支付的主流品牌有哪些？

上机操作与小组作业

上机操作

① 用截图的方式展示互联网巨头企业的互联网金融产品与服务平台，了解以互联网巨头企业为代表的互联网金融生态圈构建情况。

② 了解传统企业（制造商、销售商、地产商等）在互联网金融领域的发展现状，并进入其相关互联网金融产品与服务平台，展示其互联网金融生态圈构建情况。

③ 用截图的方式展示传统金融机构的互联网金融产品与服务平台，了解以传统金融机构为代表的互联网金融生态圈构建情况。

小组作业

以PPT形式展示、调研不同类型企业的互联网金融发展现状（开发平台类型、不同平台所包含模块的内容、应用场景开发、用户满意度等），对其互联网金融生态圈构建现状、问题及策略等方面进行对比探讨。

参考文献

[1] 马克思. 资本论 [M]. 北京：人民出版社，1975.
[2] 陈共. 财政学 [M]. 北京：中国人民大学出版社，2020.
[3] 邓子基. 财政学 [M]. 北京：高等教育出版社，2020.
[4] 凯恩斯. 就业、利息和货币通论 [M]. 北京：商务印书馆，1963.
[5] 萨缪尔森. 经济分析的基础 [M]. 北京：商务印书馆，1979.
[6] 布坎南，阿罗. 公共选择理论 [M]. 北京：商务印书馆，1979.
[7] 布伦南，布坎南. 宪政经济学 [M]. 北京：中国社会科学出版社，2004.
[8] 科斯. 财产权利与制度变迁 [M]. 上海：上海人民出版社，1996.
[9] 阿特金森，斯蒂格里茨. 公共经济学 [M]. 上海：上海人民出版社，1995.
[10] 史蒂文斯. 集体选择经济学 [M]. 上海：上海三联书店，1999.
[11] 哈耶克. 哈耶克论文集 [M]. 北京：首都经济贸易大学出版社，2001.
[12] 亚当・斯密. 国民财富的性质和原因的研究 [M]. 北京：商务印书馆，2008.
[13] 斯蒂格利茨. 公共部门经济学 [M]. 北京：中国人民大学出版社，2005.
[14] 曼昆. 经济学原理 [M]. 北京：北京大学出版社，2009.
[15] 高鸿业. 西方经济学 [M]. 北京：中国人民大学出版社，2011.
[16] 钱得勒，哥尔特菲尔特. 货币银行学 [M]. 北京：中国财政经济出版社，1981.
[17] 米什金. 货币金融学 [M]. 北京：机械工业出版社，2011.
[18] 梅耶等. 货币、银行和经济 [M]. 上海：上海三联书店，1988.
[19] 夏普. 证券投资理论与资本市场 [M]. 北京：中国经济出版社，1992.
[20] 黄达. 货币银行学 [M]. 北京：中国人民大学出版社，2000.
[21] 黄达. 宏观调控与货币供给 [M]. 北京：中国人民大学出版社，1997.
[22] 陈彪如. 国际金融概论 [M]. 上海：华东师范大学出版社，1990.
[23] 钱荣堃. 国际金融学 [M]. 成都：四川人民出版社，1994.
[24] 刘鸿儒. 社会主义货币和银行问题 [M]. 北京：中国财经出版社，1980.
[25] 赵海宽. 货币银行概论 [M]. 北京：经济科学出版社，1987.
[26] 李崇淮，黄宪，等. 西方货币银行学 [M]. 北京：中国金融出版社，1992.
[27] 林继肯，夏德仁. 货币供应管理学 [M]. 北京：中国金融出版社，1992.
[28] 尚明. 当代中国的货币制度与货币政策 [M]. 北京：中国金融出版社，1992.
[29] 周骏，王学青. 货币银行学原理 [M]. 北京：中国金融出版社，1996.
[30] 周升业，曾康霖. 货币银行学 [M]. 成都：西南财经大学出版社，1993.
[31] 曾康霖，刘锡良. 银行经营管理学 [M]. 成都：西南财经大学出版社，1994.
[32] 龙玮娟，郑道平. 货币银行学原理 [M]. 北京：中国金融出版社，1992.
[33] 周升业，孔祥毅. 中国社会主义金融理论 [M]. 北京：中国金融出版社，1988.
[34] 江其务. 银行信贷管理学 [M]. 北京：中国金融出版社，1994.
[35] 饶余庆. 现代货币银行学 [M]. 北京：中国社会科学版社，1983.
[36] 王松奇，李扬，王国刚. 金融学 [M]. 北京：中国金融出版社，1997.
[37] 于立新. 国际金融学 [M]. 北京：经济管理出版社，1998.
[38] 夏德仁，李念斋. 货币银行学 [M]. 北京：中国金融出版社，1997.

[39] 邓乐平. 中国的货币需求——理论与实证的考察 [M]. 北京：中国人民大学出版社，1990.

[40] 周延军. 西方金融理论 [M]. 北京：中信出版社，1992.

[41] 郑先炳. 宏观金融管理有效性研究 [M]. 北京：中国金融出版社，1995.

[42] 郑先炳. 货币供求均衡论 [M]. 北京：中国金融出版社，1990.

[43] 胡章宏. 金融可持续发展论 [M]. 北京：中国金融出版社，1998.

[44] 曹龙骐，郑先炳，郭茂佳. 货币银行学 [M]. 3 版. 北京：中国财政经济出版社，1994.

[45] 曹龙骐，郑先炳. 货币供应概论 [M]. 北京：中国财政经济出版社，1989.

[46] 曹龙骐. 中央银行概论 [M]. 成都：西南财经大学出版社，1997.

[47] 曹龙骐. 商业银行业务经营与管理 [M]. 广州：华南理工大学出版社，1999.

[48] 曹龙骐. 金融热点探索 [M]. 成都：西南财经大学出版社，1998.

[49] 曹龙骐. 金融学 [M]. 北京：高等教育出版社，2020.

[50] Markowitz，Hamy. Portfolio selection [J]. Journal of Finance. 1952，7（1）：77-91.

[51] Modigliani，Miller. The cost of capital，corporation financing and the theory of investment [J]. American Economic Review，1958（48）：261-297.

[52] Modigliani，Miller. Taxes and the cost of corapital：a correction [J]. American Economic Review，1963（53）：433-443.

[53] Modigliani. Debt. dividend policy，taxes，inflation and market valuation [J]. Journal of Finance，1982（37）：255-273.

[54] Sharpe，William. Capital asset prices：a theory of market equilibrium under conditions of risk [J]. Journal of Finance，1964（19）：425-442.